ORLANDO DRUMMOND
VERSÃO BRASILEIRA

VITOR GAGLIARDO

ORLANDO DRUMMOND
VERSÃO BRASILEIRA

com introdução de **Guilherme Briggs**

Rio de Janeiro

Copyright © Vitor Gagliardo, 2019

Coordenação Editorial
Gisela Zincone

Editoração eletrônica
Arte das Letras

Revisão
Lara Alves
Vera Villar

Design de capa e cadernos de fotos
Carmen Torras – Gabinete de Artes (www.gabientedeartes.com.br)

Digitalização e tratamento de imagens
Tainah Soares

Ilustração da capa
Bruna Bakker

Adequado ao novo acordo ortográfico da língua portuguesa
Os direitos autorais das fotos são reservados e garantidos

CIP-BRASIL. CATALOGAÇÃO NA PUBLICAÇÃO
SINDICATO NACIONAL DOS EDITORES DE LIVROS, RJ

....

G128o

Gagliardo, Vitor
    Orlando Drummond: versão brasileira / Vitor Gagliardo. – 1ª ed. – Rio de Janeiro: Ghryphus, 2019.

    338 p.; 21 cm.

    ISBN 978-85-8311-142-9

    1. Drummond, Orlando, 1919-. 2. Atores – Brasil – Biografia. I. Título.

19-60415   CDD: 927.92028
                                   CDU: 929:7.071.2
04/10/2019   11/10/2019

....

GRYPHUS EDITORA
Rua Major Rubens Vaz, 456 – Gávea – 22470-070
Rio de Janeiro, RJ – Tel: +55 21 2533-2508/ 2533-0952
www.gryphus.com.br – e-mail: gryphus@gryphus.com.br

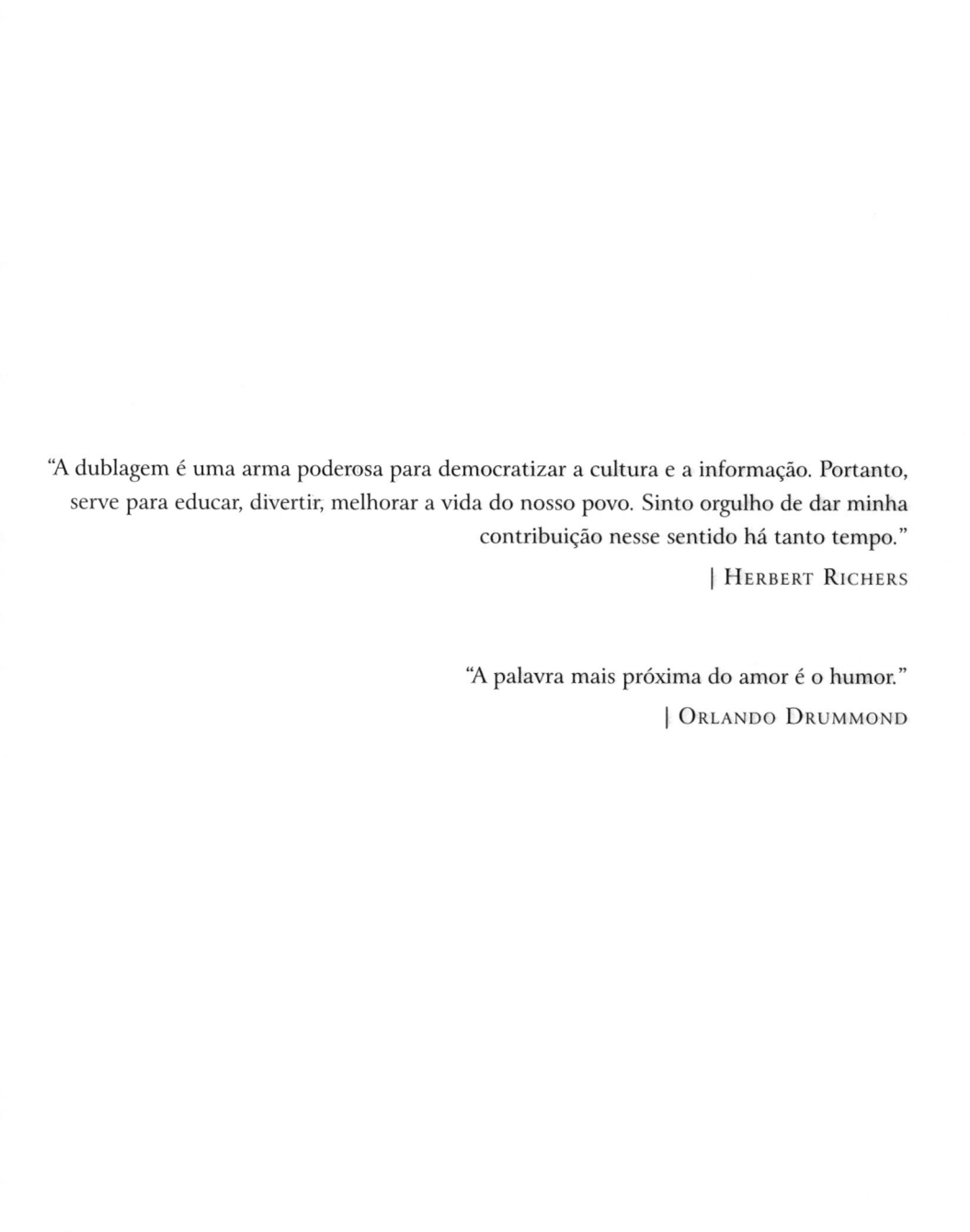

"A dublagem é uma arma poderosa para democratizar a cultura e a informação. Portanto, serve para educar, divertir, melhorar a vida do nosso povo. Sinto orgulho de dar minha contribuição nesse sentido há tanto tempo."

| Herbert Richers

"A palavra mais próxima do amor é o humor."

| Orlando Drummond

AGRADECIMENTOS

À minha filha Luísa e à minha mulher, Tais, meu amores, que entenderam a minha ausência em muitos momentos. Aos meus pais, aos meus sogros e aos familiares que me incentivaram e cobraram a finalização deste livro. Às minhas afilhadas, Vitória e Isabela, e aos meus sobrinhos, Miguel, Sofia e Vicente. À Claudia Granja, que me ajudou com o trabalho de *coach*. Aos amigos da TV Brasil, da Rio TV Câmara e aos que a vida me deu. Aos dubladores, em especial ao Guilherme Briggs, que admiram o Orlando e tanto ajudaram neste trabalho. E, finalmente, à família Drummond, que me acolheu e confiou que eu escrevesse esta história. Um agradecimento especial ao Felipe, ao Alexandre e ao Eduardo.

SUMÁRIO

Introdução de Guilherme Briggs 17
Todo mundo tem um Orlando Drummond dentro de si 19
3x4 21
Barão de Drummond 25
Infância 25
Teatro Marista 27
Quem mandou não estudar? 28
Primeiro emprego 31
Brincadeira de criança 32
Nascia o amor pelo Fluminense 34
O teste que não deu certo 35
Branca de Neve e os Sete Anões 36
Mole-Mole, um boxeador 37
Um remador 41
Juventude 41
No posto de gasolina 43
Um camarão pode transformar vidas 44
Função: contrarregra 47
Madame Satã x "Perigosa" 47
Três tiros de brincadeira 48
Disney e Herbert Richers: o encontro 50
O segundo teste 50
"Grande Theatro Eucalol" 53
Rádio Sequência G-3 53
A primeira viagem internacional 55
Palácio dos Veraneadores 56
Oh, Glória! (Amor à primeira vista) 56
Incrível, fantástico, extraordinário 58
Um *show* para os comerciários 58
Nasce uma estrela 60

Os primeiros passos na dublagem 61
Na Corte do Rei Xaxá 62
Rua da Alegria 64
Cine Grátis 65
Grande Circo Detefon 66
Pedido de noivado 67
O maluco do rádio 68
Copa do Mundo de 1950 69
Filme de terror 71
Recruta 23 72
Milhos de pipoca 73
Herói por um dia 74
Alice no País das Maravilhas 76
Data do casamento 77
Dia do casamento 78
Lua de mel 78
Malditos gatos! (O início do Scooby) 79
Um Dia na Feira 80
Um casal de filhos 81
Questão de fé (ou de amor) 83
Uma Pulga na Camisola 84
Peter Pan 87
Comediante ou cantor? 88
O sucesso tá logo aí 89
Quando o galo canta 90
O Rei do Movimento.. 91
Pra-zer es-tar com vo-cês 92
Angu de caroço 93
Hotel da Sucessão... 93
A Dama e o Vagabundo 95
Marmelândia.. 97
A Sputneka 98
Ali Babá e os 40 garçons 100
SemanaScope... 102
A história da "dedada"... 105
A patolada 106
Tupi-Mayrink (o rádio perde força para a TV)....................... 107
O primeiro teste para valer na dublagem 108
Disney e Herbert Richers: o acordo 109
As Aventuras do Zorro 110
Ben-Hur 113
A Ponte do Rio Kwai 113

O Vampiro da Noite 114
Família e trabalho (sucesso profissional) 115
Saída da Tupi 116
A Turma da Maré Mansa 117
O desafio de ser dublador 118
Vai da Valsa 120
O preço do trabalho 120
Lawrence da Arábia 121
007 122
Frajola 123
Espetáculos Tonelux 124
A Espada Era a Lei 125
Dublado ou legendado? 126
Sinbad Jr. 128
Pinóquio 128
O marinheiro Popeye 129
O pai 132
Carro manchado 133
Thunderbirds 135
O Poderoso Thor 136
Homem-Aranha 137
O Incrível Hulk 138
Coral dos Bigodudos 139
O Gordo e o Magro 140
George, o Rei da Floresta 141
Super-Galo 142
Os Tremendões 143
Carta ao Kremlin 143
Dois em Um 144
Os Quatro Fantásticos (A Coisa) 145
Patton – Rebelde ou Herói? 147
Operação França 148
O Doce Esporte do Sexo 149
Bonga: o Vagabundo 149
Aristogatas 150
Patolino 151
Scooby-Doo 152
A Próxima Vítima 162
O Poderoso Chefão 163
O Exorcista 164
Robin Hood 165
Peri Filmes 166

Quem Late mais Alto?	167
Diretor de dublagem	168
De pijama	172
Mary Tyler Moore	174
A Turma do Zé Colmeia	174
Dumbo	175
O Soldado era General	176
A Casa Mal-Assombrada	177
Fúria no Céu	178
Primeira aposentadoria	179
Hong Kong Fu	180
King Kong	181
O respeito pelo sonho do filho	182
Ba-na-na	183
Ai, meu carrinho...	184
Dinamite, o Bionicão	186
Todos os Homens do Presidente	187
Primeira tentativa de acordo coletivo na dublagem	188
Greve de 1978	191
Duro na Queda	195
Don Quixote de La Mancha	196
Arquivo Cãofidencial	197
Mini Polegar	198
Bebendo e Cantando	198
Casal 20	199
A Lagoa Azul	199
Danger Mouse	200
Os Smurfs	201
Chico Anysio Show	205
Primeiros passos como ator na Globo	207
Jorge, o Cachorro	208
1987	210
Os Gatões	210
He-Man	211
Loucademia de Polícia	213
Noivado do Orlandinho	214
Os Wuzzles e Os Ursinhos Gummi	215
O Caldeirão Mágico	216
Caverna do Dragão	219
Faro Fino	220
Transformers	221
Alf, o ETeimoso	223

Uma Cilada para Roger Rabbit 225
Batman 226
Ursinho Pooh 227
A Escolinha do Professor Raimundo 228
Improvisos em cena 233
O telefone do Seu Peru 235
O canibal de São Lourenço 235
As Aventuras de Tintim 237
O Guru 239
O Guarda-Costas 239
Festas na Vila 241
X-Men 242
Frasier 242
Jurassic Park 243
Nada na Vida Pode Ser Amargo 244
A Escolinha nos palcos 245
O Espetáculo "Seis com vo... cêis" 246
Cartas 248
A importância dos estudos 249
Novelas mexicanas 251
50 anos de carreira 253
Seu Peru x Gaudêncio 254
Saída forçada da Escolinha 255
Santíssima Trindade 256
Confusão europeia 258
Expulsos da Escolinha 260
O assalto (salvo pelo "Peru") 261
Medalha Tiradentes 262
Medalha Pedro Ernesto 264
Viva São Lourenço! 264
Só dá ele 265
Um final de semana em Belém 266
Parada *gay* 267
Carona dolorida 268
Clube da Cachaça 269
A morte do guru 270
Pelo Ronco da Cuíca 271
Chico Total 271
Caça-Talentos 274
Medo de avião 274
Greve de 1997 276
Titanic 278

O Resgate do Soldado Ryan 279
O Belo e as Feras 280
80 Anos 280
O Informante 281
Zorra Total 282
Medo de resfriado 285
Dinossauro 286
Star Talents 287
Aqua Teen – O Esquadrão Força Total 288
As Terríveis Aventuras de Billy e Mandy 290
A Mansão Foster para Amigos Imaginários 291
Filmes de Terrir 292
Ciranda de Pedra 293
Toma Lá, Dá Cá 293
Uma Noite no Castelo 295
Anjos e Demônios 296
A morte de Herbert Richers 296
Lapsos de memória 298
Vamperu 299
Chico e amigos 300
O que importa é como você se sente 301
O adeus ao amigo 302
Dublagem em *games* 302
40 anos depois... a DKW 305
Prêmio de Dublagem Carioca 306
O Baú do Baú do Fantástico 308
Parou de dirigir 309
Fratura (nos braços do povo) 311
A Nova Escolinha 314
O novo Seu Peru 315
O poder da voz 319
Fissura no fêmur 320
Família de dubladores 321
Filme "De Perto ela não é Normal" 322
Obrigado, Orlando Drummond 323
Diversão brasileira 325
Redes sociais 327
"Cruzes!" 327

Índice onomástico 329

INTRODUÇÃO

Quando eu reprogramo meu cérebro para relaxar mais, deixando ele mais tranquilo e fluido, para ideias transitarem com facilidade e criatividade, utilizo principalmente o humor como chave. O próprio significado de humor vem do latim, significando "líquido" – a palavra surgiu na medicina humoral dos antigos Gregos. Naqueles tempos, o termo humor representava qualquer um dos quatro fluidos corporais (ou humores) – sangue, fleuma, bílis amarela e bílis negra – que se considerava serem responsáveis por regular a saúde física e emocional humana.

O que eu sempre digo é: se você quer conhecer uma cultura ou os costumes de uma sociedade, entenda como os habitantes de um país ou alguma localidade dão risada. Procure saber das histórias engraçadas e causos da região. Você vai se surpreender com as descobertas que fará e uma nova perspectiva lhe dará um imenso prazer.

Orlando Drummond é um exemplo de pessoa que irradia humor e deixa o mesmo fluir de uma forma natural. Ele ama o que faz, se diverte e contagia quem está perto dele. Quando iniciei, finalmente, na profissão em 1991, com 21 anos, fui presenteado com a amizade e confiança dele e por isso também fui testemunha de inúmeras experiências de vida e de causos relatados a mim por ele, com extrema boa vontade e paciência, sempre que nos encontrávamos nos estúdios. Tudo isso me encheu de um riquíssimo material de situações divertidas, inusitadas, engraçadas e puramente humanas de um homem que sabia viver com leveza.

Exímio e sarcástico observador do dia a dia, Drummond transformava com habilidade assombrosa coisas simples e básicas, rotineiras, em contos de fadas urbanos. Como na vez em que ele foi perseguido por um cão, subiu na árvore e me relatou, com toda a verdade em seus olhos, que a fera latia pra ele em alto e bom som: "João! João! Vim vê vovô! João, vim vê vovô!".

Essa visão mais pitoresca e inesperada dos fatos sempre me encantou e me arrancou muitas risadas, me causando até mesmo vício, pois, sempre que eu encontrava com o Drummond, queria saber de mais histórias ou eu mesmo sentia vontade de relatar algumas coisas que vivi para que estas passassem pelo filtro da mente criativa e bem-humorada dele. O resultado era sempre inesperado e delicioso, tanto de Drummond relatando suas histórias quanto analisando as minhas.

Nisso, ele lembra demais o meu saudoso pai, que era muito bem-humorado e brincalhão, além de ter uma genial criatividade. Foi inevitável despertar uma imagem paterna do Drummond em mim, uma simpatia imediata e um carinho e respeito eternos, que jamais irão se extinguir.

Infelizmente meu pai não conseguiu me orientar e dar força na minha evolução como dublador, mas com certeza ele teria ficado muito feliz e grato em ver o padrinho, amigo e mestre que tive. Sua gratidão seria imensa, assim como é a minha por tudo que ele fez por mim, sem nunca pedir absolutamente nada em retorno. Já que comentei sobre humores no início desse texto, eu realmente não me lembro de nenhuma oportunidade de ter visto Drummond cometer alguma indelicadeza ou grosseria, falando de outra pessoa de forma desrespeitosa ou injusta.

Ele é elegante, sarcástico, espirituoso e pode estar certo de que estará sempre disposto a conversar e trazer uma palavra amiga ou algum conselho para você. Adicione a isso várias piadas, comentários criativos ou músicas antigas cantaroladas do nada, em meio a uma conversa gostosa, relembrando falas de seus personagens imortais. Não posso esquecer também das gargalhadas maravilhosas que ele dá, cativantes e que iluminam qualquer ambiente. O meu querido mestre é um modelo de profissional e de pessoa pra mim e isso guardarei em meu coração sempre.

Orlando Drummond nasceu nesse mundo através do amor e o iluminou, carregando em suas veias o humor, que doou constantemente e sem se cansar ou reclamar.

GUILHERME BRIGGS

TODO MUNDO TEM UM ORLANDO DRUMMOND DENTRO DE SI

"**Todo dublador tem um Orlando Drummond** dentro de si". Em certo momento das pesquisas e dos escritos, esta frase surgiu como um mantra. Ela me parece lógica e, matematicamente, tem todo sentido. Parto do pressuposto de que um imitador, por exemplo, sabe reproduzir a fala e os trejeitos do Sílvio Santos ou do Roberto Carlos. Assim como me parece óbvio que todo dublador saiba dublar o Scooby-Doo.

Escrever sobre o Orlando foi um sonho que começou a se materializar em 2015. Mas parecia distante, pois não se trata de qualquer história. Drummond é um dos pioneiros da dublagem. Documentação, pesquisa histórica, filmes, seriados, desenhos e muitas entrevistas. Tratou-se de um longo processo, mas tive a certeza de que eu precisava escrever a história de Drummond no dia 15 de julho de 2015.

Ele tinha acabado de sofrer um acidente em casa. Levou um tombo, em seu escritório, no segundo andar de sua residência. O resultado: quatro costelas fraturadas. A repercussão na imprensa foi enorme.

Voltando ao dia 15 de julho, chego por volta de 20h20 em sua casa, em Vila Isabel, no Rio de Janeiro. Não consegui visitá-lo antes, pois um resfriado me dominou por quase três semanas. Sou recebido, como sempre, com um grande sorriso de Dona Glória e do próprio Drummond. Ela, com um sorriso de alívio, me diz:

– Agora estamos bem, mas o susto foi grande!

Já ele me diz:

– Estou bem! Melhorando a cada dia.

Engraçado ressaltar que essa foi a primeira visita que fiz sem a intenção de entrevistá-lo. Pelo contrário, só queria ver se ele estava bem. E foi um papo muito bom, com boas revelações.

– Que prejuízo! O que o senhor aprontou?

– Eu não lembro! Não sei mesmo o que aconteceu.

Drummond estava eufórico, e tinha motivos. Estava em casa, com a mulher, os filhos, os netos e os amigos. Mas estava ainda mais feliz como artista. Por mais de uma vez, mencionou que ficou emocionado com a repercussão do acidente e com as inúmeras demonstrações de carinho dos fãs, carinho esse que não imaginava ser tanto. Ele sempre brincou dizendo que, quando ia à rua, era muito festejado pelas pessoas com mais idade. Por mais de uma vez ficou sem graça com senhoras que tentavam beijá-lo na boca, e isso na frente da Dona Glória.

– Se pelo menos elas fossem novinhas... – caía na gargalhada com essa brincadeira.

O telefone tocou e Dona Glória saiu da sala para atendê-lo. Ele me confidenciou baixinho:

– Mais do que uma esposa, eu tenho uma mãe! Ela me ajuda em tudo: a tomar banho, a vestir a camisa, a controlar os remédios. Eu tenho muita sorte.

– Tenho certeza de que o senhor faria o mesmo por ela.

– Sim. Apesar da nossa diferença de idade de 15 anos, faria tudo por ela.

Ele mudou o assunto e novamente falou da recepção do público. Estava ansioso para uma entrevista que daria no dia seguinte para a Rádio Tupi.

– Foi lá que tudo começou!

Perguntei se ele estava pronto para fazer o galo.

– Ah, sim! – e imita o galo.

Até que ele suspira e me diz.

– Minha vida está nas mãos de Deus! Hoje posso morrer feliz.

Preocupado com o rumo da conversa, tento mudar de assunto.

– Não diga isso! Não é o senhor mesmo quem diz que quer chegar aos 100 com C?

– É! Chegar com S não vale – dá uma risada.

– E lembra que o senhor ainda terá mais bisnetos.

– Tomara que venha uma menina. Só tenho netos e bisneto homem.[1]

– Deixa comigo, que vou falar com seus netos.

Nesse momento, Dona Glória volta à sala. Ela falava com uma amiga ao telefone, que queria notícias.

– O telefone toca a todo instante. Todo mundo querendo saber como ele está!

Naquele dia, ele, pela primeira vez após o acidente, tinha ido à rua para fazer uma caminhada. E, claro, acompanhado pela Dona Glória.

– Nossa! Foi um alívio. As pessoas me paravam o tempo inteiro para falar comigo.

---

[1] Um pouco depois Orlando realizou o sonho de ter uma bisneta, Mariah, filha de Felipe com Flávia, que nasceu no dia 6 de outubro de 2016.

A caminhada não foi longa. Pararam na farmácia para comprar remédios. Um funcionário arrumou uma cadeira para ele ficar mais acomodado. Assim que foi identificado, uma multidão parou em frente à farmácia para falar com ele.

– Perdemos uma boa chance de ganhar dinheiro – brinca Dona Glória. – Se a gente cobrasse R$1 por abraço, R$ 5 por beijo no rosto e R$ 10 por beijo na boca estávamos ricos.

Nós três caímos na risada.

Muita coisa mudou após esse 15 de julho. Orlando, por exemplo, teve outros problemas médicos, a sua bisneta finalmente nasceu e ele continuou dublando, apesar das limitações da idade.

Essas são histórias que você vai conhecer neste livro, que vão muito além do Scooby-Doo, do Alf ou do Seu Peru. Começa pelo contrarregra, passa pelo ator, dublador e diretor de dublagem. Mas, o principal: se antes já gostava do artista, você vai aprender a admirar o homem, pai, avô e bisavô. E tenho certeza de que, ao terminar este livro, em sua mente estará o seguinte mantra: "Todo mundo tem um Orlando Drummond dentro de si".

3X4

Orlando sempre gostou de escrever sobre sua carreira artística. Não eram textos longos, pelo contrário, esse é seu tema preferido. Redigir um texto sobre o que produziu lhe faz bem, é uma forma de no presente reverenciar o passado. Tem orgulho de mostrar sua vida para as pessoas mais próximas. Mas Orlando sempre cometeu um grande erro nesses casos: resumia demais o seu currículo. Sua carreira foi muito maior que o Scooby e o Seu Peru, por exemplo.

Além de escrever esses textos, Drummond tinha um grande orgulho de ser reconhecido nas ruas e era muito atencioso com todos. Sempre que lhe pediam autógrafo, tirava do bolso um papel que mandara fazer. Era uma espécie de folheto com seus principais personagens em que ele colocava uma dedicatória e assinava.

De certa forma, o dublador não consegue lembrar todos os papéis, afinal estão sempre gravando uma cena aqui, outra ali. Ou, na linguagem correta, um anel ou *loop*. Dessas pequenas inserções eles conseguem tirar o dinheiro do mês.

É claro que todos sonham com o protagonista, com o estrelato, mas essa não é a realidade de um dublador. Mesmo os principais estão sempre fazendo pequenas participações.

Um dado curioso me foi contado por Mário Monjardim, que dublou grandes personagens, como o Salsicha e o Frangolino: diz que não se lembra da maioria dos trabalhos que já fez.

– São os fãs que me ajudam. Hoje eles têm acesso à internet e me lembram dos trabalhos que já fiz.

Com Drummond não é diferente. Incorporou Alf, Scooby, Popeye e Seu Peru a sua vida. Sempre que pode faz uma brincadeira com os personagens.

Use-me e abuse-me! falava sempre antes de uma de nossas inúmeras entrevistas.

Quando eu perguntava sobre os demais personagens, ele olhava para o vazio e, com expressão de frustração, me dizia.

– Não lembro! Minha memória... mas, também, com 90 e poucos anos – ...

Orlando sempre foi muito organizado. Mas nem ele conseguiu ser metódico ao ponto de guardar todas as dublagens. Vale lembrar que ele começou em 1959 ...

Isso foi o que o motivou a escrever sobre sua vida, sua carreira. Separei dois textos autobiográficos: num, ele enfatiza mais a sua vida pessoal e o outro tem uma característica mais profissional.

Começo mostrando o que ele intitulou de "Minha Vida". O texto não está datado, mas, pelas histórias, dá para imaginar que foi depois da década de 1990. Orlando começa falando do dia do seu nascimento, passando pelas casas onde morou. Lembra com carinho de alguns familiares, como seus pais, irmãos, avós, bisavós e um tio.

Tem passagens por sua juventude, seus primeiros empregos, de quando foi morar sozinho e depois com a irmã e o cunhado.

Sua entrada e saída na Rádio Tupi estão descritas nesse texto. O convite de Maurício Sherman para trabalhar na Rede Globo, em 1983, também está lá. Estranhamente, ele não cita em nenhum momento a dublagem. Talvez, por estar mais presente em sua memória.

Minha vida

Nasci em 18 de outubro de 1919, no bairro de Todos os Santos. Mudamos para a Boca do Mato, em Lins de Vasconcelos, onde meu avô materno, João Drummond, de quem eu gostava muito, tinha uma grande padaria.

Depois mudamos para o Rio Comprido, na Rua Estrela, 24. Era uma casa grande, com um grande porão, um quintal com muitas frutas: abacates, mangas, goiabas, pitanga, mamão, etc.

Éramos uma grande família. Minha bisavó Maria, meus avós João e Virgínia. A essa altura, meu avô João trocou a padaria, no Lins, por um grande bar com bilhares etc., no Rio Comprido.

Entrei para o Colégio São José, onde criei meu amor à Igreja Católica, onde comunguei pela primeira vez, em 1928, quando fiz a minha primeira comunhão. Por motivos econômicos, saí do Externato de São José e entrei, já na companhia das minhas irmãs mais velhas, Virgínia, Edith e Leleta, para a escola pública Pereira Passos, no Largo do Rio Comprido, onde completei o secundário.

Daí para frente, trabalhei duro no armazém do meu padrinho Carlos. Aí meu avô me tirou do armazém e me colocou numa camisaria, na Rua da Carioca.

Logo depois, papai comprou uma casa na Piedade, na rua da Botija. Ao sair da camisaria, fui trabalhar com minhas irmãs Virgínia e Edith na chapelaria Juriti, na Rua Sete de Setembro. Dali fui trabalhar numa firma importadora de fazendas e chapelaria, onde acabei como vendedor desses materiais para lojas do ramo. Aí saí da Piedade e fui morar com minha irmã Virgínia e seu marido Alberto.

A firma em que eu trabalhava como vendedor faliu e eu fui trabalhar num posto de gasolina. Tinha 20 anos e fui morar sozinho no hotel em frente, onde aprendi a dirigir automóveis que davam mole no posto, pois trabalhava da meia-noite às 8:00 da manhã.

A essa altura eu remava no clube de regatas Boqueirão e depois no Internacional, onde fiz muitos amigos, dentre os quais Frederico e Homero. Uma noite, estando com eles num bar na Glória, chegou um cara todo rasgado e pediu ao Frederico que fosse socorrer o Camarão na Taberna da Glória.

Camarão era um comissário muito badalado. Fred e Homero tiraram os casacos e partiram para socorrê-lo. Eu não conhecia o Camarão, mas fui ajudar meus amigos e, lá chegando, só tinha nego de 1,80m para cima. Um baixinho que saía do bolo veio na minha direção. Me atraquei com ele e rolamos no chão, e toma porrada.

Quando chegou a polícia e nos separou, o cara mandou que os policiais me prendessem. Foi triste. Fui empurrado para o carro da polícia quando chegaram meus amigos, Fred e Homero, e disseram:

– Que isso, Camarão? Esse é o Orlando, nosso amigo que veio aqui para te defender.

– Me defender? Pqp....Olha o que ele me fez!

Aí é que eu vi a merda que fiz.

O baixinho era justamente o Camarão, que eu realmente tinha ido defender. Mas tudo acabou bem, até nos tornamos amigos, e através dele fui apresentado ao Moraes Neto, cantor revelado na Tupi e que me apresentou por lá.

Logo passei a atuar como contrarregra do radioteatro, devido às minhas habilidades, e segui minha vida até 1946. Paulo Gracindo era diretor do radioteatro e começou a me experimentar como radioator. Daí cheguei aos programas de humorismo em que consegui me destacar até 1974.

Briguei na justiça e saí de lá com uma grana que me permitiu chegar onde cheguei, graças a Deus.

Depois, em 1983, Maurício Sherman me achou lá em São Lourenço e me convidou para fazer um programa com Bibi Ferreira, e depois com Chico Anysio. Continuei minha carreira na Escolinha do Professor Raimundo, onde passei a ser conhecido como o Seu Peru, até hoje.

A segunda carta já tem um viés totalmente profissional. O título já diz tudo: "A carreira artística de Orlando Drummond – Um breve relato". E, de fato, foi bem resumido. Orlando se preocupa em citar seus principais personagens, no rádio, na dublagem e na televisão.

Um fato curioso é que nesse texto, Orlando deixa um pouco de lado a sua timidez e se permite alguns adjetivos. Essa é uma grande novidade, pois embora saiba da sua importância, ele sempre se limitou a dizer: "Eu sou um pioneiro!"

E foi mesmo! Mas dessa vez, ele usa expressões como "brilhante trajetória artística", "um dos maiores humoristas do Brasil" e "prodigioso talento".

A carreira artística de Orlando Drummond
(Breve relato)

Em 1942, na Rádio Tupi, iniciava-se a brilhante trajetória artística de um dos maiores humoristas do Brasil: ORLANDO DRUMMOND. Lá foi contrarregra até 1946, quando estreou como radioator, desempenhando pequenos papéis. Foi sendo aproveitado em programas humorísticos dirigidos por Max Nunes, Haroldo Barbosa e Antonio Maria, onde fez sucesso com os seguintes personagens:

Pataco Taco ("Pezinho pra frente, pezinho pra trás"), Takananuka ("Um japonês"), Lúcio (O grã-fino), Pifo, e muitos outros.

Com o advento da televisão, repetiu na TV Tupi as mesmas personagens da rádio com igual sucesso. Na "Boate de Ali Babá", também na Tupi, cantava e caricaturava Nat King Cole, Maurice Chevalier e tantos outros astros internacionais.

Em 1959 começou a despontar na dublagem no Brasil e, com seu talento, se destacou com as seguintes vozes: Sargento Garcia (do seriado "Zorro"), Max (mordomo do seriado "Casal 20"), Scooby-Doo (desenho animado), Popeye (desenho animado), Alf, o ETeimoso (seriado), Gato Guerreiro (do desenho animado "He-Man"), Bionicão (do desenho animado "Falcão Azul")

Porém, foi a partir de 1989, na Escolinha do Professor Raimundo, que surgiu o Seu Peru. Tamanho foi o sucesso deste personagem que hoje, após 50 anos de brilhante carreira, ORLANDO DRUMMOND praticamente perdeu a sua identidade. Ficou marcado, conhecido e aclamado, como o Seu Peru, evidentemente graças ao seu prodigioso talento.

Esse é apenas o começo. Você vai conhecer a vida e a carreira de Orlando Drummond de forma completa, plena e sem resumos.

Boa leitura!

BARÃO DE DRUMMOND

O bairro de Vila Isabel é uma das grandes paixões na vida de Orlando. Uma das referências da região é a praça Barão de Drummond, que ele sempre gostou de frequentar. O nome é uma alusão a João Batista Viana Drummond, mais conhecido como o Barão de Drummond.

Nascido em Minas Gerais, o barão tornou-se um grande empresário durante o século XIX. Por ser amigo do imperador, comprou muitas terras que, em seguida, se tornaram o bairro de Vila Isabel. O barão tinha um grande interesse por animais. Presidiu o Jockey Club e fundou o primeiro jardim zoológico do Rio de Janeiro. Foi também responsável por importar muitas espécies para cá.

Precisando arrecadar verbas para manter o zoológico, o barão teve uma ideia. Ele colocava um animal dentro da gaiola e tampava com um pano. Reunia apostadores que precisavam acertar a espécie. Uma parte do dinheiro ficava com o estabelecimento e a outra com o apostador que acertou. Sem nenhuma ajuda do governo para manter o zoológico, o barão foi criando novos jogos. Um deles foi o "jogo do bicho", hoje considerado ilegal pelas autoridades.

O parentesco de Orlando com o Barão é um discussão antiga. Na verdade, virou quase uma brincadeira de família. Eles nunca foram a fundo para descobrir qual a relação entre eles.

– Dizem que somos parentes. Bom para ele – disse Drummond, sempre com um sorriso no rosto.

Orlandinho, filho de Drummond, tentou saber um pouco mais dessa história.

– O barão de Drummond foi proprietário de toda a região de Vila Isabel. A gente brinca que ninguém manda mais aqui do que a gente.

INFÂNCIA

Orlando Cardoso Drummond nasceu no dia 18 de outubro de 1919. Era um sábado chuvoso. Ele foi o sétimo filho de Arthur e o quinto de Alcinda. Montei uma árvore genealógica da família, para melhor entendimento.

Árvore Genealógica
- Nome dos pais: Arthur Candido Cardoso e Maria Dárida
- Filhos: Casemiro e Maria Dárida

- Nome dos pais: Arthur e Alcinda Drummond Cardoso
- Filhos: Oswaldo, Virgínia, Risoleta, Edith, Orlando, João e Paulo

- Nome dos pais: Orlando e Glória
- Filhos: Lenita e Orlando

- Nome dos pais: Lenita e Michel Asseff
- Filho: Michel Asseff Filho[2]
- Filho: Marco Aurélio Asseff
- Neto: Miguel[3]

- Nome dos pais: Orlando e Linda
- Filho: Felipe e Flavia
- Neta: Mariah
- Filho: Alexandre e Bruna
- Filho: Eduardo

Arthur teve dois casamentos. O primeiro foi com Maria Dárida. Dessa relação nasceram dois filhos: Casemiro e Maria Dárida. Anos depois, casou novamente com Alcinda. O casal teve sete crianças: Oswaldo, Virgínia, Risoleta, Edith, Orlando, João e Paulo.

Drummond sempre gostou de fazer brincadeiras. A maioria delas quase sempre infantis. Então, quando perguntado sobre o bairro onde nascera, a resposta era sempre a mesma:

– Todos os Santos, graças a Deus!

Embora o nome seja grandioso, Todos os Santos é um pequeno bairro do subúrbio do Rio de Janeiro. Localizado na zona norte, fica próximo ao Méier, ao Cachambi, à Piedade e ao Engenho de Dentro. Os amantes de literatura vão identificá-lo na obra de Lima Barreto.

Arthur trabalhava como guarda-livros. Em um determinado momento, entrou de sócio em uma cervejaria. Passou a atuar, também, como vendedor da bebida. Os negócios prosperaram. Investiu o dinheiro em ações e imóveis. Mas, com uma família de nove filhos, só viu as despesas aumentarem. Já Alcinda trabalhava em casa. Tomava conta dos sete filhos, mais os dois de Arthur com Maria Dárida. Apesar de todas as dificuldades, sempre foi uma mãe muito atenciosa e presente.

– Meus pais construíram uma vida, mas ficou tudo mais difícil por causa da quantidade de filhos. Mas não há o que reclamar: a vida foi muito boa para todos nós.

---

[2] Michel Asseff Filho é fruto do primeiro casamento de Michel Asseff.
[3] Miguel é fruto do relacionamento de Marco Aurélio com Mariana.

A família Drummond demorou a se estabilizar em uma única residência. Morou no Rio Comprido, na Tijuca e em São Cristóvão. Todos bairros da zona norte. As mudanças estavam relacionadas às condições financeiras dos pais de Orlando.

O pequeno Orlando gostava de brincar de subir em árvores. Depois foi descobrindo um amor quase incondicional pelos esportes, sobretudo pelo futebol, pelo remo e pelo boxe. O menino tinha dois sonhos: "– Eu queria ser jogador de futebol, mas, um pouco mais crescido, pensei em me tornar um pediatra. Sempre gostei muito de crianças. Queria dar conselhos e cuidar das mais *doentinhas*". Mais velho, descobriu que, através do humor e dos seus personagens, como Scooby e Alf, era possível levar alegria às crianças e às pessoas de todas as idades.

– O sorriso cura!

TEATRO MARISTA

A primeira experiência de Orlando na arte foi ainda bem criança. Ele tinha uns 7, 8 anos, quando estudava na escola Marista. Apesar da pouca idade, já demonstrava talento em imitar vozes de famosos, animais e barulhos.

Verdade seja dita, teatro nunca foi "a praia" de Drummond. Sempre falou isso quando lhe perguntavam sobre sua carreira artística. Isso nunca foi um problema para o dublador.

– Não gosto da ideia de ficar preso em um teatro de 20h à meia-noite. É tudo muito repetitivo. A dublagem me dá um prazer enorme, porque não sei o que vou fazer no dia seguinte, só na tarde anterior, quando sai a escala. É sempre uma novidade.

No entanto, ele reconhece a importância que foi participar de um curso de teatro na escola, que não fazia parte da grade escolar, era uma ação individual de um dos padres da instituição – o padre Eveil. Essa, talvez, seja uma das melhores lembranças de Orlando dos seus tempos de estudante. Era a parte do dia de que mais gostava. O professor fugia da rotina ao ensinar, suas aulas eram as mais disputadas.

– O Irmão Eveil gostava muito de teatro. Depois da aula pegava um cavaquinho e a gente montava um monte de pecinhas de teatro. Eram coisinhas rápidas.

Esse era um espaço em que Drummond praticava suas habilidades. Foi, podemos dizer, o início de uma carreira que só ficou conhecida pelo grande público quase duas décadas depois.

– Eu fazia umas coisinhas pequenas, mas bem legais. Eu conseguia imitar todos os tipos. Foi importante, depois, quando fiz o teste de contrarregra para a Rádio Tupi.

É importante ressaltar que essas aulas foram fundamentais para despertar sua paixão pela arte.

– De tanto lidar com atores famosos, como Paulo Gracindo, Amélia de Oliveira, Castro Vianna e tantos outros, comecei a assimilar as técnicas que eles tinham.

Orlando teve bastante tempo para praticar e criar novas vozes nesse espaço entre a escolinha de teatro e o emprego na Tupi. A família e os amigos que o digam.

QUEM MANDOU NÃO ESTUDAR?

Como quase todo garoto no início da pré-adolescência, Orlando não queria estudar. Gostava de ir para a escola e brincar com os amigos. Passar horas prestando atenção no que a professora ensinava era uma outra questão.

Pode-se dizer que ele foi um aluno regular, não tirava notas excelentes, mas também não eram baixas. Em tese, fazia o suficiente para passar de ano.

– O importante era não repetir – lembra das palavras do pai.

Seus irmãos eram alunos melhores. Orlando preferia a diversão, passava horas entretendo os mais próximos com suas piadas e imitações. E pensar que um dia ele sonhara em ser médico.

– Eu queria ajudar a salvar vidas. Não sabia que tinha que estudar tanto, desisti na hora – ri.

O fato é que Drummond foi um menino levado na escola. Ele é do tempo em que todo dia antes da aula os estudantes cantavam o hino nacional. E, quando o(a) professor(a) entrava em sala, os alunos levantavam e desejavam "bom-dia" ou "boa-tarde". Os professores seguiam regras muito mais rigorosas e abusivas do que nos dias atuais. Muitos usavam varetas que tinham uma dupla função: auxiliar no ensino e acertar um aluno que não estava prestando atenção.

Orlando era constantemente advertido pelos professores. O motivo era sempre o mesmo: o estudante não prestava atenção, pois conversava com outros colegas durante a aula.

Certa vez, foi colocado de pé no canto da sala de aula. Ficou de costas para a turma repetindo a mesma frase centenas de vezes:

– Não posso conversar durante a aula.

Sua mãe era constantemente chamada à escola por causa de seu comportamento. Era ela quem acompanhava de perto o estudo dos filhos. Ajudava a preparar o material do dia seguinte, a fazer o dever de casa e a estudar para as provas. O pai, nesse sentido, era mais distante. Tinha a preocupação de sair para trabalhar para garantir o sustento dos sete filhos. Sua missão, em relação à escola, era cobrar quando a mãe tinha alguma dificuldade de se fazer entendida pelas crianças. O seu mantra era sempre o mesmo:

– O importante é não repetir de ano!

Bastava um castigo do professor. Era o suficiente para Orlando ficar quieto pelo menos durante os três dias seguintes. Mas, depois, voltava a conversar até ser punido novamente. Era um ciclo.

Sua fama de levado foi aumentando. Os professores perceberam que colocá-lo de castigo, em pé, no canto da parede, já não dava mais resultado. Era preciso um novo método. Foi justamente nessa época que Drummond, aproveitando-se dos dons artísticos que aprendia na própria escola, resolveu imitar os professores. Ele colocava um bigode e tentava fazer uma voz parecida. Só que o suposto professor só ensinava coisas erradas.

Sempre que levava uma bronca por essas imitações, dizia que era uma forma de homenagear os "queridos mestres". Mas ninguém acreditava mais nas suas desculpas. Os professores tinham total clareza de que, na verdade, era tudo um grande deboche. O recurso encontrado pelos professores foi segurá-lo no recreio e depois da aula dentro da sala. Era mais comum nos recreios. A punição era a seguinte: ele tinha que escrever no caderno frases do tipo "não posso conversar durante a aula" ou "preciso respeitar o professor".

Já sem paciência nenhuma, os professores passavam tarefas quase impossíveis. Orlando teria que escrever essas frases mil ou duas mil vezes. Variava de acordo com o humor dos mestres. Para se safar o mais rápido possível desses castigos, ele colava um lápis em cima do outro. O máximo que ele conseguiu, com sucesso, foram três. Dessa forma, de uma só vez, ele escrevia três frases.

– Eu fazia com tanta má vontade que hoje eu tenho uma péssima caligrafia.

Mas teve uma vez que o castigo saiu do controle. Drummond tinha um professor de matemática que era conhecido pela rigidez. Enquanto ele falava, todos deveriam ficar quietos, prestando atenção. Esse era o acordo. Esse professor andava com uma vareta, tipo essas de pipa, só que um pouco mais grossa. Era muito comum acertar um golpe no aluno que não seguisse as normas implantadas.

– Esse professor era um maldito. Ele batia com força – lembra.

No entanto, em uma dessas aulas, o professor percebeu que Orlando conversava baixinho com um colega. Eles estavam rindo. O professor ficou enfurecido. Cego de raiva ele acertou um golpe com muita força em Drummond.

– Ele sempre dava uma "varetada" forte. Mas dessa vez eu percebi que ele exagerou.

O professor, realmente, parecia ter perdido o controle. Em geral ele aplicava um golpe e imediatamente o aluno voltava a prestar a atenção. Mas ele começou a aplicar "varetadas" seguidas. Orlando começou a se defender. Um dos golpes quase pegou em seu olho. Assustado, ele partiu para cima do professor e conseguiu arrancar a vareta de suas mãos.

– Agi por impulso. Ele começou a me agredir sem parar.

Nervoso, Orlando quebrou a vareta no dente. O professor se sentiu afrontado e mandou o aluno direto para a direção. Ele tinha marcas de vareta nos braços. Para muitos alunos, Drummond teve um ato de coragem. Não se sabe se o professor foi mantido na escola e se continuou a agir dessa forma. Mas a ação de Orlando teve uma reação. Ele foi expulso do colégio.

– Meu pai dizia que eu não poderia repetir. Não tinha nada sobre ser expulso – diz às gargalhadas.

Os pais apoiaram a ação de Orlando. A mãe principalmente. O pai sempre lhe ensinou a não se meter em brigas. Mas nesse caso ele estava se defendendo. Sua mãe, Alcinda, começou uma busca incessante para arranjar outra escola, e ela conseguiu. No primeiro dia do novo colégio, Orlando saiu com muitas instruções.

– Não vá se meter em confusão e, por favor, fique quieto dentro da sala de aula – ordenou a mãe.

– O importante é não repetir de ano! – lembrou o pai.

Mudança de escola nem sempre é tranquilo para os alunos. É preciso, em geral, uma fase para a adaptação: são novos professores, nenhum amigo na classe e um método diferente de ensino. Sem contar que uma transferência durante o ano dificulta ainda mais esse processo. Soma tudo isso escrito no parágrafo acima com a displicência de Orlando. O resultado não poderia ser diferente: ele repetiu de ano. A notícia caiu como uma bomba.

Na hora de pegar o resultado, ele só conseguia lembrar do pai.

– E agora?

O pai tinha prometido que, se ele repetisse, ia tirá-lo da escola e o colocaria para trabalhar.

– Se você não passar de ano, vou lhe colocar para trabalhar em uma carvoaria. Você vai ser carvoeiro!

É claro que Drummond não acreditou. Na hora em que o pai falou, entrou por um ouvido e saiu pelo outro. Ele não mudou sua forma de agir. Mas aí o medo chegou. Ele, novamente, não tirou boas notas. Para piorar a situação, todos os seus irmãos tinham passado de ano. Mais do que nervoso, naquela hora, ele se sentiu desolado.

– Naquele momento eu senti que tinha traído a confiança do meu pai. Me senti culpado por não ter estudado durante todo o ano.

O pai cumpriu parcialmente a promessa. Durante as férias, Drummond foi trabalhar. No caso, não era uma carvoaria. O lugar escolhido foi o armazém de um tio que ficava bem próximo de casa. E mais: trocou o filho de colégio. Ele foi matriculado em uma escola pública. O pai acreditava que não fazia sentido pagar os estudos, se Orlando não queria estudar.

PRIMEIRO EMPREGO

A promessa de punição do pai foi cumprida. Orlando começou a trabalhar no armazém do tio, fazendo entregas. Ele saía quase na hora de chegar no seu primeiro emprego. Desde pequeno o menino tinha algumas características que o acompanharam por toda a sua vida. Duas foram fundamentais: o bom humor e a capacidade de sempre olhar de forma positiva para todas as situações.

– Por pior que seja o momento, o cenário, sempre tem algo de bom para se aproveitar.

Não era para trabalhar? Não era essa a sua punição? Então, por que não achar diversão no trabalho? E assim foi feito. Ou seja, um simples emprego poderia ser uma grande aventura. Por que não? O armazém de seu tio vendia frutas, legumes e alguns cereais. Era um comércio muito próspero e popular no bairro do Rio Comprido. Seu trabalho basicamente consistia em fazer entregas desses produtos.

Diferente dos que seus pais imaginaram, ele estava feliz com o emprego. Comunicativo, sempre ganhava uma gorjeta, além de ser paparicado pelas senhoras do bairro.

– Sempre que eu fazia entrega, as senhoras me davam um dinheirinho e bolo com refrigerante. Eu adorava!

Orlando era ainda muito novo. Ele tinha de 12 para 13 anos. O dinheiro que conseguia, guardava. E não era comum um menino daquela idade já ganhar uma grana.

– Meus pais acharam que trabalhar com meu tio seria uma punição. Mas eu adorei!

O tio ficou feliz com o início promissor do sobrinho. As entregas eram feitas de forma rápida. Os consumidores teciam elogios ao novo funcionário do armazém. Tudo parecia bem. Um produto que vendia muito na loja era o bacalhau. Ele limpava o peixe com rara habilidade e muita rapidez. Embalava o produto, colocava no caixote e saía para fazer a entrega. Ainda gostava de brincar com a forma como manuseava a caixa. Imagine um garçom com uma bandeja cheia de copos de chope. Era assim que ele gostava de brincar. Ele mexia de um lado para o outro, para cima e para baixo, sem deixar o embrulho cair no chão.

Mesmo sendo uma extraordinária experiência de vida, não se pode esquecer que estamos falando de uma criança. E Orlando tinha mais uma grande característica: ele era metido a esperto. Ou, pelo menos, se achava mais do que realmente era.

Já se sentindo bem experiente na função, achou que tudo sempre ia dar certo e começou a aprontar uma das suas. Certa vez, um senhor foi até a mercearia explicar que sua compra ainda não tinha chegado.

– Como assim ainda não chegou?

Pouco depois, Orlando entra no armazém com o caixote vazio. Seu tio, de forma irritada, pergunta ao menino:

– Orlando, por que você demorou a entregar as compras do Sr. Armando?[4]

– Mas quem disse que eu demorei?

– Ele acabou de sair daqui!

– Mas as compras já estão na casa dele.

Ele era assim. Tinha sempre uma desculpa na ponta da língua. A culpa nunca era sua. Quando ele se atrasava, era por um bom motivo. Ele tinha ótimos recursos. Afinal, quem não se sensibiliza com um menino que ajuda um deficiente visual a atravessar a rua? Ou uma senhora que carregava sacolas muito pesadas? Na verdade, fazer a entrega já não era algo mais tão divertido. Ele descobriu novas diversões. Uma delas foi o futebol de botão. Ele prendeu uma tábua de madeira debaixo do caixote. Pronto, o campo de futebol estava montado. Agora era só fazer a entrega e depois encontrar um amigo para jogar uma partida. O problema é que às vezes juntavam alguns amigos e uma única partida virava o campeonato da rua. Aí demorava um pouco mais. Esse era o motivo de uma entrega que duraria no máximo 10 minutos levar quase uma hora. Até que seu tio descobriu o motivo, deu uma bronca em Orlando, mas não contou nada para seus pais.

BRINCADEIRA DE CRIANÇA

Orlando foi uma criança competitiva. Na rua onde morava, no Rio Comprido, tinha uma mangueira muito grande. Provavelmente, centenária. Não era uma boa ideia passar por debaixo da árvore, afinal, vai que cai uma fruta na cabeça?

E o que dizer de subir na árvore para pegar uma manga? Mangueiras são enormes. Não é tarefa das mais fáceis. Mas estamos falando de crianças. E para elas parece que nada é impossível. É como se não houvesse dificuldade. E, por isso, Orlando e seus irmãos resolveram fazer um campeonato nada convencional: quem subir na mangueira mais rápido é o campeão. Não tinha premiação, mas

---

[4] Nome fictício.

tinha um gosto de vitória. E assim fizeram. Diariamente acontecia a disputa, as regras eram feitas na hora. Drummond tinha mais habilidade que os irmãos e geralmente saía vencedor, e rolava comemoração.

Os pais sabiam dessa brincadeira, digamos, nada sadia, mas permitiam. Mas havia uma regra de que Orlando lembra muito bem:

— Minha mãe sempre dizia: "não pode brincar debaixo na mangueira em dia de chuva".

Mas o que fazer em dia de chuva? Difícil entreter as crianças em casa. Vale lembrar que naquela época só havia o rádio, não tinha televisão, computador ou celular.

Algumas brincadeiras já eram tradição. Por exemplo: em dias seguidos de chuva, o irmão mais novo desenhava um sol no chão. Uma outra brincadeira muito comum era fazer barquinhos e colocar nas laterais das ruas e ir acompanhando. Orlando morava em uma rua de subida, por isso dava para acompanhar por um bom caminho. Estou falando sobre chuva, mas no bairro do Rio Comprido era (e ainda é) muito comum o alagamento de ruas. Bastava um temporal para virar um verdadeiro rio.

Em um desses dias de chuva torrencial, Orlando levou uma das maiores surras de sua vida. As ruas tinham alagado, mas, como a dele era de subida, ainda dava para sair de casa. Era muito comum brincar de carrinho de rolimã naquela época. Ainda mais em descida. O mais interessante era descer. Parar era outra questão. Essa era uma brincadeira dos garotos da época.

Mas com chuva não dava para brincar com o carrinho. Mas que tal descer uma ladeira com uma bacia de roupa? Parece loucura, mas foi essa a grande ideia que Drummond teve. Ele saiu escondido de casa e, sem a mãe perceber, pegou a bacia que ela usava para lavar as roupas. O alagamento provocava uma espécie de correnteza. Ele se encheu de coragem, saiu correndo e se jogou, caindo sentado dentro da bacia. Rapidamente pegou velocidade.

Orlando estava feliz. Para extravasar sua felicidade começou a gritar e a cumprimentar todos por quem passava. Naquela hora, não havia medo, ele só queria uma aventura diferente.

Ele passou por uma esquina em alta velocidade. Ali estavam pessoas que conhecia. Fez questão de cumprimentar todas. O susto foi geral:

— Essa criança é maluca!

— Não é o filho do dono do bar?

De fato, Drummond não tinha ideia do perigo que corria. O bairro do Rio Comprido é cortado por um canal que, em geral, transborda, causando grandes acidentes, por isso as pessoas ficaram assustadas.

Algumas pessoas foram até o bar e chamaram o pai de Orlando.

— Seu Arthur? Seu filho passou dentro de uma bacia em alta velocidade agora pela rua.

— Oi?

Desnorteado, o pai saiu atrás do filho, em uma busca desesperada. Quando conseguiu encontrar Orlando, ele já estava a salvo. Alguns rapazes tinham conseguido parar a bacia. Com um monte de gente ao redor, o menino não entendia toda aquela preocupação.

— Você tá louco? Você tá bem? – perguntou o pai.

— Eu tô ótimo!

Realmente ele estava muito feliz, até aquele momento.

— O que você tem nessa cabeça? – questionou o pai.

Foi nesse momento que Orlando percebeu que aquilo tudo não ia acabar bem. Seu pai estava furioso. Puxando Orlando pelo braço, ele foi resmungando até em casa. O menino estava de um lado e a bacia do outro. O menino estava assustado. Arthur entrou em casa e bateu com força a porta.

— Alcinda?

— O que foi? – falou assustada.

O pai contou toda a história e Orlando levou bronca e uma surra.

— Pode escrever que eu levei muita porrada – falou aos risos.

Durante um bom tempo, Drummond preferiu ficar embaixo das cobertas nos dias de chuva. Mas, ainda hoje, ele acha que valeu a pena o passeio de bacia.

NASCIA O AMOR PELO FLUMINENSE

O futebol era a nova sensação do Rio de Janeiro. Mas não foi um processo fácil, pois ainda era um esporte considerado elitista. Os jogadores eram todos (ou quase todos) de classe abastada. O turfe e o remo, por exemplo, eram mais populares.

Mas essa elitização foi se reduzindo com o tempo. Os torcedores pertenciam a todas as classes sociais. Eram esses que jogavam as famosas "peladas" nos campinhos improvisados criados por toda a cidade. Orlando começou a se interessar pelo esporte. Ainda não tinha um time definido, mas ele gostava do jogo e tinha um problema: seu pai não gostava de futebol, pelo contrário, achava uma chatice.

Sem a presença do pai, ele buscou no avô a vontade de aprender e torcer por um time. Influenciado, passou a torcer para o Vasco da Gama, que já era um time famoso e com títulos. E assim sua presença no estádio de São Januário virou uma rotina. Mas um jogo em especial o fez virar a casaca. O jogo era Vasco x Fluminense. Orlando começou o jogo torcendo pelo clube cruz-maltino. Mas um jogador do Fluminense chamou sua atenção, não pelo futebol vistoso, mas pela forma de jogar. Seu nome era Agostinho Fortes Filho, ou Fortes, como era mais conhecido. Volante de origem, tinha grande senso de marcação. Nélson Rodrigues dizia que ele "possuía um repertório infinito de jogadas" e que "valia sozinho por meio time".

Fortes conquistou muitos títulos pelo Fluminense, clube que defendeu por 13 temporadas. Sua presença era garantida na seleção brasileira, mas o que chamou a atenção de Orlando foi a forma, digamos, diferente que o jogador usava. Ele tinha um vasto repertório de artimanhas dentro de campo e usava a maioria delas para roubar a bola do adversário. Foi exatamente esse jeito excêntrico que mexeu com Drummond. Olhando atentamente sua atuação, uma chamou a atenção do jovem torcedor. O próprio Drummond explica com maestria a forma inusitada de Fortes jogar.

— Fortes tinha um jeito maravilhoso de roubar as bolas. Ele colocava o dedo no cu do adversário.

Foi exatamente o que você leu! Muitos jogadores não queriam enfrentar o volante tricolor por causa de suas molecagens. E essa era a grande graça para Orlando, que era um zagueiro sem habilidade.

— Nos meus bons tempos de futebol, eu era o famoso 'beque de espera': não passava nada por mim – lembra aos risos.

O TESTE QUE NÃO DEU CERTO

Na década de 1930, o rádio já era muito popular. Não é exagero compará-lo com a importância que a televisão ou a internet têm nos dias atuais. O jornal impresso, é bem verdade, também era um poderoso veículo de comunicação. Mas, na época, o rádio estava com mais força. Era mais próximo das pessoas. Informação, humor, novelas e músicas, quatro grandes ingredientes dentro do mesmo veículo.

Drummond sempre teve um certo fascínio pelo rádio. Chegou a se imaginar por muitas vezes sendo o cantor de uma música famosa ou o locutor com aquela voz que encantava a todos. Após várias tentativas, a mãe de Orlando conseguiu inscrevê-lo em um concurso de música na Rádio Nacional, que era a mais importante na época. Não foi fácil, precisou de muita insistência e paciência. Na época, o menino deveria ter pouco menos de 20 anos.

Orlando e a mãe foram logo cedo para a porta da Nacional, que ficava na Praça Mauá, região central do Rio de Janeiro. Ele lembra bem daquele dia:

— Eu fui mudo de casa até a Rádio Nacional. Minha mãe percebeu que eu estava muito nervoso e tentava puxar assunto.

Estavam na porta do estúdio e Orlando observava as outras crianças cantando. De repente, entra um funcionário da rádio na sala dos convidados e o chama.
– Orlando Drummond!
Com as pernas bambas e as mãos trêmulas, o menino caminhou a passos curtos até o estúdio. Posicionado à frente do microfone, esperava a ordem do produtor para começar a cantar.
A música escolhida era "Última estrofe", sucesso na voz de um dos cantores mais populares da época, Orlando Silva.

A noite estava assim enluarada // Quando a voz já bem cansada // Eu ouvi de um trovador // Nos versos que vibravam harmonia // Ele em lágrimas dizia // Da saudade de um amor.

Naquele momento, Drummond fechou os olhos e lembrou quantas vezes tinha ensaiado aqueles versos. Sabia a música toda. Estava decorada. Era como se estivesse no sangue.
– Pode cantar! – gritou o produtor.
Orlando abriu os olhos e a música começou. Tímido, a voz não saía. Ele ficou envergonhado e sem ação naquele momento.
– E aí, garoto? Vai cantar ou não? – questionou o produtor.
E Orlando não conseguiu cantar. A mãe acompanhava a gravação do lado de fora do estúdio.
– Pode parar! Pode sair, garoto! – gritou o produtor.
A mãe nem teve tempo de entrar no estúdio. Orlando saiu correndo de cabeça baixa e a abraçou fortemente.
– Não foi um dia bom, mas Deus sabe o que faz. De repente eu ainda não estava pronto – analisa Drummond, décadas depois.

BRANCA DE NEVE E OS SETE ANÕES

1938. O Brasil passa por mudanças no campo político. Getúlio Vargas, alegando ameaça comunista, deu um golpe que ficou conhecido como Estado Novo. Ele governou o país, como um ditador, até 1945.
No campo cinematográfico, chega ao Brasil o primeiro filme totalmente dublado. Lançado nos Estados Unidos em 1937, "Branca de Neve" (*Snow White and The Seven Dwarfs*) é um dos grandes clássicos produzidos por Walt Disney. O filme é a primeira produção do produtor norte-americano. O pioneirismo se estende: é o primeiro longa colorido. Com 83 minutos de duração tinha um

orçamento já alto para a época, cerca de 150 mil dólares. Mas estourou todos os custos e foi finalizado por 1,4 milhão de dólares. A adaptação do conto de fadas dos irmãos Grimm, *Schneewittchen*, levou três anos para ficar pronta.

Branca de Neve é uma linda moça, a mais bonita de seu reino. Ela vive em um castelo com sua madrasta malvada, a rainha. É dela, a bruxa, a famosa frase: "Mágico, espelho, espelho meu, quem é mais bela do que eu?".

A voz original da princesa ficou com a atriz e cantora norte-americana Adriana Caselotti. Ela foi convidada pessoalmente por Disney. Aqui no Brasil, a nossa primeira Branca de Neve foi Dalva de Oliveira. As canções foram interpretadas por Maria Clara Jacome. Em relação à dublagem, o príncipe foi interpretado pelo cantor Carlos Galhardo. A bruxa foi dublada por Estephana Louro e a rainha por Cordélia Ferreira.

A dublagem original é muito rara. É difícil, inclusive, de ser encontrada. Ela foi feita nos estúdios da Cinelab, em São Cristóvão, no Rio de Janeiro. A direção ficou a cargo de João de Barro, o Braguinha, que na época era diretor artístico da gravadora Columbia. Walt Disney gostou tanto da dublagem que presenteou o compositor com um relógio de ouro com uma dedicatória especial.

O que pode ser escrito, sem medo de errar, é que Braguinha convocou a nata da rádio. Ele foi no certo. Não foi uma aposta. Mas aí encontramos um grande problema. Por ser uma gravação rara e difícil, não é possível precisar todos os dubladores.

Uma nova versão foi feita apenas em 1965 e se tornou a mais popular. Maria Alice Barreto dublou Branca de Neve nas falas, e Cybele Freire, nas músicas. Drummond interpretou um dos sete anões, o Atchim. Com nariz sempre vermelho, o anão sofre com a umidade da mina em que trabalha diariamente. O nome é sugestivo. Sempre espirrando, ele garante cenas engraçadas nos momentos de tensão durante o filme. Por estar resfriado, Atchim tem a voz fanha. O anão foi inspirado no ator Billy Gilbert, que se tornou célebre por ter um espirro que todos consideravam hilário.

Além de atuar, Orlando participa do coral musical. Juntamente com os atores Ênio Santos, Joaquim Luís Motta, Navarro de Andrade e Magalhães Graça, ele interpretou as músicas "Eu Vou", "Burr Burr Burr" e "A Canção Tonta".

MOLE-MOLE, UM BOXEADOR

Orlando estava na adolescência. Ele tinha uma espécie de brincadeira com seus irmãos mais novos, digamos, nada convencional. Eles brincavam de luta. Mas não era qualquer luta. Drummond aprendeu a gostar de um esporte que começava a se tornar popular: o boxe.

– Quando eu descobri o boxe, fiquei encantado. Eu tinha um bom gancho de direita.

E tinha mesmo. Nessas brincadeiras com os irmãos, ele acabava sempre machucando um. Na hora da adrenalina, sentia-se num ringue, perdia a noção da força e aplicava golpes fortes.

– Já dei alguns nocautes em casa – lembra, com longas risadas.

A descoberta do boxe foi com uns 15, 16 anos. Orlando tinha um físico avantajado. Ele era forte para sua idade. A explicação é que ele praticava remo juntamente com o pai. Um dia ele estava no clube Boqueirão e teve um desentendimento com um nadador.

Drummond não lembra exatamente qual era o motivo da briga, mas tem um palpite:

– Eu acho que ele ficou enciumado por causa da namoradinha, achou que eu tinha olhado para ela.

– E olhou? – perguntei.

– Ainda bem que não lembro. Mas devo ter olhado, sim – dá uma piscada de olho.

Parecia uma cena de filme. Pessoas ao redor. Mais do que uma luta contra um possível ciúme, tinha algo mais valendo: o vencedor levaria para casa um par de luvas. A luta começou e foram socos para todos os lados. Orlando não lembra se alguém se machucou, mas não esquece o resultado final.

– Eu ganhei as luvas. Coloque aí que eu bati muito, mas, na verdade, não lembro se apanhei também – mais risos.

Quem mais gostou das luvas foram os irmãos de Drummond. As brincadeiras ficaram menos doloridas – o artefato amortecia os socos. Quem também ficou entusiasmado foi o avô paterno. Ele era um grande admirador de boxe e ficava encantado com os ataques que seu neto produzia.

– Meu avô achava que eu poderia ter uma carreira profissional no boxe.

O primeiro passo foi matriculá-lo em uma academia que ficava no Largo de São Francisco, no centro da cidade. Antes de começar o treino, Orlando fez a pesagem e descobriu que, por seu peso, sua categoria seria a galo. Isso quer dizer que ele teria que ter até 54 kg. O boxe era um esporte ainda novo no Brasil. Não tinha a tradição que fora construída ao longo do século XX. Foram os imigrantes, sobretudo alemães e italianos, que trouxeram a luta para o país.[5]

---

[5] A primeira luta no Brasil foi realizada em 1913, em São Paulo. Mas só a partir de 1919 é que houve uma maior divulgação, graças ao apoio do então Presidente da República, Rodrigues Alves, que se tornou fã do esporte. Foram criadas academias e comissões municipais que regulamentaram o boxe.

Mas Orlando já tinha seu grande ídolo no esporte. Ele se chamava Antônio Zumbano, mais conhecido como Zumbanão. O lutador pode ser considerado um dos primeiros astros do boxe brasileiro.

– Eu tinha um *punch* muito forte e uma capacidade de esquiva muito boa.

Mas Drummond também tinha seus medos. Uma história muito comum dentro das academias era a do acidente que tinha acabado com a carreira do lutador Benedito dos Santos, conhecido como Ditão.[6]

– Tomar soco faz parte do esporte, mas havia um medo muito grande de ter um derrame igual ao do Ditão – diz.

Orlando sabia bem dos riscos, mas a paixão pelo esporte falou mais alto. Mas nem sempre os treinamentos ficavam restritos à academia. Mesmo evitando brigas nas ruas, ele se meteu em algumas.

Certa vez estava jogando futebol, ou uma famosa "pelada", com os amigos. Um deles deu um chute sem direção ao gol, e a bola acabou caindo na casa de uma vizinha. Orlando foi buscar a bola e, após tocar a campainha, se surpreendeu.

– Um menino gordo, que devia ter a minha idade ou um pouco mais ou menos, falou que não ia me devolver a bola. E o pior: me mandou embora e me empurrou.

Com pavio curto e sabedor da sua força, Orlando não conversou.

– Na hora fiquei cego e dei um soco com toda a minha força no estômago dele. Eu sabia que tinha que dar um golpe certeiro porque ele era maior do que eu.

Mas o que ele não esperava foi a reação do garoto. Ele sentiu o golpe e caiu no chão sem respirar.

– *Porra*, Orlando! Será que você matou o gordinho?

– Fiquei aflito! Saí correndo para casa, torcendo para ele melhorar – recorda.

Tem um caso que Orlando se orgulha de contar. Em um torneio não oficial, realizado na academia, ele se sagrou campeão de boxe do bairro do Centro. Conhecido por seu poder de concentração, Drummond entrou no ringue contra um lutador português. Começa a luta e ele acerta um forte soco logo no começo. O oponente sente o golpe, cai, mas consegue levantar. Seu rosto fica machucado. Acaba o primeiro *round*. Orlando limpa o suor. Ele não tinha sofrido nenhum golpe. Quando volta para o ringue, ele se assusta.

– O português estava com a cara limpa. Mas como? Eu tinha acertado um belo soco nele.

---

[6] "Ditão" começou a carreira em São Paulo e pode ser considerado o primeiro grande pugilista brasileiro. Após vencer facilmente três lutas no Brasil, em 1923, um grupo de empresários agendou um confronto com o campeão europeu que tinha mais de 60 lutas no currículo. "Ditão" até começou bem, mas não resistiu ao poderio do oponente. Ele sofreu um derrame, que encerrou sua curta carreira. A repercussão foi tão negativa que o boxe ficou proibido entre 1922 e 1925.

Recomeça a luta, e soco para todos os lados. Drummond leva um de raspão e, no contra-ataque, acerta em cheio o português, que cai e demora um pouco para se levantar. Ele olhou bem e percebeu que um dos olhos do outro lutador quase não abria.

– Voltou a luta e percebi que o nariz do português estava inchado, mas não tinha nada no olho. Achei que estava ficando louco.

Foi quando seu treinador explicou que ele lutava contra irmãos portugueses gêmeos.

– Ganhei dos dois na mesma luta. Fui o campeão do bairro e a premiação foi um par de luvas.

Profissionalização?

Após vários treinamentos, Orlando já não tinha mais dúvidas do seu gosto pelo boxe. Sua categoria já estava mais do que definida (galo). Agora era a hora de escolher um pseudônimo. Após muito pensar, ele chegou ao nome que o acompanhou durante sua curta carreira profissional no boxe: "Mole-Mole".

– Eu era muito leve e tinha uma esquiva muito rápida. Eu conseguia confundir bem os adversários. Falavam que, por causa do meu físico, eu era muito mole, quase uma borracha.

A carreira de Drummond no boxe não foi longa, mas teve seus tempos de mídia. Esse é o termo mais correto. Seria injusto escrever o termo "glória", inclusive, o mais correto é dizer que Orlando teve mais sucesso como amador do que profissional. Explico! Em junho de 1939 acontecia no Rio de Janeiro o primeiro campeonato de boxe entre vendedores de jornais. Embora Orlando não fosse jornaleiro, sua família era muito conhecida no mercado e ele conseguiu se inscrever.

O *Diário de Notícias*, o *Jornal dos Sports* e o *Jornal do Brasil* apoiaram o evento que era, realmente, grande. Uma Feira de Amostras foi montada e contava com a participação da primeira-dama Darcy Vargas.

O evento estava marcado para as cinco horas da tarde no domingo (dia 25 de junho), no Estádio Brasil. Essa Feira de Amostras começava às quatro horas da tarde, era uma espécie de desfile que os lutadores faziam em homenagem à primeira-dama.

O *Jornal dos Sports* ilustrou no dia do evento uma manchete no mínimo curiosa: "Pugilistas de todos os quilates num espetáculo de bizarro ineditismo". Esse era o primeiro campeonato disputado pelos jornaleiros, ou seja, não eram só profissionais de boxe. Era mais ou menos o caso de Orlando. Ele treinava, mas não era um lutador profissional. Ele se juntou a mais 32 lutadores. Sim, eram 33 "combatentes".

Orlando (o Mole-Mole) estreou com vitória no campeonato, enfrentando o pugilista Arlindo Rodrigues da Costa. Não há registro se foi por nocaute ou por pontos. A segunda luta foi contra Francisco dos Santos (ele perdeu por pontos).
– Perdi a luta? Ainda bem que não lembro – disse, com muitas risadas.
Foi o fim de uma carreira curta no boxe.

UM REMADOR

Orlando era um apaixonado por esportes. Boxe, futebol e remo eram suas grandes paixões. Essa última ele herdou do pai, que também gostava de praticar remadas na parte da manhã. Era um verdadeiro passeio de família ir à Quinta da Boa Vista, em São Cristóvão. Lá havia barcos disponíveis para alugar. A família morava próximo ao local, dava para ir andando. É claro que ele, Orlando, preferiria ir nadando, mas isso não era possível. Mas o fato de ser perto significava que ele poderia sair escondido, sem ser descoberto pelos pais. Mas como nem sempre tinha dinheiro, ele se permitia, às vezes, furtar dinheiro da carteira do pai.

– Eu só queria remar! Por isso, confesso que costumava afanar uns trocadinhos do bolso do papai.

O pai jamais percebeu essas retiradas. Ou, se percebeu, nada fez. Ele tinha um grande orgulho de poder remar junto com o filho. Acima de tudo, era a chance de estarem juntos.

Com 17 anos, Orlando se inscreveu no Clube do Boqueirão do Passeio, que fica na Glória, zona sul da cidade.

– Remei lá por muitos anos e fiz grandes amigos.

Depois ele se associou ao Clube Internacional de Regatas, também na Glória. Era esse clube que seu pai frequentava. Muito competitivo, Orlando tentou se profissionalizar no remo (ele chegou a disputar alguns torneios, mas sem muito sucesso).

JUVENTUDE

Aos 17 anos, Drummond tomou uma decisão importante, que mudaria sua vida: resolveu que era hora de arrumar um emprego. Foi em um período mais difícil, financeiramente falando, da família. O pai teve que vender as poucas ações que ainda restavam. A casa em que a família morava, agora na Piedade, foi hipotecada. As irmãs Virgínia e Judith também estavam trabalhando para ajudar a pagar as contas.

É bem verdade que Orlando já trabalhava no armazém do padrinho, que se chamava Carlos. Ele ajudava nas entregas das mercadorias e ganhava uma ajuda de custo, não era exatamente um salário. Era preciso mais para se bancar e ajudar nas despesas de casa. Por isso, em 1936, tirou a carteira de trabalho. Não demorou muito e ele começou a trabalhar em uma loja que vendia camisas, no centro da cidade. Ficou por pouco tempo. Surgiu uma oportunidade para ganhar um pouco mais em uma firma importadora, mas ele não se adaptou.

Até que recebeu um chamado das irmãs Virginia e Edith. Elas trabalhavam em uma loja que vendia chapéus, também, no Centro. Assim que surgiu uma oportunidade de vendedor, elas pensaram no irmão. Drummond topou na hora. Quando chegou à loja ficou se olhando no espelho e experimentando os chapéus. Ele fazia caras e bocas das mais engraçadas. A dona disse que a vaga não era interna, ele teria que andar pelas ruas vendendo os objetos.

Descontraído, ele topou a vaga e gostava do trabalho.

– Eu era um bom vendedor. O legal é que eu conseguia vender chapéu fazendo piada.

Mas a firma faliu. Aconselhado pelo pai, ele decidiu estudar para tentar um emprego no governo. Para conseguir a vaga era preciso fazer uma prova. Naquela época, final da década de 1930 e começo da de 1940, concurso público não tinha tanto apelo. Nesse período, ele já estava com 20 anos. Foi quando decidiu que era hora de sair de casa. De uma forma ou de outra, sentia que era preciso viver novos ares, não queria mais tanta dependência dos pais.

O pai apoiava a decisão, enxergava como forma de amadurecimento; afinal, Orlando tinha vivido os altos e baixos da vida do ponto de vista financeiro. Já a mãe sabia que essa experiência seria importante, mas estava angustiada. Tinha medo de perdê-lo, não queria o filho longe. Ao sair de casa, foi morar na casa da irmã Virgínia, casada com Alberto. O cunhado era dono de um posto de gasolina e ofereceu uma oportunidade de trabalho para Orlando.

Focado nos estudos, pediu mais um tempo para se dedicar, e deu certo. Drummond foi aprovado no concurso do Departamento Administrativo do Serviço Público (DASP). Ele ficou lotado no Ministério do Trabalho, na função de escriturário. Era um emprego burocrático com todas as garantias e benefícios de um serviço público. Para muitos, um sonho, mas não para Drummond. Ele simplesmente detestou o trabalho. Não conseguiu se acostumar com a tranquilidade. Novo, ele era agitado, tinha muita energia. No entanto, tinha a noção do que representava a estabilidade, era um emprego para toda a vida.

Ele tentou, mas não resistiu. Contrariando toda a família, desistiu do emprego. Ainda morando com o cunhado, aceitou a proposta e se tornou vigia no posto de gasolina.

NO POSTO DE GASOLINA

Ao aceitar a proposta do cunhado, ele tomou mais uma decisão: morar sozinho. E escolheu a Lapa, o coração da boemia carioca. Mas a escolha do bairro não foi apenas pensando em diversão. O posto de gasolina do cunhado ficava na Lapa. Para ser mais preciso, a localização era na Praça da Cruz Vermelha, próximo ao Inca (Instituto Nacional de Câncer). Ele chegava rapidamente ao trabalho.

A vaga era para trabalhar no período noturno, de meia-noite às oito da manhã. Isso foi no final dos anos 30, começo dos 40. Ele topou na hora. Como quase todos os vigias que trabalham na madrugada, dava suas bobeadas, cochilava e, quase sempre, acordava assustado.

– Ainda bem que não aconteceu nada!

Ele não trabalhava sozinho. O posto tinha outro vigia, eles se davam bem. Mas acontecia que, por vezes, os dois dormiam juntos. Sorte que nenhum carro foi roubado. Orlando sempre foi apaixonado por carros. Tinha alguma noção, mas nunca tinha, de fato, dirigido um. O tal posto também servia de estacionamento para veículos durante a madrugada.

As chaves ficavam no posto. E, muitas vezes, era necessário manobrar os carros. Era a chance que ele queria para aprender. Como o outro rapaz sabia dirigir, começou a observá-lo. Ele não teve muita dificuldade para aprender direção. O trabalho ficava mais interessante nesses momentos. Seu prazer era manobrar. Ele odiava o trabalho de vigia, queria mesmo era dirigir.

Como estava mais confiante, começou a ser mais atrevido, não queria só mais manobrar. Orlando percebeu que eram sempre as mesmas pessoas que estacionavam os carros. Em seguida, reparou nos horários, não alteravam quase nada. Um carro, em especial, chamava sua atenção (o modelo não vem ao caso). O dono era um delegado. Ele trabalhava em uma delegacia próxima ao posto. O que Orlando lembra é que se tratava de uma pessoa simpática.

Mais ou menos umas duas horas após o delegado estacionar o carro, Drummond ia lá escondido, ligava o carro e dava partida. Ele queria dar uma volta no possante pela redondeza. Era uma forma de aprender, mas também de se mostrar para as meninas. Fez isso dezenas de vezes e nunca aconteceu nada. A confiança foi aumentando e o descuido também. Em se tratando de Drummond, tinha que dar um problema... e deu. A máquina, por vezes, falha. E falhou.

Ele estava dando a volta pelo quarteirão quando o carro enguiçou. Entrou em desespero duplamente. Primeiramente, porque sabia que estava errado, não devia dirigir o carro de um cliente do posto de gasolina. Segundo, e mais preocupante, é que o carro pertencia a um policial. E, para piorar a situação, o enguiço foi quase em frente à delegacia. Isso mesmo que você leu. Sua audácia foi tanta que ele se permitia passear em frente ao trabalho do dono do veículo. Desesperado, voltou correndo ao posto e foi pedir ajuda ao outro vigia. Em suma, deixaram o posto sozinho, sem um segurança sequer. O seu colega entendia de motor e conseguiu dar partida no carro.

Ele nunca mais saiu para dar uma volta com nenhum carro do posto de gasolina.

UM CAMARÃO PODE TRANSFORMAR VIDAS

Orlando foi um adolescente como qualquer outro: gostava de rua, de namorar e de sair com os amigos para tomar umas cervejas. Mas, sempre antes de sair de casa, ouvia o mesmo conselho do pai:

– Orlando, não vá se meter em briga na rua!
– Eu sei, pai. Pode deixar!
– Lembra do que sempre te falo...
– Já sei... se entrar em uma briga, não pode apanhar.

A lógica era simples: faça de tudo para evitar entrar em uma briga, mas, se entrar, não pode apanhar. O pai ensinava a reagir, caso necessário.

Drummond, realmente, não era de entrar em brigas. O boxe ensinou a ter disciplina. No entanto, ele era muito popular entre os amigos e todos sabiam da sua fama de durão. Afinal, tinha corpo atlético e definido pela luta e pelo remo. O pessoal já sabia: não pode brigar contra o Drummond. Era certeza de derrota. Agora, se entrar em um confronto, pode chamá-lo para ajudar. E foi o que aconteceu um dia... Camarão que o diga.

Era para ser só mais um dia daquele ano de 1940. Orlando estava na Lapa, tomando umas bebidas e batendo papo com os amigos Fred e Homero. De repente, vem um rapaz correndo na direção da mesa em que Drummond estava sentado. Ele não reconheceu o sujeito rasgado e esbaforido que mal conseguia falar.

– Estão matando o Camarão! Estão matando o Camarão! – gritava o rapaz.
– Quem é esse tal de Camarão? – perguntou Orlando.
– É um amigo nosso, que você não conhece! – disse um dos rapazes sentados à mesa.
– Vamos lá ajudar o Camarão! – gritou um outro rapaz da mesa.
– Vamos lá, então! – disse um Orlando confiante.

Segundos depois ele se lembrou do pai:
– Orlando, não vá se meter em briga na rua!

Naquele momento, ele só se lembrava do pai.

– Puta que pariu! Vai dar merda!

Respirou fundo e foi atrás dos amigos para ajudar o tal Camarão. Chegando ao local, ele se surpreendeu com o que viu. Era um bar próximo ao que eles estavam.

– Era uma porradaria danada! Cadeira voando para todos os lados. Uma quebradeira total e um monte de marmanjos fortes de dois metros se machucando – lembra aos risos.

Hoje ele confessa:
– O tamanho dos homens me assustou – disse.

Na hora ele se assustou mesmo. Estava tenso. Lembrava o tempo todo do conselho do pai.

– Orlando, não vá se meter em briga na rua!

Enquanto seus amigos entravam na briga, ele analisava a cena. Estava espantado com aquela cena de horror. Afinal, estavam quebrando todo o bar.

"Desculpa, pai!" – pensou na hora.

Olhou, mais uma vez, para aquela cena, antes de fazer um ataque surpresa. Reparou que tinha um rapaz baixinho que já estava um pouco machucado e tentava fugir da briga. Ele parecia ser o mais fraco naquele cenário.

– Só tem homem forte. Quer saber, vou naquele baixinho.

Drummond não conversou. Entrou na briga e pegou o baixinho pela camisa e começou a dar seus famosos socos de direita. O rapaz não esboçou qualquer tipo de reação. Ele só parou quando foi derrubado por um dos seus amigos com quem tomava cerveja.

– Porra, Orlando! Você acertou o Camarão! – gritou o amigo.

Surpreso, ele olhou para o Camarão, que estava deitado no chão nocauteado com um dos seus socos.

– Puta que pariu! Que merda que eu fiz?

A polícia chegou e a briga foi desfeita! Estavam todos deitados no chão. O que Orlando não sabia é que o Camarão era policial.

– Foi aquele ali que me agrediu. Prendam esse vagabundo – disse Camarão, apontando para Orlando.

– Agora deu merda de vez – pensou Drummond, só lembrando da recomendação do pai, que parecia ecoar em sua mente a todo momento.

– Orlando, não vá se meter em briga na rua!

Para sorte de Orlando, que já estava dentro do camburão, um dos amigos também era policial e foi conversar com o rapaz agredido.

– Porra, Camarão! Eu trouxe o Orlando para ajudar a te defender!

Camarão se comoveu com o pedido do amigo e não denunciou Orlando. O que ninguém esperava é o que os dois se tornariam colegas depois desse episódio. Como tinham conhecidos em comum, logo se enturmaram. Foi essa amizade com o Camarão que possibilitou a Orlando conhecer o cantor Moraes Neto,[7] considerado a revelação da música no ano de 1941. Esse contato mudou a vida de Drummond.

Como tudo começou

Assim que chegou ao Rio de Janeiro, Moraes Neto, logo de cara, conseguiu a amizade de Ary Barroso, que carinhosamente o chamava de Boi. O apelido tinha motivo: para Ary, o cantor não tinha ideia da força da voz que possuía. Não demorou a Moraes fazer sucesso com marchinhas de carnaval. O cantor frequentava o mesmo grupo de Camarão, que agora também era frequentado por Orlando. Sempre bem-humorado, Drummond já fazia muitas imitações de animais e de artistas da época. Era sempre garantia de boas risadas no meio da turma.

Além disso, Drummond ainda tinha o velho desejo de trabalhar em rádio. Já tinham passado bons anos daquele teste na Nacional, que não tinha dado certo. Não ficou um trauma. Pelo contrário, ele sempre usou como incentivo e, como bom comediante, sempre usava seus erros para fazer uma boa piada. Orlando se aproximou de Moraes e eles se tornaram bons amigos. O cantor reparou rapidamente no talento de Orlando para imitar e criar vozes.

Passados alguns meses, Moraes conversou com Drummond sobre esse talento. Já estabelecido na Tupi, o cantor prometeu que tentaria uma chance para ele dentro da rádio; assim que surgisse uma vaga, o indicaria. E não demorou muito para essa vaga surgir. Moraes Neto falou de Drummond para um dos homens fortes da Tupi. Seu nome era Olavo de Barros, diretor do radioteatro, um dos núcleos de maior sucesso da rádio.

No dia e hora combinados, Drummond estava na rádio. Foi recebido pelo próprio Olavo de Barros. A vaga era para contrarregra.

– Moraes Neto me falou que você é bom de imitações.
– O que eu preciso fazer?
– Eu preciso que você faça passos e ruídos dos mais diversos.
Orlando lembra bem daquele dia.
– Modéstia à parte, eu tinha muito talento para fazer qualquer tipo de ruído.
Ele fez o teste e foi aprovado. E, assim, em 1942, no dia 13 de agosto, em uma sexta-feira, começava a história de Orlando Drummond na Rádio Tupi.

---

[7] Nascido em Minas Gerais, Moraes descende de uma família de músicos. Chegou ao Rio em 1941 e logo conseguiu uma oportunidade na Rádio Tupi (já tinha atuado em rádios de Minas e de Fortaleza).

— Dizem que 13 é um número de azar e que agosto é um mês de azar. Eu te digo que foram o dia e o mês em que comecei minha carreira. Graças a Deus!

FUNÇÃO: CONTRARREGRA

— **Você é o mais novo contrarregra da Rádio Tupi.** Parabéns!

A frase de Olavo de Barros não saía da cabeça de Orlando. Virou uma espécie de mantra. Ele estava muito feliz, era o grande desafio de sua vida, a realização de um sonho poder trabalhar com artistas que ele e sua família admiravam.

— Será que um dia vou ser um desses artistas famosos?

Essa era uma pergunta que Drummond se fazia logo no começo da rádio. Havia, claro, um receio. Talvez o público não saiba, mas um trabalho em uma emissora de comunicação, seja rádio, TV, impresso ou internet, só é bem-sucedido se houver, de fato, um verdadeiro trabalho em equipe. Levando para a televisão, para ficar mais próximo do leitor, há todo um trabalho de engenharia, iluminação, produção, maquiagem, por exemplo, para o artista aparecer bonito. Não basta apenas o talento do ator. Imagine se o microfone não funcionar, se a luz não ficar boa. Por mais clichê que pareça, não se faz um programa sozinho.

E aí chegamos à função de contrarregra exercida por Drummond na Rádio Tupi. Não era uma missão fácil, exigia raciocínio rápido, inteligência, observação e muita concentração. Não se pode esquecer da sensibilidade, e até do improviso. O contrarregra era responsável por dar ritmo às novelas, aos humorísticos e aos programas de auditório. Ele tinha acesso ao roteiro, sabia o momento exato em que tinha que fazer os sons que dão veracidade à cena (pode ser, por exemplo, passos, tiros, portas se abrindo ou fechando).

É bem interessante que na hora das apresentações, todas ao vivo, o contrarregra ficava em uma espécie de quadrado ao lado do palco. Nesse espaço tinha de tudo um pouco: sinos, bacias vazias ou com água, caixas, pedra, cascalho, areia e tudo aquilo que pudesse fazer ruído para o espetáculo. Esse clima foi fundamental para a rápida adaptação de Orlando na função. A pressão para tudo dar certo era grande e sua "experiência" em fazer tipos e ruídos lá da época da escola foi muito importante para sua carreira.

MADAME SATÃ X "PERIGOSA"

Drummond era frequentador da Lapa, centro da boemia carioca. A nata da rádio e da classe artística batia ponto no lugar. Muitos gostavam de dizer que ali ficavam seus respectivos escritórios. Em uma de suas muitas noitadas, conheceu uma das figuras mais emblemáticas da boemia do Rio de Janeiro, Madame Satã,[8] uma *drag queen* que se transformou em ícone da cultura marginal.

Seu nome original era João Francisco dos Santos. Nascido em Recife, veio para o Rio de Janeiro em busca de uma vida melhor. Analfabeto, negro e homossexual, não aceitava o preconceito e era conhecido por não levar desaforo para casa. Trabalhou como segurança em diversas boates (era um trabalho de que gostava). Não suportava que mulheres fossem vítimas de assédio, assim como não permitia nenhum insulto a mendigos, prostitutas, travestis e negros. Por causa do seu gênio, foi preso e cumpriu mais de 20 anos de pena. Sua ficha criminal é extensa: foi responsável pelo assassinato de um policial, em 1928, além de praticar furtos, porte de arma ilegal e resistência à prisão.

Com um temperamento irônico e extrovertido, assumiu o apelido após desfilar no bloco "Caçadores de Veados". A inspiração veio de um filme do cineasta Cecil B. DeMille (*Madame Satã*). Mas, voltando ao Orlando, ele ainda estava oficialmente solteiro. Drummond tinha um caso com uma mulher que morava na Lapa, o que, também, era um dos motivos para sempre bater ponto por lá.

– Era uma alagoana bem bonita. Ela era conhecida como "Perigosa".

Mas "Perigosa" tinha um grande problema: morria de ciúmes de Orlando. Quando ele ficava uns dias sem vê-la, a menina ia atrás dele no prédio da Rádio Tupi. Os porteiros já a conheciam.

– Era uma correria danada. O pessoal corria para me avisar: "Orlando, a 'Perigosa' tá lá embaixo".

Um dia ele estava caminhando pelos Arcos da Lapa, quando passou pela Madame Satã. Ele não confessa, mas deve ter dito alguma besteira. Resultado: foi perseguido.

– A Madame Satã começou a me agarrar pelas pernas. Eu só queria ir embora.

Para sorte de Orlando, um porteiro o reconheceu e foi correndo chamar a "Perigosa". Ela foi correndo ajudá-lo, furiosa. Não deu outra: foi pancada para todos os lados.

– Aquela alagoana era o demônio. Era forte pra cacete. Difícil foi conseguir terminar com ela – lembra aos risos.

TRÊS TIROS DE BRINCADEIRA

Todo mundo tem um chefe de quem não gosta, não é verdade? Com Orlando não era diferente. Por motivos óbvios, o nome do, digamos, vilão, será preservado. Você

---

[8] Madame Satã (1900-1976).

vai entender os motivos. Farto das ações abusivas do tal diretor, conhecido por gritar e humilhar os funcionários, Orlando programou uma vingança. Era uma espécie de plano perfeito. Nada poderia dar errado. Disposto a tudo, começou a acompanhar diariamente as ações do chefe. Logo de cara, reparou que ele era meticuloso em seus horários.

Após organizar tudo, chegou o grande dia. Era a hora de o diretor pagar pelos seus pecados. No ar, estava uma novela. Ao vivo, claro, ou seja, Drummond estava em sua sala, atento ao roteiro para fazer as intervenções necessárias. Com um olho no roteiro e outro no relógio, Orlando começou a contar os minutos para a chegada do diretor. E ele veio na mesma hora, como todos os dias. De sua sala, Orlando tinha a visão do corredor. Ele começou a encarar o diretor, que percebeu a ação e não gostou. Ele parou e também encarou Drummond. Os dois ficaram se olhando de cara feia, pareciam dois cães raivosos. O plano estava dando certo. A próxima intervenção de Orlando na novela, marcada no roteiro, eram três tiros do herói no bandido. Ele pegou, então, a arma fictícia e escondeu atrás do corpo esperando o momento certo. Uma das principais qualidades do trabalho do contrarregra é justamente a agilidade nos atos. Era tudo de que Orlando mais precisava naquela hora, tinha que haver uma perfeita sincronia.

Com a arma escondida, continuou encarando o diretor. Raivoso, o chefe começou a andar mais rápido em sua direção. A porta estava estrategicamente fechada.

– Chegou a hora! É agora ou nunca!

O diretor, tomado pela ira, abriu a porta com violência.

Orlando deu uma última olhada no roteiro e, com toda a convicção, apontou a arma para o chefe.

– É agora!! – gritou Orlando.

Pelos corredores só se ouvia o grito do diretor:

– Não!

Três tiros foram dados!

Com um olhar fulminante, certo de ter feito bem o seu trabalho, Orlando, com um olhar de sonso, olha no fundo dos olhos do diretor, leva a arma a sua própria boca e assopra o cano. O diretor estava caído quando percebeu que não tinha sido ferido. Raivoso, ainda tentou se levantar, mas foi advertido por Drummond, que apontou para suas calças. Mais um duro golpe sofrido pelo gestor. Na hora do medo, ele se urinou e suas roupas estavam molhadas. Enquanto isso, a novela continuava como se nada tivesse ocorrido. O diretor percebeu que tinha caído em uma cilada. E o pior de tudo: não poderia fazer nada, pois Drummond fez o que determinava o roteiro. O diretor, urinado, levantou e foi ao banheiro se limpar. Todos no corredor olhavam assustados. Afinal, além de o chefe ter dado um grito bem alto, ele estava sujo. E ninguém sabia do plano de Orlando.

Dizem que depois desse dia ele passou a tratar melhor os funcionários.

DISNEY E HERBERT RICHERS: O ENCONTRO

Estamos em 1944. Disney está no Brasil. Em sua segunda visita ao Brasil,[9] ele veio com duas missões: a primeira foi lançar o filme "Alô, amigos". A segunda foi captar imagens da cidade. O produtor americano tinha o hábito de sempre captar imagens durante suas viagens. Poderia ser um cenário ou uma fonte de inspiração para um próximo desenho. Mas, dessa vez, ele não trouxe toda a equipe. Disney precisou contratar alguns cinegrafistas brasileiros. Ele estava, sobretudo, interessado em nosso Carnaval. Um desses contratados foi Herbert Richers. Na época, o diretor trabalhava na elaboração de cinejornais que eram exibidos antes das sessões de cinema.

Sua função, na equipe de Disney, foi cuidar dos desfiles de rua. Duas características ajudaram Richers: sabia falar fluentemente inglês e era especialista em tomadas externas. Richers acompanhou diariamente as gravações. Passaram em todos os pontos turísticos da cidade e em algumas quadras de escolas de samba para fazer imagens. Disney acompanhou tudo de perto supervisionando a equipe.

A amizade com alguns membros da equipe técnica trouxe muitos benefícios para Richers. Os cinegrafistas de Disney tinham um conhecimento de cinema que ainda não dominávamos. Para o nosso produtor foi importante, por exemplo, perceber como eles trabalhavam a iluminação, o enquadramento, além de observar a forma de Disney dirigir as cenas. Pode-se afirmar, sem medo de errar, que foi um encontro que mudou a vida de Richers e beneficiou, de maneira geral, nós, brasileiros. E, claro, de Orlando Drummond, como você vai perceber mais à frente.

O SEGUNDO TESTE

Orlando estava feliz na Rádio Tupi. Seu trabalho era reconhecido e ele era muito querido pelos colegas. Gostava tanto da Tupi que ganhou uma sala. Nesse espaço guardava seus troféus, inclusive, os de atletas. No entanto, Orlando achava que

---

[9] A primeira visita foi em agosto de 1941.

já era a hora de dar um passo maior: ele queria se tornar ator. Vinha conversando com um e outro sobre a possibilidade de atuar. Seria uma nova experiência e a chance de melhorar o salário.

Esse desejo de Drummond foi se espalhando pelos corredores da rádio. E funcionou. Não se sabe quem falou com Paulo Gracindo que, naquela época, já era um ator consagrado, e, coincidentemente, era o diretor da Tupi. Gracindo conhecia bem o trabalho de Drummond. Era notória, para todos, a facilidade que ele tinha para imitar sons – não à toa era contrarregra. Mas sempre que tinha uma oportunidade, e ele cavava, a todo instante, Orlando contava uma piada ou cantava uma música. Era uma forma de alegrar o ambiente e mostrar seus dotes artísticos. Até que um dia, bem no começo de 1946, Paulo Gracindo cedeu aos apelos e resolveu dar uma chance a Drummond.

– Vamos marcar um teste para saber como você se sai.

Paulo não combinou um dia certo, deixou em aberto. O artista precisa saber improvisar. O improviso era muito comum na rádio, e Orlando entendia bem esse cenário. Afinal, ele também estava envolvido em toda a tensão de se fazer uma programação ao vivo. Drummond tentava não se preocupar, o seu dia ia chegar. Ele sempre acreditou que as coisas acontecem na hora certa, era uma questão de tempo. Mesmo com toda essa fé, no fundo, ele pensava no teste.

O dia do teste chegou

Orlando estava sentado em sua sala, aguardando o momento exato de ir ao estúdio fazer o trabalho de contrarregra. No entanto, foi surpreendido com a chegada repentina de Paulo Gracindo.

– Vamos fazer o teste?

Rapidamente, Orlando levantou da cadeira e se colocou à disposição.

– Claro!

Nesse momento bateu o nervosismo, mas nada que o abalasse, era uma tensão gostosa. Ele sabia que não era um teste qualquer. Mais ainda: sabia que não seria fácil. Paulo era muito rigoroso com a qualidade em seus trabalhos. Orlando sabia que não poderia errar. Drummond recebeu o roteiro. Gracindo o deixou sozinho por uns minutos, para que decorasse o texto. Ele não conseguia acreditar no que estava lendo. Suas mãos começaram a tremer.

– Puta merda!

O desespero tinha motivo. Ele estava crente de que seria um papel cômico. Mas, não! Era um drama. Orlando ainda não era ator, sua experiência era pequena e ele tinha uma veia cômica. Como esperado, ele não foi bem no teste. Foi um golpe duro. Ele ficou cabisbaixo por alguns dias, pois era sua grande chance. Será que teria outra? Os colegas perceberam sua tristeza. Orlando lembra que algumas pessoas mais próximas foram conversar com Gracindo, foram pedir uma nova chance. Mas colocaram como condição que fosse um papel cômico.

– Fiquei nervoso! Não estava preparado para fazer um papel dramático.

Ele não ficou chateado com Gracindo. Nem poderia. Orlando tinha total noção de que a carreira de um ator funcionava dessa forma, os papéis variavam. Ele estava, na verdade, decepcionado com seu desempenho. O que mais se comentava é que era um desperdício testá-lo dessa forma. Todos estavam convictos de que Orlando tinha tudo para se tornar um excelente comediante. Era um absurdo o proibirem de sorrir.

Novamente, Gracindo cedeu aos pedidos e resolveu dar mais uma chance a Orlando. Outra vez, ele o fez de surpresa. Orlando já estava um pouco melhor. A empolgação para o teste já não era a mesma da primeira vez, mesmo assim, ele fechou os olhos e fez uma oração. Era preciso fé.

– Porra!

Isso foi o que ele pensou, quando viu o texto. Para sua surpresa era um personagem cômico. Confiante, ele se sentiu mais seguro e tranquilo. E foi bem. Ao sair do estúdio, ainda sem a resposta final, ele comemorava no corredor. Orlando passou no teste e começou a ser chamado, primeiramente, para fazer pequenas pontas nas produções da Tupi. A admiração que ele tinha pelo diretor aumentou a partir dessa oportunidade.

– Paulo Gracindo foi o meu guru. Ele me abriu portas e me ensinou demais.

Após a aprovação, Drummond passou a se tornar um verdadeiro curinga na rádio e foi escalado para muitas produções. Tinha um papel engraçado? Era ele quem era escalado.

– Eu sempre levei tudo na brincadeira, mas na hora séria era para valer. Tudo que eu fazia era com muita graça e amor – afirma.

Orlando estava em sua sala, lendo o roteiro do programa seguinte. O grande dia chegou. Paulo Gracindo bateu na porta, cumprimentou-o e chamou.

– Pronto?
– Claro!

Orlando achava que era para produzir todos os sons da atração seguinte. Mas não naquela vez. Era a sua primeira chance para atuar de verdade, ao lado de atores consagrados que ele tanto admirava.

– Um ator faltou e eu preciso que você diga uma frase. Combinado?
– Combinado!

Ele disse sim na hora. Mas, em seguida, bateram o nervosismo e a insegurança. Paulo Gracindo mostrou qual seria a sua fala no roteiro. Ele leu, releu e ficou repetindo para que não tivesse nenhum erro. Chegou a hora! Novela no ar. Orlando estava na cabine para fazer sua participação. Ele só precisava dizer a seguinte frase: "Está bem, doutor!".

– Foi um desastre total! – lembra aos risos.

Muito nervoso, ele se embolou e disse: *"Estrá bem, droutror!"*.

– A minha sorte é que o Paulo Gracindo entendeu meu nervosismo e depois me deu outras oportunidades.

"GRANDE THEATRO EUCALOL"

Desde 1940 na grade da Rádio Tupi, o programa Grande Theatro Eucalol[10] transmitia, durante uma hora, uma peça, em geral inédita, da literatura brasileira. Era uma iniciativa interessante, pois já naquela época tinha uma espécie de importação de histórias latinas para as radionovelas. O programa, dirigido por Olavo de Barros, mudou de dias algumas vezes. Foi ao ar às segundas e terças, mas sempre no mesmo horário, às 22h. Drummond era o contrarregra da produção.

– Eu ficava me imaginando um dia, só um dia, atuando em uma dessas histórias – conta.

E ele conseguiu! Dois fatores foram importantíssimos nesse sentido. O primeiro foi a aprovação de Paulo Gracindo, o principal nome da Rádio Tupi. O outro, claro, foi a amizade com Olavo de Barros. Em suma, ele estava cercado pelo guru (Gracindo) e pelo padrinho (Olavo). O Grande Theatro foi muito significativo para Drummond, porque foi sua primeira oportunidade profissional. Ele começou com pontas pequenas e falas curtas. Participou de apenas seis episódios, mas foi o suficiente para a direção da rádio entender que ele merecia voos maiores e mais longos.

Em 1947, o programa saiu da grade da Tupi e foi para a Rádio Globo.

RÁDIO SEQUÊNCIA G-3

No começo dos anos 1940, o então diretor da Rádio Tupi, Gilberto Martins, desejava um programa para o horário da manhã. Em segundo lugar na audiência, ele sabia que ainda estava distante da Rádio Nacional. Gilberto chamou dois produtores

---

[10] Eucalol foi uma empresa de produtos de higiene pessoal.

para ajudá-lo a pensar nesse tal programa. Os encarregados foram Max Nunes e Alexandre de Sousa. Uma coisa era certa: a atração tinha que ter muito humor. O horário escolhido foi de 11h30 a 13h30. O programa, diário, foi chamado de Rádio Sequência G-3. Para ajudar nessa empreitada de preencher duas horas na programação, foi chamado todo o elenco da Tupi.

O formato inicial previa quadros de no máximo cinco minutos. Nesse entra e sai de atores, nomes como Túlio Berti, Rosita Rocha, Matinhos, Silva Araújo, Restier Júnior, Radamés Celestino, Otávio França, Amélia Simone, Álvaro Augusto, Maria do Carmo, Alair Nazareth, Nancy Wanderley, Duarte de Morais, Abel Pêra, Alfredinho, França, Luiza Nazareth, Haydée Vieira, Germano e muitos outros. O sucesso foi imediato. O público comprou a ideia. Virou um grande programa para a família durante a hora do almoço. Bares e restaurantes também aproveitavam o horário do novo fenômeno das rádios. Quadros como "Pindoba, um galã sem sorte", estrelado por Wellington Botelho, gozaram de muito sucesso.

Apesar do sucesso, o público deu sinais de cansaço da fórmula do programa. A direção da Tupi achou que era o momento de fazer uma reformulação. E ela fez em 1947. O nome escolhido pela emissora para comandar essas mudanças foi Paulo Gracindo. Nessa reformulação ficou acertado que os quadros que ainda agradavam o público seriam mantidos. Dois exemplos: "Mariquinhas e Maricota", de Alexandre de Sousa, e "Queixa do dia", de Max Nunes.

Mas as principais mudanças ocorreram em alguns conceitos, a começar pelos quadros. Dois, de imediato, foram testados com sucesso: "A voz do povo" e "Anedotário das profissões". Esse último foi uma criação de Almirante, uma das maiores referências da história da rádio. Uma outra alteração foi a ideia de interagir mais com a plateia. Essa interação acontecia, basicamente, em um formato de perguntas e respostas com o auditório, e com a distribuição de prêmios para os ouvintes.

A última mudança foi a inclusão de novos atores para participar dos quadros e das histórias avulsas. Esse foi o momento de Orlando conseguir suas primeiras chances. Paulo Gracindo, inclusive, lhe deu um presente: o personagem Fifico Papoula. Fifico foi o primeiro de uma série de personagens *gays* que Orlando fez em sua carreira. Ele é uma pessoa extremamente elegante, foi criado em Paris e gosta de dar conselhos para todos. Foi, sem dúvida, o primeiro personagem de destaque na carreira de Drummond.

– Foi um presente que o Paulo Gracindo, o meu guru, me deu! – conta Orlando.

Um dos conselhos que Fifico mais gostava de dar era sobre vaidade. Para ele, era fundamental ter uma boa aparência. Um exemplo é que o personagem sempre ia ao salão fazer as unhas.

Certo dia, Orlando acabou a apresentação e foi até o banheiro trocar de roupa. Como o programa terminava às 13h30, ele ia almoçar ali por perto da rádio. Ao sair do prédio, foi abordado por um fã. Drummond, na hora, foi atencioso com o rapaz. Mas ele se surpreendeu com as intenções.

– Como eu fazia o Fifico, o cara achou que eu era *gay* e veio me dar uma cantada!

Muito reservado em sua vida pessoal, Orlando não gostou da abordagem. Tentou conversar com o rapaz, alegando que se tratava apenas de um personagem. Mas o suposto fã insistiu, dizendo que estava apaixonado.

– Ele me tirou do sério. Não aguento falta de respeito. Conversei e não adiantou. Acabou que dei uns socos e o cara acabou em cima de uma carrocinha de doces.

As reformulações deram certo. A direção gostou tanto das mudanças que aumentou o programa em meia hora – passou a começar às 11h.

A PRIMEIRA VIAGEM INTERNACIONAL

A América do Sul estava com os olhos virados para a Argentina. Logo no começo de 1946, seria realizada a 19ª edição da Copa América. Brasil, Bolívia, Chile, Equador, Uruguai e, claro, os argentinos disputavam a tão sonhada taça. Apaixonado por futebol, Orlando realizou dois grandes sonhos: fez a sua primeira viagem internacional e foi assistir às partidas da competição.

A seleção brasileira tinha grandes nomes, como Domingos da Guia (Corinthians) e Zizinho. O campeonato foi disputado por seis seleções: Argentina, Bolívia, Brasil, Chile, Paraguai e Uruguai. Colômbia, Equador e Peru não jogaram. Todos os times se enfrentaram em um turno único, com sistema de pontos corridos. O Brasil estreou no dia 16 de janeiro contra o Paraguai. Vitória brasileira por 3 x 0, dois de Heleno de Freitas e um de Zizinho. No jogo seguinte (23/01), mais um triunfo: 4 x 3 no Uruguai. Jair Rosa Pinto fez 2, Heleno, 1, e Chico completou. A terceira partida (29/01) terminou empatada com o Paraguai: 1 x 1. Norival foi o autor do gol. Em fevereiro (dia 02), a seleção goleou o Chile (5 x 1) com quatro gols de Zizinho e um de Chico.

Depois de todos os resultados, estava definida a final do campeonato sul-americano. Brasil e Argentina se enfrentariam no dia 10 de fevereiro, no estádio Monumental de Nuñez. Orlando estava lá. Estádio lotado, tudo pronto. Começa o jogo. O jogador argentino Salomón lesionou-se, após um choque com Ademir Menezes. A torcida local ficou irada. Muitos torcedores entraram em campo e tentaram agredir os jogadores brasileiros. O jogo ficou parado por mais de uma hora, até a situação ser controlada. A violência não ficou só no campo. Vários torcedores começaram a brigar nas arquibancadas. Orlando se envolveu em uma das confusões.

– Um cara enfiou o dedo no meu olho. Eu quase fiquei cego.

Mas ele não deixou por menos. O seu passado de boxeador falou mais alto e ele revidou aos ataques.

– Eu marquei o rosto dele. E quando ele deu bobeira e caiu no chão, acertei um chute no joelho dele.

O dia de Orlando ainda não tinha acabado. O sonho de assistir ao Brasil vencer desceu por água abaixo. O jogo foi reiniciado e a seleção perdeu por 2 x 0. Começava aí a fama de pé-frio de Orlando nos jogos da seleção brasileira.

PALÁCIO DOS VERANEADORES

Estamos em 1947. A Rádio Tupi exibia aos domingos um programa de muito sucesso, comandado por Manoel Barcelos. A atração, que tinha o nome do locutor, começava às 11h. Os fãs enchiam o auditório em busca de prêmios e de muita diversão.

O programa tinha muitos quadros. Um deles era uma atração dos produtores Max Nunes e César de Barros Barreto. Com duração de 45 minutos, a ideia era criar uma sátira ao Poder Legislativo. Seu nome era "Palácio dos Veraneadores". A sessão começava pontualmente às 13h. O presidente soava o gongo. Os projetos eram os mais curiosos e impossíveis. Na verdade, o objetivo era mostrar que os vereadores não trabalhavam. Isso causou grande polêmica na época. Há quem acreditasse que era um desrespeito à Câmara Municipal.

Mas, voltando ao programa, a Tupi escalou o que tinha de melhor dentro do seu elenco. Drummond estava lá. Ele deu vida ao Adauto Lotação Caridoso. Outros personagens: Hamílton Ferreira (Mão Aberta), Matinhos (Gildo Barata), Otávio França (Paes do Leme), Abel Pêra (Além Castro Guia das Mães), Wellington Botelho (Arisco Barreira), Maria do Carmo (Sai Amor do Chuveiro) e Duarte de Morais (Freta para Guiar).

OH, GLÓRIA! (AMOR À PRIMEIRA VISTA)

O ano de 1947 ia mudar a vida de Drummond, no que diz respeito ao aspecto pessoal. Do ponto de vista profissional, ele conseguia cada vez mais destaque no microfone da Rádio Tupi. Mas, às vezes, ele se sentia solitário. Aos 28 anos chegara ao momento em que já não queria mais ficar sozinho. Sentia que faltava um amor. O mais interessante é que a sua cara-metade estava mais próxima do que poderia supor.

Drummond tentava ocupar a mente com o trabalho. Ele estava aproveitando todas as oportunidades que apareciam na rádio. Certo dia, estava em mais uma de suas inúmeras apresentações no auditório da Tupi. Era a estreia da radionovela "Minha vida pela sua", de Pedro Porfírio. Seu papel era bem pequeno.

Enquanto aguardava sua participação, reparou que o auditório estava cheio. Bom observador, gostava de olhar nos olhos das pessoas. Foi quando uma pessoa, em especial, chamou sua atenção: uma menina de apenas 14 anos. Mas, claro, ele não sabia a idade, e ela aparentava ter uns 18. Era muito desenvolvida. Seu nome era Glória. Linda, ele ficou apaixonado. Foi amor à primeira vista.

O que Orlando não sabia é que Glória também teve o mesmo sentimento. Mesmo de longe, houve uma intensa troca de olhares. Ela ficou encantada pelo ator que estava no palco. O casal teve um cupido. Ela se chamava Elza. O mais curioso é que era vizinha e amiga de Glória. A moça era casada justamente com o escritor Pedro Porfírio, o autor da radionovela.

– O meu pai não queria me deixar ir na rádio. Ele só deixou porque foi um pedido da Elza, que era amiga da família. Mas ele deixou bem claro que eu só iria daquela vez – lembra Glória.

Ao perceber que Glória e Porfírio se conheciam, Orlando se aproximou e os quatro (incluindo Elza) começaram a conversar ainda na rádio. Drummond chamou o escritor no canto e pediu o telefone da jovem menina. Ele tinha, mas não quis dar. Eles passaram a se comunicar por bilhetes e ficaram assim por um tempo. Os dois não moravam próximo. Orlando morava na Avenida Prado Júnior, em Copacabana, zona sul da cidade. Já Glória era moradora da Rua Professor Gabizo, na Tijuca, zona norte.

– Ele adorava ir à praia de manhã para fazer esportes. Orlando tinha um bronzeado bonito. Era um verdadeiro "ratão" de praia. Fiquei logo apaixonada. Meu coração fez um "tum-tum" mais forte – diz Glória, com muitas risadas.

Mas eles não poderiam namorar escondido por muito tempo, era preciso oficializar. Glória marcou um almoço e Orlando foi falar com os pais da amada para pedi-la em namoro. Aconteceu um nervosismo na hora do almoço mas, no fim, deu tudo certo.

– Meu pai gostou dele de imediato. Graças a Deus, os dois se tornaram grandes amigos – conta Glória.

INCRÍVEL, FANTÁSTICO, EXTRAORDINÁRIO

Henrique Foréis Domingues, ou simplesmente Almirante, foi um dos maiores nomes de sua época. Ele era conhecido como "a mais alta patente do rádio" brasileiro. Da sua cabeça saíram atrações de grande popularidade. Uma dessas ideias brilhantes foi o programa "Incrível, Fantástico, Extraordinário", que estreou na Rádio Tupi no dia 21 de outubro de 1947. A produção era exibida às terças-feiras, às 21h30.

Durante 11 anos, o programa contou histórias sobrenaturais. Eram relatos supostamente reais que eram enviados pelos próprios ouvintes. Até para dar mais credibilidade, a identidade das pessoas era divulgada. O programa começava com uma trilha sonora que já dava um tom de suspense, quase um terror. Com a sua voz famosa e imponente, Almirante deixava uma pergunta no ar, logo de cara:

— Você não acredita no sobrenatural? Então, ouça!

Nesse momento subia novamente a trilha aterrorizante, e três vozes, cada uma de uma vez, exclamavam em tom amedrontado:

— Incrível! Fantástico! Extraordinário![11]

Logo no primeiro programa, Almirante fez questão de explicar qual era a temática da mais nova produção da Rádio Tupi.

— Iniciamos hoje uma nova série de programas de assunto, até então, não explorado de maneira sistemática no rádio – o sobrenatural. De início, queremos esclarecer que não cuidaremos aqui de fazer sensacionalismo. Iremos apenas contar, tim-tim por tim-tim, os casos espantosos, extraordinários que vocês, ouvintes, queiram enviar.

Em cada programa eram contadas quatro histórias. A Tupi disponibilizou o melhor do seu elenco de atores para participar da produção. Orlando fez dos mais variados tipos. As histórias eram macabras e deixavam os ouvintes aterrorizados. Tinha de tudo um pouco: "o bambuzal mal-assombrado", "passageiros estranhos no bonde", "o endiabrado saci", "a mulher que enfrentou o fantasma", "o cadáver que pediu café", "o homem que fala com os mortos", e por aí vai.

— As pessoas nas ruas nos contavam que não deixavam os filhos acompanharem o programa. Muitos ficavam com medo e não dormiam mais sozinhos no escuro – Drummond lembra, aos risos.

---

[11] Entre uma palavra e outra subia o áudio da orquestra para conferir ainda mais terror à trilha.

UM *SHOW* PARA OS COMERCIÁRIOS

As Rádios Tupi e Tamoio reservavam o horário de 19h,[12] aos sábados, para um *show*, ao vivo, em seu auditório, para um público especial: os comerciários. O programa era patrocinado pelo SESC (Serviço Social do Comércio) e pelo SENAC (Serviço Nacional de Aprendizagem Comercial). O nome era simples e objetivo: o Programa do Comerciário. O patrocínio fazia parte dos projetos sociais das duas instituições. Era uma espécie de lazer aos funcionários (o programa existe até hoje, mas em moldes que se foram ajustando ao longo do tempo). Tanto que o convite para as apresentações cabia aos patrocinadores.

A Tupi, de forma estratégica, realizava o espetáculo no principal auditório do prédio. O motivo era simples: tinha mais espaço para alocar os convidados. Todo mundo ficava feliz: a rádio, que recebia a verba; os patrocinadores, que tinham sua marca exposta, e o público, que assistia ao programa. Era tão importante essa questão do patrocínio que Assis Chateaubriand, dono de todo um conglomerado de mídia, usava como contrapartida espaços em seus jornais impressos para divulgar os programas da Rádio Tupi, que pertencia a suas empresas.

O programa reunia o grande elenco da Tupi (os mais experientes e as apostas). O *show* era dividido da seguinte forma: cantores, esquetes de humor e notícias que interessavam ao público comerciário. Entre os nomes estava o de Orlando Drummond. Mas pode-se afirmar que o fato de ser escalado para essas atividades era um sinal de que os diretores da rádio acreditavam no seu talento. Era um programa ao vivo e patrocinado, ou seja, não poderia ter erro, pois havia o risco de as empresas buscarem outra emissora.

Uma prova de que Orlando ainda era pouco conhecido do público é a forma como a grafia do seu nome foi divulgada no jornal *Diário da Noite* (ao invés de escrever Drummond, publicou "Drumont"). Os nomes variavam, mas, de uma certa forma, a lista a seguir era presença certa em quase todas as apresentações. Elenco humorístico: Wellington Botelho, Matinhos, Badu, a dupla Tulio Berti e Rosita Rossi, Orlando *Drumont* e Maria do Carmo. Os músicos: George Fernandes, Déo, Elsa Vale, Ademilde Fonseca, Garotas Tropicais, Quarteto de Bronze, Gilberto Alves, Rui Rei, Belinha Silva, Vocalistas Tropicais, Moraes Neto, Benedito Lacerda, a pianista Babi de Oliveira e muitos outros.

O *show* era dinâmico. Não havia personagens específicos. O principal ponto eram as improvisações que permitiam interação com o público. Esse era o ponto alto da apresentação: todos queriam participar.

---

[12] O horário não era fixo na grade. Em algumas oportunidades o programa começou às 18h.

– Eu encarava com muito profissionalismo esses *shows*. Era uma forma de ganhar experiência e de mostrar o meu trabalho. Embora tivesse um roteiro, muita coisa era improvisada. Foi uma grande experiência profissional – diz Orlando.

NASCE UMA ESTRELA

Em 1948, Drummond ainda era contrarregra na Tupi, mas suas pequenas participações nas produções iam aumentando. Ele começava a gozar destaque naquele ano. Vale lembrar que Orlando tinha pouco mais de seis anos na rádio. Uma das comprovações desse sucesso foi publicada na coluna "Rádio", escrita por Haroldo Barbosa no jornal *Diário da Noite*. No dia 20 de dezembro, ele reservou o precioso espaço no veículo para falar sobre Orlando. Haroldo parecia criticar a falta de criatividade na época:

"O difícil no rádio é aparecer um valor novo. O processo de formação do cartaz radiofônico é lento, exasperantemente difícil. Por mais facilidades que o rádio ponha à disposição do talento, o mesmo continua esquivo, raro. Por isso, a satisfação do cronista é grande quando percebe na névoa da rotina a pequenina luz de estrela que fatalmente aparecerá. Vai surgir um astro na Rádio Tupi, já o percebemos. Chama-se Orlando Drummond".

Haroldo Barbosa foi um dos grandes nomes da rádio. Foi compositor, redator, locutor, produtor, humorista, além de se destacar em cargos de gestão nos veículos por onde passou. Haroldo também trabalhou como contrarregra. Ou seja, ele estava mais do que apto para avaliar o trabalho de Drummond.

"Durante anos, Drummond acompanhou as montagens radioteatrais da Tupi, compartilhando deles com sua garganta especialíssima para imitar ruídos, e os olhos agudos apreendendo nos outros a arte de representar. No dia em que acidentalmente chamaram Drummond para dizer ao microfone qualquer coisa mais importante, o contrarregra já dispunha do preparo de um veterano. Daí em diante Drummond passou a ser um "dublê" de radioator e contrarregra. Muitas vezes era obrigado a entrecortar uma cena de amor com um latido exigido pela cena. E dessa diversidade de situações no trabalho, do prosaísmo de sua função, da necessidade de ser gato, cachorro e galã ao mesmo tempo, nasceu o comediante".

Haroldo parecia acompanhar com certo carinho o trabalho de Orlando. No texto percebe-se que ele faz um histórico de Drummond como contrarregra e se mostra surpreso. Assumindo o risco de uma previsão, Haroldo profetiza em relação ao futuro do, então, novato ator.

"Vamos observá-lo e esperar com paciência. Daqui a dois anos voltaremos a falar sobre Orlando Drummond – não mais Drummond esperança: Drummond cartaz!"

Haroldo e Drummond desenvolveram uma amizade ao longo dos anos. Por mais de uma vez, Haroldo tentou levar Orlando para a Mayrink. Em um momento ele conseguiu, como você verá mais à frente. Sobre a previsão, Haroldo, com toda a sua experiência, acertou e errou. Muito antes dos dois anos, Orlando já era uma realidade, um dos galãs e do primeiro time da Rádio Tupi.

OS PRIMEIROS PASSOS NA DUBLAGEM

O ano de 1948 foi, de fato, muito significativo para Orlando. Cada vez mais saía de cena o excelente contrarregra e surgia o ator que todos acreditavam que, em pouco tempo, faria parte do elenco do primeiro time de astros da Tupi. Foi nesse período que recebeu um convite que, na época, achou muito inusitado, e o qual não tinha a menor ideia de como funcionava.

O convite partiu de Braguinha, um dos maiores nomes da época (e reverenciado até hoje). João de Barro, como também era conhecido, passou toda a década de 1940 se dedicando à dublagem dos filmes da Disney.

O Brasil ainda estava sob o impacto do sucesso do filme "Branca de Neve e os Sete Anões" (1937). A dublagem do desenho ainda era lembrada como muito bem-sucedida, apesar das críticas que ainda se faziam sobre produções legendadas ou dubladas.

Passada essa discussão, cada vez mais produções eram dubladas. Disney fazia questão desse trabalho. Achava que era fundamental para que as crianças pudessem acompanhar o que estava sendo dito na tela.

Braguinha era quem dirigia essas dublagens. Mas o Brasil ainda não tinha tecnologia e mão de obra totalmente qualificada para finalizar toda a produção por aqui. Por isso, o trabalho era bem diferente do que o executado atualmente. De forma genérica, pode-se dizer que a grande diferença compreende a forma do processo, pois hoje o dublador coloca a voz em cima do produto final. Lá na década de 1940, era o contrário.

Funcionava assim: os produtores da Disney encaminhavam discos gravados em inglês com os diálogos, os efeitos sonoros e os cantos. Junto vinha uma espécie de cópia, os croquis, em preto em branco, para auxiliar os dubladores no entendimento da cena e no tipo de interpretação necessária.

A tradução era feita, na maioria das vezes, por Gilberto Souto. Momentaneamente o elenco era escolhido. Era um trâmite total de, mais ou menos, dois meses. As gravações eram feitas nos estúdios da Sonofilms.[13] Mas toda a parte técnica a partir daí, como, por exemplo, a mixagem e a finalização, era feita lá fora. Mesmo assim, é importante salientar, mais uma vez, que já era um grande avanço para um país que ainda não entendia a importância da dublagem.

A escolha dos dubladores não era um processo fácil. Naquela época não havia televisão. O rádio era o principal veículo de comunicação. Alguns atores eram muito identificados com seus respectivos programas e personagens. Nem sempre era fácil fazer o público fazer essa separação.

Braguinha investia nos atores que se destacavam no radioteatro. Fã do gênero, ele conhecia os grandes nomes e sabia quem eram as novidades do mercado. Foi assim que chegou até Drummond.

O radioator chegou a fazer algumas pequenas pontas em produções menores da Disney. Nada muito significativo. Tanto que ele não se interessou em permanecer, já que a dublagem pagava muito pouco. Acreditava que teria muito mais futuro (financeiro e profissional) na Rádio Tupi e fazendo *shows* que a própria rádio produzia. Também é verdade que ele não teve dificuldade nenhuma em fazer a dublagem.

Orlando deixou a porta aberta e, por vezes, fazia pequenas participações. Pensava ele:

– Quem sabe no futuro?

Quem sabe?

NA CORTE DO REI XAXÁ

No dia 22 de junho de 1949 entrava no ar, pela Rádio Tupi, uma corte nada democrática, mas que marcou época. "Na Corte do Rei Xaxá" foi uma criação do produtor Haroldo Barbosa.

O programa tinha uma hora de duração e foi escolhido pela Tupi para alegrar as noites de quarta-feira, às 21h35. A atração contava com a participação dos melhores atores da rádio.[14] Trazia uma corte de nobres, todos com sangue azul.

---

[13] As músicas dos desenhos eram todas gravadas em português e depois lançadas em vinil. Era mais uma forma de exploração comercial e de abertura de mercado de trabalho para profissionais da área.

[14] O elenco contava com Abel Pereira, na pele do Rei Xaxá, e Paulo Gracindo, como o primeiro-ministro. Além deles, tinha também Maria do Carmo, Matinhos, Orlando Drummond, Germano, Hamilton Ferreira e Otavio França.

Refiro-me à presença do rei, de ministros e mais toda a nata que se fazia presente. A inspiração era oriental – o reino era na Pérsia.

Mas, verdade seja dita, o reino era uma confusão só, em todos os sentidos. Não se sabe ao certo o período histórico em que a narrativa se passa. Mas olha as coincidências: em 1949 já se fazia graça de um país que vivia endividado, em uma situação financeira caótica. O rei precisou empenhar a própria coroa. Os ministros eram todos corruptos. Para se ter ideia dessa corrupção, o império adotou uma solução para salvar a economia: eles convenceram a população de que, através do jogo do bicho, seria possível melhorar as condições de todos. O grande, e único, problema era que os ministros se revezavam entre os vencedores do prêmio.

Esse programa foi muito importante para Drummond. Você já leu que o Haroldo Barbosa escreveu em sua coluna no jornal *Diário da Noite* uma crítica construtiva sobre Orlando. O texto foi publicado em dezembro de 1948, ou seja, pouco tempo depois os dois estavam trabalhando juntos.

Orlando, também, teve a oportunidade de trabalhar com Paulo Gracindo, seu guru, sua maior referência artística. Gracindo interpretou o primeiro-ministro. Apesar da figura do rei, era ele quem mandava no reino.

O confuso reino tinha um ministério para lá de criativo. O ministro da Alimentação era conhecido como "Boa Boca". O de Abastecimento era gago. Tinha o de Movimentos Exteriores e até um de Dinheiro. Como não poderia deixar de ser, o Bobo da Corte garantia boas risadas. Completavam a lista o Ministro da Propaganda, o presidente do Instituto do Álcool, o Ministro do Barulho (que era o responsável pelos assuntos de guerra), a princesa Brotilde (que era apaixonada pelo Rei Xaxá) e o Ministro Cara Cheia. Esse último era o papel interpretado por Orlando. O Ministro Cara Cheia, como o nome já sugere, vivia alcoolizado. Já dá para imaginar que cabiam a Orlando e a Matinhos (Bobo da Corte) os momentos mais engraçados do programa.

Um ponto curioso era a participação dos ouvintes. Apesar da crise do reino, eles faziam regularmente concurso público para ocupar cargos administrativos como, por exemplo, datilógrafo e orador.

Esses concursos eram patrocinados pelas Casas Miveste. A pessoa se inscrevia e ficava aguardando um retorno telefônico que era feito durante o programa. A promoção era relacionada ao patrocinador. Um dos ministros perguntava qual era o bairro do ouvinte. Ele precisava falar o local mais próximo em que ficavam as Casas Miveste. Eles repetiam várias vezes que as unidades ficavam nos bairros do Méier, Estácio, Catete, Centro, Madureira, Piedade, Penha, e em Teresópolis. As ruas, logicamente, eram divulgadas também. O valor do prêmio variava por programa. Quando os ouvintes não acertavam, ele acumulava para as edições seguintes. A premiação começava com 500 cruzeiros e chegou a pagar 6 mil cruzeiros.

RUA DA ALEGRIA

Os diretores da Rádio Tupi não tinham dúvida: o público quer rir. Ou seja, se é isso que o povo quer, eles vão ter. Baseado nesse entendimento, a alta cúpula da emissora pressionava seus diretores e produtores para que pensassem em novos programas.

É claro que a programação não era só de humor. As novelas e os programas de auditório também gozavam de muito prestígio. No primeiro caso, privilegiava-se o romance, o amor, o drama. No segundo, o humor também estava presente.

Para suprir essa necessidade do público Aloysio Silva Araújo, um dos diretores da Tupi, criou o programa "Rua da Alegria". Sua ideia consistia em uma rua alegre onde todos são iguais. Não havia dor, nem tristeza. Todos se divertiam, dançavam e cantavam. Para escrever e apresentar o programa, Aloysio convidou Antônio Maria. O combinado era uma atração semanal, indo ao ar às segundas-feiras, às 21h05. A duração seria de 30 minutos. A estreia foi no dia 8 de agosto de 1949. Assim como nas demais produções, Antônio Maria teve a sua disposição todo o elenco da Tupi. Participaram da atração nomes como Castro Gonzaga, Nancy Wanderley, Hamilton Ferreira, Germano, Otávio França e tantos outros.

Seguindo a fórmula de sucesso, o programa ainda contava com participações especiais dos principais cantores da época. Duas orquestras ajudavam a animar o público: a Carioca e a Tupi.

O programa ficou conhecido pelo teor das suas histórias. O rádio vivia um momento de muitas críticas. A principal delas era de que o conteúdo buscava um duplo sentido e muitas vezes descambava para a pornografia.

"Rua da Alegria" fugia disso pelo menos na primeira temporada. Suas histórias eram mais ingênuas. Por ser semanal, Antônio Maria tinha tempo hábil para elaborar melhor o conteúdo. Mas isso mudou e essa se transformou na maior crítica do público.

Drummond teve grande destaque no programa. Ele começou fazendo vários números. Era muito comum isso na época. O diretor confiava no ator a ponto de usá-lo em várias pequenas histórias. Mas Orlando conseguiu um quadro. Ele interpretou Lúcio, o grã-fino. Ele já tinha feito muito sucesso com o Fifico, na Sequência G-3. Foi uma forma de mostrar para a direção da Tupi que estava evoluindo como ator e era capaz de fazer personagens mais complexos. A forma como Drummond conseguiu o Lúcio foi engraçada. Ele estava em uma conversa descontraída com Antônio Maria e outros atores da Tupi em um bar. Isso após mais um dia exaustivo de trabalho. Orlando sempre foi conhecido por ser um contador de histórias. Nesse dia ele estava bebendo um pouco demais. Vinho, para ser mais preciso. O ator contava a história de um menino que dava em cima dele na época em que era remador.

Ele contou essa história fazendo os trejeitos do menino. Garantiu boas risadas de todos. Em especial de Antônio Maria, que se certificou de que poderia criar um personagem especial para Drummond. Lúcio era um personagem *gay* que adorava se meter em tudo. Ele tinha um bordão que ficou muito famoso na época:

— Me bota, me bota! – lembra Orlando, aos risos, e fazendo a voz com todos os trejeitos possíveis.

O personagem gozou de muito sucesso com os ouvintes da Tupi. Ponto mais do que positivo para Orlando que ia se consolidando, cada vez mais, como ator no elenco principal da rádio. O programa "Rua da Alegria" permaneceu na Tupi até 1952. Antônio Maria transferiu-se para a Rádio Mayrink e levou sua atração para lá.

CINE GRÁTIS

Nada escapava das mentes dos diretores da Rádio Tupi. Era incansável a busca por novos produtos. Nessa perspectiva do novo, a emissora colocou no ar, em 1950, o programa "Cine Grátis", produção humorística que satirizava o cinema e a sociedade. A criação e o comando eram de Leon Eliachar.

O programa tinha uma hora de duração e era exibido às terças-feiras, sempre às 20h. O cinema era pouco aproveitado dentro do mundo do rádio. Até porque depende muito de imagem. Mas a Tupi apostou alto. O programa entrou em horário nobre. Novamente, foi escalada a nata da emissora. Estavam lá: Ida Gomes, Orlando Drummond, Hamilton Ferreira e tantos outros.

As histórias não eram fixas. Os artistas se desdobravam em inúmeros personagens. Foi uma experiência muito positiva para Orlando, pois ele teve a oportunidade de experimentar, de tentar o novo, o diferente. Ele foi mocinho, vilão, pai, filho, mordomo. Enfim, uma infinidade de personagens que o ajudaram a crescer profissionalmente.

— Eu só queria atuar e aprender cada vez mais.

Mas o Cine Grátis não era só humor, também tinha informação. Eliachar divulgava os lançamentos (filmes e desenhos), os *trailers*, os bastidores e as principais novidades da sétima arte.

GRANDE CIRCO DETEFON

Uma propaganda nos jornais e na Rádio Tupi vinha chamando a atenção da sociedade. Duas perguntas que a princípio não tinham muito, ou nenhum, sentido, começavam a aguçar a curiosidade: "Há um elefante no seu futuro?"; "Está faltando um elefante na sua vida?"

O plano de *marketing* deu certo. Os próprios veículos de comunicação (exceto o de Assis Chateaubriand) não sabiam do que se tratava, até que a Rádio Tupi finalmente divulgou o fim do mistério. Toda essa estratégia era para divulgar o novo programa da rádio. O "Grande Circo Detefon"[15] estreou com toda pompa e com os principais atores do elenco da Tupi no dia 20 de abril de 1950. A produção tinha 25 minutos e ia ao ar às quartas-feiras, às 20h.

O programa, de fato, era um grande circo que contava com a participação de palhaços, mágicos, equilibristas e animais. Você pode se perguntar: mas não era para rádio? Sim! Mas, naquela época, dominavam as produções de auditório. E a Tupi, no caso, tinha o maior da América Latina. A produção era de Antônio Maria. Silvino Neto era o grande domador, capaz de domar um simples camundongo ou um feroz leão, faminto em sua jaula. Germano, Drummond, Matinhos e França eram presenças constantes, com os mais variados personagens. Aproveitando-se de sua potente voz, Orlando se destacava como um cançonetista. Mas o personagem não era fixo. Vez ou outra ele fazia o palhaço, o mocinho ou o perdedor. Tudo dependia do roteiro.

Mas e o elefante? Essa, provavelmente, é a sua próxima pergunta. A Tupi vendia mais um *case* de *marketing*. O programa, de forma inédita, ia oferecer o maior prêmio do Brasil aos ouvintes. Não! Ia ser maior do que os Estados Unidos ou qualquer outro país já tivesse dado. A Tupi, em parceria com a Detefon, ia dar a maior premiação mundial.

Por mais louco que possa parecer, o ouvinte poderia optar: ou o elefante ou 50 mil cruzeiros em dinheiro. A resposta não é tão óbvia. Alguns jornais fizeram matérias na época e teve gente que disse que, caso vencesse, escolheria o bicho.

Para concorrer era preciso comprar o inseticida. Na lata vinha um cupom, que era preciso preencher com os dados e acertar a seguinte pergunta: quantos quilos pesa um elefante? O sorteio seria no dia 10 de setembro, ou seja, cinco meses após a estreia do programa. Poderia ter no máximo cinco vencedores que dividiriam o prêmio em partes iguais. Caso ninguém acertasse, valeria o valor mais aproximado. O elefante seria pesado, em praça pública, no dia do sorteio. A sua

---

[15] Detefon é uma marca de inseticida. Na época era muito comum os programas de rádio e da própria televisão se associarem ao nome do patrocinador.

última pergunta deve ser: como conseguiram o animal? O elefante Detefon (ele ficou conhecido dessa forma) tem uma história nada normal. Mas, também, o que é convencional em todo este capítulo?

Pois bem. Um morador da zona sul, mais precisamente da Av. Atlântica, área nobre da cidade do Rio de janeiro, era o proprietário do elefante. Ele foi ajudar um amigo, que era dono de circo e estava com problemas financeiros. A ajuda consistia em comprar rifas. Como ele era muito amigo, comprou algumas. O problema foi que ele não imaginava que, de fato, o prêmio era o animal. Ou seja, ele foi avisado, mas não acreditou (afinal, quem acreditaria?).

Ao chegar no prédio com o elefante, o novo dono do animal teve problemas com moradores que estavam com medo. Ele respondeu a processos na justiça e venceu todos. Mas, para evitar maiores problemas, aproveitou a oportunidade e vendeu o elefante para a Detefon fazer a propaganda no programa da Rádio Tupi. Para encurtar a história, o vencedor preferiu o dinheiro e o elefante foi para um circo. Que bom! (Só para terminar: você sabe quanto pesa um elefante?)

PEDIDO DE NOIVADO

Glória e Orlando estavam namorando há dois anos e meio. Em 1950, ele já estava, de certa forma, estabilizado na carreira de radioator. Sua voz era reconhecida nas rádios, o público o reconhecia. Ele vivia uma eterna lua de mel com a vida. Sentia-se realizado pessoal e profissionalmente. Drummond estava amadurecendo uma ideia em sua cabeça. O radioator achava que aquele era o momento certo de pedir Glória em casamento.

Antes de conversar com a amada, falou com seus pais. Foi uma conversa muito fácil. Os dois a adoravam. Glória era tida como uma filha, a mulher que colocaria juízo, de vez, na vida de Orlando. Drummond tinha agora mais duas etapas para cumprir. A primeira era convencer a namorada. A outra, que ele julgava ser a mais difícil, era falar com os pais de Glória. Ele tremia só de pensar.

A primeira foi a mais fácil. Ele conversou com Glória, falou de suas intenções e ela aceitou na hora. O pedido não teve muita pompa. Foi simples e direto. Bem do estilo de Drummond.

Glória falou do pedido aos pais. A mãe ficou feliz. O pai fez um semblante mais sério. Eles marcaram um almoço em um sábado, para receber os pais de Drummond. Tudo para seguir o protocolo dos bons costumes.

– Marcamos o almoço para uns sábados à frente. Foi interessante pois eu ouvia os discursos do meu pai e do Orlando. Eles ficavam ensaiando o tempo inteiro – conta Glória.

No sábado marcado, Drummond chegou com os pais. Ele estava trêmulo. Esse era um sintoma que ele apresentava nesses momentos. O radioator sempre teve uma linguagem corporal muito forte.

Após o almoço, Orlando levantou e pediu a palavra. Era chegada a hora. Transpirando demais, ele tentava encarar o futuro sogro. Mas sentia dificuldade de olhar diretamente nos olhos. Nesse momento tão difícil, Orlando tentou colocar em prática todos os seus conhecimentos de ator para tentar se acalmar. O texto estava decorado, mas a voz estava embargada.

– Eu e Glória estamos namorando há um tempo. Então, eu queria pedir o seu consentimento para a gente ficar noivo...

O pai de Glória não esboçava nenhum sorriso. Isso deixava Drummond ainda mais nervoso. O que ele não sabia é que o sogro, também, estava muito ansioso com toda aquela situação. Orlando continuou o seu discurso. Ele suava e mexia tanto os braços que parecia que em algum momento iria levantar voo.

– Então, eu estou nervoso. Minhas mãos estão falando mais do que eu...

O sogro, percebendo o desespero de Drummond, decidiu interrompê-lo de forma brusca.

– Eu aceito!

Drummond ficou aliviado. Todos se abraçaram.

O MALUCO DO RÁDIO

No dia 16 de maio de 1950, a *Revista do Rádio* publicou um perfil de Orlando. De acordo com a publicação, ele era um dos "bons comediantes da cidade", mas ainda tinha muito a crescer. Estava cotado para entrar para o *team* dos grandes atores da época. A publicação, que escreve Drummond com apenas um eme, começa falando da personalidade do ator que, naquela época, já não era mais um menino (estava com 31 anos).

"Orlando *Drumond* é um tipo interessante que a gente, olhando bem, não sabe ao certo quantos anos tem. Algumas vezes ele parece ter menos de 25 anos e outras surge como que um respeitável senhor capaz de dirigir um colégio para meninas".

O texto conta como foi o início da carreira de Orlando, mostra passo a passo como é o trabalho realizado pelo contrarregra.

"Orlando *Drumond* começou no rádio como aprendiz de contrarregra! Era no tempo em que uma novela ou peça se socorria raramente dos ruídos, e estes, quando apareciam nas rubricas dos autores, nada mais aconselhavam senão modestos e tímidos passos, leves e malfeitos abrir de portas e janelas e, muito raramente, um tiro!"

As primeiras participações dele como radioator, também foram lembradas:

"A necessidade de ganhar mais fez com que tentasse o radioteatro e, na qualidade de radioator, ele fez muito papel de criado que anunciava as visitas ou abria as garrafas de champanhe para os convidados".

De acordo com o texto, Orlando conseguiu sua posição como radioator através de muita brincadeira. Mesmo assim, ele foi capaz de realizar um trabalho sério e profissional.

"Sua maior vantagem é estar sempre de bom humor e procurar fazer da voz um instrumento de trabalho, falando como pato, como sapo ou mesmo como tartaruga! [Ele] cria timbres e características capazes de identificar um bicho, se realmente o bicho falasse".

Além de mostrar esse início de carreira de Drummond, o texto o chama de um dos malucos do rádio. Mas mostra que o brincalhão Orlando tem solução: em breve ele vai se tornar um homem sério, assim que se casar com Glória.

"Orlando *Drumond* está vitorioso na carreira que abraçou e está se preparando para entrar no caminho dos homens sérios, não obstante a sua profissão de comediante. Sua noiva é parente afim de Pedro Anisio, um outro valor do rádio carioca".

COPA DO MUNDO DE 1950

Sediar uma Copa do Mundo era um sonho antigo do Brasil, mais precisamente desde 1938. Historicamente, o esporte passava por um hiato de 12 anos por causa da Segunda Guerra Mundial. Uma das armas brasileiras para ganhar a oportunidade de sediar a Copa do Mundo foi a construção de um estádio que se tornaria o maior de todo o planeta. E assim saía do papel o Maracanã, com capacidade para 155 mil torcedores.[16]

---

[16] Além do Maracanã, os outros estádios brasileiros eram Pacaembu (São Paulo), Ilha do Retiro (Recife), Independência (Belo Horizonte), Durival Britto e Silva (Curitiba) e Eucaliptos (Porto Alegre).

Das 77 seleções credenciadas à FIFA, apenas 13 estavam prontas para disputar o campeonato. Brasil (país-sede), Itália (última campeã), México, Suíça, Iugoslávia, Inglaterra, Chile, Espanha, Estados Unidos, Suécia, Paraguai, Bolívia e Uruguai.[17]

A expectativa da torcida brasileira era enorme. O time comandado por Flávio Costa era o grande favorito. O entusiasmo era compreensível: o melhor time jogava em casa com o apoio irrestrito da população. O time tinha grandes nomes: Zizinho, Chico, Ademir Menezes e Jair Rosa Pinto. Todos já eram experientes em jogos importantes e internacionais (muitos participaram da Copa América de 1946).

Drummond era um dos milhares de torcedores apaixonados que acompanhavam diariamente as notícias da seleção brasileira. Por causa do trabalho na Rádio Tupi, ele não conseguiu ir ao estádio em todos os jogos, foi apenas a um. Mas já falaremos sobre isso.

O Brasil estreou com vitória contra o México (4 x 0). No segundo jogo, a seleção não repete a boa atuação da estreia e decepciona a torcida: 2 x 2 com a equipe da Suíça. Para se classificar para as oitavas, só restava a vitória, e foi o que aconteceu na partida seguinte: 3 x 2 na Iugoslávia. O primeiro jogo decisivo foi contra a Suécia. Goleada de 7 x 1. O time queria mais e, na partida seguinte, a vítima foi a Espanha. Mais um massacre. O time brasileiro foi, novamente, impiedoso: 6 x 1.

Pronto! Estávamos na final. O sonho do primeiro campeonato mundial estava mais perto. Para alguns já era certo. O jornal *A Noite* publicou, um dia antes da partida, a foto do time brasileiro com o seguinte título: "Estes são os campeões do mundo!".

Era chegado o grande dia: 16 de julho de 1950. Dados oficiais mostram que no estádio do Maracanã havia 173.850 torcedores. Mas há quem garanta mais de 200 mil pessoas. Uma delas era Orlando Drummond. Ir ao jogo era uma questão de honra. Era a chance de mostrar que ele não era pé-frio; afinal, já tinha assistido a vários títulos do Fluminense. Mas a derrota na Copa América de 1946 para a Argentina ainda custava caro.

– Tem certeza que você vai? – perguntou um colega da Rádio Tupi.

– Estarei lá e vamos comemorar o título.

Ele não tinha ingresso. Foi tentar a sorte na hora do jogo. Na verdade, contava com a má organização típica do brasileiro. E deu certo. Ele entrou no meio de um tumulto. Ficou na parte superior.

---

[17] A Argentina, alegando problemas com a direção brasileira, não participou. Escócia, Turquia, Áustria, Bélgica, Birmânia, Colômbia, Equador, Filipinas, Peru e Índia desistiram. Hungria, Tchecoslováquia e Polônia ainda sofriam com os resultados da guerra. França, Irlanda e Portugal não aceitaram o convite.

— Não dava para assistir nada. Estava muito cheio. Mas eu "tava" lá.

Começa o jogo. O Brasil tinha a vantagem do empate. E, para alegria da torcida, o time brasileiro abriu o placar com Friaça, no início do segundo tempo. Tudo estava dando certo!

— Quem é o pé-frio agora? – gritava na emoção do gol.

Mas a grande máxima do futebol diz que o jogo só acaba após o apito final do juiz. E o Uruguai empatou aos 22 minutos, com Schiaffino. O empate ainda interessava ao Brasil. Mas, aí, o atacante Ghiggia garantiu a vitória e o bicampeonato mundial com um gol aos 34 minutos.

— Puta que pariu! – gritava repetidamente no estádio.

A fama de pé-frio de Drummond nos jogos do Brasil continuou.

FILME DE TERROR

No tradicional bairro do Largo do Machado, zona sul do Rio de Janeiro, há um cinema de rua dos mais famosos da cidade. Seu nome é Cine São Luiz. Hoje é conhecido como Kinoplex São Luiz. Esse era um dos lugares preferidos de Drummond. Sempre que possível ele estava lá. O radioator não tinha um gênero preferido. Em geral, ia à noite, após as gravações na Rádio Tupi.

Certa vez, foi assistir a um filme de terror. O nome ele não lembra, mas era daqueles bem assustadores. Drummond não tinha medo, pelo menos era o que dizia, mas gostava de dar sustos nas pessoas durante a sessão. Nesse dia, em especial, o filme chamou sua atenção. Era, de fato, assustador. Ele não fez sequer uma gracinha. Seus olhos estavam arregalados. Para algumas pessoas mais próximas confessou que tomou uns sustos.

Em determinado momento do filme, tinha uma cena que mostrava um ritual em que se matava uma galinha. Ele achou aquela imagem impactante e ela não saía de sua cabeça. Após o filme, teve a seguinte ideia: resolveu voltar no dia seguinte, mas acompanhado não de um amigo, amiga ou encontro – ele escondeu dentro da bolsa uma galinha viva.

A tal cena era logo no começo do filme. Ele deixou para ser um dos últimos a entrarem no cinema. Rapidamente foi ao segundo andar. As pessoas mais próximas perceberam que ele estava com uma galinha na bolsa. Entenderam que ele faria uma brincadeira e nada fizeram. O filme começou. Eram comuns gritos e grunhidos durante a sessão. As pessoas pareciam inertes, paralisadas com as cenas de terror.

Drummond sabia exatamente o momento da cena que ia mostrar o tal ritual com a galinha. Aos poucos, pegou o animal e colocou debaixo do braço. Estava pronto para aprontar mais uma das suas. A cena começa. Ele se prepara. Repara que muitos estão de olhos fechados, espremendo-se nas cadeiras, e a maioria com as mãos nos olhos e nas bocas. Orlando está em pé, com a ave nas mãos.

Assim que a cena acaba, ele dá um grito e solta a galinha.

– A galinha, enquanto caía, começou a cacarejar – lembra, aos risos.

Foi uma verdadeira gritaria e correria. A sessão não terminou. Todos ficaram em pânico e abandonaram o cinema. Drummond, fingindo que não era com ele, entrou no meio do tumulto e foi embora, sem deixar vestígios.

RECRUTA 23

Um programa de rádio ficou muito conhecido no início dos anos 1950. O *Recruta 23* fez sua fama pelo humor, por vezes ácido, e pela polêmica que causou, principalmente com os militares. A história foi criada pelo radialista Aloysio Silva Araújo. Ele vendeu o programa para as Rádios Mayrink Veiga, Tupi e Record. Aloysio interpretou o Recruta, conhecido como o soldado que nasceu fora de forma.

Trata-se de um personagem que pode ser entendido como o anti-herói. Ele não era politicamente correto. Sempre que tinha a chance, debochava de seus superiores. O alvo principal era o sargento, mais conhecido como Seu Sarjo, vivido pelo ator Urbano Lóes, na Mayrink, e por Drummond, na Tupi. Recruta 23 virou sinônimo de sucesso. O programa rendeu produtos como, por exemplo, a roupa do soldado, que virou uma das fantasias preferidas na época. Inclusive, foi criada uma marchinha, escrita por Zé Trindade e Aloysio Silva Araújo e cantada por Linda Rodrigues, que se tornou uma das músicas mais tocadas.

Eu sou o recruta // O recruta 23 // Mamãe é italiana // Papai é português // Nasci fora de forma // E não saio do xadrez
Um, dois, feijão com arroz // Um, dois, feijão com arroz // "Seu" capitão // É homem "bão"
O "seu" major // Inda é melhor // Só não vou // Com a cara do gajo // Que eu chamo de "seu" Sarjo

A implicância do personagem principal não era à toa. O próprio autor (Aloysio) afirmou, em entrevistas à época, que o Recruta era o símbolo da revolta contra a prepotência. O ataque era aos militares personificados na pele do Seu Sarjo. A história era muito bem contada. Orlando conseguiu transformar seu personagem em refém das travessuras do Recruta. A ideia era: o que irrita os militares? O que não está dentro dos bons costumes? Não pode fumar durante uma marcha militar! Dê cigarro, então, para o Recruta. O público adorava a esperteza do Recruta e a forma como o Seu Sarjo era enrolado. Drummond desfrutou de grande popularidade com o público por causa do personagem. E ele mesmo adorou a oportunidade.

– Ele era, na verdade, um grande trapalhão que era enganado nas situações mais simples. Foi uma grande honra fazer esse papel – diz Drummond.

Mas aí surgiu um problema inesperado. Se o programa caiu nas graças do público, não se pode falar o mesmo em relação aos militares. Eles não estavam nada satisfeitos com a forma como o sargento era enganado. Quem se manifestou foi a Casa do Sargento, que emitiu uma nota para a imprensa deixando bem clara sua opinião em relação ao programa Recruta 23.

"Somos totalmente contrários ao referido programa, por considerá-lo antinacional, antipatriótico e profundamente falso na sua tentativa de retratar o sargento e de solapar a amizade fraternal que nos une ao soldado, nosso irmão" – afirma no comunicado.

A ação dos militares foi além; eles enviaram representantes para assistir à gravação do programa.

Aloysio alegou que passou a sofrer ameaças diárias. Orlando não teve esse problema. Seu personagem não era considerado uma ameaça aos militares. A questão que incomodava era o comportamento do protagonista. Por causa dessa enorme pressão, o Recruta 23 chegou a sair algumas vezes do ar. Mas sempre voltava com mais força e atingindo uma hierarquia maior. Até o dia em que saiu de vez da programação.

MILHOS DE PIPOCA

Muito brincalhão, Orlando resolveu aprontar uma das suas dentro da Rádio Tupi. Conhecido por seu bom humor, tinha sempre boa entrada com todos os funcionários da emissora. Naquela época, início dos anos 1950, as estrelas do rádio tinham grande *status*, eram verdadeiras celebridades. Pode-se comparar com os dias atuais; os fãs faziam filas, enviavam cartas e aproveitavam qualquer chance para ficar perto de seu ídolo. Uma das grandes estrelas da Tupi era a atriz e cantora Linda Batista, irmã da também atriz Dircinha Batista. Drummond era um dos fãs de Linda. Ela foi eleita por 11 anos consecutivos a Rainha do Rádio, um dos prêmios mais almejados. Dona de bela voz, tinha discos lançados e grandes sucessos. Mas tinha uma coisa em Linda que incomodava Orlando. Se tem uma coisa de que ele não gosta é de barulho, e a atriz era excessivamente barulhenta ao chegar na rádio.

– Ela tinha uma mania de chegar batendo porta com muita força. Fazia um barulho danado. Parecia que ia desabar o prédio – exagera.

Drummond realmente estava incomodado e resolveu pregar uma peça nela. Sua estratégia era dar um susto. Quem sabe ela não parava de bater portas? Por alguns dias calculou exatamente o horário em que ela chegava na rádio. Era preciso esquematizar o plano para que nada desse errado. Depois de muito planejamento, o grande dia chegou. Linda, como sempre, deu uma forte batida em todas as portas a sua frente. Orlando escondera-se estrategicamente atrás de uma dessas portas.

– Eu comprei um saco de milho de pipocas e escondi no bolso na calça.

Quando passou e bateu a última porta, Linda levou um grande susto.

– Ai! Ai!

Assustada, ela voltou e viu Orlando, gritando cada vez mais alto.

– Meus dentes!

Ele colocou alguns milhos de pipoca na boca e cuspia como se fossem dentes.

– Você fechou a porta na minha boca! – gritava, enquanto cuspia um milho.

A atriz, apavorada com aquela situação, quase desmaiou quando viu os milhos/dentes no chão. Ela teve que ser socorrida pelas pessoas mais próximas, devido ao grande susto, e foi levada ao Departamento de Primeiros Socorros da Tupi. Já Orlando saiu daquela sala aos gritos, mas com um sorriso maroto nos lábios. Nos dias seguintes, Linda entrou na emissora sem bater uma porta. Mas, para falta de sorte de Orlando, alguém contou seu plano. Furiosa, ela não gostou nem um pouco da brincadeira e correu atrás dele pelos corredores.

– Ela era danada! Quase perdi meus dentes de verdade – lembra, aos risos.

HERÓI POR UM DIA

Orlando sempre foi um gentleman, muito carinhoso com os amigos e, principalmente, com as amigas. Ele jamais aceitou covardias. No começo dos anos 1950, uma ação ficou conhecida em toda a Rádio Tupi.

A atriz Norka Smith era uma das principais estrelas da rádio. O seu papel mais marcante foi como Esther, na novela "A Malvada", em 1941. Ela foi casada com o ator (e dublador) Lauro Fabiano, grande amigo de Drummond, e foi uma das primeiras atrizes que trabalharam com Orlando. A amizade começou quando ele ainda era contrarregra. É interessante notar que os dois trilharam caminhos parecidos. Norka depois tornou-se dubladora, muito por influência de seu então marido. Certo dia, Orlando e Norka estavam na Tupi para mais um dia de gravação. Ele percebeu que a amiga estava diferente. Ela não estava bem, alguma coisa estava errada. Discreto, resolveu esperar ela dizer o que tinha acontecido. Mas Norka estava quieta. Orlando foi perguntar a um funcionário, que vira a atriz chegar.

— Norka não está bem! Sabe o que aconteceu? — Orlando perguntou.

— Não sei! Só sei que ela chegou ofegante, esbaforida.

Drummond ficou ainda mais inquieto com toda aquela situação e então resolveu falar pessoalmente com a atriz.

— Norka?

— Oi...

— O que aconteceu?

— Nada não...

Já eram quase nove horas da noite. Eles iam gravar uma participação para um programa na rádio, estavam aguardando a hora da entrada. Era de praxe fazer um ensaio antes de entrar ao vivo, mas Norka não conseguia.

— Me diz o que aconteceu...

Após a insistência de Orlando, ela resolveu falar.

— Eu estava a caminho da rádio quando fui abordada por um bando de cafajestes na Praça Mauá. Tive que correr e acabei perdendo meu casaco de pele.

Orlando ficou transtornado. Olhou para o relógio, ainda tinha tempo para começar a gravação. A Tupi ficava próxima à Praça Mauá. De forma intempestiva, ele resolveu ir atrás dos bandidos. Antes de sair, passou na sala de contrarregra, pegou a arma e colocou seis balas de festim. Ele foi até o local descrito por Norka. Chegando lá, encontrou o bando e o casaco de pele da atriz.

Enfurecido, Orlando foi até o grupo. Eram todos mal-encarados.

— Quem foi o atrevido que mexeu com uma senhora que passou por aqui há pouco?

O bando não acreditou naquela cena. Como que um sujeito de média estatura, magro e sozinho desafiava um grupo?

— Você está maluco? – perguntou o líder do grupo.

Em seguida, eles andaram na direção de Drummond. A ideia era amedrontá-lo ou, se necessário, dar-lhe uma surra. Mas Orlando estava decidido. Em uma ação rápida, tirou a arma do bolso e puxou o gatilho. Ele começou a gritar, enquanto dava tiros para o alto.

— Todo mundo correu. A rua ficou deserta – lembra, aos risos.

Drummond pegou o casaco de pele no chão e caminhou em direção à Tupi. Lá chegando, entregou a roupa para Norka e entrou para o estúdio para fazer a gravação que já estava agendada.

ALICE NO PAÍS DAS MARAVILHAS

A Disney lançava mais um filme que pode ser chamado de clássico: "Alice no País das Maravilhas" (*Alice in Wonderland*). Esse foi o 13º longa-metragem da produtora. Todo colorido, o filme tem 75 minutos de direção e um orçamento alto para a época: cerca de três milhões de dólares. Trata-se de uma adaptação de dois romances de Lewis Carroll. O primeiro foi publicado em 1865 (*Alice in Wonderland*); o segundo saiu em 1871 (*Through the Looking-Glass*).

Disney conhecia bem a obra de Carroll. Ele produziu uma série chamada "*Alice Comedies*", em 1924. Seu projeto desde o início era produzir um filme, mas foi adiado por causa da Segunda Guerra Mundial. Mesmo o sucesso de "Branca de Neve" fez com que o produtor investisse em filmes menores durante a guerra.

Alice é uma menina curiosa e cansada da monotonia em que sua vida se tornou. Um dia ela avista um coelho branco nada tradicional. Ele possui um colete e um relógio de bolso. Ressabiada, resolve seguir o animal. Corre, corre e chega em uma toca. Ao entrar, cai em um buraco negro e chega ao País das Maravilhas. Nem precisa escrever que é um país nada convencional: animais e plantas falam. Lá, Alice conhece personagens bem interessantes: o Chapeleiro Maluco, o Mestre Gato, a Lebre, e por aí vai.

Um dos pontos interessantes da obra é, sem dúvida, a trama. Alice não é uma princesa, não é uma heroína e não tem uma missão, ou seja, ela não é um espelho para a sociedade e, talvez, esse seja seu segredo.

O filme "Alice no País das Maravilhas" foi lançado nos Estados Unidos no dia 26 de julho de 1951. Não foi um sucesso estrondoso. Na verdade, escrevi acima a palavra "clássico" para definir o filme, lembra? Não foi um exagero. Hoje, de fato, é considerado um clássico, mas esse título foi conquistado tempos depois do lançamento, que aqui foi no dia 14 de setembro de 1951. Sobre a dublagem, o filme teve como protagonista a atriz Therezinha Marçal. O Chapeleiro foi interpretado por Otávio França.

Orlando participou da dublagem. Dois personagens se encaixavam perfeitamente no seu estilo: o Chapeleiro e a Lebre. Ele ficou com o último, e foi ótimo. A Lebre de Março, nome original, tem características bem peculiares, é a garantia de diversão do filme. O personagem é paranoico, ansioso e insano. Achou pouco? Tem mais, então!

A Lebre tem algumas manias como, por exemplo, apertar as orelhas e as patas. Tem uma tendência a atirar bules de chá nas pessoas e adora comida. Mas tem um ato de heroísmo também: foi um dos poucos habitantes a ter escapado da vila Rainha Vermelha.

DATA DO CASAMENTO

27 de outubro de 1951. Essa foi a data escolhida por Drummond e Glória. Estava tudo certo para o casamento. A cerimônia foi marcada na tradicional igreja dos Capuchinhos, na zona norte do Rio de Janeiro. A escolha da data não foi à toa. Glória quis de forma proposital esse dia, que acabou se tornando uma marca em sua família, passando de geração a geração.

– Essa data acabou virando uma tradição familiar. A minha mãe casou no dia 27 de outubro. A minha filha Lenita também queria esse mesmo dia, mas já tinha casório agendado. Já o Orlandinho conseguiu.

Tudo parecia bem. Até demais! Em se tratando de Orlando, estava fácil demais, afinal eles conseguiram marcar o casamento no dia e na igreja que desejavam. Glória queria contar logo para os pais, mas ele preferiu esperar.

– Por que não contamos as novidades em um almoço especial? – questionou.

Ambos concordaram. Orlando ainda não esquecera do pedido de noivado. Queria, dessa vez, impressionar o sogro. Ele se sentia mais seguro para poder dizer as palavras certas e bonitas. E assim foi feito. Drummond foi almoçar na casa de Glória. Era um sábado. Ele estava confortável e esperando o momento certo para falar. Seus olhos e os de Gloria se perseguiam nesse momento.

Os pais de Glória estavam achando estranha aquela cena. Eles sabiam que alguma coisa estava acontecendo. Para surpresa dos pombinhos, o pai pediu a palavra. Queria contar uma novidade. Muito vaidoso, estava sempre bem vestido. Ele tinha um amigo que era sapateiro e gostava de sapatos feitos a mão e sob medida. Para sua sorte, essa amizade lhe traria bons frutos.

– Eu fui ao sapateiro e ele me vendeu um bilhete da loteria federal. E ganhei uma bolada!

Orlando ficou atônito. Suas mãos começaram a suar. Aquele nervosismo do pedido de noivado voltou. Glória percebeu que ele não estava bem, mas ainda não tinha entendido o motivo.

– Pai, a gente queria falar...

Orlando interrompeu:

– ... que estamos felizes com essa vitória!

Glória não entendeu nada. Confusa, foi tirar satisfação com Orlando.

– O que aconteceu?

– Ele ganhou na loteria!

– E daí?

– Como assim, e daí?

– Qual o problema?

– Ele pode achar que eu quero dar o golpe do baú!

Glória não se conteve e começou a rir. Dias depois, eles contaram aos pais a marcação da cerimônia. Ela guardou esse segredo por alguns anos, mas não resistiu e contou ao pai, que riu muito!

DIA DO CASAMENTO

O dia 27 de outubro de 1951 finalmente chegou. Era um sábado, chovia muito. A Igreja dos Capuchinhos estava lotada e pronta para receber os noivos Orlando e Glória. Familiares e amigos estavam ansiosos para a celebração do amor do casal. Orlando andava de um lado para o outro, nervoso, esperando a amada. Ele estava completamente apaixonado por Glória, nunca tinha sentido isso por alguém. Parecia que tinha o pressentimento de que ela era a pessoa certa, uma escolha para a vida toda.

Glória, bem mais nova, mas desde jovem tão decidida, tinha certeza de sua escolha. Enxergava em Drummond a pessoa certa para seguir pela vida e construir uma família.

Ele chegara na hora e aguardava a amada. A igreja lotada o intimidava. Ele, tão acostumado a falar para grandes públicos, se sentia acuado. Suas mãos suadas aguardavam a chegada da futura esposa. E, finalmente, ela chegou! Ao entrar na igreja, o olhar apaixonado de Glória encontrou o de Orlando. As pessoas presentes perceberam e entraram em sintonia com tudo o que aquele clima de amor envolvia.

– Foi uma cerimônia bonita e bem tradicional – Glória lembra, com os olhos marejados.

Após a cerimônia, os noivos receberam os convidados para uma recepção na casa dos pais de Glória. Como de costume, um bolo com champanhe para brindar a felicidade do casal. Os dois já tinham montado uma casa para a nova vida. Ela ficava à Rua Major Barros, em Vila Isabel. Mas, naquele momento, eles só pensavam na lua de mel. Glória e Drummond tinham escolhido a Ilha de Paquetá, um bairro do Rio de Janeiro.

Glória estava muito nervosa para a lua de mel.

– Foi a minha primeira noite longe de casa. Eu queria a presença dos meus pais – lembra, aos risos.

LUA DE MEL

O bucólico bairro de Paquetá foi o escolhido pelo casal para passar a lua de mel. Orlando já conhecia bem a região. Glória ainda não, só tinha ouvido falar. Ela sempre quis ir à ilha, e aquela era a chance ideal. Trata-se de um lugar pequeno, mas muito aconchegante. Hoje, o bairro tem aproximadamente 4.500 habitantes distribuídos em mais de 2 mil casas, espalhadas em 40 ruas, 12 praças e dois parques públicos.

Apreciar a natureza é uma das maiores características do lugar. Faz-se tudo sem pressa, não há engarrafamentos, pois não há carros. Tudo na ilha é feito a pé, com charrete ou de bicicleta. A ilha tem muitos atrativos. Um deles é a pedra da Moreninha, que fica localizada na praia de mesmo nome. Há uma tradição local que diz que esse cenário serviu de inspiração para o escritor Joaquim Manuel de Macedo escrever o romance *A Moreninha*. Esse, então, foi o paraíso que o mais novo casal escolheu. Mas Drummond, dias antes da viagem e, claro, do casamento, foi surpreendido com uma informação de que não gostou nem um pouco.

– Meu pai autorizou a nossa lua de mel, mas impôs uma condição: eu tive de levar meu irmão conosco! – conta Glória.

Isso mesmo que você leu. Orlando pensou que ia ter seus momentos a sós com a esposa, mas não foi bem isso o que aconteceu. O cunhado ficou grudado nos dois todo o tempo. O casal precisou ser criativo. Apesar desse pequeno imprevisto, o casal adorou a viagem.

– Eu sempre gostei de Paquetá. Não foi à toa que sugeri para a nossa lua de mel – disse Orlando.

MALDITOS GATOS! (O INÍCIO DO SCOOBY)

Esse caso aconteceu no ano de 1951. Orlando e Glória estavam recém-casados. Na verdade, eles tinham voltado de lua de mel. Ele tinha um ritmo de trabalho muito intenso na Rádio Tupi. Além de estar crescendo dentro da empresa, agora tinha família para sustentar.

Por causa desse ritmo, Drummond chegava exausto em casa. Eles moravam em uma casinha bem pequena, residência simples, mas muito bem organizada por Glória. Era uma casa duplex transformada em um prédio de dois andares. Quem arrumou foi uma das irmãs de Orlando, que morava no local. A dona do estabelecimento tinha um filho que trabalhava no Ministério da Guerra e preparou um dos andares para ele. O tal filho estava lotado no Nordeste e a transferência não saiu. Por isso, ela resolveu alugar para o casal.

O que eles não sabiam é que, nos fundos da casa, tinha uma leiteria que vivia sitiada por muitos gatos. Certo dia, Orlando e Glória foram acordados por miados e mais miados. E isso por volta de 4h30, 5h da manhã.

Cansado e sem paciência, Orlando resolveu dar um fim aos gatos.

– Chega! Não aguento mais!

— Calma, "meu filho" – disse Glória.

Ele levantou com raiva e foi diretamente para a cozinha, que dava os fundos para a tal leiteria. Orlando pegou um banco, subiu no fogão e olhou pela janela. Viu os gatos e os miados ficaram ainda mais altos.

— Miseráveis!

Drummond pegou um balde e encheu de água. Glória estava assustada olhando da porta.

— Calma, Orlando!

Em pé, em cima do fogão, estava com um balde de água nas mãos. Mas, de repente, tomou um grande susto. Os felinos não miavam à toa. Eles estavam assustados. Orlando viu um cara pulando da leiteria em direção a sua casa.

— Era um bandido. Tinha uns dois metros de altura e *tava vindo* na direção da minha casa. Não tinha como jogar o balde nele. E se ele estivesse armado?

A sua única reação foi fazer o latido de um cão que ele julgava ser bravo. Ele latiu, latiu e latiu. Os gatos pararam de miar rapidamente. Só que, nessa hora do susto e do latido, Drummond se desequilibrou e acabou caindo para trás com o balde cheio de água, molhando a ele e toda a casa.

Mas, pelo menos, ele evitou um assalto.

— O bandido se assustou com meus latidos e foi embora!

Esse latido marcou a vida de Orlando. Não! Ele não se acha um herói por ter impedido um bandido de roubar sua casa. Também não ficou feliz por ter de limpar toda a cozinha, que estava encharcada.

Na verdade, foi esse mesmo latido que ele fez no dia em que descobriu que estava havendo testes para um desenho animado que tinha um cão como protagonista. E estamos falando de um hiato de pelo menos duas décadas. Mas parece que, nesses 20 anos, Orlando guardou esse latido para uma oportunidade. E ela surgiu na pele do cão Scooby, principal personagem na carreira do dublador, e que você vai conhecer melhor neste livro.

Para Glória, aquela noite deixou uma certeza que a acompanhou por todos os anos seguintes.

— Meus Deus! Casei com um louco! – lembra, aos risos.

UM DIA NA FEIRA

— Menina bonita não paga, mas também não leva!

Orlando lembra com carinho dessa frase. Ela fez parte da sua vida durante um tempo. Embora ele nunca tenha trabalhado na feira, trabalhou com entregas no armazém do tio, que vendia de tudo um pouco.

– É barato porque dá no mato!

Essas frases ele aprendeu trabalhando no mercado. Foi um período em que teve muito contato com comerciantes que vendiam de tudo um pouco. Essa vivência levou consigo para a vida e colocou em prática no programa "Um Dia na Feira", transmitido pela Rádio Tupi, às quintas-feiras, às 21h. A direção era de Castro Barbosa. O programa foi exibido em 1952. Estrelavam a produção: Manoel Transborda (Castro Barbosa), Enxolino Sacoso (Orlando Drummond), Giovani (Lauro Fabiano), Enjoada (Terezinha Moreno), Babete (Nádia Maria) e D. Maricota (Maria do Carmo).

Orlando aprendeu como se deve tratar um cliente. Afinal, em um mercado tão competitivo é preciso fidelizar o consumidor, certo? Para Enxolino não é bem assim. Ele não está nem aí para quem compra. Se tiver que vender mercadoria ruim, ele vai vender. Se tiver que fraudar o peso, vai fraudar. O personagem tem sempre a razão. Não há tempo para ouvir reclamação ou desculpa do comprador, é o famoso "não está satisfeito, compre em outro lugar". Enxolino, Transborda e Giovani tinham apenas três preocupações: a primeira, obviamente, era vender para lucrar; a segunda era apostar, entre eles, uma grana em um campeonato de charadas; e, por último, não menos importante, era paquerar as mulheres, principalmente as empregadas domésticas, a maioria do público feminino que frequentava a feira naquela época.

Por falar nessas charadas, eles levavam o tema muito a sério. Criaram uma espécie de campeonato mundial. Não havia um favorito, todos eram excelentes e concorriam em condições iguais.

UM CASAL DE FILHOS

Vindo de uma família com muitos irmãos, Orlando sonhava em ser pai. Esse desejo era compartilhado por Glória. Ele já tinha essa vontade antes mesmo de casar. O amor que sentia pela mulher só o deixava mais certo dessa decisão. O casal não demorou muito a engravidar. Orlando queria muito ser pai de uma menina. Ele sempre se sentiu meio protetor de quem amava.

Os principais veículos noticiaram que Drummond seria pai. Essa mesma imprensa divulgou o nascimento da primeira filha do casal. Lenita nasceu no dia 10 de dezembro de 1952. Orlando fazia questão de dizer nas entrevistas que era pai. Isso o deixava feliz, porque, de fato, assim ele se sentia. Era muito comum os três aparecerem em matérias de uma das revistas mais famosas da época – a *Revista do Rádio*. Em 1956, Orlando deixou escapar em uma dessas entrevistas a vontade de ter um segundo filho. E seu sonho era ter um casal.

Glória o acompanhava nesse desejo. Mas eles resolveram esperar um pouco mais.

Drummond não estava satisfeito com seu contrato na Tupi. Ele tinha recebido um convite de Haroldo Barbosa para se transferir para a Rádio Mayrink Veiga. Era a chance de novos desafios profissionais, além de um aumento real em seu salário. Mas a verdade é que a Tupi não o liberou e, por motivos financeiros o casal decidiu permanecer, naquele momento, com apenas um filho. Mas o sonho continuou sendo um dos principais assuntos dos dois.

Um ano depois, em 1957, eles decidiram que aquele era o momento certo, não queriam mais esperar, sentiam-se preparados para colocar no mundo um irmão (ou irmã) para Lenita.

— Que seja um menino! — disse Orlando.
— Que venha uma criança com saúde! — retrucou Glória.
— Então, que seja um menino com toda saúde do mundo! — afirmou Orlando.

Os dois riram! E nesse espírito harmonioso, com muito amor, é que Orlandinho nasceu no dia 27 de abril de 1958. É bem verdade que durante a gravidez Drummond sentiu a pressão de ser pai pela segunda vez e mergulhou, mais ainda, no trabalho. Ele não queria que faltasse nada em casa. Mas faltou. A falta, nesse caso, foi Orlando conseguir ficar mais tempo em casa na reta final da gravidez e mais perto de Lenita e Glória. Na ânsia de oferecer o melhor para a família, ele perdeu um pouco essa noção.

Sem saber como falar, Glória resolveu escrever uma carta para o marido.

Meu Orlando, será que posso falar assim, com certeza? Não estarei enganada? Você continua sendo o meu Orlando? Só meu?
Eu só quero te pedir uma coisa: não deixe que ninguém roube o teu amor por mim. Não deixe o nosso romance ir terminando. Porque eu seria uma mulher desgraçada. Porque eu continuo te amando como nos primeiros dias de casados.

Drummond entendeu, claramente, a mensagem. Esse amor do casal foi presença viva e constante na vida e no crescimento dos filhos. Lenita e Orlandinho sempre disseram que o maior desafio era repassar aos filhos o amor e o carinho que receberam dos pais.

— Graças a Deus, sou fruto de um casamento muito feliz, com muito amor, em uma família que sempre teve muito respeito e união – afirma Lenita.
— Meus pais sempre ensinaram a ter bom humor. Acho que esse é um dos principais legados que vou levar para toda a minha vida – explica Orlandinho.

QUESTÃO DE FÉ (OU DE AMOR)!

Orlando sempre foi um homem de fé. Embora sempre tenha dito que é católico, ele não era, exatamente, um praticante. Não tinha o hábito de ir à igreja nos finais de semana.

Glória já era o oposto. Ela tinha o hábito de ir todos os domingos à igreja, e não abria mão disso. Era uma questão de rotina e, claro, de fé. Orlando sabia bem disso e respeitava a decisão da mulher. Glória começou a cultivar em Orlando o hábito de participar das missas nos finais de semana. Muito elétrico, devido à dinâmica de sua carreira profissional, ele se acalmou.

– Frequentamos as missas até o nosso limite físico. A idade avançada não permitiu que continuássemos – conta Glória.

No começo, Orlando voltou a frequentar a igreja para acompanhar a mulher. Mas ele foi descobrindo sua fé interna. A religiosidade foi tomando conta da sua vida. Glória revelou um dos segredos do marido:

– Ele reza muito à noite!

Mas esse não é o único momento de devoção e fé de Drummond. Todos os dias, às 18h, ele acende uma vela para o anjo da guarda. A oração está guardada em sua carteira para que o protetor jamais lhe falte.

Santo Anjo do Senhor, // Meu zeloso guardador, // Já que a ti me confiou a piedade Divina, // Sempre, me rege, guarda, governa e ilumina. Amém.

Para Glória não há dúvidas: a religiosidade ajudou na construção de uma família feliz.

– Podem existir muitas famílias felizes. Não duvido! Mas, como a nossa... Graças a Deus, somos uma grande família!

E, sobre Drummond, em sua versão marido, ela se derrete. É importante ressaltar como é curioso o fato de Glória sempre repetir o que Orlando representa em sua vida.

– Deus colocou um anjo na minha frente.

Orlando, também, se derrete ao falar da amada.

– Ela é minha grande amiga, o meu grande amor.

Pode ser uma questão de fé! Ou de amor, se preferir.

UMA PULGA NA CAMISOLA

Estamos em 1953. A Rádio Tupi estreava "Uma Pulga na Camisola". Criado por Max Nunes, o programa se destacava por personagens e quadros fixos. As piadas eram curtas e quase sempre versavam sobre os costumes da sociedade. Os políticos também eram o prato preferido do humor sarcástico de Max. A Tupi apostou alto no programa. No dia 5 de março estreou na rádio e no dia 18, na TV. O sucesso foi imediato. "Uma Pulga na Camisola" virou uma das maiores audiências da empresa.[18]

Para se ter uma ideia desse sucesso, o programa foi exibido, em alguns momentos, em sessão de cinema. Max Nunes, aproveitando o momento, criou um espetáculo teatral com o mesmo nome. Em alguns dias, chegaram a acontecer três sessões (16h, 20h e 22h).

A ideia das duas propostas era a mesma: fazer uma revista tipicamente brasileira, mostrando as músicas nacionais de maior sucesso, os costumes de norte a sul, satirizar a política econômica e fazer paródias dos problemas do dia a dia. O elenco do programa da televisão e da rádio não era o mesmo do teatro. Orlando, por exemplo, não participou da encenação teatral. O principal motivo foi uma questão contratual, não teve acordo financeiro. Pior para as duas partes.

Grandes atores passaram pelas ondas da rádio, pelos estúdios de televisão e pelo palco teatral. Destaques para Spina, Rosita Lopez, Milton Ribeiro, Valdemar de Brito, José Vasconcellos, Costinha, Alda Marinan, Bertha Ajs, Cândida Rosa, Pedro Celestino, Léa Barros, Dino Tolezano e tantos outros.

Orlando fez muito sucesso no programa. Ele interpretou o índio Taco. Foi um fenômeno que ultrapassou gerações. Começou em 1953, na Tupi, e depois retornou no Zorra Total, na TV Globo, no ano 2000.

Você provavelmente já ouviu, e reproduziu, a expressão "Pezinho pra frente, pezinho pra trás". Esse era o bordão do Pataco Taco, que caiu na boca do povo, um dos personagens que Orlando mais gostou de fazer.

– "Pezinho pra frente, pezinho pra trás" – cansava de repetir.

Na verdade, Orlando representou o Taco. Pataco foi interpretado por Otávio França. O quadro consistia em uma grande contradição em cena. Enquanto um mostrava o lado positivo, o outro destacava o aspecto negativo.

– Pataco!
– Taco!
– Uhhh!

---

[18] O programa na rádio era transmitido às quintas-feiras, às 21h30. Já na televisão, a exibição era às quartas-feiras, às 21h15.

– Pezinho pra frente...
– Pezinho pra trás!
– Que governo bom esse! Brasília está crescendo, crescendo, crescendo...
– E o dinheiro do povo sumindo, sumindo, sumindo...
– Pezinho pra frente...
– Pezinho pra trás.
O programa "Uma Pulga na Camisola" durou até 1958. Os personagens só voltaram em 2000, no Zorra Total. Durante esse longo hiato, Orlando fez algumas participações especiais, lembrando do índio.

– Nem acreditei quando o Maurício Sherman (diretor) ligou para me convidar para voltar com o quadro. Antes de responder o "sim", eu só falava no telefone "Pezinho pra frente, pezinho pra trás".

O quadro voltou com tudo. Orlando continuou interpretando o Taco. Pataco foi defendido pelo ator Paulo Silvino. As contradições permaneciam, mas agora tinha a presença mais forte do homem branco. O nome era bem sugestivo: Indiano Jones, uma clara referência ao filme "Indiana Jones". A atuação ficou a cargo de André Damasceno.

– Era engraçado gravar com o Orlando. Nada é rápido na TV. Demora para gravar, tem que ajeitar a luz... Enquanto isso, eu e ele estávamos vestidos de índios esperando. Eu começava a cantar uma música americana e ele completava. A gente tinha muita sintonia. Por isso que deu tão certo o quadro – disse Paulo Silvino.

No entanto, os índios ainda tinham uma forma arcaica de resolver todo e qualquer problema – um facão escondido dentro do carro (agora eles tinham um veículo conversível). Fora isso, as críticas sociais foram todas mantidas.

– Taco: Carrinho pra frente...
– Pataco: Carrinho pra trás!
– Taco: Patacotaco!
– Pataco: Uhhh!
– Taco: Agora pra índio melhorou muito. Antigamente era pezinho pra frente...
– Pataco: Pezinho pra trás!
– Taco: Olha quem vem aí? Indiano Jones!
– Pataco: Uhhh!
– Indiano: O que é isso, companheiro? Que história é essa de colocar um pedágio no meio da selva?
– Taco: Indiano Jones, índio cobra pedágio pra comprar rede!
– Indiano: Eu tinha esquecido que índio adora ficar sentado em uma rede.
– Pataco: Não! Quem gosta de deitar na rede é baiano. Índio aqui deita e rola na rede de computador, na internet.

– Taco: Não tem papo! Se quer entrar na floresta, tem que pagar pedágio!

– Indiano: Eu queria entrar na floresta para pegar uma fruta. Tô morrendo de fome, companheiro!

– Taco: Começa sempre assim! Pega uma fruta, come, e depois fica com fiapo no dente. Tem que ter palito! Pra ter palito, tem que ter madeira. Para ter madeira, tem que cortar árvore! Aí já começa o corta, corta, corta... Aí quando vê já não tem mais floresta.

– Pataco: Por que você não compra o *kit* floresta? Já vem com fruta, carvão para fazer churrasco, bateria para celular e ganha de brinde um mico-leão-dourado!

– Taco: Aproveita que é queima de floresta!

Drummond, realmente, ficou empolgado com a possibilidade de voltar a ter um trabalho fixo. Ao fazer uma pesquisa em seu escritório, encontrei umas anotações de piadas que ele fez para o quadro.

Infelizmente, essas piadas não foram encaminhadas ao diretor Maurício Sherman. Orlando rascunhou ideias que se aproximavam do programa produzido na Rádio Tupi. Elas fugiam um pouco do contexto da televisão. De qualquer forma, vale pelo conteúdo histórico. Aqui ficam evidentes a ingenuidade e o tipo de humor que Orlando produziu ao longo de sua carreira.

Maurício Sherman,
Aí tem umas ideias para o quadro: Pezinho para frente
1. Pataco: UUU Povo tá com dinheiro?
2. Taco: No tempo do cruzeiro e do cruzado, povo ganhava muito.
1. Pataco: Cruzeiro e cruzado não valia nada!
2. Taco: E real vale?

*

1. Pataco: UUU Mulher branca gosta de careca?
2. Taco: Sim. É dos carecas que elas gostam mais.
1. Pataco: E se o careca for duro?
2. Taco: Aí depende do careca.

*

1. Pataco: UUU Quem inventou o Brasil?
2. Taco: Foi seu Cabral.
1. Pataco: Se eu pudesse, enchia ele de porrada.
2. Taco: Por que, chefe?
1. Pataco: A gente continua de tanga!

*

> 1. Pataco: UUU Que acha do salário mínimo?
> 2. Taco: Se eu disser vou ganhar flechada.
>
> *
>
> 1. Pataco: UUU Eu gosta muito de laranja.
> 2. Taco: Brasil ter muita laranja. Chefe chupa?
> 1. Pataco: Laranja
>
> *
>
> 1. Pataco: UUU Eu gosto muito de peixe.
> 2. Taco: Peixe faz gente forte. Amazonas tem muito peixe. Muita variedade. Chefe gosta de espada?
> 1. Pataco: Eu só gosto de piranha...
>
> *
>
> 1. Pataco: UUU Brasil, terra divertida. Os homens usam cadeira de balanço.
> 2. Taco: E as mulheres, um balanço nas cadeiras (requebra).
>
> *
>
> 1. Pataco: UUU Que acha de Copacabana?
> 2. Taco: Copacabana é um luxo só...
> 1. Pataco: Mas a praia é um lixo só!

PETER PAN

A Disney lançou, em 1953, o filme "Peter Pan" (*Peter Pan*), seu décimo quarto longa. A produção, uma adaptação teatral, chegou ao Brasil no ano seguinte. Orlando participou da animação, dublando o Sr. Smee. A produção conta a história de Peter Pan, um jovem que se recusa a crescer. Ele vive na Terra do Nunca junto com muitos amigos. Um deles é a fada Sininho. Certo dia, ele resolve voar e fica impressionado com uma voz doce. Ao perseguir o som, para diante de uma janela, se encanta com Wendy.

A menina contava uma história para os irmãos mais novos, João e Miguel. Peter, então, se apresenta e a convida para conhecer a Terra do Nunca. Ela aceita e leva os familiares. Peter e Wendy se apaixonam, mas a menina não contava com dois complicadores. O primeiro era conter o ciúme de Sininho. O segundo era se proteger do grande vilão da história: o Capitão Gancho, que perdera um braço justamente após um duelo com o herói do desenho.

Nesse cenário entra Drummond. Ele interpreta o Sr. Smee, o ajudante leal do Capitão Gancho. Mas ele em nada se parece com um pirata. Pelo contrário. Smee é doce, cordial e muito atrapalhado. O personagem é quem garante as principais cenas de riso da trama. O dublador também teve a oportunidade de trabalhar com grandes amigos nessa produção. Destaque para Lauro Fabiano (interpretou o Peter Pan) e Castro Gonzaga (Sr. Darling).

Quase 50 anos depois, uma sequência foi produzida. Em 2002 estreou nos cinemas "Peter Pan: De volta à Terra do Nunca" (*Return to Never Land*). Wendy já está adulta e tem dois filhos. Uma delas é Jane, de 12 anos, que não acredita nas histórias da mãe.

Orlando interpreta, novamente, o Sr. Smee. Assim como no primeiro filme, ele é a garantia de risos na história. O dublador estava com 83 anos, mas permanecia em plena forma. Ele foi o único ator que participou da sequência.

COMEDIANTE OU CANTOR?

Orlando era uma das estrelas da Tupi. O seu maior destaque era na rádio. No entanto, ele ganhava mais espaço nos programas da TV, sempre se destacando nos programas humorísticos. Mesmo a imprensa, que sempre reservou espaço para Drummond, parecia se surpreender com as facetas do ator. Prova disso é uma nota publicada no jornal *Diário da Noite*, no dia 3 de setembro de 1953.

O título da publicação era: "Orlando *Drumond*: comediante ou cantor?". O interessante era que o conteúdo supunha uma possível dúvida do ator relativa ao seu futuro artístico. Afinal, ele gostaria de seguir atuando ou cantando?

"Não resta a menor dúvida de que Orlando *Drumond*, o talentoso comediante da Tupi Rádio e TV encontra-se numa grande dúvida. Sua grande vocação cômica tem-lhe granjeado um prestígio deveras invejável, colocando-o entre os primeiros comediantes do rádio brasileiro. Mas, o caso é que ultimamente o nosso impagável Orlando *Drumond* vem dando vazão a uma nova faceta artística que parece querer sobrepujar a sua atual. Estamos nos referindo a sua bela voz de barítono e sua maneira gostosa de interpretar canções internacionais. E não se surpreendam se amanhã ouvirem algum programa ou disco com o novo cantor Orlando *Drumond*".

O mais interessante é que Orlando jamais teve essa dúvida, pois atuar era sua paixão. A música era um *hobby* pelo qual ele tinha muito carinho. E ele jamais deixou de cantar profissionalmente ou nos eventos de família. Ele tinha um violão que ganhou do pai. Arranhava uns arranjos de suas músicas preferidas. Sabia tocar de Elvis a Louis Armstrong. Outra paixão, que o acompanhou por muito mais tempo, foi a gaita. Essa ele aprendeu a tocar sozinho.

Quem acompanhava o trabalho de Orlando na Rádio Tupi não se surpreendeu. Em inúmeras participações ele mostrou sua voz de barítono. O que aconteceu é que a maioria dos atores da rádio migraram para a televisão, que se revelou um grande mercado profissional. Nessa mudança, aconteceu o esperado. O poder da imagem permitiu que o telespectador se sentisse mais próximo do artista.

O SUCESSO TÁ LOGO AÍ

No dia 18 de maio de 1954, o jornal *Diário da Noite* resolveu abrir um espaço para falar sobre Orlando Drummond. Na verdade, eles erraram a grafia do nome, mas o que vale é a intenção. O título da matéria é "Vamos falar de Orlando *Drumont*". O texto começa chamando-o de "boa praça".

"Mas quem disse que ele é apenas um boa praça? Já foi tempo. Hoje sua personalidade, às vezes, o transforma em sargento. O famoso 'Seu Sarja' do 'Recruta 23', um dos tipos tão bem vividos por Orlando *Drumont*".

Os elogios continuam.

"Faz humor porque trouxe essa missão do berço. Mas é grande menino. Talvez um pouco franzino, mas o 'grande' aí parece ter expressão condigna com classe de artista nato".

Na matéria, que não é assinada, é feita uma memória da juventude de Orlando: lembra que ele estudou em colégio de padres e trabalhou no comércio. Em seguida, fala do começo na rádio como contrarregra. Há uma alusão ao seu primeiro teste profissional.

"Veio o mais batido dos provérbios quando o rapaz pensou alto na chance de aparecer mais. Todo mundo compreendeu. Orlando *Drumont*, sem nome nem nada, com aquele Orlando que podia ser tudo, ou não ser nada, com o *Drumont* que lhe dava um ar de bom descendente, tinha a petulância de querer ser artista".

É interessante notar que em 1954, aos 34 anos, Orlando começa a saborear, de fato, o sucesso na mídia. O texto ilustra o sucesso que o artista faz com as crianças nas ruas. Os personagens Seu Sarjo e Taco marcaram nesse começo de carreira.

"Orlando *Drumont* gosta da rádio, gosta da TV, gosta das crianças que o rodeiam na rua saudando o 'Taco'. Gosta de Castro Barbosa e Lauro Borges, de interpretar o 'Seu Sarja', das piadas de Otávio França, dos convites que recebeu, do automóvel que tem e que trata com todo o carinho, da família em si, de tudo enfim que o rodeia".

QUANDO O GALO CANTA

– Comecei como galo e acabei como Seu Peru – risos.

Orlando repete essa frase exaustivamente. É como um mantra em sua vida. Todos se divertem ao seu lado quando ele diz esse quase provérbio. Por isso, talvez, eu a repita algumas vezes neste livro. Não tem problema, afinal, ele está correto. Vou explicar para você entender.

Adiantando um pouco (ou muito). Drummond encarna seu grande personagem na televisão, no final dos anos 1980. Refiro-me ao Seu Peru, um dos maiores sucessos da "Escolinha do Professor Raimundo.

Agora, volto aos anos 1950. Orlando vive um ótimo momento em sua carreira. Ele não é mais um contrarregra. Sua carreira de ator vai se consolidando, mas ele jamais deixou de fazer suas brincadeiras (refiro-me aos ruídos). Poderia ser um simples animal ou um tiro, enfim, era sempre uma forma de ele encarnar nos colegas e animar o ambiente de trabalho.

E aí, em certo dia, a direção da Tupi criou um noticiário que tinha como objetivo ser curto e entrar muitas vezes durante a programação. Eram pequenos *flashes* para passar as notícias mais importantes naquela hora. Todo programa vem acompanhado, antes e depois, de uma vinheta. O texto da chamada já tinha sido definido pela direção da Tupi. Faltava executá-la. A frase escolhida foi essa:

– "Quando o galo canta, o Cacique informa...".

A direção, então, resolveu que precisava conseguir o galo. O próximo desafio era colocá-lo dentro de um estúdio e fazê-lo cantar. Um americano ficou encarregado de executar essas tarefas. Logo de cara, o americano descobriu que apenas um galo não seria suficiente. A voz do animal não teve força no estúdio. A gravação ficou baixa. Não daria para aproveitar. E também apareceu mais um desafio: como fazer o bicho cantar?

Dez galos foram contratados e colocados dentro do estúdio. Mas eles permaneciam mudos. Frustração total. Nenhum som, por menor que fosse. Até que um gaiato, no desespero, teve a seguinte ideia: "Por que não chamam o Drummond?" O americano não entendeu nada. Mas quem estava no estúdio começou a achar que a ideia poderia ter sentido. Começou uma correria pelos corredores. Para sorte de todos, Orlando estava na rádio.

– Orlando, estão te chamando lá no estúdio!
– Sabe pra quê?
– Colocaram 10 galos dentro do estúdio para gravar uma chamada do novo jornal, mas nenhum está cantando.

Com a sua calma de sempre, Drummond foi caminhando até o estúdio. Já estava imaginando um estúdio cheio de galos, deu uma leve risada. Durante o percurso, começou a imitar o animal para aquecer a voz.

– Quando entrei no estúdio estavam todos os galos quietos. Comecei a imitação e foi um barulho só. Todos os galos começaram a cantar. O americano ficou louco.

O produtor foi captando os galos de forma individual. Drummond fazia para provocar os animais, que repetiam em seguida. O gringo, que não conseguia acreditar no que seus olhos e ouvidos presenciavam, escolheu o canto do ator.

– Eu era o galo mais famoso da época – lembra, aos risos.

O REI DO MOVIMENTO

Se é comédia, chama o Drummond. Orlando ouviu essa frase muitas vezes durante sua carreira. É dessa forma que ele participa do filme "O Rei do Movimento", em 1954. Estrelado por Ankito, a direção é de Victor Lima e Hélio Barroso. O filme conta a história de Aparício, um carteiro boa-praça, mas preguiçoso e totalmente atrapalhado. Todos os dias leva uma bronca do chefe. O motivo é sempre o mesmo: o atraso no trabalho.

Uma entrega de cartas é sempre uma aventura diferente. Tem de tudo um pouco. Em uma cena, ele é perseguido por um maluco armado. Em outra oportunidade, ao participar de um *show* de mágica, faz tanta besteira que o mágico resolve hipnotizá-lo. Se fica ruim para ele, é garantia de risada para o público. Hipnotizado, o carteiro acaba fazendo cenas para lá de constrangedoras. Na verdade, ele se tornou assistente de palco no circo. Sua namorada trabalha como dançarina. O que ele não sabe é que o tal mágico é um grande charlatão, um verdadeiro ladrão de joias.

Um dia Aparício vai entregar uma carta em uma joalheria e é capturado. Agora, adivinha quem é o dono da loja de joias? Exato! Ele mesmo! Orlando dá vida a Natanael. O personagem tem um elemento curioso que depois marcaria a vida de Drummond: ele é homossexual.

Drummond aparece apenas duas vezes. Natanael tem uma frase que ficou bem famosa, é quase um Seu Peru dos anos 1950. Ao ser afrontado pelo bandido, ele se assusta e diz:

– Cruzes!

PRA-ZER ES-TAR COM VO-CÊS

A Rádio Tupi tinha investido uma grana na compra de novos equipamentos, eram mesas de som enormes. Imagina aquela cheia de botões, era exatamente isso. E era praxe a empresa trazer técnicos estrangeiros para ensinar o uso dessas máquinas. Orlando não gostou de um desses gringos. Entre uma gravação e outra, viu o técnico sendo ríspido na hora de ensinar. Ele mesmo, Drummond, curioso com os equipamentos que tinham acabado de chegar, se viu vítima de uma das grosserias do profissional americano.

Conversando com alguns colegas da rádio, Drummond não deixou dúvidas.

– Vou aprontar com ele!

Em uma tarde de testes, Orlando se ofereceu para fazer pilotos com os novos equipamentos. Ninguém entendeu muito bem. Afinal, as grandes estrelas não tinham esse hábito. Orlando ficou de pé diante do microfone. Ele estava pronto para fazer os testes. O técnico deu *ok* e pediu para que ele falasse algo. Ele começou.

– O-lá! Tu-do bem? É um pra-zer es-tar com vo-cês!

– *Stop*!

Orlando estava com a fisionomia serena. Para os amigos, que começavam a entender o que estava acontecendo, a sua cara era de sacana. Ele estava imóvel. Após um tempo de espera, o americano, depois de mexer em muitos botões, pediu para ele recomeçar.

– O-lá! Tu-do bem? É um pra-zer es-tar com vo-cês!

– *Stop*!

O americano começou a ficar em um misto de irritação e de sem graça. Afinal, ele estava ali porque conhecia a mesa de som. Em tese, era ele que tinha que fazê-la funcionar de forma perfeita. O problema é que o moço não reconhecia qual era o problema. O gringo, já sem paciência, foi até o microfone. Ele imaginou que o problema estivesse ali, era a única possibilidade, já que tinha revirado aquela mesa toda de cima para baixo, e vice-versa. Ele falou para teste.

– *Hello*! 1, 2, 3...

Para sua surpresa, o som saiu perfeito. O gringo olhou para Orlando e apontou o microfone.

– *You*!

– O-lá! Tu-do bem? É um pra-zer es-tar com vo-cês!

Não fazia sentido! Após quase duas horas, Orlando chamou o tradutor que acompanhava o gringo e falou para ele sem rodeios.

– Fala para ele parar de ser babaca e tratar melhor as pessoas.

O tradutor falou com o gringo que ficou puto quando descobriu que era Drummond que estava sabotando o microfone. O pessoal da rádio aprovou!

ANGU DE CAROÇO

Em 1955, Drummond faz a sua segunda participação em uma produção cinematográfica. A comédia "Angu de Caroço" é dirigida por Eurípides Ramos. Ankito estrela a produção. Ele vive um barbeiro chamado Boaventura. Por acaso, o personagem entra na casa de uma família muito rica que está fazendo entrevistas para contratar um mordomo. Ankito é confundido com um desses candidatos. Mesmo sem experiência, é contratado e aceita por um motivo simples: o salário era muito maior do que ganhava.

Nem precisa falar que Ankito vai mudar toda a programação da casa. Ele começa a interferir nas decisões da família. A patroa pretende casar a enteada com um conde russo, mas ele não permite. Boaventura fica desconfiado do tal conde. Alguma coisa chamou sua atenção negativamente. Ele decide, então, investigar por conta própria. E não é que estava certo? O conde era um verdadeiro impostor e só queria se casar por interesse.

Sobre a participação de Drummond, é importante dizer que, mais uma vez, foi pequena. Ele aparece logo no começo do filme e em mais algumas poucas cenas. Outra curiosidade é que o ator, novamente, faz o papel de um *gay*. Dessa vez, ele é conhecido como Lulu e é uma espécie de capacho da madame. Está sempre arrumando o cabelo da patroa. Destaque para as caras e bocas que se tornaram uma espécie de marca registrada do artista.

HOTEL DA SUCESSÃO

Estamos em 1955. O Brasil vive um momento ímpar em sua história: o país se prepara para mais uma eleição presidencial, a 16ª. O contexto político estava muito conturbado. Vamos aos fatos.

Um ano antes, exatamente no dia 5 de agosto, o jornalista Carlos Lacerda sofreu um atentado. Ele foi ferido apenas com um tiro no pé, mas o major-aviador Rubens Vaz, que o acompanhava, não teve a mesma sorte. As investigações apontaram que o responsável pela emboscada (e, no caso, uma morte) foi Gregório Fortunato, que era chefe da guarda pessoal de Getúlio Vargas, presidente na época.

A pressão em Getúlio só aumentava. Ele era acusado por Lacerda de fazer concessões a empresas. Os opositores, com apoio dos militares, exigiam a renúncia do presidente. No dia 24 de agosto, Getúlio tira a própria vida com um tiro no coração. Quem assume a presidência é o vice, João Café Filho, que fica pouco mais de um ano no poder. Ele foi afastado, em novembro de 1955, após um ataque cardíaco.

Após a saída de Café Filho, o país tem dois presidentes em poucos dias. Assumiu Carlos Luz, presidente da Câmara dos Deputados que ficou pouco tempo, após ser acusado de tentar dar um golpe de Estado. Em seu lugar entrou Nereu Ramos, presidente do Senado, que seguiu na presidência até o final de 1955.

Após esse breve resumo sobre o contexto político do Brasil naquele momento, voltamos ao tema central do livro. Antenado com tudo o que acontecia no dia a dia do país, Max Nunes, em parceria com Afonso Brandão, sugeriu um programa para a Rádio Tupi que mostrasse exatamente esse cenário turbulento. E foi assim que surgiu o Hotel da Sucessão, que estreou no dia 28 de março de 1955. O programa era transmitido às segundas-feiras, às 21h05. Com 25 minutos de duração, o grande elenco da Tupi desfilava humor disfarçado de crítica social. Só para citar alguns nomes: Leda Maria, Hamilton Ferreira, Orlando Drummond, Brandão Filho, Otávio França e o maestro Aldo Taranto.

Os principais nomes da política eram retratados. Só que, ao invés de um país, era preciso gerenciar um hotel. E, claro, os moradores não estavam satisfeitos com a administração. O mais curioso é que você já pode ter uma ideia das principais reclamações. A corrupção e a desigualdade social são apenas alguns. Um detalhe bem curioso e sarcástico. O hotel tinha, obviamente, um elevador. Para subir bastava dizer dólar. Para descer, era o cruzeiro (moeda da época), uma clara crítica à política econômica.

Hotel da Sucessão fez muito sucesso[19] exatamente por causa dessas críticas sutis e inteligentes. Ele foi na direção contrária dos programas da época. A fórmula de auditório, mesmo desgastada, foi mantida. Mas as piadas fugiam da pornografia, que passava a se tornar uma tendência dos quadros humorísticos.

Um dos exemplos da ingenuidade das piadas estava nas adaptações das músicas. Nada, nem ninguém, escapava dos olhos atentos de Max e Afonso. Cito, abaixo, uma versão que eles fizeram de um dos grandes clássicos da música brasileira. A música em questão é "Ninguém me ama".[20]

---

[19] O sucesso foi tanto que a Tupi experimentou uma versão com sucesso na televisão.
[20] O samba-canção "Ninguém me ama" foi lançado em 1952. A composição é de Antônio Maria, mas, pela amizade, dividiu os créditos com Fernando Lobo, seu parceiro musical. A canção foi lançada pela cantora Nora Ney.

Música original	Música adaptada
Ninguém me ama, ninguém me quer	Ninguém me ama, ninguém me quer
Ninguém me chama de meu amor	Ninguém me chama mais de café
A vida passa e eu sem ninguém	Nesta tragédia, eu de mansinho
E quem me abraça não me quer bem.	Passei da média a cafezinho.
Vim pela noite tão longa de fracasso em fracasso	Por tua causa somente, amigo café
E, hoje, descrente de tudo me resta o cansaço	Passei um dia trancado no Tamandaré
Cansaço da vida, cansaço de mim	A bala comendo, tudo estremeceu
Velhice chegando e eu chegando ao fim.	Que até o Lacerda, a língua encolheu.

Dorival Caymmi, também, teve uma de suas composições adaptadas. A música escolhida foi "Nem eu".

Música original	Música adaptada
Não fazes favor nenhum em gostar de alguém	O Juscelino vai entrar no lugar de quem?
Nem eu, nem eu, nem eu	Nereu, Nereu, Nereu...
Quem inventou o amor	Mas se não entrar quem vai ser?
Não fui eu, não fui eu, não fui eu, nem ninguém.	Não sou eu, não sou eu, nem você!

A eleição foi vencida por Juscelino Kubitschek. O programa acabou logo após se saber do novo presidente. Max, Afonso e a direção da Tupi acharam melhor criar outro produto.

A DAMA E O VAGABUNDO

1955. Este é o ano de lançamento do desenho "A Dama e o Vagabundo" (*Lady and the Tramp*).[21] É o 15º filme produzido pelos estúdios Disney, considerado pela crítica especializada como mais um dos grandes clássicos da produtora norte-americana.

O longa conta a história de Lady, uma cadela da raça *cocker spaniel* inglês. Sua vida parece perfeita. Ela é linda e vive em uma casa onde é muito amada pelos

---

[21] O filme é uma adaptação de um conto de Ward Greene, mas há um pouco da própria história de Disney. Logo nas primeiras cenas, Jim entrega Lady embrulhada em uma caixa. Era o seu presente de Natal para a esposa. O produtor já agiu da mesma forma. Há quem afirme que esse foi o pontapé inicial para ele aceitar produzir o longa.

donos. Ocorre que sua dona fica grávida e ela se sente em segundo plano. Quem a ajuda são os amigos Caco e Joca. Já Vagabundo é um cão vira-lata que vive pelas ruas tentando sobreviver. Ele e seus amigos travam uma luta diária por comida.

O filho dos donos nasce e Lady volta a se sentir amada. Mais ainda: ela passa a amar o bebê. Um dia, os donos da casa vão viajar e pedem que Tia Sarah cuide da casa e da criança. O problema é que ela tinha dois gatos nada bons. Os dois felinos armam uma grande confusão e a culpa recai sobre a cadela. Tia Sarah tenta, então, colocar uma focinheira, mas a cachorra não aceita e foge. Perdida pela cidade, ela tem a ajuda de Vagabundo.

O grande barato do filme é a reprodução de um amor em que há distinção entre classes sociais. É um tema já muito batido em filmes com atores reais. Mas, quando se tratou do mundo animal, foi uma grande novidade. A cena dos cachorros apaixonados comendo macarrão, à luz de velas, é uma das melhores da história do cinema. O filme teve duas dublagens. A original de 1955 foi feita pela Odeon. O diretor foi Aloysio de Oliveira, que também interpretou o Vagabundo. A segunda, em 1997, foi realizada na Double Sound. A direção foi feita por Garcia Júnior.

Aqui cabe uma curiosidade sobre Drummond. Foi nesse filme que deu início a sua saga de dublar cachorros. Você vai acompanhar neste livro outros personagens do gênero até chegar a Scooby-Doo, o seu preferido.

Em "A Dama e o Vagabundo", Orlando participa das duas versões, dublando o mesmo personagem, o cão Caco, um dos fiéis amigos da Dama. Ele foi um dos únicos, senão o único, a participar das duas dublagens. O nome Caco foi uma adaptação para o Brasil. No original se chama Trusty. Ao pé da letra, essa é uma de suas principais características: ele é confiável. E, de fato, ele tem toda a confiança de Lady.

Outro ponto curioso é o fato de Caco ser um personagem velho. Essa é mais uma característica que vai acompanhar a carreira de Orlando. Muitos de seus personagens, principalmente os secundários, já tinham idade na trama. No caso de Caco, a idade pesa (ele já não tem um olfato apurado, umas das principais armas dos cães). Mas, também, tem um lado divertido. Por ser um cachorro idoso, se atrapalha na própria fala, esquece do que estava falando e acha que pode falar tudo.

É muito comum ele ter dificuldade para concluir um raciocínio. As palavras fogem. Caco, também, costuma repetir as mesmas informações. É muito comum ele terminar a frase dizendo "é como meu avô Caco velho costumava dizer, mas não me lembro de falar dele com você". Nessa hora todos repetem: "Você já disse!".

Drummond transforma um personagem pequeno em um cachorro adorável. As pessoas se solidarizam com Caco. Ele usa e abusa da voz cansada para interpretar o cão idoso. E faz isso com maestria. Destaque para a respiração e a forma como coloca cada palavra, às vezes pausadamente.

A Disney produziu uma continuação do filme: "A Dama e o Vagabundo II – As Aventuras de Banzé" (*Lady and the Tramp II: Scamp's Adventure*). O desenho foi lançado em 2001, 46 anos depois do primeiro. Lady e Vagabundo têm quatro filhotes (Annette, Colette, Danielle e Banzé). O menino é o indisciplinado. Ele não consegue se adaptar à vida dentro de uma casa. Seu objetivo é se tornar um cão selvagem, embora ele não saiba ao certo o que isso significa. Na primeira chance que tem foge de casa, deixando os pais desesperados a sua procura. Banzé se envolve em grandes confusões e se junta ao grupo que vive em um ferro-velho. Lá ele ganha missões para ser aceito no tal grupo. Uma delas é roubar uma lata de um cão feroz.

Orlando participou da continuação. O seu personagem também foi mantido. O cão Caco está longe de ser o papel principal do filme, mas é de fundamental importância para Drummond, pois foi o primeiro cachorro em sua coleção de dublagens.

MARMELÂNDIA

Juscelino foi eleito presidente do Brasil e iniciou seu governo em 1956. Os diretores da Tupi chamaram Max Nunes e Afonso Brandão para uma reunião. O programa Hotel da Sucessão, embora ainda gozasse de muito sucesso, perdia o sentido. Era preciso criar uma nova história. Os dois produtores concordaram. A ideia seria mais ou menos a mesma. Mas o que criar? Após algumas reuniões, segundo relatos da época, chegou-se à conclusão de que o país, mesmo com um presidente novo, ainda passava por tempos nebulosos. Por isso, pensaram em algo relativo à marmota. Assim, no dia 5 de março de 1956, estreava na Tupi, às segundas-feiras, às 21h05, o programa "Marmelândia, o País das Maravilhas". Propositalmente, eram o mesmo dia e horário do Hotel da Sucessão.

A ideia era aproveitar o sucesso do programa anterior. Tanto que, antes de estrear, a Tupi investiu em várias chamadas de seus veículos de comunicação (jornais e rádio).

"Marmelândia será uma democracia, monarquia ou autarquia? Tudo é mistério sobre Marmelândia, o País das Maravilhas".
"Qual será a cor da epiderme do habitante de Marmelândia? Ninguém sabe se ele é branco, se é mulato ou negro. Tudo é mistério sobre Marmelândia, o País das Maravilhas".
"Será que em Marmelândia os ladrões também andam soltos, como num certo país que conhecemos? Tudo é mistério sobre Marmelândia, o País das Maravilhas".
"Quantos olhos terão os habitantes de Marmelândia? Tudo é mistério sobre Marmelândia, o País das Maravilhas".

"A tortura das filas existirá também em Marmelândia? Tudo é mistério sobre Marmelândia, o País das Maravilhas".
"Uai, você está vendo um carro na frente dos bois? Tudo é mistério sobre Marmelândia, o País das Maravilhas".
"Dizem que o Carnaval em Marmelândia dura trezentos dias e nos outros sessenta e cinco se descansa. Verdade? Tudo é mistério sobre Marmelândia, o País das Maravilhas".
"Você sabia que em Marmelândia as habitações são todas subterrâneas? E que lá existem homens-formiga? Tudo é mistério sobre Marmelândia, o País das Maravilhas".

Marmelândia era um país cuja localização correta não se sabe bem. Seus moradores, os *marmelandianos*, sofrem com uma cidade agressiva. Mais uma vez, você vai reparar que não é muito diferente dos nossos dias.

O lugar simplesmente não funciona. Violência, população tratada com descaso e corrupção. Essas eram as histórias contadas todos os dias pelo elenco da Tupi. Orlando participou ativamente, fazendo inúmeros personagens dessa sátira.

Registro, abaixo, uma história que mostra como as críticas eram registradas:

Senhora (1): Tadinho! Que garoto miúdo! Nunca vi assim.
Senhora (2): Parece um rato de tão pequenino...
Senhora (3): O senhor é o pai dele, seu Barnabé?
Barnabé: Sou, madame!
Senhora (1): Como se chama esse garoto tão pequenino?
Barnabé: É Salário Mínimo, madame!

Essa era Marmelândia. A desigualdade social era muito grande. A população reclamava nos açougues do preço da carne. No entanto, políticos corrompiam servidores públicos com maletas com 500 relógios de ouro.

A SPUTNEKA

Você já ouviu falar em Sputneka? Não? Provavelmente, já ouviu falar em Sputnik. Também não? Não chega a ser uma história longa. Mas é preciso fazer uma pequena volta ao tempo. Estamos em 1957, mais precisamente no dia 03 de outubro. Esta data marca o início da corrida espacial entre os Estados Unidos e a União Soviética.

Mas, antes de contar essa história, é importante conceituar o que acontecia no mundo naquela época. O principal acontecimento era a Guerra Fria. Norte-americanos e soviéticos disputavam a hegemonia mundial. O nome já dá uma dica: nunca houve uma guerra entre os dois países. Mas, verdade seja dita, havia até um rumor de uma batalha nuclear. A Guerra Fria começou logo após o fim da Segunda Guerra Mundial (1939-1945) e se estendeu até 1991, quando a União Soviética foi extinta; ou seja, por quase 50 anos, os dois países disputaram a soberania política, econômica, tecnológica e militar.

A corrida espacial

O dia 03 de outubro de 1957 marcou o lançamento do primeiro satélite artificial à órbita terrestre, o Sputnik. Como o nome sugere, ele era russo. Foi um grande avanço para a época e esse avanço não foi apenas tecnológico. O Sputnik tinha muitos objetivos científicos, todos muito técnicos, diga-se de passagem: colocar um satélite artificial em órbita e descobrir informações sobre a atmosfera eram alguns.

Na imprensa norte-americana o lançamento do Sputnik repercutiu, e muito. O questionamento era sempre o mesmo e uma espécie de autocrítica: será que eles não seriam capazes de algo parecido?

Se o Sputnik deu certo, não dá para falar o mesmo do foguete dos americanos, o Vanguard. Após uma série de três testes bem-sucedidos, marcou-se o dia do lançamento para 6 de dezembro de 1957, mas o Vanguard TV3 explodiu no lançamento.

A crise do Sputnik estava instalada.

E a Sputneka?

Você pode estar se perguntando: mas por que ele escreveu sobre corrida espacial? Sputnik, Vanguard? Não é um livro sobre o Orlando Drummond?

Certo mesmo é que a *Sputneka* é o nome de uma marcha de carnaval lançada em 1958, no programa "Marmelândia", da Rádio Tupi. Seus criadores foram Max Nunes, Afonso Brandão e J. Maia. Antes de tecer críticas sobre a letra dessa marchinha, darei oportunidade para você, caro leitor, tirar suas próprias conclusões.

Eu convidei o Tio Sam // Pra um pic nic // Na ionosfera[, a bordo do Sputnik // Ele cansado de levar tanta fubeca // Pensou, pensou, pensou // E lançou a Sputneka.
O Sputneka que o titio construiu // Oi, se subiu ninguém sabe, ninguém viu // Diz ele que sobe, mas não muito não senhor // Até onde ele vai, a gente vai de elevador.

Como deu para perceber, a letra faz uma grande sátira ao sucesso do Sputnik e ao fracasso do primeiro projeto americano, carinhosamente chamado de *Sputneka*.

Em uma entrevista ao jornal *Diário da Noite*, publicada no dia 13 de fevereiro de 1958, Max Nunes diz claramente que "a marcha nada tem a ver com o povo ou o governo americano. É uma crítica ao acontecimento, como é feito a qualquer outro pelos programas humorísticos (...)".

Mas é correto dizer que a marchinha, interpretada por vários atores da Rádio Tupi, entre eles o próprio Drummond, incomodou, e muito, na época. A marcha, como já dito, era um lançamento da Rádio Tupi, mas alcançou um sucesso tão grande que entrou na programação de outras emissoras. Ela chegou, por exemplo, a ser escolhida uma das 10 melhores marchinhas do Carnaval de 1958, tocando, inclusive, no programa de Paulo Gracindo, da Rádio Nacional.

Por isso mesmo havia, sim, o receio de uma repreensão do governo norte-americano. Olha o que disse J. Maia, nessa mesma entrevista ao jornal *Diário da Noite*: "Fizemos a marcha para um programa. Do programa nasceu a ideia de seu lançamento para o reinado de Momo. Tínhamos esperanças de que ela ao menos subisse a atmosfera carnavalesca, mas que nunca explodisse esse mal-entendido".

ALI BABÁ E OS 40 GARÇONS

Em 1956, uma aventura oriental estreava na Rádio Tupi. A criação era de Max Nunes. O nome do programa era "Ali Babá e os 40 Garçons". A história se passava dentro de uma boate com as mais engraçadas narrativas.

Durante a meia hora de programa, Ali Babá, que era o dono da boate, tinha problemas com seus garçons. Seus clientes eram dos mais confusos e engraçados. O espaço, ao que parece, era uma grande atração turística para pessoas de todas as nacionalidades.

A produção virou um verdadeiro coringa para a direção da Rádio Tupi, tanto que eles mudaram os horários e dias algumas vezes. Estreou em uma quarta-feira, mas chegou a ser transmitido na quinta e no domingo, às 20h30 e 21h35, respectivamente.

O programa fez tanto sucesso que não demorou a ganhar uma versão para a televisão. Adaptado por J. Antônio D'Ávila, a produção, também, tinha meia hora de duração. A estreia foi no dia 02 de agosto de 1957, uma sexta, às 21h35.

Ali Babá era vivido por Radamés Celestino. Era ele quem comandava todas as ações da boate, e não eram poucas: aparecia a solteirona que procurava um namorado (ou vice-versa), tinha o jovem que só queria conhecer as diversões da cidade. Drummond participou com vários personagens. Mas dois chamaram mais a atenção do público. O primeiro foi o de *crooner*.

Os diretores do programa já conheciam a fama da voz de Orlando de outros tempos. Eles sabiam que o ator tinha uma bela voz e souberam aproveitar bem suas qualidades. Ele cantou de tudo um pouco. O que ele mais gostava de cantar era Elvis. Suas aparições cantando "Tutti frutti" foram clássicas. Também fez muito sucesso interpretando *hits* de astros internacionais, como Nat King Cole e Maurice Chevalier. Esse foi, sem dúvida, o programa em que Drummond mais se destacou na rádio e na televisão.

Outro personagem que fez muito sucesso e se tornou, durante bom tempo, fixo na atração foi o japonês (ou melhor, o "*zaponês*") Tacananuca. De nome difícil, mas de vestimenta simples, o oriental tinha muitas dificuldades com o nosso idioma e não conseguia lembrar a palavra certa para a ocasião. Os garçons ficavam loucos com ele. Quando chegava, ninguém queria atendê-lo. Mas Ali Babá ordenava um tratamento VIP. Afinal, o japonês estava sempre lá.

Reescrevo, abaixo, duas histórias que mostram um pouco de como era o personagem eternizado por Orlando. Você vai perceber que, além de trocar os erres, ele também era bastante indeciso.

Tacananuca: Oh, seu Ali Babá, faz favor de mandar atender o "zaponês"?
Babá: Oh, Garçom, será possível? Japonês está esperando!
Garçom: Mas será que o seu Tacananuca não encontra outra "boite" para frequentar? O que é que o senhor quer, seu Tacananuca?
Tacananuca: Eu não "telo" esse bife que não está bom.
Garçom: O que é que tem o bife, seu Tacananuca?
Tacananuca: Se a gente comer, a gente... como é que se chama aquilo mesmo?
Garçom: Aquilo o quê, seu Tacananuca?
Tacananuca: Aquilo que acontece se a gente comer esse bife!
Garçom: Eu sei lá o que acontece! O bife está mole?
Tacananuca: Isso! "Mole"! Se a gente comer esse bife, a gente "mole"!

* * *

Garçom: O que é que o senhor deseja, seu Tacananuca?
Tacananuca: Eu "quelo" um copo d'água. Como se chama?
Garçom: Cambuquira?
Tacananuca: Não, senhor. Como ela se chama?
Garçom: São Lourenço?
Tacananuca: Não! Eu "quelo" um copo d'água, mas não me lembro do nome.

Garçom: Por isso é que não gosto de atender o senhor. Quando o senhor chega, meu coração pula!
Tacananuca: Isso! Pula! Eu "quelo" um copo d'água "pula"!

Apesar de todo o sucesso, o programa não era nada fácil de ser feito. Vale lembrar que a TV ainda aprendia com seus próprios erros. Tudo era uma grande novidade. Como a atração tinha muitos quadros, era preciso muito entrosamento entre os atores, a direção e toda a equipe técnica.

SEMANASCOPE

As emissoras de rádio investiam pesado nas programações semanais e aos domingos. Era garantia de público e de patrocinadores. Em um esquema simples, o resultado era retorno financeiro. Mas um dia em especial aterrorizava as direções. Por incrível que pareça, a programação de sábado à noite era a mais difícil de montar. Nada encaixava, nada fazia sucesso. Era encarado como um verdadeiro tabu definir uma grade para esse horário.

Sabendo disso, José Viana, um dos grandes nomes da Tupi, apresentou um produto que acreditava que mudaria o rumo das noites de sábado. Ele pensou em um programa que fizesse um resumo das principais notícias da semana, mas, claro, que com muito bom humor. Ele sabia que seria difícil conseguir a aprovação da diretoria, que já tinha investido muito no horário, mas sem nenhum sucesso. O projeto foi apresentado ao diretor Carlos Azevedo que, apesar de reticente, topou na hora. A equipe foi montada com Paulo Leblon (na produção), Silvério Neto (na supervisão) e Carlos Gaspar na função de apresentador.

A equipe teria à disposição os principais nomes do elenco da Tupi para estrelar os quadros humorísticos: Orlando Drummond, Abel Pêra, Maria do Carmo, Otávio França, Hamilton Ferreira, Honório Sousa e Radamés Celestino eram os principais nomes. Foi dessa forma que, em 1957, entrava no ar, nas noites sábado, das 20h às 22h, o programa "SemanaScope". A atração trazia bom humor, música ao vivo (incluindo trilhas sonoras de filmes internacionais), radioteatro e charges sociais.

O sucesso não foi imediato, mas animador. Era preciso trazer o ouvinte para a rádio em um momento em que ele já a tinha abandonado. Mas, aos poucos, o público foi comprando o produto e aquela ideia de usar a faixa de sábado à noite já não parecia mais tanta loucura. A direção da Tupi surpreendeu-se com a resposta do público. Os patrocinadores começavam a se interessar pelo programa. Toda aquela loucura começava a fazer sentido. Em poucos meses, o sucesso chegou.

– "SemanaScope" foi um programa de muito sucesso. O ruim é que tirou nossa folga do sábado à noite – risos. Ainda bem que depois mudaram o horário para mais cedo – lembra Drummond.

Realmente, após enxergar o sucesso de público e comercial, a direção da Tupi promoveu mudanças no "SemanaScope". A primeira delas foi o horário. O programa passaria a ser transmitido das 12h às 18h, ainda aos sábados, mas com duas reprises. A primeira seria no mesmo dia, às 23h. E a outra aos domingos, às 15h. A emissora resolveu investir em publicidade. Para ajudar a divulgar o programa, a Rádio Tupi investiu em anúncios em sua cadeia de jornais e, inclusive, nos concorrentes. O texto dizia o seguinte:

"Você vive os momentos mais divertidos da semana quando liga, sábado, ao meio-dia em ponto, no "SemanaScope" – monumental desfile de humorismo e muita música, com a duração de 36 horas".

Orlando destacou-se fazendo versões bem-humoradas de grandes sucessos na época. Era um quadro que, especificamente, gostava de produzir. Passava horas criando músicas. A maioria nem ia ao ar. O principal era o conteúdo. Mas algumas foram. Vou reproduzi-las abaixo:

A primeira é uma versão da consagrada "Saudades da Bahia", de Dorival Caymmi.

Original	Versão [feita por Orlando Drummond]
Ai, ai, que saudade eu tenho da Bahia / Ai, se eu escutasse o que mamãe dizia / "Bem, não vá deixar a sua mãe aflita / A gente faz o que o coração dita / Mas esse mundo é feito de maldade e ilusão" / Ai, se eu escutasse hoje não sofria / Ai, esta saudade dentro do meu peito / Ai, se ter saudade é ter algum defeito / Eu, pelo menos, mereço o direito / De ter alguém com quem eu possa me confessar / Ponha-se no meu lugar / E veja como sofre um homem infeliz / Que teve que desabafar / Dizendo a todo mundo o que ninguém diz / Vejam que situação / E vejam como sofre um pobre coração / Pobre de quem acredita / Na glória e no dinheiro para ser feliz.	Ai, que mal-estar, que ânsia, que azia / Ai, se eu ouvisse o que mamãe dizia / "Bem... para que da morte um dia tu escapes / Não faça nunca refeição no Saps" / Mas sou teimoso e fui lá enfrentar um feijão / Ai, eu nem cheguei a comer um ensopadinho / Ai, eu fui ficando branco e suadinho / Sim, eu sei que o almoço ali é barato / Mas gastei tanto de bicarbonato / Que eu passei o mês todo durinho / Ponha-se no meu lugar / E veja se comer no Saps é brinquedo / A gente entra bom da barriga / E saí de lá com dor e o intestino azedo / Ponha-se no meu lugar / E veja como sofre um pobre Barnabé / Que para só comer barato / Vai tomando uma aguinha com bicarbonato.

O cantor e compositor Noel Rosa também foi uma das vítimas da criatividade de Orlando. Ele parodiou a canção "Com que Roupa".

Original	Versão [feita por Orlando Drummond]
Agora vou mudar minha conduta / Eu vou pra luta pois eu quero me aprumar / Vou tratar você com a força bruta / Pra poder me reabilitar / Pois esta vida não está sopa / E eu pergunto: com que roupa? / Com que roupa que eu vou / Pro samba que você me convidou? / Com que roupa que eu vou / Pro samba que você me convidou? / Agora eu não ando mais fagueiro / Pois o dinheiro não é fácil de ganhar / Mesmo eu sendo um cabra trapaceiro / Não consigo ter nem pra gastar / Eu já corri de vento em popa / Mas agora com que roupa? / Com que roupa que eu vou / Pro samba que você me convidou? / Com que roupa que eu vou / Pro samba que você me convidou? / Eu hoje estou pulando como sapo / Pra ver se escapo desta praga de urubu / Já estou coberto de farrapo / Eu vou acabar ficando nu / Meu terno já virou estopa / E eu nem sei mais com que roupa / Com que roupa que eu vou / Pro samba que você me convidou? / Com que roupa que eu vou / Pro samba que você me convidou? / Seu português agora deu o fora / Já foi-se embora e levou seu capital / Esqueceu quem tanto amou outrora / Foi no Adamastor pra Portugal / Pra se casar com uma cachopa / Mas agora com que roupa? / Com que roupa que eu vou / Pro samba que você me convidou? / Com que roupa que eu vou / Pro samba que você me convidou?	Agora eu vou mudar minha conduta / Vou vender fruta, mas armado de canhão / Vou me transformar numa massa bruta / Pois o rapa não está sopa não... / Quando ele vem, ninguém escapa / E eu pergunto: com que roupa? / Com que roupa eu vou / Pra cova que meu pai me reservou? / Com que roupa eu vou / Vender o que meu pai tão bem plantou? / A gente apanha à beça e tudo engole / O cassetete ronca firme e com fartura / Rapa que já foi um rapa mole / Hoje em dia é um tal de rapadura / E quem quiser queixe-se ao Papa / E eu pergunto: com que roupa? / Com que roupa eu vou / Pra cova que meu pai me reservou? / Com que roupa eu vou / Vender o que meu pai tão bem plantou?

A HISTÓRIA DA "DEDADA"

A fama de brincalhão de Orlando espalhou-se rapidamente. Todo mundo na Rádio Tupi sabia que ele era sacana. Por isso era preciso atenção o tempo inteiro. Ele poderia aprontar a qualquer momento. Mas ele não era o único esperto. Os outros também sabiam brincar. O ator Otávio França tinha uma brincadeira peculiar e nada convencional. Ele gostava de dar "dedada" no ânus dos outros.

Orlando já tinha visto Otávio aprontar com quase todo o elenco da Tupi, mas nunca tinha sido vítima. E o motivo eram as seguidas ameaças feitas:

– Se fizer isso comigo, eu te arrebento de porrada!

Verdade seja dita, Otávio não tinha o menor escrúpulo nesse sentido:

– Podia ser branco, negro, forte, magro... se alguém abaixasse na sua frente, ele não perdoava. Vinha com o dedo com toda a força e metia na pessoa – lembra.

Mas nem sempre ele se deu bem. Em algumas ocasiões, o agredido correu atrás de Otávio e conseguiu pegá-lo. Quando isso acontecia, a brincadeira saía cara. E a hora de Drummond chegou. O corredor estava vazio. Tudo parecia calmo. Quando ele menos esperava, Otavio veio por trás e o bolinou. Puto da vida, Orlando saiu em disparada atrás de seu agressor.

– O puto saiu correndo tão rápido que não consegui acompanhar.

Orlando aguentou a sacanagem nos dias seguintes, mas prometeu vingança. O objetivo é que ele pagasse com a mesma moeda. E assim foi feito. Drummond passou a observá-lo diariamente, até ter a chance de um golpe certeiro. E esse dia chegou. Mais, precisamente, demorou uma semana. Saindo da rádio, Orlando passava pela rua do Ouvidor (centro da cidade) e observou que Otávio estava parado olhando uma vitrine. Era o dia do aniversário de sua esposa. Com sangue nos olhos, e na ponta dos pés, Drummond foi se aproximando lentamente, para não ser visto.

Na hora em que chegou perto, Orlando apontou o dedo com toda força e acertou uma "dedada" com a maior precisão possível.

– Eu fiz com tanta força que rasguei a calça dele.

Na rua só deu para ouvir um grito do agredido, que caiu no chão se contorcendo de dor.

– Ai! Ai!

Drummond sentiu-se aliviado. Debochando da dor do agredido, que ainda se contorcia no chão, ele tomou um grande susto.

– Pera ... cacete!

Orlando foi olhar mais de perto e não acreditava no que estava vendo. Não era o Otávio França. E, pior, ele reconheceu a pessoa.

– Era um desembargador muito famoso na época.

Assustado, Drummond ficou sem reação. O desembargador levantou, ainda com muita dor, e começou a gritar:

– Seu moleque! Eu vou te pegar!

Orlando saiu correndo, com medo. Ele se escondeu nas lojas do Centro. De longe viu o tal desembargador o procurando.

Resultado: ele desistiu de dar uma dedada em Otávio França.

A PATOLADA

Pelo último capítulo já deu para perceber que Drummond e seus amigos não tinham uma brincadeira convencional, não é mesmo? Mas não era só a dedada. Eles, por vezes, brincavam de *patoladas*. Orlando, a caminho da Rádio Tupi, estava no ponto esperando a condução. Quando a lotação chegou, ele reparou que um colega da emissora estava dentro. Não pensou duas vezes: "Vou fazer uma sacanagem com ele".

O rapaz estava de terno branco e chapéu. Parecia estar dormindo. Drummond mirou o banco em que ele estava e foi direto ao seu encontro. A lotação estava bem vazia. Aproveitando que o moço estava dormindo, não pensou duas vezes. Com toda a força que tinha, e era muita, ele patolou o cara.

– Eu espremi com muita força as bolas dele! – lembra, aos risos.

O cara, que estava dormindo, entrou em desespero. Primeiro pelo susto e depois pela dor.

– Filho da puta! Você tá maluco?

Orlando também se assustou. Nem tanto pela reação de dor. Esse era o esperado, afinal ele apertara com força mesmo. A questão é que o rapaz não era o seu amigo da rádio, era um desconhecido.

– Cacete!

Assustado, Drummond saiu correndo e desceu da lotação. Ninguém entendeu o motivo daquela correria. O pobre coitado bem que tentou segui-lo, mas não teve forças para levantar. Até hoje, décadas depois, Orlando garante ter visto o moço na lotação.

– Ele deve ter descido no momento em que eu subi.

A grande verdade é que ele nunca perguntou para o rapaz. É aquele famoso ditado: derrota ninguém conta. Mas para os amigos ele falava, e sempre arrumava um jeito de se vangloriar.

– O cara deve ter ficado estéril! – disse, às gargalhadas.

TUPI-MAYRINK (O RÁDIO PERDE FORÇA PARA A TV)

1958. As rádios já não gozavam de tanta audiência e prestígio na sociedade. Essa queda culminava na dificuldade de manter os patrocinadores, que eram fundamentais para a manutenção das contas em dia. Um dos principais motivos da perda dessa audiência foi o surgimento da televisão, em 1950. É bem verdade que oito anos não foram suficientes para popularizar esse novo veículo de informação e entretenimento.

Além do público e dos patrocinadores, as rádios tinham que lidar com outras perdas – essas também muito significativas. Muitos atores estavam migrando para as TVs. O principal motivo era o cachê (muito maior).

Por todo o exposto acima, as rádios, definitivamente, não passavam por um bom momento financeiro. A Nacional, líder de audiência, ainda conseguia se manter. Mas até ela, a mais poderosa, já não tinha mais tanta força. A Tupi tinha investido muito em novos equipamentos para chegar a todo o país. O investimento foi muito alto, mas o retorno não veio. A G-3 estava com dificuldades para pagar em dia o salário dos funcionários.

Foi quando a direção fez uma proposta de cooperação com a Rádio Mayrink Veiga, que passava por problemas parecidos. A ideia era transformar essa parceria em uma verdadeira potência para competir com a Nacional, conseguir mais público e anunciantes. Parecia um plano perfeito.

A ideia consistia em um intercâmbio de artistas, produtores e programas. Essa parceria traria sensíveis mudanças na programação das duas emissoras. De imediato, estabeleceram algumas regras. A primeira delas era que os programas seriam transmitidos no auditório da Tupi. Outro ponto que ficou estabelecido era que a cooperação seria parcial, ou seja, ela não duraria 24 horas por dia. Durante a semana seria entre 20h e 22h. Nos finais de semana, contemplaria toda a grade. Dessa forma, a cooperação entre as duas emissoras começou no dia 1º de setembro de 1958. A Mayrink fortaleceu-se no humor e a Tupi nas novelas. Mas outros programas, no decorrer do tempo, foram entrando na grade com muito sucesso.

Na prática, a grade, durante a semana, tinha maior participação de atrações da Mayrink. Alguns artistas já faziam sucesso, mas aumentaram, ainda mais, a visibilidade. Foi o caso de Chico Anysio, contratado da Mayrink, que ainda respondia pelo nome de Francisco Anísio.

Embora transmitisse atrações de muito sucesso, como "Ali Babá", era no final de semana que a Tupi comandava a rede. Esse comando se deve ao programa "SemanaScope", que já era um verdadeiro sucesso quando passava apenas na Tupi, mas que melhorou com a inclusão de artistas da Mayrink. Drummond participou de muitos programas nesse cenário de cooperação entre as duas emissoras.

Um deles foi o "Caleidoscópio", apresentado por Carlos Frias. A atração era um programa de auditório que depois migrou para a TV Tupi. Seguia o mesmo esquema da época: participação de cantores e quadros humorísticos.

A parceria entre Tupi e Mayrink terminou no dia 30 de abril de 1962. Durante esses quase quatro anos de cooperação, a união foi, por muitas vezes, quase desfeita. Sempre que ocorria um problema técnico, e eram muitos, o papo voltava. Era muito comum ocorrer a seguinte falha: o programador esquecia (ou era obrigado a esquecer) de colocar a programa da grade. Era colocado um antigo. Isso confundia os ouvintes.

O PRIMEIRO TESTE PARA VALER NA DUBLAGEM

O ano é 1959. Drummond segue se desdobrando entre a rádio e a televisão. Ele ia topando tudo para conseguir pagar as contas e manter uma boa vida para a família. Orlando, em um desses momentos raros, estava em casa. O telefone tocou.

– É da residência do Sr. Orlando Drummond?

– É, sim!

– Eu me chamo Sérgio Oliveira e sou diretor da ZIV, uma empresa de dublagem. Acompanho seu trabalho na rádio e gostaria de convidá-lo para um teste. O senhor topa?

– Topo!

Quem o indicou para esse trabalho foi o ator e diretor Maurício Sherman. Eles já se conheciam desde os tempos em que Drummond atuava apenas como contrarregra na Rádio Tupi. Ou seja, acompanhou de perto a evolução do amigo.

– Eu confiava muito na turma do radioteatro da Tupi. Era uma equipe muito boa, com ótimos nomes – afirma Sherman.

Orlando estava se preparando para ir à praia com a família, quando recebeu a ligação. Glória percebeu que ele estava quieto no carro, durante o percurso. Estava pensativo. Por um instante lembrou do teste feito em 1948. No entanto, a família agora estava maior. Ele tinha dois filhos para criar. Quando ficou sabendo, Glória deu a maior força para que ele fizesse o teste. Era outro momento. Os filmes, seriados e desenhos eram mais populares depois do advento da televisão. No dia marcado, Drummond foi até os estúdios da ZIV, em Copacabana, na zona sul da cidade. Fez o teste para fazer o seriado "Os Três Mosqueteiros". O seu papel era o de Porthos. Passou de primeira.

O diretor ficou impressionado. Orlando parecia um veterano. Em nenhum momento ficou nervoso e soube colocar cada palavra no momento certo. Além, claro, de imprimir a entonação que a cena pedia.

– Ser contrarregra me ajudou na minha formação de dublador. O dublador é um contrarregra de boca. Ele precisa cobrir com exatidão as falas. Todos os efeitos são produzidos pela boca do ator – explica Drummond.

Sobre o seriado

Escrito pelo francês Alexandre Dumas, a história de "Os Três Mosqueteiros" foi publicada pela primeira vez em 1844. A trama conta a história de quatro guerreiros: Athos, Aramis, Porthos e D'Artagnan, que era aspirante a guerreiro.

Os quatro pertenciam à elite do exército francês e eram os responsáveis pela escolha policial do rei Luís XIII. Eram exímios espadachins e possuíam mosquetes – essa é a explicação histórica para o nome.

Porthos, dublado por Drummond, é o mais divertido dos quatros mosqueteiros. Apesar de gordo, ele é extremamente forte. Tem uma personalidade bondosa e também é bastante vaidoso.

Por pouco tempo...

Dublar a série "Os Três Mosqueteiros" fez Drummond olhar a dublagem de forma diferente. Assim como em 1948, achou um processo muito fácil. Mas, naquele momento, a atração foi maior. Embora o pagamento ainda fosse pouco, ele teve a experiência de ter um personagem fixo em uma série, o que já garantia um dinheiro certo no final do mês. Mas a permanência de Drummond na ZIV não ia durar muito tempo. O pouco que ele transitou nesse meio da dublagem fez com que ele conhecesse um empresário que despontava como um dos maiores do mercado audiovisual: Herbert Richers.

A admiração entre os dois foi mútua. Herbert, que já era conhecido por produzir filmes e cinejornais, estava interessado em entrar com força total no mundo da dublagem. Por isso estava negociando, há tempos, um contrato com Walt Disney. Richers garantiu a Drummond que, saindo o contrato, eles voltariam a conversar. O empresário queria o ator em seu elenco. Como um menino sonhador, mas ciente de suas responsabilidades, ele ficou aguardando o contato.

DISNEY E HERBERT RICHERS: O ACORDO

1959. Richers gozava da reputação de cineasta famoso, principalmente pelas chanchadas. Ele tinha uma ideia fixa na cabeça e resolveu colocá-la em prática. Herbert queria visitar novamente os estúdios Disney. Ele já tinha feito uma visita em 1947, sendo muito bem recebido pelo americano e por toda a sua equipe. Mas agora a viagem tinha outro sentido. O foco eram os negócios. Richers não queria mais viver apenas de cinema. Sabia que era um mercado ainda instável, sobretudo no Brasil. Estava interessado em ser um distribuidor dos filmes e dos produtos de Walt Disney.

Proposta feita, proposta negada. Disney explicou que já tinha um escritório no Brasil que cuidava de todos os seus negócios. No entanto, ele fez outra oferta para Richers. O americano estava investindo em séries para a televisão e tinha interesse de licenciar esse produto para o Brasil. Vale lembrar que a televisão em nosso país ainda engatinhava. A programação, especificamente as séries, eram legendadas. E, como a qualidade do sinal não era boa (as imagens tinham muito chuvisco), nem sempre era possível ler as legendas.

Disney fez apenas uma exigência: as séries deveriam ser dubladas. O criador do Mickey Mouse sabia do que falava. Como seu público-alvo era infantil, não tinha o menor sentido exigir que essas crianças, muitas vezes ainda sem o domínio da leitura, conseguissem acompanhar as legendas. Essas exigências, diga-se de passagem, Disney fazia para todos os empresários que se interessavam em comprar seus produtos, pois a dublagem não era mais uma novidade para o cinema. Mas era ainda para a televisão, principalmente, nos países subdesenvolvidos, como era o nosso caso.

Um aparelho de televisão, em 1959, era um produto caro e inacessível para a maioria dos brasileiros. Mas o preço estava caindo, ou seja, a televisão era o *futuro*.

Acordo feito. Richers passou uma semana dentro dos estúdios Disney. Fez um curso intensivo sobre dublagem. E trouxe, debaixo do braço, a primeira série para dublar: "As Aventuras do Zorro".

AS AVENTURAS DO ZORRO

Era uma quarta-feira de manhã. O horário deveria ser entre 9h30 e 10h. O telefone toca. Drummond está em casa, preparando-se para sair para mais um dia de trabalho. Do outro lado, Herbert Richers:

– Preciso que você vá ao meu escritório o mais rápido possível para assinarmos sua contratação.

E foi assim que, em 1960, Orlando se desligou da ZIV e foi contratado para ser dublador dos estúdios Herbert Richers. Sua matrícula tinha a inscrição 1132. Era o começo de uma nova era em sua carreira profissional. Mas, se Orlando estava feliz, Herbert estava apreensivo. Após o acordo selado com Disney, em 1959, tinha muitos desafios pela frente. O primeiro deles era escolher o elenco que ia trabalhar na dublagem do Zorro. O segundo era fazer a dublagem, o terceiro era tornar o produto rentável. E o quarto e principal: tinha que dar tudo certo.

Um desafio de cada vez. Quem iria trabalhar no elenco? Herbert Richers chamou nomes que já tinham experiência em dublagem. A equipe ficou assim:

- Nilton Valério: Zorro
- Orlando Drummond: Sargento Garcia
- Paulo Pereira: Don Alejandro
- Francisco José: Magistrado Carlos Galindo
- Roberto Macedo: Capitão Monastério

Equipe escalada. Primeiro desafio cumprido. Vamos ao segundo: dublar a série. Por incrível que pareça, esse não foi o pior. Richers tinha toda a *expertise* de produção. E sabia, mais do que ninguém, como funcionava esse processo de elaboração do filme. Explico: não tínhamos os melhores equipamentos de áudio, também não tínhamos as melhores técnicas.

O que quero dizer é que os nossos filmes eram feitos da seguinte forma: como a maioria das cenas era em externas, havia muita dificuldade de captar o áudio com qualidade. O ator gravava mesmo assim. Ele fazia uma espécie de voz guia. Depois ia para o estúdio e refazia as cenas. O trabalho era sincronizar voz com imagem. Essa sincronia seria o principal desafio para Herbert Richers.

Antes de continuar, é importante abrir um pequeno parêntese. Você sabe quem foi o Zorro? Vamos lá, então. Zorro é uma criação do escritor Johnston McCulley. A história é ambientada na Califórnia, na década de 1820. Don Diego é um jovem aristocrata que não se conforma com as condições de opressão impostas pelo Capitão Monastério. Assim, ele resolve assumir uma identidade secreta e combater as injustiças com as próprias mãos. Mas, como todo bom herói, Zorro tem seus amigos fiéis, como o mordomo mudo Bernardo e o cavalo Tornado. Um deles é o engraçadíssimo e atrapalhado Sargento Garcia, que sonha, um dia, capturar o Zorro, apesar de admirá-lo.

O seriado estreou no canal ABC no dia 10 de outubro de 1957. Portanto, dois anos depois do encontro entre Disney e Richers. A série ficou no ar até 4 de fevereiro de 1961.

Aqui no Brasil, Richers trabalhou exaustivamente com todo o elenco para produzir um piloto. Para se ter ideia, foram necessários três dias para finalizar um episódio de 30 minutos. E ele conseguiu a precisão que buscava: havia total sincronia entre voz e imagem. O piloto foi apresentado na TV Tupi, que pertencia aos *Diários Associados*, de Assis Chateaubriand. Piloto apresentado e aprovado, a série começou a ser rodada em julho de 1960. Anos mais tarde, foi reexibida pela Rede Record.

A série tornou-se um verdadeiro sucesso de público e audiência. As crianças também não perdiam um capítulo. Um dos personagens mais populares era justamente o Sargento Garcia, interpretado por Orlando.

– Guardo com muito carinho o Sargento Garcia. Foi meu primeiro papel de sucesso – recorda, com emoção.

Drummond fez uma interpretação muito correta. Comediante, ele conseguiu captar toda a essência do personagem: pode-se dizer que ele era um sargento que sabia ser durão em alguns momentos, mas que tinha, na maior parte do tempo, um toque ingênuo. Isso sem falar das trapalhadas, que eram comuns.

– O sucesso era tanto na época que um dia eu estava na Tupi e um diretor me chamou, falando que queriam me entrevistar. Meu prestígio até aumentou na rádio – lembra, às risadas.

Em 1970, o ator Henry Calvin, que interpretava o militar trapalhão, veio ao Rio de Janeiro. Não foi uma visita divulgada. Pelo contrário. Um dia ele estava no quarto de hotel e resolveu ligar a televisão. Para sua surpresa estava passando o seriado do Zorro. De imediato ele aprovou a dublagem e quis conhecer quem era o dublador. Quando recebeu a notícia do encontro, Drummond não acreditou.

Henry foi até os estúdios da Rádio Tupi encontrar Orlando. Foi uma visita surpresa. Orlando estava entre uma gravação e outra. Ele percebeu um alvoroço no prédio mas, até então, não sabia do que se tratava. Curioso, foi saber o que acontecia, e não conseguia acreditar.

– Quando eu o vi, falei: "Don Diego, você por aqui?" – imitando a voz do Sargento Garcia.

– *You're so small and with such a big voice, and I'm so big with such a small voice.*[22]

De fato, as vozes não eram iguais. Nem parecidas. Henry tem a voz mais aguda. Já a de Drummond é grave. No original, as palavras são ditas mais pausadamente. Orlando fez um militar mais afobado, quase sempre sem ar, pelo excesso de peso.

Foi, sem dúvida, um belo início de trabalho na Herbert Richers. Drummond deixou sua marca com o Sargento Garcia!

---

[22] "Você é tão pequeno e com uma voz tão grande, e eu sou tão grande com uma voz tão pequena".

BEN-HUR

Herbert Richers, com seu grande faro para os negócios, começou a fechar grandes contratos no ramo da dublagem. Após o sucesso com a série "As Aventuras do Zorro", trouxe para a empresa o filme "Ben-Hur" (*Ben-Hur*), que fora lançado em 1959 com todas as pompas.

Orlando fora convocado para participar do filme, considerado um dos maiores da história do cinema. Esse "maiores" poderia ser escrito com o "m" maiúsculo em vários aspectos. A obra, dirigida por William Wyler, foi um dos longas mais vitoriosos do Oscar. Ao todo, foram 11 estatuetas, feito só comparado aos *blockbusters* "Titanic" (1997) e "O Senhor dos Anéis: o Retorno do Rei" (2003). O lançamento foi no dia 29 de janeiro de 1959, mas chegou a terras brasileiras apenas em outubro de 1960.

O filme se passa em Jerusalém, no início do século I. Mais precisamente em 26 d.C. Lá vive o jovem judaico Judah Ben-Hur (Charlton Heston), um rico mercador que, depois de anos, reencontra o amigo de infância, Messala (Stephen Boyd), que se tornara chefe das legiões romanas que dominavam a cidade. O reencontro não é amigável. Os dois divergem em questões políticas e Ben-Hur é condenado a viver como um escravo em um navio de guerra romano.

Ben-Hur demora, mas entende que violência só gera violência. Ele chega a essa conclusão após encontros com Jesus (que não aparece no filme), mas que está sempre presente ao lado do jovem.

Quem faz a dublagem de Ben-Hur é Márcio Seixas. Orlando defende o cônsul Quintus Arrius, interpretado pelo ator Jack Hawkins. Trata-se de um personagem ambíguo. Ele precisa manter o navio de guerra funcionando a pleno vapor, ou seja, ele mantém os prisioneiros como escravos, mas sente, a todo momento, a falta do filho. E esse sentimento é suprido, de alguma forma, por Ben-Hur.

A PONTE DO RIO KWAI

Em 1960 estreou nos cinemas o filme "A Ponte do Rio Kwai" (*The Bridge on the River Kwai*). A direção é de David Lean. A história é baseada no romance de Pierre Boulle, escrito um pouco antes, em 1952.

O filme é ambientado na Segunda Guerra Mundial. O exército japonês, comandado pelo Coronel Saito (Sessue Hayakawa), tinha sob seu domínio prisioneiros britânicos em um campo de concentração. Como forma de punição, foi dada a ordem para que eles construíssem uma ponte para alimentar o transporte ferroviário que passaria pelo rio Kwai, na Tailândia. Essa ponte era estratégica para os japoneses. Eles planejavam usá-la como rota de transporte de armas para chegar ao objetivo final, que era invadir a Índia. Os britânicos eram liderados pelo coronel Nicholson (Alec Guinness). Ele tentava, a todo custo, manter os prisioneiros motivados e enxergou que a construção dessa ponte poderia ser, de alguma forma, uma motivação para a frota. Mais ainda: eles acreditavam que, se fizessem uma bela ponte em tempo recorde, demonstrariam a superioridade perante os japoneses.

Mas nem todos pensavam assim. Entre os prisioneiros havia um major americano chamado Shears (William Holden). Ele só tinha em mente sair daquele lugar e ocupava o tempo planejando uma fuga. De tanto tentar, conseguiu fugir e foi resgatado pelo exército inglês, liderado pelo Major Warden (Jack Hawkins). Como retribuição, precisa levar os soldados até o campo de concentração.

O filme "A Ponte do Rio Kwai" faturou sete estatuetas do Oscar: melhor filme, melhor diretor, melhor ator, melhor fotografia, melhor edição, melhor roteiro adaptado e melhor trilha sonora. A produção teve, pelo menos, duas dublagens, uma na Herbert Richers e a outra na Dublavídeo. Drummond interpretou o Major Warden na primeira casa. Coube a Armando Tiraboschi a dublagem pela segunda casa.

O VAMPIRO DA NOITE

Um filme assustador chegava aos cinemas em 1960, o longa "O Vampiro da Noite" (*Horror of Dracula*). Estrelam esse filme os atores Christopher Lee e Peter Cushing. A direção é de Terence Fisher. A trama começa com o caçador de vampiros Jonathan Harker (John Van Eyssen) chegando à casa de Drácula (Christopher Lee). Ele se passa por um bibliotecário. Prontamente é atendido por uma mulher que lhe pede socorro e diz ser prisioneira do local. Mas ela sai de cena, quando o Conde aparece. Ele vai ao encontro do rapaz e o conduz ao aposento para passar a noite.

A mulher, em um gesto rápido, morde o pescoço de Jonathan, mas é afastada por Drácula. Mesmo com medo de se tornar um vampiro, ele resolve dar uma volta pelo castelo. Ao encontrar os caixões, abre um deles e descobre que há uma fêmea – justamente a esposa do Conde. Ao matá-la, ele, também é assassinado pelo temido vampiro. Quem o descobre morto é o seu amigo e também caçador de vampiros Van Helsing (Peter Cushing). Ele dá a notícia aos parentes de Jonathan. Para sua surpresa, ele desconfia que o Conde está tentando raptar a noiva do amigo para substituí-la pela sua, que foi morta. A desconfiança surgiu por ela apresentar um comportamento estranho e estar doente. Mas foi tarde demais. Lucy tornou-se uma vampira e tentou transformar outros parentes, mas foi impedida por Van Helsing. O caçador começa uma verdadeira cruzada para conseguir exterminar o Drácula.

Drummond dublou o caçador de vampiros Van Helsing. Foi um papel curioso que ele ganhou. Muito religioso, ele não gosta desse tipo de histórias.

– Eu acredito nos meus santos. Não gosto dessas histórias de vampiros. Sai pra lá! – disse, aos risos.

A dublagem de Drummond foi feita pela Herbert Richers, mas não foi a única do estúdio. Em outra versão, foi escalado um dublador diferente para interpretar o personagem de Peter Cushing, o excelente Sílvio Navas.

FAMÍLIA E TRABALHO (SUCESSO PROFISSIONAL)

Em 1960, Orlando já era uma realidade na televisão. Ele continuava sendo uma das principais atrações do programa Ali Babá e os 40 Garçons. E, mais do que nunca, chamava a atenção da imprensa. Os veículos de comunicação estavam interessados em saber quem era aquele ator que fazia todo mundo rir, mas que pouco aparecia nas primeiras páginas dos jornais. Essa era, de fato, uma de suas características.

– Eu me desdobrava entre rádio, TV e dublagem. Era casa-trabalho. No meu pouco tempo livre, eu só queria ficar em casa com a minha família – conta.

A imprensa via em Orlando o talento e a seriedade no trabalho. Brincalhão nas horas certas, mas sério, acima de tudo, após o *ok* do diretor para iniciar uma gravação. Era disso que precisava para se tornar conhecido. Os jornalistas não enxergavam em Drummond a necessidade de autopromoção. Era exatamente isso. O ator nunca precisou expor sua intimidade para conseguir um trabalho ou uma promoção. Pelo contrário, sempre foi muito discreto no contato com a imprensa no sentido de expor sua família. É bem verdade que com o Seu Peru, nos anos 1990, ficou um pouco mais exposto, mas tudo por causa do personagem.

Orlando seguia se destacando como *crooner* no programa. Era um dos pontos altos da atração. A capacidade de fazer vozes e tons tão diferentes era um dos seus diferenciais que divertia e emocionava o público.

O fato de não ter focado em uma única opção artística pode ter sido um problema. Drummond estava em muitas frentes de trabalho pois foi priorizando as oportunidades que iam aparecendo. Isso pode ter atrapalhado a continuação do seu trabalho na televisão, mas foi a confirmação de seu nome como um dos grandes dubladores na década.

SAÍDA DA TUPI

Orlando desfrutava de grande popularidade por seus inúmeros tipos na Tupi, mas andava desmotivado com as condições de trabalho. O ritmo das gravações estava muito forte. O seu nome constava de quase todas as tabelas. Isso não quer dizer que ele recebia um excelente salário. Pelo contrário. Essa era mais uma de suas reclamações. Drummond não se sentia valorizado pela direção da Rádio Tupi. Pelo público, sim, pela emissora, não.

Drummond adorava estar no estúdio trabalhando. Essa era a sua vida. Mas ele agora tinha família. Até pelo investimento feito na TV, a rádio tinha demitido muita gente, ou seja, a carga de trabalho só aumentava. Para piorar a situação, a Tupi não estava conseguindo pagar em dia. Os atrasos salariais eram constantes e incomodavam muita gente. Essa foi a gota d'água para Drummond decidir que não tinha mais como ficar na G-3. Mas não seria uma tarefa fácil sair da rádio. Primeiro, porque era uma questão pessoal, já que foi ali que ele teve a primeira chance profissional. Em segundo lugar, as outras emissoras sabiam que Orlando era muito identificado com a Tupi.

Em outubro de 1956, porém, a saída quase foi concretizada. Drummond ganhava um salário de 13 mil cruzeiros. Ele recebeu uma ligação de Haroldo Barbosa, que era seu amigo desde os tempos da Tupi. A pergunta foi direta:

– Orlando, sei que você está insatisfeito na Tupi. Quer trabalhar comigo na Mayrink?

– Eu aceito, mas antes você precisa conversar com o D'Ávila.

– Vou ligar para ele. Vou dobrar o seu salário.

– Maravilha!

Haroldo foi até a Tupi conversar com João Antônio D'Ávila, um dos diretores da rádio. Ele falou da intenção de levar Drummond para a Mayrink. A princípio, D'Ávila não queria, mas aceitou com uma condição.

– O D'Ávila sabia que meu contrato acabava naquele dia e que tinha renovação automática. D'Ávila disse para o Haroldo que só me liberaria se ele conseguisse me contratar naquele momento. Claro que não ia conseguir. Com toda a burocracia não seria possível – lamenta Drummond.

Conforme dito por Orlando, a transferência para a Mayrink não se concretizou. Ele ficou chateado, mas seguiu seu trabalho na Tupi. No entanto, ganhou uma promessa de D'Ávila para a próxima renovação contratual.

– O D'Ávila me garantiu que renovaria meu contrato com o mesmo valor proposto pelo Haroldo. E cumpriu!

Orlando ficou envaidecido com o convite de Haroldo. Ele, realmente, queria sair da Tupi. Era a chance de fazer algo novo, de dar um salto na carreira. Apesar do aumento salarial, os atrasos continuaram. Essa vontade aumentou ainda mais quando a Tupi fechou um acordo de cooperação com a Mayrink, em 1958, para diminuir custos e criar uma grade mais competitiva contra a Nacional e, principalmente, diante do surgimento da televisão.

Foi a oportunidade que ele teve de lidar diretamente com outra emissora. Haroldo ainda estava por lá e o acolheu. Quem também estava por lá era o amigo Antônio Maria, de quem guardava ótimas lembranças da "Rua da Alegria". Orlando conheceu, naquele momento, uma pessoa que mudaria sua vida no futuro. Seu nome era Chico Anysio.

A vontade de sair da Tupi aumentou novamente, mas dessa vez se concretizou. Ele assinou contrato com a Mayrink no dia 4 de maio de 1960. Um comunicado interno foi passado aos funcionários da nova casa para falar da contratação de Drummond.

Comunicado Interno
Rio de Janeiro, 4 de maio de 1960

Aos srs. Artistas e contrarregras
Temos o prazer de comunicar que nesta data assume as funções de ensaiador e diretor de programas deste Departamento nosso colega sr. Orlando Drummond que, estamos certos, será merecedor do respeito e da amizade de todos.

Apesar de estar de casa nova, os ouvintes da Tupi continuaram a ouvir as piadas de Drummond por causa do acordo de cooperação.

A TURMA DA MARÉ MANSA

Assim que assumiu a direção da Rádio Mayrink, Orlando estreou em um dos programas de maior sucesso da emissora. A atração era a "A Turma da Maré Mansa". O formato era muito parecido com o dos programas da Tupi. E, claro, era mais um dos muitos humorísticos da época.

O programa brincava com situações do dia a dia. Os atores revezavam-se em inúmeros personagens. O esquema era o de sempre: a rádio colocava o que tinha de melhor em seu elenco. O humor agradava ao público, com piadas leves e, na maioria das vezes, ingênuas. O nome do programa era uma alusão ao patrocinador, uma loja de roupas, com muitas filiais pela cidade, conhecida desde a década de 1960 como "A Impecável Maré Mansa".

A atração ficou na grade da Mayrink até o fechamento da rádio, em 1964, pelo governo militar.[23] O programa ainda passou por outras emissoras, como a Mauá, a Tupi e a Globo. Todos sempre com muito sucesso e com a mesma patrocinadora.

O programa contava com um elenco de luxo. Além de Orlando, participaram do programa grandes nomes do humor, como Chico Anysio,[24] Walter D'Ávila, Matinhos, Selma Lopes, Zé Trindade, Tutuca e tantos outros.

O DESAFIO DE SER DUBLADOR

Após o grande sucesso do filme "Ben-Hur", Orlando viu-se em mais uma produção clássica. Ele foi convidado para participar do desenho animado "1001 Noites Árabes" (*1001 Arabian Nights*), dirigido por Jack Kinney. A direção da dublagem foi feita por Plínio Campos, que escalou um grande elenco para a tarefa: Radamés Celestino (Magoo), Ítalo Rossi (Grão Vizir), Carlos Tovar (Aladim), Terezinha Moreira (Princesa Yasminda), Tutuca (Mordomo), José Damasceno (Gênio) e Honório de Souza (Omar).

Orlando dublou o Sultão, interpretado pelo ator Alan Reed, muito elogiado na época por esse trabalho. O filme, como um todo, foi bem recebido pelo público. Mas também foi alvo de muitas críticas. A principal delas foi exatamente por ser um filme dublado. Em 1960, grande parte do público não via com bons olhos a dublagem. Os ditos intelectuais, então, simplesmente a detestavam. É bem verdade que o país já tinha dubladores que se destacavam no cenário nacional. Mas havia os maus profissionais. Não era necessário ser ator para dublar. E aí, se a dublagem não é boa, de fato, o produto final fica comprometido. As cenas perdem a emoção; a declaração de amor deixa de ser apaixonante, o drama vira comédia.

Primeiramente, parte-se do pressuposto de que o filme só parece dublado quando é mal dublado. Nesses casos há, claramente, um erro de interpretação ou de direção. No entanto, falando especificamente da década de 1960, o que cha-

---

[23] A rádio, inaugurada em 20 de janeiro de 1926, começou a funcionar no dia 6 de março do mesmo ano. Seu prefixo era o PRA-9. No começo dos anos 1960, o veículo participou da Cadeia da Legalidade, uma rede de rádios organizada por Leonel Brizola. O objetivo era defender a posse de João Goulart. No entanto, após o golpe militar, foi fechada em 1965 pelo presidente Castelo Branco, através de um mandado de segurança.

[24] Um dos quadros de Chico nesse programa foi o professor Raimundo, da Escolinha do Professor Raimundo.

ma a atenção é que os cineastas brasileiros, que adoravam criticar a dublagem, usavam a técnica para finalizar seus filmes.

Agora, uma crítica, e essa com razão, era do ponto de vista técnico. As legendas eram fixas e basicamente imutáveis. Era quase uma regra ser branca. Em muitos momentos ficava difícil ler o que estava escrito. Em algumas produções, essas mesmas legendas apareciam cortadas. Outro problema técnico que incomodava o público era a falta de sincronismo entre a fala e a interpretação. Era como se o ator fizesse um movimento de mastigar sem sair um som sequer.

Como descrevi acima, eram problemas técnicos que foram superados com o passar dos anos. No entanto, é importante marcar a função social da dublagem. Em um país que sempre teve altos índices de analfabetismo, o filme dublado é a garantia de entendimento, de diversão para quem não teve estudo.

Drummond sempre bateu nessa tecla. Em 1967, foi citado pelo colunista Oziel Peçanha, do jornal *Correio da Manhã*. O texto tem o título de "Dublagens e dubladores".[25] Oziel faz uma analogia, dizendo que a TV vai abrir novos mercados para os profissionais da área. Um desses mercados é justamente a dublagem.

> "Entre os que estão brilhando nas dublagens, podemos citar um grande número, e neles figuram como os que mais trabalham Ida Gomes, Lauro Fabiano, Jomeri Pozzoli, Norka Smith, Domício Costa, Aliomar de Matos, Elza Gomes, Elza Martins, Roberto Mendes, Orlando Drummond e uma lista interminável de nomes entre os quais aparecem muitos que nunca trabalharam no rádio ou na televisão, mas acabaram sendo seduzidos pelo desejo de viverem vozes de Gregory Peck, Marlon Brando, Vivien Leigh ou Bette Davis".

Consternado, Orlando enviou, 10 dias depois, um agradecimento pelo texto que acabou sendo publicado por Oziel. Abaixo, relato a parte escrita pelo dublador.

> "Tomando conhecimento de sua crônica 'Dublagens e dubladores', não poderia perder a oportunidade de congratular-me com o cronista, não só pelo primeiro plano dado à dublagem, como também pela menção de meu nome de forma tão afetiva. Saiba que o que estamos fazendo em dublagem para a TV é apenas amostra do que uma classe já bem numerosa deseja: a implantação do nosso idioma, através da dublagem de filmes de cinema. E tudo de que precisamos para essa luta é de jornalistas compreensivos e bem-intencionados que veem, antes de tudo, trabalho para uma classe necessitada que em sua maioria é oriunda do rádio".

---

[25] *Correio da Manhã*, 16/07/1967.

VAI DA VALSA

A programação da Mayrink estava montada e, diga-se de passagem, atualizada. Orlando entrou em um time que estava jogando bem. Ele não chegou como salvador da pátria. A direção enxergou-o como um reforço para qualificar ainda mais o elenco da emissora.

Um bom exemplo foi a sua participação no programa "Vai da Valsa", produção de seu amigo Haroldo Barbosa. A atração estreou em 1952 e era transmitida duas vezes por semana. Orlando começou a participar da atração ainda na Tupi, por causa do acordo de cooperação entre as duas emissoras. Isso foi importante, pois ele já sabia como funcionavam as atrações.

"Vai da Valsa" caracterizava-se por um texto sem baixarias, sem duplo sentido. Era um tipo de humor mais ingênuo, mas que estava antenado com o que acontecia na sociedade. Pode-se definir como uma análise bem-humorada do cotidiano.

Haroldo criou uma personagem especial para Orlando. De tanto os dois conversarem, o produtor ficou sabendo de algumas histórias do ator e criou um tipo que de alguma forma o identificasse. Assim surgiu o Valentão, rapaz excessivamente forte e sedutor. Algumas vezes arrumava confusão e em outras era inserido na trapalhada. Uma coisa era certa: ele não tinha a mínima paciência para nada. Tudo deveria ser na hora, sem atrasos. Em um dia normal, Valentão viu-se em uma briga para ajudar um de seus muitos amigos. Eram três ou quatro. Ele deu uma surra em todos, que acabaram machucados no hospital. Essa briga acabou despertando uma terrível fome em nosso herói, que sentiu vontade de tomar uma cerveja para acabar a noite com chave de ouro. Viu uma loja aberta e entrou, só que não era um bar. Ao pedir uma cerveja, ficou furioso ao saber que não tinha. Valentão não tinha percebido que estava em uma cafeteria. Ele não quis nem saber. Revoltado, bateu no garçom e ainda destruiu todo o estabelecimento.

A atração tornou-se programa de TV. A estreia foi na Tupi, no dia 18 de outubro de 1960. O dia escolhido foi terça-feira, das 21h05 às 21h45. A direção foi de Maurício Sherman e a apresentação, de Jorge Dória.

O PREÇO DO TRABALHO

Orlando passou a ficar refém do seu trabalho e isso lhe trazia problemas familiares e até profissionais. Imaginava que poderia receber mais, não se sentia plenamente valorizado pela rede Tupi-Mayrink. Para conseguir um salário melhor, ele se desdobrava entre a rádio, a televisão e a dublagem. Quem pagava um pouco melhor era a TV. Sabendo disso, em 1961, Drummond pressionou a direção da Mayrink para que aumentasse seus vencimentos, mas não teve sucesso. Ouviu que o mercado estava em crise. Mesmo contrariado, aceitou renovar por mais um ano.

O salário não aumentou. O mesmo não se pode falar sobre o trabalho. Sabendo de sua popularidade, a direção da Tupi-Mayrink continuava escalando-o na maioria dos seus programas. Foi assim que ele participou do programa "Riso, Cidade Aberta", que era escrito por Max Nunes. Orlando atuou ao lado de Otávio França, Leda Maria, Neli Vilanova, Ronaldo Magalhães, Aliomar de Matos e Radamés Celestino. A atração ia ao ar aos domingos, às 18h30.

Drummond, temeroso do futuro da parceria entre a Tupi e a Mayrink, decidiu voltar a ser exclusivo da PRE-3. Assim, participou de programas como "Hoje é Dia de Mengo" e "Tem Bola para Tudo". As duas atrações eram estreladas por Luís Fernando e tinham no elenco nomes como Leda Maria, Abel Pêra, Nádia Maria e Otávio França.

Já na TV Tupi, também era uma figura presente. "Qual é o Assunto?" e "Hotel da Sucessão" eram apenas alguns dos programas. Orlando jamais escondeu que não era muito afeito à televisão (sempre preferiu o rádio).

– Eu, se pudesse, ficaria sempre no rádio. Mas era uma questão de grana, que só foi aumentando por causa das diferenças salariais – conta.

Ele lembra que certa vez teve uma conversa com Sérgio Porto, que insistia para que ele abandonasse a rádio e se dedicasse exclusivamente à televisão.

– O Stanislaw dizia uma frase que eu adorava. Ele falava que eu tinha habilidade e imitava voz de esquimó com dor de cotovelo – ri.

O mesmo se pode dizer sobre a dublagem. Atuou em séries de muito sucesso na época, mesmo que com participações bem pequenas. O maior exemplo foi Maverick. Ali não foi pelo papel, foi apenas uma questão de grana.

– Eu passava quase o dia inteiro dublando filmes. Qualquer pontinha eu fazia. Ficava horas e horas decorando frases, observando a forma como os atores falavam, como movimentavam os lábios. No fim do dia eu estava arrebentado – lembra.

O cansaço bateu, tanto que ele começou a imaginar possibilidades. Uma delas era abrir uma agência para produzir conteúdos humorísticos para as televisões. Orlando entendia que era a hora de mudar o rumo da carreira, mas o plano não foi à frente.

LAWRENCE DA ARÁBIA

1962. O mundo presenciava um dos maiores clássicos da história do cinema. Dirigido por David Lean, estreava o filme "Lawrence da Arábia" (*Lawrence of Arabia*).

A obra é baseada no livro *Os Sete Pilares da Sabedoria* (*Seven Pillars of Wisdom*), escrito por T. E. Lawrence. O longa é ambientado na Primeira Guerra Mundial, mais exatamente em 1916. Nesse período ocorre a Revolta Árabe (1916-1918). Lawrence (Peter O'Toole) é conhecido por ser um excêntrico e ter personalidade enigmática. Teve uma vida agitada: foi militar, arqueólogo, diplomata e escritor. Seu objetivo é conseguir a transferência para a península arábica. Ele quer ajudar os árabes a se libertarem dos turcos. Sua missão foi vitoriosa. Lawrence tornou-se um verdadeiro herói de guerra ao combater o império turco-otomano. "Lawrence da Arabia" foi indicado a 10 estatuetas do Oscar. Acabou vencendo em sete: melhor filme, melhor diretor, melhor edição, melhor direção de arte, melhor fotografia, melhor som e melhor trilha sonora. A dublagem do filme foi feita na Herbert Richers. Drummond dublou o ator Jack Hawkins, que interpretou o General Allenby, o responsável por repassar as missões a Lawrence como, por exemplo, permitir a ida à Arábia.

007

Os três números juntos se tornaram célebres no cinema. O mesmo se pode dizer sobre o famoso agente secreto James Bond. Até quem não gosta da franquia "007" conhece e sabe do que se trata. Orlando participou ativamente dos filmes. Ao escrever essas palavras, imagino, perfeitamente, ele brincando com a famosa frase de Bond.

– Meu nome é Drummond... Orlando Drummond.

De imediato, é preciso saber quem é James Bond – um agente secreto a serviço do MI-6, a agência britânica de inteligência. Bond também é conhecido pelo código 007. A franquia foi criada em 1953 pelo escritor Ian Fleming. Grandes astros (seis no total) do cinema interpretaram Bond. O principal deles talvez seja Sean Connery. Mas a lista é extensa: George Lazenby, Roger Moore, Timothy Dalton, Pierce Brosnan e Daniel Craig.

O sucesso de Bond não se explica apenas por sua beleza sedutora, seu porte físico ou suas técnicas de espionagem. Pelo menos dois fatores podem ser explicados. O primeiro deles é a participação das *bond girls* (sim, há, infelizmente, um machismo inserido nesse sentido). O outro fator, e o que mais me importa, é relativo aos aparatos tecnológicos usados pelo agente. Nesse sentido, Bond teve a ajuda de um grande inventor que fica preso dentro de um laboratório de pesquisas de última geração. Seu nome é "Q" e ele é autor de todas as inovações surreais usadas nos filmes. Quem interpretou Dr. "Q" em quase todos os filmes (17 no total) foi o ator Desmond Llewelyn. Em apenas duas produções ficou de fora: na primeira e no episódio "007 – Viva e Deixe Morrer". Nessa última, embora não apareça, a personagem é citada.

Drummond foi o principal dublador do ator Desmond Llewelyn na série 007. Ele dubla em quase todos os filmes, conforme o quadro a seguir (13, para ser mais preciso).

Nome original	Título no Brasil	Ano
From Russia with Love	Moscou contra 007	1963
Goldfinger	007 contra Goldfinger	1964
Thunderball	007 contra a Chantagem Atômica	1965
You only Live Twice	Com 007 só se Vive Duas Vezes	1967
On Her Majesty's Secret Service	007 a Serviço Secreto de Sua Majestade	1969
Diamonds are Forever	007 – Os Diamantes são Eternos	1971
Moonraker	007 contra o Foguete da Morte	1979
Octopussy	007 contra Octopussy	1983
A View to a Kill	007 na Mira dos Assassinos	1985
The Living Daylights	007 – Marcado para a Morte	1987
Licence to Kill	007 – Permissão para Matar	1989
GoldenEye	007 contra GoldenEye	1995
The World is not Enough	007 – O Mundo não é o Bastante	1999

Não se sabe o motivo ao certo, mas Drummond participou de mais três filmes do 007, dublando outras personagens. Refiro-me aos longas "007 contra o Homem com a Pistola de Ouro" *(The Man with the Golden Gun)*, de 1974; "007 – O Espião que me Amava" *(The Spy who Loved me)*, de 1977, e "007 – Somente para seus Olhos" *(For your Eyes only)*, de 1981.

No primeiro e no segundo filmes, Drummond dublou a personagem "M", o chefe do serviço secreto britânico. "Q" foi dublado, respectivamente, por Antônio Patiño e Jomeri Pozzoli. Na terceira produção, Orlando interpretou o Ministro da Defesa, Sir Frederick Gray (Geoffrey Keen). O gênio dos aparatos tecnológicos foi novamente interpretado por Antônio Patiño.

FRAJOLA

Criado em 1945, o gato Frajola é reconhecido por diferentes gerações. Desengonçado e engraçado, ele dificilmente aparece sozinho. Enciumado, está sempre perseguindo alguém. Seu alvo favorito é o passarinho conhecido como Piu-Piu. Mas ele também problemas com o rato Ligeirinho e com o canguru Hippety Hopper. Frajola tem lá suas peculiaridades, como, por exemplo, sérios problemas de dicção e vive falando cuspindo. É piada pronta nos cursos de rádio – principalmente ao pronunciar palavras que comecem com a letra "p". O gato é uma personagem da série "Looney Tunes". Seu dono é o porco Gaguinho, mas ele também tem seu desenho próprio. É interessante que sua personalidade muda de acordo com a animação. Quando ele brilha sozinho, há uma necessidade de perseguir, principalmente, o "Piu-Piu". O ponto é que essa perseguição não é por motivos fisiológicos. Pelo contrário, Frajola não tolera o carinho e a atenção que a "Vovó" direciona ao pássaro amarelo.

Sim, nessa situação ele não tem Gaguinho como seu único dono. Mas no desenho do porco ele não tem necessidade de perseguir o pássaro, embora o faça muitas vezes. Quase sempre ele é incompreendido e maltratado pelo porquinho. É verdade que ele sempre se dá mal. O gato nunca consegue alcançar seu objetivo e sua vida piora quando ele dá de cara com inimigos. Há quem não goste de suas ações. O principal algoz é o cão Hector, da raça buldogue que é, acima de tudo, um defensor do pássaro.

Já que estamos falando sobre curiosidades, o ator que originalmente dublava o Frajola se chamava Mel Blanc (1908–1989). Ele também dublou o Gaguinho e, mais tarde, o Pernalonga e o Patolino.

O quadro abaixo mostra a relação dos dubladores que interpretaram o gato nas últimas décadas.

DUBLADORES DO FRAJOLA NO RIO DE JANEIRO

Dublador	Período
Carlos Leão	1962-1978
Orlando Drummond	1962-1994
Ionei Silva	1980
Márcio Simões	1994-atual

Dono de um nariz de palhaço, o gato tem uma frase muito característica e que Drummond sempre gostou de repetir, ao lembrar de Frajola: "Santa estupidez!".

ESPETÁCULOS TONELUX

Entre 1963 e 1964, a programação da televisão investia em atrações humorísticas. Destaque para programas como "Chico Anysio Show", "Moacyr Franco Show", "Discoteca do Chacrinha", "Pandegolândia", entre tantos outros.

Uma dessas atrações é "Espetáculos Tonelux". O nome vem de um patrocinador, a loja Tonelux, uma das maiores do ramo de eletrodomésticos. A empresa investiu no mesmo formato em momentos e emissoras diferentes, como a TV Tupi, a Excelsior e a Globo.

Por uma questão de definição, vou me ater ao programa da TV Tupi, entre os anos de 1963 e 1964. Mas, antes, é preciso saber que "Espetáculos Tonelux" era um grande *show* de entretenimento com muita música e humor. O programa fez tanto sucesso que era exibido às quintas-feiras, entre 21h e 21h55, e reprisado aos domingos, entre 17h e 18h. Outra característica que a televisão absorveu da rádio foi a capacidade de criar tipos e histórias reais, baseadas no dia a dia. Isso pode ser explicado pela experiência de nomes como Maurício Sherman, Haroldo Barbosa e Max Nunes, que também migraram de veículos.

É exatamente nesse ponto que entra Drummond. Ele foi escalado para fazer uma espécie de caricatura do ex-presidente Jânio Quadros que, apesar da renúncia, foi um dos mais populares. O que era para ser só uma interpretação rendeu muitos problemas para Orlando. Posso citar dois. O primeiro é que nessa caricatura Jânio aparecia sempre bêbado. O ex-presidente não gostou nem um pouco da "homenagem". O segundo é que o ator era janista. Orlando votou em Jânio e se frustrou quando o presidente renunciou. Mesmo assim, permaneceu o respeito. Além do mais, mesmo sendo avesso a movimentos políticos, ele tinha muitos amigos que também não gostaram da sua interpretação. Mas ele sabia que todo esse incômodo estava diretamente relacionado ao seu bom trabalho.

– Eu não tinha culpa. Não é minha responsabilidade a maneira de apresentar o programa, a personagem. É o produtor que escreve dessa maneira. Eu, como artista disciplinado que era, obedecia às marcações que o produtor preparava e dava a minha melhor atuação possível.

De fato, a interpretação de Orlando foi muito elogiada. Agora, repare os anos. A personagem ficou no ar entre 1963 e 1964. A história de Jânio é mais antiga. Ele governou o país entre janeiro e agosto de 1961. Mesmo assim, dois, três anos depois a ferida permaneceu aberta, pois o ex-presidente era uma das figuras mais populares da época. Jânio Quadros foi vereador, deputado, prefeito e governador por São Paulo. Seu lema sempre foi o combate à corrupção. Seu *slogan* era "varrer toda a sujeira da administração pública". Foi eleito presidente da República com

5,6 milhões de votos, a mais expressiva até então, mas seu governo durou apenas sete meses.

– Se dependesse de mim eu não faria esse papel, mas nunca perguntaram a minha opinião. Eu tinha que cumprir o que me era exigido.

A ESPADA ERA A LEI

No final de 1963, Disney lançou seu 18º filme, "A Espada Era a Lei" (*The Sword in the Stone*), o último sob os cuidados do produtor americano. O desenho não tardou a chegar por aqui, foi bem no início de 1964, mais precisamente no dia 17 de janeiro. Contava a história de Arthur, um menino pobre que consegue retirar a espada da pedra. Não era uma tarefa fácil. Prova disso é que a premiação para o herói era a coroação como rei da Inglaterra. Arthur não conhecia a lenda que estava por trás da espada. Seu único sonho era um dia se tornar cavaleiro. Seu destino muda quando ele é descoberto pelo mago Merlin, que consegue enxergar o menino como o futuro rei.

Drummond interpreta a simpática coruja Arquimedes, a fiel assistente do mago Merlin. A dupla protagoniza boas risadas no desenho. Foi uma dobradinha muito interessante entre Drummond e Magalhães Graça. Arquimedes é uma coruja rabugenta, sempre mal-humorada. Na verdade, essa é a sua grande graça. Sempre que pode, dá um jeito de debochar de Merlin. Um dos momentos mais divertidos é quando ele lança um avião de madeira e a experiência não dá certo. O animal dá uma longa risada.

Orlando fez um tipo de voz que de longe lembra o Gargamel dos "Smurfs". Pode-se afirmar que Arquimedes foi uma inspiração na construção do malvado que caça as criaturas azuis (mais à frente vou falar desse desenho). As gravações foram feitas na Riosom. Telmo Avelar foi o responsável pela dublagem. Já Aloysio de Oliveira dividiu a tradução com Telmo e assumiu a direção e a adaptação musical.

DUBLADO OU LEGENDADO?

Em 1965, o estado do Rio de Janeiro tinha 400 funcionários no mercado da dublagem. Todos tinham basicamente a mesma reclamação: faltava uma entidade para representar o direito dos trabalhadores, não havia um sindicato. A negociação com o patronato era feita de forma individual. A classe se sentia desprotegida. Depois de muita conversa, um grupo de dubladores resolveu criar uma entidade para representá-los. Com o apoio de alguns veículos de comunicação, foi criada a

Associação Profissional dos Trabalhadores em Empresa de Dublagem. A primeira reunião foi realizada no dia 26 de junho, na sede da Associação Brasileira de Rádio e Televisão. O passo seguinte era o Ministério do Trabalho reconhecer essa associação como um sindicato.

A primeira diretoria era composta por 10 pessoas. A presidência ficou com Luis Mota. O vice foi Allan Lima. Drummond participou desse momento histórico para os dubladores. Ele era o segundo tesoureiro. O primeiro foi Guálter França. Os trabalhadores acreditavam que com a criação da Associação seria possível a defesa da classe. Mas, antes de pensar na negociação direta com o patrão, os dubladores tinham outro entrave para resolver.

Eu poderia escrever, sem exagero, que se tratava de um antigo entrave. Vou descrever aos poucos. O primeiro deles é uma questão trabalhista. Os dubladores lutavam, há tempos, para garantir a fixação de horários de trabalho. O dublador ficava à disposição da empresa e não recebia por isso. Uma outra luta era enraizar a dublagem. Verdade seja dita, ainda havia muito preconceito contra esse trabalho. Esse preconceito não era apenas do público; intelectuais também tinham esse pensamento. A dublagem era muito frágil legal e politicamente. Legisladores tentavam criar leis que obrigavam a dublagem, as quais eram sempre arquivadas.

Foi o que aconteceu com os projetos dos deputados federais Eurico de Oliveira e Áureo Melo, por exemplo. O projeto de lei do parlamentar Eurico de Oliveira (PL nº 2.282/1964) proibia a exibição de filmes falados em línguas estrangeiras. Um ano depois, o deputado federal Áureo Mello apresentou o projeto de lei (PL nº 2.567/1965) que pretendia tornar obrigatória a "dublage" (era esse o termo na época) de todos os filmes estrangeiros exibidos no país.

Não custa lembrar que os críticos diziam que não tinha o menor sentido trocar o trabalho original do ator por uma simples dublagem. Eles acreditavam que o dublador não teria a mesma capacidade. Por isso, preferiam o filme com legenda. Foi, então, em 18 de novembro de 1966, que o então presidente Castello Branco assinou o decreto que criou o Instituto Nacional do Cinema (INC), autarquia federal que tinha autonomia técnica, administrativa e financeira e era subordinada ao Ministério da Educação e Cultura.

O INC tinha inúmeras atribuições, sobretudo, econômicas. Uma dessas atendia diretamente ao mercado de dublagem e deixava evidente a intenção do governo militar.

"Formular normas destinadas a tornar obrigatório o uso do idioma nacional em filmes estrangeiros que forem exibidos nos cinemas existentes no território brasileiro".[26]

---

[26] Esta citação é referente ao Decreto-lei nº 603, de 1969. É o art. 4º, inciso XV.

Também em 1966, foi assinado um contrato entre a Rede Globo e a Herbert Richers. Esse acordo, provavelmente, foi um divisor de águas na questão da dublagem. Vale lembrar que a televisão já tinha 16 anos e exibia filmes legendados. Os telespectadores sofriam com a má qualidade da imagem o que, claro, dificultava a leitura da legenda.[27] Se a qualidade da dublagem melhorou, o mesmo não se pode falar das questões trabalhistas envolvendo a categoria. Mesmo após a criação da Associação, os dubladores ainda se sentiam desamparados. Essa relação delicada estourou de vez em 1978.

SINBAD JR.

É bem verdade que o nome do estúdio Hanna-Barbera é um grande indicativo para um produto se tornar sucesso absoluto. Mas, verdade seja dita, há exceções. E aqui não é uma crítica em si sobre a qualidade gráfica ou de roteiro, é uma constatação. "Sinbad Jr." (*Sinbad Jr. and his Magic Belt*) é um exemplo de desenho que não deu certo. Não pegou.

Produzido em 1965, o desenho conta a história do marujo chamado Sinbad Jr. e do seu fiel amigo, o papagaio Calado. O nome do animal é pura ironia, é tagarela que só ele. Em uma expressão popular, "fala pelos cotovelos". Sinbad não é um super-herói, mas tem poderes mágicos. Não ele, necessariamente, mas um apetrecho que usa. O jovem possui um cinto dourado que o deixa mais forte que seus inimigos. Basta apertar a fivela que seus músculos aumentam automaticamente.

O filme foi dublado por dois grandes dubladores. A dublagem foi realizada nos estúdios da Riosom. Cleonir Santos dublou o jovem Sinbad Jr. Já o papagaio Calado foi interpretado por Drummond. Ponto forte do desenho foi a química entre os dois profissionais. A primeira emissora a transmiti-lo foi a CBS. Aqui no Brasil, a exibição foi feita pela extinta TV Tupi.

PINÓQUIO

Conforme você já leu neste livro, Orlando participou da redublagem do desenho "Branca de Neve e os Sete Anões", em 1965, no papel de Atchim. No ano seguinte, garantiu mais um papel em outra megaprodução da produtora norte-americana.

---

[27] Desde 1962, a partir do Decreto nº 544/1962, a televisão exibia, de forma espontânea, a dublagem.

"Pinóquio" (*Pinocchio*) teve a primeira versão lançada em 1940. Esse foi apenas o segundo desenho lançado pela produtora. A história é baseada no livro *As Aventuras de Pinóquio*, de Carlo Collodi. Tudo começa quando um velho carpinteiro italiano (Gepeto) constrói um boneco de madeira chamado Pinóquio. Uma fada lança um encanto, transformando-o em um menino de carne e osso. Mas ela traça um desafio: para se manter um menino real, Pinóquio terá que mostrar coragem e bravura. Nesse ínterim, ele se envolve em várias aventuras, acompanhado do amigo Grilo Falante. Uma delas é decisiva: ele precisa salvar Gepeto, que fora engolido por uma baleia. No meio de todas essas histórias, Pinóquio tem uma missão: ele não pode mentir. Cada vez que mente, seu nariz cresce.

Drummond dublou o Cocheiro que, na primeira versão, foi interpretado por Túlio Lemos. Ele é o vilão da história. O antagonista já apresenta uma idade avançada, marcada pelos cabelos brancos, e é obeso. Suas ações são sinistras, cruéis. A redublagem foi feita na Riosom. A direção e a tradução foram conduzidas por Telmo de Avelar. Essa é tida como sua versão clássica, do ponto de vista da dublagem.

O MARINHEIRO POPEYE

"Eu sou eu
E só eu
E não há outro eu,
Pois sou marinheiro Popeye!"

O marinheiro Popeye já foi considerado uma das personagens de desenhos animados mais influentes de todos os tempos. Aqui no Brasil foi dublado por mais de um dublador. Sem desmerecer o trabalho dos demais, Orlando é considerado a principal voz do herói. Drummond sempre disse que "apenas repetiu o timbre" do marinheiro. A história não é bem assim. O correto é dizer que ele adaptou a voz para o português. Ou, se preferir, que ele abrasileirou.

Popeye foi criado em 1929 por Elzie Crisler Segar. Trata-se de um marinheiro carismático, protetor da namorada (Olívia) e que tem um grande inimigo (Brutus). Ele tem algumas características bem curiosas. Por exemplo: sempre usa roupa de marinheiro (com um quepe); é tatuado (uma âncora em cada braço); está sempre com um cachimbo na boca. Interessante notar que ele só se alimenta de espinafre. Aliás, a verdura exerce um grande poder de autoestima em Popeye. Nos momentos de fraqueza, ele come o alimento e se fortalece.

A história de Popeye foi primeiramente publicada como uma tira de jornal. O sucesso veio rápido. Em 1933, tinha início a primeira série de animação. A série chegou aqui no Brasil no começo da década de 1930. A tira passou a ser publicada no jornal *Diário de Notícias*. Detalhe: traduziram os nomes. Popeye virou "Brocoió" e Olívia se tornou "Serafina".

Drummond começou a dublar o marinheiro em 1966. Se você reparar bem, vai notar que não há sincronia na fala com os lábios. Em muitos casos, eles nem se mexem. A série foi exibida nas principais emissoras da TV aberta: a extinta Rede Excelsior, o SBT, a Globo, a Record e a Bandeirantes. Mas também foi retransmitida nos canais a cabo Cartoon Network, Boomerang, Tooncast e Gloob.

Mais de uma empresa dublou o desenho. A primeira delas foi a Cinecastro (na década de 1960). O marinheiro foi dublado por Domício Costa, que tinha um tom mais parecido com o original. E depois vieram outros (em outras empresas): Nélson Machado, Gastão Malta, Renato Márcio, Cassius Romero e tantos outros.

Drummond começou a dublar o marinheiro quando a Herbert Richers passou a gerir a dublagem do desenho animado, ou seja, de 1966 a 2000. Acima já foi destacado que ele adaptou a voz. Basta fazer uma rápida comparação com a voz original. Ele fez de um jeito peculiar que o marinheiro parece ser mais carismático do que realmente é. Talvez seja esse o principal motivo de a personagem fazer tanto sucesso aqui no Brasil.

Popeye tem a característica de estar sempre com um cachimbo na boca. É como se ele falasse pelo canto da boca. Isso dificulta, e muito, na hora da interpretação. Outro ponto é que o marinheiro resmunga demais. Esse resmungo não é simples. O dublador precisa tomar cuidado para que não fique incompreensível o que está sendo dito. Drummond aproveitou-se da sua voz grave nesse sentido. Ele conseguiu, de certa forma, manter o tom rouco e grave do marinheiro.

Frases do marinheiro

Popeye tem alguns jargões. Mais ainda: adora música. Mas não são canções conhecidas. Podemos dizer que ele é quase um compositor (no mau sentido da palavra). A melodia, quase sempre, é a mesma. Só muda a rima, e nem sempre é boa, mas na maioria das vezes é engraçada.

JARGÕES	MÚSICAS
"Macacos me mordam" "Pelas barbas do camarão" "Tubarões me mordam"	"Uma maçã todo dia / Doença não pia / Diz o marinheiro Popeye!". "Quando eu me sinto fantasma / Quero que seja bom anfitrião / Não sou marinheiro bobão".

Após cada música, Popeye canta uma frase autoafirmativa: "Eu sou o marinheiro Popeye". Já algumas frases fogem do politicamente correto. Ele chama Brutus, por diversas vezes, de "bolo fofo".

Popeye, o Filme

Estamos em 1980. O desenho do marinheiro finalmente chega à telona. O filme foi chamado apenas de "Popeye". O papel principal ficou com o ator Robin Williams. A dublagem, no cinema, foi feita por Nélson Machado (pelo estúdio S&C – Produções Artísticas). Nélson tem um timbre mais parecido com o do Robin. Mas vale ressaltar que não parece com a voz original.

O filme não foi um sucesso de crítica, mas sua bilheteria dobrou o valor investido – quase 50 milhões de dólares no final. A história narra como Popeye conheceu Olívia. E tem um detalhe: não foi inspirado no desenho. As tiras, do final dos anos 1920, construíram a narrativa. Por isso causou um certo estranhamento e até um distanciamento do público, que não entendeu, por exemplo, a ausência do espinafre (só aparece no final). Drummond dublou a versão do filme exibida pela Rede Globo. As gravações foram feitas no estúdio da Herbert Richers.

Um dado merece reflexão. Logo nas primeiras cenas, Popeye não está fumando, ou seja, não está com o cachimbo na boca e muito menos falando pelos cantos. Mesmo assim, o timbre e a dificuldade da fala foram mantidos.

Popeye nos Trapalhões

E não é que o Popeye participou de um episódio dos Trapalhões? Vestido a caráter, com direito ao cachimbo, Orlando Drummond protagonizou a cena, que começa com a música tema do marinheiro. A data da cena não é precisa, mas provavelmente foi entre 1990 e 1994.

Participaram do quadro: Renato Aragão (Homem-Elástico), Dedé Santana (produtor), Mussum (assistente) e Zezé Macedo (Olívia). A cena se passa dentro de uma agência cultural – a Trapa Tudo. Dedé é, provavelmente, o dono da agência. Ele consegue vender para a Rede Globo um seriado estrelado por Popeye e pelo Homem-Elástico. Mas há um problema: os dois heróis precisam aceitar. Popeye exige a participação de Olívia. O problema é que a beleza da heroína despertou a atenção do Homem-Elástico, que usa todas as habilidades para tentar seduzir a moça. Popeye, diferentemente do desenho animado, não é tão perspicaz. Demora, mas descobre as verdadeiras (más) intenções do Homem-Elástico.

Mais do que um quadro cômico, o mais interessante foi observar a forma de atuar e, principalmente, de dublar de Orlando Drummond. Não se trata apenas de uma voz, há atuação. E ela fica evidente pela forma como ele coloca cada palavra. O som é "prejudicado" pelo charuto: a voz fica grossa, suja. Ele fala pelo canto da boca. Orlando franze a testa ao máximo para alcançar o tom do marinheiro.

O PAI

Lenita era a mais levada dos filhos. Ela se sentia mais independente. Quem mais sofria, digamos assim, com esse sentimento de liberdade da jovem era Glória. A mãe exercia um papel muito mais exigente em relação aos estudos e ao comportamento em si.

Drummond tentava, ao máximo, ser participativo, mas tinha limitações. O tempo, naquela altura, era seu maior adversário. O ator se desdobrava para conseguir dar conta das dublagens. Mesmo distante, sabia o que era preciso saber. Glória não contava tudo para Orlando, só o necessário ou o que não conseguia resolver. Ela tentava preservá-lo. Mas nem sempre era possível. Quando ele chamava Lenita para conversar, dizia sempre a mesma frase:

– Minha filha, quando eu me casei, me comprometi a fazer uma mulher feliz. Agora são duas! Pega leve!

Pai e filha sempre tiveram uma relação muito amorosa. Tanto que ele conseguiu um jeito de apoiá-la, sem brigar com Glória. Eles tinham uma comunicação própria. Orlando entendia que a filha era jovem e precisava se divertir. Eles passaram a se comunicar por bilhetes. Abaixo, um exemplo.

Paizinho, desculpa não ter podido falar contigo. Mas pode ficar certo de que vou me divertir bastante. Estarei em boas mãos. Um beijão
16/02/1978

Essa proximidade marcou muito a vida de Lenita. No dia mais importante de sua vida, ele estava ao seu lado. Grávida, ela estava prestes a dar a luz. Seu filho seria o primeiro neto de Orlando e Glória. Quando ela deu entrada no hospital, lá estavam os pais ao seu lado. Marco Aurélio Assef nasceu no dia 18 de junho de 1984. Ao fim do parto, todos foram correndo conhecer a criança que acabara de nascer.

Orlando não foi.

– Quero ficar ao lado da minha filha! – pediu à enfermeira.

Ela o atendeu. Drummond foi, então, ao encontro da filha.

– Já viu o Marco?

– Ainda não! Estão todos lá. Vim ficar ao seu lado. Você é a minha filha! Daqui a pouco vou lá.

E assim foi feito. Ele só saiu do lado de Lenita quando veio alguém para rendê-lo. E, antes que alguém pense o contrário, deixo aqui registrado que o avô era, é e sempre será apaixonado pelo primeiro neto.

– Meu filho, assim como eu, era muito levado. Meu pai é apaixonado por ele. Marco foi o primeiro de tudo na família.

Tem uma frase de Orlando que Lenita jamais vai esquecer. Ela foi dita justamente no momento em que ele ficaram a sós, após o parto.

– Antes de ser avô, eu sou um pai. O seu pai!

CARRO MANCHADO

Em 1961, entrou no ar, na TV Tupi, a série "O Vigilante Rodoviário"– seriado pioneiro que mostrava a bravura do Inspetor Carlos (Carlos Miranda) e seu leal amigo, o cão Lobo, na luta contra o crime. Pode-se dizer que foi o primeiro herói 100% brasileiro na televisão. Todo herói precisa de acessórios, certo? E o nosso tinha dois: uma motocicleta Harley Davidson e um carro Simca Chambord. Vou me ater ao último item citado.

Era um dos grandes carrões da época. De origem francesa, foi dos primeiros automóveis de luxo a serem produzidos aqui no Brasil. Era o sonho de consumo da maioria dos brasileiros. Pode incluir o Drummond nessa afirmativa acima. Ele era apaixonado por esse carro, mas o problema era a grana para comprar.

– Um dia ainda compro esse carro!

E um dia ele conseguiu. Foi uma dessas grandes oportunidades da vida. Alguém precisava vender, pediu um valor baixo, ele tinha o dinheiro, conseguiu convencer Glória (que sempre foi muito mais segura nas finanças de casa) e comprou o carro. O carro estacionado em frente à sua casa era uma espécie de sonho realizado. Sempre que tinha oportunidade, ia lá e passava um pano para tirar qualquer tipo de poeira que aparecesse. Esse carinho e capricho ele passou para os filhos.

Orlandinho passou a ter uma verdadeira obsessão por carros. Passou a pesquisar e a entender o máximo que podia. Havia, claro, uma limitação na época no sentido de circular a informação, não era como nos dias atuais em que basta uma simples pesquisa na internet.

Certa vez, ainda nos anos 1960, Drummond teve de ir a São Paulo para compromissos profissionais. Ia ficar dois dias fora. Vendo o carro estacionado à porta, Orlandinho resolveu fazer uma surpresa para o pai.

– Vou lavar o carro! Quando meu pai chegar, o Simca vai estar limpinho.

Glória consentiu. Ela achou nobre o gesto do filho. Mas, antes de permitir, fez uma ressalva:

– Só toma cuidado, hein, Orlandinho!

E lá foi o menino limpar o carro. Ele pegou um balde e um pano. Glória estava arrumando a casa. Da janela, via o filho, todo animado, limpando o carro. Ela saiu da sala e foi até a área. Provavelmente para pegar ou guardar uma vassoura. Na hora tomou um grande susto.

– Cadê o balde?

Ela tinha deixado um baldo com um pano de molho com água sanitária. Naquele momento, em rápidos segundos, passou pela sua cabeça a possibilidade de Orlandinho estar com esse balde.

"Não... se ele passar no carro..."

A suspeita estava certa.

Glória veio gritando e correndo pela casa.

– Orlandinho! Orlandinho!

Tarde demais! Quando ela chegou, ofegante, na janela, viu a cena que não queria. Aquela alegria do menino tinha se transformado. Ele estava com o pano de chão nos pés e com as duas mãos na cabeça. Ele olhou para a mãe e seus olhos não a enganavam. Alguma coisa tinha dado errado. Glória respirou fundo e seus passos diminuíram. Ela foi lentamente até o carro para saber o que, de fato, tinha acontecido. O porta-malas do Simca estava todo manchado. Por causa da água sanitária, a pintura do carro estava toda borrada.

– Seu pai vai te matar!

Glória ainda tentou passar um pano limpo, mas não teve jeito. A pintura estava danificada. O pior era que não havia o que fazer. Ela até pensou em levar para uma oficina, mas não daria tempo, pois a viagem de Drummond era curta.

– Será que ele vai perceber? – o[filho perguntou.

– Não tenho dúvidas! – a mãe respondeu.

Dito e feito! Orlando voltou de viagem e, ao entrar na vila, olhou com satisfação o carro parado na porta de sua casa.

– Meu Simca!

Feliz com a conquista, ele passava a mão pelo carro como se o estivesse alisando. Era uma forma carinhosa que ele tinha com o automóvel. Percebeu que tinha poeira – na verdade, não tinha, mas ele queria um motivo para mexer no carro.
— Daqui a pouco eu volto para deixar você *limpinho*!
Ao dar a volta pelo carro, sua alegria se transformou em tristeza. Ele não acreditava. Não era possível. Quem seria capaz de tanta maldade?
— Não! Meu carro!
A família inteira estava em casa. Glória, Lenita e Orlandinho estavam felizes com a volta de Drummond, mas apreensivos com a sua reação após olhar o porta-malas todo manchado. O filho, então, estava em pânico. Glória chamou Drummond para conversar. Ele estava muito triste. Não conseguia se conformar com o ocorrido.
— Você precisa conversar com o Orlandinho. Ele também está muito chateado – disse Glória.
— Mas como isso foi acontecer?
— Ele não fez por mal!
Pai e filho estavam bem chateados com toda aquela situação, mas precisavam conversar. A família sempre resolveu tudo na conversa. Drummond foi até o menino.
— Você manchou o meu carro!
— Foi sem querer!
— Eu sei que foi sem querer!
— Eu só queria deixar o carro limpo!
Pai e filho se abraçaram.
— Eu vou te ensinar como se limpa um carro.

THUNDERBIRDS

Drummond continuava firme e forte na sua longa jornada diária (rádio, TV e dublagem). Ele conseguiu um papel na série "Thunderbirds em Ação" (*Thunderbirds are Go*). O seriado foi muito popular, entre os anos 1965 e 1966, e foi veiculado na TV por uma emissora britânica. A produção era voltada para crianças e adolescentes. O seriado, criado por Gerry Anderson e Sylvia Anderson, consistia em animações com marionetes. A Rede Record foi a primeira a perceber o sucesso do produto, já em 1966. A TV Tupi, anos depois, também exibiu em sua grade. Na década de 1990 foi a vez do SBT.
A família Tracy é a grande estrela desse seriado, ambientado em 2064. Ela possuía uma organização secreta que atuava em resgates internacionais. O objetivo

era salvar vidas. O líder se chamava Jeff Tracy, um milionário que escondia as armas de grande alcance e máquinas em uma ilha no Pacífico. Jeff andava amargurado desde a morte da esposa (em um acidente trágico e que não teve socorro imediato) e criou uma estrutura com poderosos equipamentos. Tinha, por exemplo, uma nave que voava como um foguete. Com esses equipamentos, a família conseguia monitorar quem precisasse de ajuda em qualquer parte do planeta.

"Thunderbirds" teve, pelo menos, duas dublagens. A primeira foi feita pela Cinecastro (pelo ator Ribeiro Santos). A Herbert Richers também fez uma versão e Drummond participou dessa última. Ele interpretou Hood, conhecido pelos poderes hipnóticos, por ser um verdadeiro mestre dos disfarces e por ter um verdadeiro fascínio pelas máquinas da família Tracy.

O PODEROSO THOR

Estamos em 1966. Um grande sucesso dos quadrinhos ganha versão animada. Thor é o Deus nórdico do Trovão, o príncipe de uma outra dimensão chamada Midgard. Thor foi criado por Odin e é tido como seu filho preferido. Ele ganhou do pai o poderoso martelo Mjolnir, que possui superpoderes como, por exemplo, criar tempestades, abrir portais em outras dimensões, além de desferir golpes fatais.

O maior inimigo de Thor é justamente seu irmão, Loki, que não aceita o fato de ser preterido por Odin. Loki é conhecido por suas trapaças e mentiras. Não tem pudor para atingir seus objetivos. Mas Thor também cometeu um erro, violou um tratado firmado por Odin ao invadir um reino. Como punição, o herói é enviado à Terra para ter uma vida aparentemente normal. Assumiu o nome de Donald Blake. O objetivo de seu pai é que ele ganhe mais humildade nessa nova experiência. Foi nessa condição que Thor conseguiu descobrir seus poderes e se fortaleceu ainda mais.

O desenho foi chamado de "O Poderoso Thor". Por aqui foi exibido nas emissoras Tupi e Globo. Drummond dublou Loki. Curiosamente, no início da carreira, ele sempre era escolhido para fazer vilões, e gostava.

– Você pode trabalhar melhor a voz. A minha tem essa característica. Mas eu topava qualquer trabalho. O importante era fazer bem – disse.

Loki é perverso, inconsequente, é a escada perfeita para Thor brilhar. Mesmo assim, o desenho não repetiu o sucesso dos quadrinhos. Décadas depois, o herói ganhou vida no cinema, essa sim bem-sucedida. Mas aí, já não tinha mais a participação de Drummond.

HOMEM-ARANHA

O mundo ganha mais um super-herói: Homem-Aranha, ou, se você preferir, *Spiderman*. Dos estúdios Marvel, o aracnídeo é uma criação de Stan Lee e de Steve Ditko. Sua primeira aparição foi em 1941.

Peter Parker (esse é o nome do menino órfão) criado pelos tios May e Ben, que vive todas as angústias da adolescência e se torna um herói após ser picado por uma aranha radioativa. Possui superpoderes e tem como uma de suas principais armas disparar teias de aranha por um mecanismo instalado em seu pulso. Soma isso ao fato de ter agilidade e habilidade fora do comum. Foi nos anos 1960 que a personagem começou a se popularizar. E aqui cabe um detalhe importante: trata-se de um herói adolescente, falando para um público juvenil. Outro ponto interessante: Peter Parker teve de aprender sozinho a lidar com seus superpoderes.

Mas Peter cresceu. Antes da picada ele era muito tímido, sem saber como reagir. Ele foi estudante de escola, universitário, professor e, em sua versão mais famosa, fotógrafo *freelancer* do jornal *Clarim Diário*.

O desenho

Produzido originalmente pela emissora norte-americana ABC, o desenho do Homem-Aranha foi exibido em 1967. Aqui no Brasil foi transmitido por algumas emissoras. A primeira delas foi a Bandeirantes, em 1968, no horário noturno. Depois foi para a TV Globo, sendo exibido no horário vespertino. O desenho é considerado, pelos fãs, como uma das reproduções mais fiéis de um super-herói. Mesmo assim há algumas mudanças como, por exemplo, no visual: há teias desenhadas apenas nas botas, luvas e máscaras. Outra mudança é em relação aos olhos, que piscavam.

Em relação à dublagem, a primeira foi feita pela Riosom. Aqui cabe uma observação: alguns nomes foram traduzidos para a nossa língua. Peter Parker se transformou em Pedro Prado. Tia May virou Tia Maria. A abertura também ganhou uma versão em português. Já na redublagem feita pela Herbert Richers foram feitas algumas modificações: os nomes foram mantidos no original em inglês e a abertura também foi mantida.

Orlando Drummond participou da dublagem feita pela Riosom. Ele dublou J. Jonah Jameson, que se transformou em J. Jonas Jaime. Jameson ou Jaime (fique à vontade!) é o dono do jornal *Clarim Diário* e se relaciona diretamente com Peter. Podemos defini-lo como um egoísta, falastrão, um típico canastrão. O grande lance é que Jaime, sempre que tem oportunidade, ataca o Homem-Aranha. Para o chefe do jornal não há dúvidas: o herói é, na verdade, um criminoso, um fora da lei. Sempre que podia, ele destacava como principal manchete do jornal uma matéria negativa. Um de seus bordões mais famosos é: "Tragam-me fotos do Homem-Aranha". Sobre a interpretação de Drummond, pode-se tirar uma observação: Orlando usou o seu timbre grave para respaldar a autoridade de Jameson. Ele é autoritário e comanda toda a redação.

O INCRÍVEL HULK

Em 1962 o roteirista Stan Lee e o desenhista Jack Kirby apresentaram ao mundo o mais novo super-herói: "O Incrível Hulk" (*The Incredible Hulk*). O lançamento foi em formato de revista em quadrinhos. O sucesso foi imediato. Não demorou muito para o herói virar tema de desenho animado. Em 1966 era exibida a animação; no ano seguinte chegou aqui pelo Brasil. A primeira emissora a apostar no Hulk foi a TV Bandeirantes. Apenas uma temporada foi produzida, totalizando 39 episódios.

A história conta o drama do Dr. Bruce Banner, cientista do Exército norte-americano, cuja principal pesquisa era sobre radiação gama. Certo dia, ao fazer mais uma de suas experiências, viu o jovem Rick Jones (aqui traduzido para "Ricardinho") entrar na sala de explosões. Tratava-se, obviamente, de um lugar proibido.

Dr. Banner entrou em desespero e foi tentar salvá-lo. No entanto, o ato corajoso lhe custou caro. Ele foi atingido pela radiação e sua vida mudou por completo. Toda vez que passava por alguma emoção forte, seja ela qual fosse, ele se transformava em uma criatura verde gigante, denominada Hulk.

O grande problema é que Hulk era exatamente o oposto do Dr. Banner. Irracional, extremamente forte e agressivo, a criatura agia de forma impulsiva, sem medir os atos. Mas o temperamento de Hulk estava relacionado aos traumas do passado do Dr. Banner. Seu pai, também cientista, era alcoólatra e morria de ciúmes da relação da mulher com o filho. Com sua mente doentia, matou a esposa. O menino também se sentia mais fraco que seus colegas de escola. Por tudo isso, a criatura é considerada a raiva entranhada de toda a vida de Bruce. Para piorar a situação de Dr. Banner, Hulk é odiado e perseguido pelos militares. O principal perseguidor é justamente o pai de sua namorada, o General Ross. Começa uma luta pela sobrevivência.

O desenho "O Incrível Hulk" teve, pelo menos, duas dublagens. A primeira foi feita pela Riosom. Drummond dublou o Dr. Banner. Ao se transformar no Hulk, a interpretação era feita por Luiz Motta.

A redublagem foi feita nos estúdios da Herbert Richers. Drummond não participou desse trabalho. Ele foi substituído pelo excelente dublador Newton da Matta, que também interpretou o Hulk.

CORAL DOS BIGODUDOS

O humor político já era uma realidade na televisão brasileira. Os artistas cansavam de reproduzir a realidade de forma irônica. Isso provocava, de maneira geral, o riso fácil no telespectador.

O diretor Sérgio Porto, mais conhecido como Stanislaw Ponte Preta, resolveu transformar esse humor em música. Afinal, por que não criar um coral, que é algo tão erudito, para fazer críticas sociais através do humor? No começo da década de 1960, a ideia foi colocada em prática pelo ator Castro Gonzaga no programa "Noites Cariocas", da TV Rio. O nome do quadro ainda era "Bigodudos do Ritmo".

A atração era exibida aos domingos, a partir das 20h, e foi recordista de audiência da emissora. Paulo Celestino era o regente do coral. Entre os "bigodudos" grandes nomes, como Castrinho, Geraldo Alves, Geraldo Barbosa, Odilon Del Grande, Osmar Frazão e Renato Barros.

Em seguida, foi encenado no programa "Viva Vovô Deville", na TV Excelsior, em 1963. A produção era de Paulo Celestino. Todos os textos eram de Stanislaw. O programa tinha uma hora de duração e era exibido em horário nobre, às sextas-feiras, a partir das 20h45. O elenco fixo contava com grandes nomes, como, por exemplo, Grande Otelo, Dercy Gonçalves, Íris Bruzzi, Jorge Loredo, Costinha, Colé, Iran Lima e Damião.

Os "Bigodudos do Ritmo", geralmente, encerravam o programa e contavam com a participação de quase todo o elenco. Destaque para as vozes de Hamilton Ferreira, Castro Barbosa, Castrinho, Francisco Moreno, Nilza Moreno, Ary Leite, Waldir Maia, Hugo Brando, Mário Sena e Rafael Carvalho. A música tinha uma estrutura definida e depois era inserida uma crítica. A base sempre repetia essas estrofes:

"Tim-tim-tiririm-tim-tim // Tim-tim-tiririm-tim-tim // Peguei, soltei, chacoalhei, guardei // Tornei a pegar, chacoalhar, guardar // Tornei a guardar no mesmo lugar // Ah... vida minha!".

Em 1966, o quadro passou a ser exibido na Rede Globo, dentro do programa "Riso Sinal Aberto", humorístico que tinha na redação e produção grandes nomes, como Max Nunes, Haroldo Barbosa, J. Rui, e Maurício Sherman na direção. O quadro, já conhecido pelo seu novo nome, "Coral dos Bigodudos", era exibido às sextas-feiras, a partir das 20h. Hamilton Ferreira e Paulo Celestino eram os maestros, que tinham a dura missão de reger as vozes de grandes atores, como Alegria, Ary Leite, Castrinho, Castro Barbosa, César Macedo, Francisco Moreno, Nádia Maria, Nilza Magalhães, Orlando Drummond, Tutuca, Waldir Maia e Walter D'Ávila.

Após anos fora do ar, a TV Tupi apostou no quadro em seu mais novo programa de humor. Lançada em 1978, a atração se chamava "Risoteque 78" e substituiu outro humorístico, "Café sem Concerto". Era exibida às quartas-feiras, a partir das 21h, e tinha uma hora de duração (a direção era de Paulo Celestino).

"A Praça é Nossa", do SBT, também exibiu sua versão nos anos 2000. Aqui, de fato, era uma versão. Não havia bigodudos. A música e a temática foram mantidas. O nome oficial ficou "Coral da Praça". Destaque para a participação de Tutuca.

O GORDO E O MAGRO

— Foi um grande prêmio. Era muito divertido fazer essa série.

Essa frase remete o sentimento de Drummond ao falar sobre a série "O Gordo e o Magro" (*Laurel and Hardy*). Ele interpretou o Gordo. A felicidade de Orlando faz todo sentido: nenhuma dupla conseguiu mais sucesso do que eles no mundo do entretenimento. Juntos, os dois somaram mais de 100 filmes lançados. Para se ter uma ideia do sucesso dessa dupla, eles passaram por grandes transformações na história do cinema. A principal delas, sem dúvida, foi a transição dos filmes mudos para os sonoros. A primeira aparição da dupla foi em 1917, no filme mudo "*The Lucky Dog*". Entre os grandes sucessos, destaque para "Negócio de Arromba" (1929), "Caixa de Música" (1932), "Filhos do Deserto" (1933) "Dois Caipiras Ladinos" (1937). A dupla permaneceu junta até 1951, quando lançaram o último filme, "Utopia".

Interessante a forma como as personagens se completavam na história. Pode-se dizer que eram duas crianças ingênuas e estabanadas. Mesmo assim, tinham lá suas características próprias. Vou citar algumas:

— Gordo (Oliver Hardy): impaciente, pomposo, ingênuo, imaturo, protegia o Magro;

— Magro (Stan Laurel): paciente, humilde, ingênuo, imaturo, protegia o Gordo.

O mais curioso era notar como as duas personagens se provocavam. A maioria das histórias começavam e se desenrolavam a partir dessas situações. A amizade na ficção virou real e os dois se tornaram grandes amigos fora das telas.

Em 1967, a TV Tupi comprou os direitos para exibir as produções da dupla. O sucesso de "O Gordo e o Magro" foi imediato. A dublagem, tida como a mais clássica, foi feita nos estúdios da AIC, em São Paulo. José Soares dublou Oliver Hardy e Waldir Guedes interpretou Stan Laurel.

No Rio de Janeiro, a VTI também escalou dois atores de excelência para os papéis. Drummond ficou com a responsabilidade de dar a voz ao Oliver, e Waldyr Sant'Anna defendeu o Laurel.

GEORGE, O REI DA FLORESTA

Imagina uma série com três desenhos em seguida. "George, o Rei da Floresta" (*George of the Jungle*) era o principal deles, e ainda havia mais dois: "Super-Galo" (*Super Chicken*) e "Tom sem Freio" (*Tom Slick*). Drummond participou com muito destaque das duas primeiras produções. Na última ele não trabalhou.

"George, o Rei da Floresta", de 1967, é uma grande sátira ao Tarzan. A primeira emissora a exibi-lo foi a ABC. Aqui no Brasil passou na TV Tupi e, em seguida, na Record, no Cartoon Network e na Tele Uno (atual AXN). Apenas uma temporada foi produzida, totalizando 16 episódios. George é um homem confuso e estabanado, mas garante boas risadas. A animação foi produzida pensando nas crianças, mas a resposta imediata foi do público infanto-juvenil. O desenho se passa na floresta africana Buê-Buê. Tudo começa com um acidente aéreo. Quase todos morreram, apenas um bebê sobreviveu. Ele foi adotado por um macaco chamado Garila.

Mesmo recebendo todo o carinho, ele cresceu sendo uma pessoa sem a menor noção da realidade. É apenas um homem forte e de bom coração. Do resto... Um exemplo das suas loucuras é exatamente o fato de usar um elefante (Panti) como animal de estimação. Até aí vai, até porque ele mora na floresta. Mas o lance é que ele age como se o bicho fosse um cachorro. Ele também não consegue pular duas árvores seguidas sem dar de cara em uma delas. E o que falar da sua companheira, Úrsula? Ele não a enxergava como mulher. Para ele era um homem que não precisava fazer barba. Apenas isso! Isso mostra como ele era doce e ingênuo.

A dublagem do desenho "George, o Rei da Floresta" foi feita na Dublasom Guanabara. Drummond dublou Garila, o macaco que adotou George. Perto do homem, o animal é um grande intelectual que ama livros.

Cabe destacar o trabalho de Milton Rangel como narrador. Ele é o guia, é quem conduz as narrativas. Sua participação é fundamental, pois dá o ritmo. A entonação das falas comprova essa tese.

SUPER-GALO

O desenho "Super-Galo" (*Super Chicken*), uma criação de Allan Burns e produção de Jay Ward e Bill Scott, foi feito em 1967 e exibido pela norte-americana ABC. Apenas uma temporada foi produzida, totalizando 16 episódios. A animação demorou a chegar aqui no Brasil – quase no final da década de 1970. A TV Tupi foi a primeira a apostar. Depois foi reproduzido em outras emissoras como Record, Cartoon Network e Tele Uno (atual AXN).

"Super-Galo" estava atrelado a mais duas animações: "George: O Rei da Floresta" e "Tom sem Freio". Elas eram exibidas juntas e sempre na sequência. Tanto que os episódios da ave heroína eram curtos – média de seis minutos. Um fator interessante é que o desenho foi feito para as crianças, mas atingiu um público juvenil. Talvez a maior explicação seja o humor inteligente e irônico de maior assimilação pelos jovens.

O galo se chama Rico Dondoco III e é milionário. Quem o vê não imagina que se trata de um herói. Sempre que alguém está em perigo, coloca seu traje (uma capa preta, um chapéu, uma máscara e uma espada). Mas ele ainda não está pronto. Falta o suco, digo, o "super-suco", o grande segredo de sua força. Trata-se de uma receita secreta, mas há um problema: o suco tem prazo de validade. Com o tempo, vai reduzindo o efeito e o herói vai perdendo as habilidades.

Todo herói tem um ajudante, certo? Com o Galo não é diferente. Quem faz esse papel é um leão, Fred. É ele que tem a missão de preparar o tal "super-suco" e sempre o acompanha nas missões. O Galo tem uma nave que o ajuda a chegar rápido nos locais do crime. É interessante notar que ele se acha um super-herói mas, na verdade, não tem nenhum poder. Outro fato curioso é que o mais inteligente da dupla é justamente o assistente, o leão Fred.

A dublagem é um ponto de destaque, quando se fala sobre o desenho "Super-Galo". Ela foi feita nos estúdios da Dublasom Guanabara, no Rio de Janeiro. Dois dos maiores dubladores participaram e fizeram uma dobradinha, considerada por muitos a maior da nossa história. Refiro-me a Mário Monjardim e Orlando Drummond. A química entre os dois é absurda e eterna. No desenho, Monjardim é o protagonista e Drummond é o famoso escada, interpreta o Fred. É fundamental lembrar a participação de mais um grande dublador nesse desenho: Milton Rangel é o locutor da animação.

Uma observação final. O terceiro desenho, que passava juntamente com "George, o Rei da Floresta" e "Super-Galo", era "Tom sem Freio" (Tom Slick). Tom é um cavaleiro e amante de corridas. Drummond não participou dessa animação.

OS TREMENDÕES

O desenho "Os Tremendões" (*Where's Huddles?*) foi lançado em 1970. A animação teve uma vida bem curta, reduzida mesmo (apenas 10 episódios foram produzidos). A emissora CBS foi quem apostou no desenho. A produção é sempre dela, dos estúdios da Hanna-Barbera.

Mas vamos à história. Tudo se passa no time de futebol americano conhecido como Rinocerontes. Destaque para Ed Chefe e Buba, que são vizinhos, e os principais jogadores da equipe. Eles lutam para vencer o campeonato da cidade. Mas não estão sós. Participam com frequência as famílias dos dois jogadores. A de Ed é formada por Norma (mulher) e Pompom (filha). Já a de Buba consiste em Pita (mulher) e Caldo (cachorro e mascote do time). Mas também como não poderia deixar de ser, tem o vilão. Trata-se do vizinho de Buba, conhecido como Cláudio Perturbado. O nome já diz tudo, mas para completar ele ainda é esnobe. Tem uma mascote, a gata chamada Sardinha. Seu objetivo é fazer o jogador se mudar de casa. Completam ainda o elenco principal do desenho o jogador Cargueiro e o técnico, que não tem nome e é chamado apenas de Treinador. E, para garantir mais emoção, tem o narrador dos jogos.

O desenho "Os Tremendões" foi dublado nos estúdios da Dublasom Guanabara. Um elenco estelar foi convocado para tentar alavancar a animação. Mesmo com uma dublagem primorosa, não teve jeito. Antônio Patiño dublou o Ed Chefe. Waldyr Sant'Anna interpretou o Locutor Esportivo. Mais uma vez, a dupla Drummond (Buba) e Mário Monjardim (Cláudio Perturbado) se destaca. Agora eles estão em lados opostos, parece que se provocam o tempo inteiro.

CARTA AO KREMLIN

Filmes de guerra e de espionagem eram, metaforicamente, uma espécie de política externa norte-americana. Exageros à parte, nos anos 1960 e 1970, o cinema era usado para mostrar a soberania, principalmente em tempos de Guerra Fria.

"Carta ao Kremlin" (*The Kremlin Letter*) é mais um desses casos. Lançado em 1970, o filme dirigido por John Huston conta uma missão secreta que precisa ser realizada por espiões do Ocidente. O tenente Charles Rone (Patrick O'Neal) é dispensado da Marinha, mas é por um nobre motivo: ele foi recrutado para participar de um grupo de espiões. Na verdade, são ex-espiões que serão comandados por Ward (Richard Boone) e vão colocar em prática um ousado plano desenvolvido pelo Salteador (Dean Jagger). Ousado e louco, o objetivo é invadir a União Soviética. Os espiões precisam recuperar uma carta-comprometedora enviada pelo governo americano ao soviético. O conteúdo é relacionado ao governo chinês, daí o receio de criar problemas diplomáticos. A grande questão é que o teor da carta não é oficial, é oficioso. Foi escrita informalmente e prometia ajuda americana aos soviéticos no caso de a China se tornar uma grande potência nuclear. Mas a tarefa não será nada fácil. Os espiões terão pela frente Alexei Bresnavitch (Orson Welles), membro do comitê do partido comunista, e o espião Coronel Kosnov (Max von Sydow).

O filme "Carta ao Kremlin" foi dublado nos estúdios da Peri Filmes. Drummond dublou o Salteador, personagem responsável pela criação do plano e pela convocação dos espiões para a realização de missões secretas.

DOIS EM UM

Drummond participou, com frequência, de dois programas da TV Tupi no ano de 1970: "Café sem Concerto" e "Pisulino". É bem verdade que nenhuma das duas atrações, pode-se dizer, marcou a televisão brasileira. Pelo contrário, se fez certo sucesso com o público, não é possível dizer o mesmo em relação à crítica.

Mas vamos por partes e por ordem. Nesse sentido começo com o programa "Café sem Concerto". A crítica especializada fez um trocadilho com o nome – para ficar bom seriam necessários reparos. Escrito pela dupla Alcino Diniz e Paulo Celestino, a atração contava com a participação de um timaço de atores. O melhor do *cast* da Tupi estava lá. E aí posso citar nomes como Silveirinha, Selma Lopes, Santa Cruz, Valentim Anderson, Nair Bello, Matinhos, Lilian Fernandes, Mauro Gonçalves,[28] Nick Nicola, Terezinha Elisa e tantos outros.

Drummond sempre participava do programa. Ele estava no elenco do "Coral dos Garçons" juntamente com grandes nomes, como Paulo Celestino, Tutuca, Nádia Maria, Ary Leite, Castrinho, Matinhos, Paulo Rodrigues, Geraldo Barbosa, Milton Teixeira e Odilon Del Grande. Era um dos quadros mais famosos do programa. Mas não era nada novo. O "Coral dos Bigodudos" já tinha preenchido esse espaço anos antes, e o elenco não era muito diferente.

Apresentado por Odilon Del Grande, o programa teve inúmeras mexidas na programação da Tupi. Sempre aos sábados. Mas, em relação ao horário, foi ao ar às 20h20, 20h30, 21h, 21h30 e por aí vai.

O segundo programa era voltado para o público infantil. Pisulino era um ventríloquo com movimentos. O boneco era uma espécie de concorrente do ratinho

---

[28] Mauro Gonçalves imortalizou o "trapalhão" Zacarias. Foi nesse programa que ele exibiu o personagem pela primeira vez.

italiano Topo Gigio, que fazia muito sucesso com a garotada. "Pisulino" estreou no dia 16 de setembro. Era apresentado pela cantora Rosemary e produzido por Alcino Diniz. Um grande elenco trabalhava na atração: Castrinho, Paulo Celestino, Ary Leite, Tutuca, Nick Nicola, Miriam Rodrigues, Vanda Moreno, Terezinha Elisa, Martins Francisco, Costinha, Renato Aragão e Dedé Santana. A música ficava por conta de Jerry Adriani e Marcos Moran. A situação de "Pisulino" não era nada fácil. Foi programado pela TV Tupi para disputar audiência com o programa do Chacrinha, na Rede Globo, soberano na briga pelo primeiro lugar. Não teve a mínima chance.

Orlando participou de um dos quadros do programa, chamado "Os Irmãos Max", paródia de "Os Irmãos Marx". Diferentemente do original, a versão tupiniquim tinha, além de Drummond, os atores Mauro Gonçalves e Castrinho.

OS QUATRO FANTÁSTICOS (A COISA)

Na ausência de um herói tupiniquim, o que restou foi importar (mais) um dos Estados Unidos. Dublado pela Cinesom, estreava o "Quarteto Fantástico" (*Fantastic Four*). O desenho foi produzido pela Hanna-Barbera Productions e estreou em 1967 em terras americanas. A história foi criada por Stan Lee e Jack Kirby.

Curioso destacar que, aqui no Brasil, o nome inicial da série não foi "Quarteto Fantástico". O escolhido foi "Os Quatro Fantásticos". A história, de forma breve e resumida, conta que quatro pesquisadores foram convocados para uma grande missão espacial. Ocorre que a nave foi atingida por uma terrível radiação. Resultado: os quatro foram atingidos, sobreviveram, mas ganharam superpoderes. A abertura do desenho já mostra quem é quem e quais poderes eles adquiriram.

Os Quatro (4) Fantásticos // Com Reed Richards // Sue Storm // John Storm // Ben Grimm. // Reed Richards é o Homem-Borracha; // Ben Grimm é a Coisa; // John Storm é a Tocha Humana; e // Sue Storm é a Garota Invisível ou Mulher Invisível.

Por mais clichê que seja (e é), uma história de heroísmo precisa de um inimigo. Caso contrário, não há necessidade da existência de um super-herói. Precisa ter conflito. No caso do Quarteto, eles precisam defender a humanidade, a Terra e o Universo.

No desenho animado "Os Quatro Fantásticos", Orlando dublou dois vilões: o Galactus e o Observador (ou Vigia, como muitos também chamam). O Observador não teve tanto destaque. Não se pode falar o mesmo do Galactus. A história em si mostra muitos vilões, mas esse tem um destaque especial. Galactus se intitula "O Poder" e é também chamado de "Devorador de Mundos". O vilão se alimenta de energia. Mas nem sempre foi assim. Há bilhões de anos, era um cientista que tentou salvar seu povo de uma terrível radiação, mas não teve sucesso. Seu corpo vaga no universo por tempos e tempos.

Sobre a interpretação de Orlando, é possível observar que foge dos estereótipos. Por exemplo: não há gritos nem risadas malignas. Orlando faz um vilão sóbrio, que tem total noção da sua força. Não há tanta variação na voz. Mesmo quando é desafiado, é como se Galactus soubesse que vai sair vencedor do duelo.

A Coisa

Após o sucesso de "Os Quatro Fantásticos", um dos seus personagens ganhou vida própria. Quase 10 anos depois, em 1979, estreava o desenho animado "A Coisa" (produção da Hanna-Barbera Productions). Dublado nos estúdios Herbert Richers, nunca se soube ao certo o motivo de a atração não ser "O Coisa".

Na animação "Os Quatro Fantásticos", a dublagem de "A Coisa" ficou por conta de três dubladores: Castro Gonzaga, Ribeiro Santos e Gualter França. No entanto, no desenho solo, coube a Orlando Drummond dar vida ao Homem de Pedra.

A história em si do "Quarteto Fantástico" traz algumas características muito próprias e em todas elas "A Coisa" é a exceção. Veja só. Os heróis da série não usam máscara, ou seja, não há identidade secreta. Embora tenham sido atingidos por radiação cósmica, a forma humana foi mantida. Quem não teve a mesma sorte foi justamente o Ben Grimm. A história, seja no quadrinho, no desenho ou no cinema, mostra o arrependimento do cientista e líder do Quarteto, Reed Richards, em não conseguir encontrar uma fórmula de devolver o aspecto humano a Ben.

Voltando às características, a série mostra uma grande família entre os personagens: Reed (Homem-Borracha) casa com Sue (Mulher Invisível), irmã de John (Tocha Humana). E a Coisa? Era amigo dos demais.

Mas vamos ao desenho. Por incrível que pareça, não há a menor ligação entre os "Coisas" – digamos assim. A personagem é a mesma, mas parece que não é. Na animação, a Coisa também é um "monte de pedra". No entanto, possui figura humana. Ben se transforma em Benjy Grimm, um jovem estudante magricela e leva uma vida aparentemente normal. Mas, quando há uma situação de perigo, ele se transforma na Coisa. Mas existe um rito para a transformação. Benjy une dois anéis e diz: "Anéis mágicos, entrem em ação". Pronto, o "ídolo das multidões", como gosta de ser chamado, aparece.

Vale uma explicação sobre a personagem. Mesmo tendo uma figura humana, a Coisa possui uma identidade secreta. O desenho mostra outros personagens que não sabem quem é o verdadeiro herói, ou seja, Ben (ou Benjy) se transforma na Coisa, certo? Certo! O grande barato é que são dois personagens diferentes e, portanto, dois dubladores distintos. Benjy é defendido por Cleonir dos Santos. Já o herói é dublado por Orlando Drummond. O desenho, como um todo, é bem infantil. Não espere que o Homem de Pedra vá enfrentar grandes inimigos. Não vai. São histórias bobas, ingênuas. O humor é mais presente do que a própria aventura. Pode-se dizer que a Coisa caiu como uma luva para Drummond. É exatamente o tipo de personagem que ele gosta de dublar. É possível, inclusive, encontrar algumas similaridades com outros personagens.

Em um dos episódios, um malvado cientista cria um robô que é uma cópia da Coisa. Seu objetivo é roubar bancos e joalherias. E ele consegue, até a farsa ser desmascarada, o verdadeiro herói ser preso e cair em desgraça com a opinião pública. Mas, como sempre, vai tudo acabar bem. Quando os dois se encontram, original e cópia, o "verdadeiro" solta a expressão eternizada pelo marinheiro Popeye: "Macacos me mordam!". Também se percebe o bom e velho estilo Drummond de dublar. Assim como Popeye, Scooby e Bionicão, a "sua" Coisa também se prevalece de uma piada seguida de riso. Essa virou uma marca registrada do lendário dublador.

PATTON – REBELDE OU HERÓI?

Filmes de guerra, existem muitos. Muitos deles focam em tiros e explosões e esquecem da história em si. Mas esse é diferente. "Patton – Rebelde ou Herói?" (*Patton*) é baseado em fatos reais. Conta a história do general S. Patton.

Lançado em 1970, o longa, dirigido por Franklin J. Schaffner, é ambientado na Segunda Guerra Mundial. Logo de cara, Patton (George C. Scott) aparece fazendo um discurso para sua tropa (na verdade, percebe-se que ele está falando para as câmeras com uma bandeira norte-americana ao fundo). Em seguida, é condecorado e assume as tropas no Norte da África, em 1943. Mas sua missão não é nada fácil. Patton precisa motivar os soldados que acabaram de sair de uma derrota na Tunísia, e o faz com um rígido treinamento. A estratégia dá certo e eles vencem a Batalha de El Guettar. A vitória enche Patton de mais confiança. Ele começa a ter planos mais ousados, que não são aceitos pelos superiores, mas ele ignora as ordens e obtém sucesso. No entanto, é afastado por desvios de conduta.

Patton era temido pelos adversários. No dia D, ele ainda estava afastado. Foi substituído pelo próprio auxiliar, general Omar Bradley (Karl Malden). Mas este não tem sucesso na missão e Patton é convocado emergencialmente.

O filme recebeu 10 indicações ao Oscar. Venceu sete: melhor ator, melhor direção de arte, melhor diretor, melhor montagem, melhor filme, melhor som e melhor roteiro original. A dublagem foi feita nos estúdios da Peri Filmes. Orlando Drummond participou dos trabalhos desse filme interpretando o assistente do general Patton, o também general Omar Bradley.

OPERAÇÃO FRANÇA

Logo no começo da década de 1970, Orlando realizou um dos seus trabalhos mais primorosos. Para ser mais preciso, foi no ano de 1971. Ele interpretou o ator Gene Hackman no filme "Operação França" (*The French Connection*), considerado um dos grandes clássicos do século XX.

É uma das grandes interpretações do próprio Gene Hackman que, por esse trabalho, ganhou o Oscar de melhor ator, além do Globo de Ouro. A carreira do filme também foi vitoriosa. Levou nas categorias de melhor filme e diretor, nas duas premiações.

O filme, baseado em histórias reais, conta a saga de dois detetives que trabalham na delegacia de polícia de Nova York. O principal deles é Jimmy "Popeye" Doyle, interpretado por Gene Hackman. Seu parceiro se chama Buddy "Cloudy" Russo (Roy Scheider). Os investigadores, com faro apurado, estão desconfiados de um pequeno comerciante chamado Salvatore "Sal" Boca (Tony Lo Bianco). Por ali está rolando muita grana, mais do que deveria, na opinião dos policiais. A desconfiança aponta que Sal está envolvido com tráfico de drogas. Os dois policiais começam a investigar e descobrem que está prevista a chegada de um grande carregamento de entorpecentes.

Quem está por trás da operação é o francês Alain Charnier (Fernando Rey), que contrata Sal para ser seu vendedor de drogas na cidade. Nova York é apresentada como violenta e corrupta, ingredientes perfeitos para o tráfico. O interessante é que o diretor William Friedkin não tenta, em nenhum momento, transformar "Doyle" em um herói perfeito. Pelo contrário, ele erra, tenta encobrir seus erros, mas tem um senso de justiça muito forte em relação aos outros.

Eu paro por aqui para não dar *spoiler*. Importante ressaltar que o trabalho foi feito na Peri Filmes. A dublagem do filme segue a qualidade do original. Essa foi, sem dúvida, uma das grandes atuações de Orlando.

O sucesso foi tanto que os produtores decidiram fazer a continuação. Em 1975, estreou o filme "Operação França 2" (*The French Connection II*). Até para evitar, mais uma vez, o *spoiler*, só posso escrever que continua a saga do detetive Doyle, ainda interpretado por Gene Hackman e dublado por Orlando.

O DOCE ESPORTE DO SEXO

O longa "O Doce Esporte do Sexo" foi lançado no dia 3 de fevereiro de 1971. O filme foi dirigido por Zelito Viana e estrelado por Chico Anysio.
	Durante 88 minutos, cinco histórias independentes são contadas. Em comum apenas o ator Chico Anysio, que protagoniza todos os episódios. Embora o filme seja vendido como comédia, a censura era de 18 anos.
	Orlando tem uma pequena participação no segundo episódio – "A Boca" – vivendo um português, dono de bar. Sua participação não deve ter mais de 2 minutos, mas foi o suficiente para observá-lo interpretando uma pessoa mal-humorada. Essa cena praticamente não vai mais se repetir em toda a sua carreira. Embora o filme seja uma comédia, o papel era de uma personagem séria.

BONGA: O VAGABUNDO

O filme "Bonga: O Vagabundo" foi dirigido por Victor Lima e lançado em 1971. Estrelado pelo humorista Renato Aragão, o longa tem uma característica incomum: o público-alvo não é infantil.
	Alguns fatores comprovam essa opção dos produtores. A trilha sonora, por exemplo, traz guitarras pulsantes. Outra justificativa são as narrativas dentro do filme. Tem comédia? Tem! Mas, também, tem solidão, fome e conflitos entre pai e filho. O primeiro diálogo só acontece após 10 minutos de filme.
	Bonga é um homem solitário, que mora em uma casa de sapê no meio do mato. Numa de suas vindas à cidade, tenta entrar em uma boate, mas é impedido pelo segurança. Um sujeito jovem e rico (Ricardo), resolve ajudá-lo e os dois se tornam grandes amigos. Mas esse jovem tem uma relação conflituosa com o pai (vivido por Jorge Dória), que cobra que ele tenha um emprego e se case. Bonga e Ricardo resolvem elaborar um plano de casamento falso. Nesse ínterim, nosso herói conhece uma menina de rua e se apaixona por ela.
	Com toda pompa é marcado um noivado para o rapaz – sim, a família só vai conhecer a noiva no dia do noivado. A menina contratada fica bêbada e é impossível apresentá-la aos pais do jovem. Bonga, então, tem a ideia de sua amada se passar como noiva. Linda, ela encanta a todos, inclusive a Ricardo. É justamente na festa do noivado de Ricardo que Orlando faz uma participação pequena, mas que dá um tom de humor ao filme. Ele faz o papel de garçom. O detalhe é que é um garçom bem inusitado e não fala sequer uma palavra durante todas as cenas.
	Ao mesmo tempo em que vai servindo bebida aos convidados, aproveita para beber escondido. Em uma das cenas, está com uma bandeja de salgados, mas tão

bêbado que tem dificuldade de se manter em pé. Ao invés de ir para o salão servir o petisco, vai para o jardim (que estava vazio), senta em um banco e tenta comer os salgados (Bonga e a namorada roubam a comida e ele fica sem entender o que está acontecendo).

ARISTOGATAS

Fevereiro de 1971. O filme "Aristogatas" (*The Aristocats*) chega aos cinemas brasileiros. O desenho começou a ser produzido em 1968 e foi lançado nos Estados Unidos dois anos depois. Como fato curioso, foi o último projeto aprovado por Disney (ele morreu em 1966).

A 20ª animação da produtora narra a história de uma família de gatos. Duquesa é a mãe. Fina e muito educada, tem três filhos: Toulouse, que sonha em ser pintor, Berlioz, que é pianista e pretende ser maestro, e Marie, uma linda gatinha que encanta a todos. Por trás da trama há uma herança em jogo. Uma milionária pretende deixar toda sua herança para Duquesa e seus herdeiros. O ganancioso mordomo Edgard Baltazar, sabendo disso, sequestra a família e os abandona no interior de Paris.

É nesse momento que Marie e sua família encontram um felino de rua. Seu nome é Thomas O'Malley. Ele e sua turma vão ajudar os heróis na luta contra o malvado mordomo e a garantir a herança.

Drummond participa da dublagem de "Aristogatas" interpretando o cão, mais um, da raça *basset hound*, chamado Lafayette. No original, a dublagem foi feita pelo ator George Lindsey. Lafayette sempre anda ao lado de outro cão – Napoleão. São dois cachorros atrapalhados que dão um toque de humor à história. Eles teriam uma participação pequena, mas os criadores perceberam que eram bons personagens. Para se ter ideia, foram os dois que encontraram os gatos perdidos e os ajudaram a voltar para casa.

A dublagem foi dirigida por Telmo Avelar. Em relação à interpretação, Orlando faz um cão cansado, por vezes preguiçoso, e muito distraído também. Lafayette é uma espécie de escada para seu companheiro, pois quem comanda as ações é Napoleão.

Pode-se perceber na interpretação de Orlando uma clara referência à forma de falar do Gargamel (*Smurfs*). Até pelas características, Lafayette tem a risada fácil que lembra, em muitos momentos, o Scooby.

PATOLINO

Quem é o pato mais famoso do mundo? Provavelmente a resposta Donald (da Disney) seja a primeira da lista. Mas pode ter certeza de que o Patolino (*Daffy Duck*) tem um lugar no coração dos apaixonados por desenhos animados. Ao pé da letra, *Daffy Duck* significa "pato maluco".

Primeiro, um pouco da história do nosso herói. Ou seria anti-herói? Patolino pode ser considerado um deuteragonista. Entendeu? Deu-te-ra-go-nis-ta. Ele foi criado para ser um papel secundário; não era o protagonista, sobretudo quando aparecia junto ao Pernalonga. Mas, diga-se de passagem, já teve seu próprio desenho e foi o principal. Sua primeira aparição foi em 1937, exatamente no dia 17 de abril. O episódio se chamava "Gaguinho e a Caça ao Pato" (*Porky's Duck Hunt*). Essa foi uma das grandes duplas dos desenhos: eles foram rivais e o pato já foi, inúmeras vezes, o contraponto louco do porco.

Mas o grande adversário de Patolino era o coelho Pernalonga. E, verdade seja dita, ele não saía vitorioso dessa briga e nunca se conformou com as inúmeras derrotas. Foi daí que surgiu o famoso bordão: "Você é desprezível!". Patolino não é um animal de gênio fácil. Ele é maluco, ganancioso, temperamental, invejoso, arrogante, egocêntrico... adorável.

A voz

Patolino foi originalmente dublado pelo norte-americano Mel Blanc. A origem da voz ainda é controversa. Motivo: o pato, por incrível que pareça, tem a língua presa. De acordo com o ator, sua inspiração foi a anatomia do pato. A explicação é que o animal possui uma mandíbula grande. Outra curiosidade é que Patolino fala cuspindo e o desenho reforça essa característica, mostrando a saliva. Especificamente sobre esse tema, ele mudou de acordo com as décadas, ou seja, nem sempre falou dessa forma.

Aqui no Brasil, o pato teve mais de um dublador. Cito alguns: Waldyr Sant'Anna (1962-1970), Carlos Marques (1962-1970), Orlando Drummond (1971-1995) e Márcio Simões (1994-atual). Drummond deu um ar mais brasileiro ao Patolino. Sua voz era mais grossa, não havia tanto chiado em sua fala, mas ele lhe deu uma característica que o acompanhou por muito tempo: nosso (anti-)herói se tornou fanho.

SCOOBY-DOO

Estamos em 1969. Criado por Joe Ruby, estreava nos Estados Unidos o desenho "Scooby-Doo". A produção foi feita pela Hanna-Barbera.

A animação conta a história de quatro amigos metidos a detetives: Fred, Velma, Daphne e Salsicha. Ah! Claro que não podemos esquecer do dogue alemão falante que dá nome à história: Scooby. As histórias são sempre sinistras e assombrosas: eles visitam casas mal-assombradas, perdem-se em labirintos, parques abandonados, entre vilões inescrupulosos, monstros e zumbis. Mas no final sempre acaba tudo bem. A principal característica do desenho é o humor.

Na verdade, os produtores da animação descobriram um formato e o seguiram: os detetives sempre se dividem em dois grupos. Fred e Daphne seguem uma pista e Velma, Salsicha e Scooby, outra. Em seguida, perseguição, muita gritaria, plano sequência e, finalmente, o crime é desvendado. Tudo muito simples, mas que não tira a grandiosidade da ideia.

Mas o começo não foi tão fácil. Os primeiros desenhos eram assustadores e suas histórias não foram aprovadas. O nome inicial era "Who's Sssscared?", mas também foi alterado. A mudança foi inspirada em uma famosa canção interpretada por Frank Sinatra: *"Strangers in the Night"*. Em um trecho da música ele canta "Dooby dooby doo". Por mais que pareça invenção, não é. Durante as décadas seguintes (1970, 1980, 1990, 2000...) o desenho continuou sendo produzido com regularidade.

Estreia no Brasil

A história dos cincos amigos estreou no Brasil em 1972. A TV Tupi foi a primeira emissora a se interessar pela história do cão falante e atrapalhado. O desenho alcançou sucesso rapidamente. O público se encantou com a resolução dos mistérios e com as trapalhadas de Scooby e Salsicha. Praticamente todas as emissoras já exibiram a história. É oportuno notar e repetir que durante todas essas décadas foram formadas gerações de fãs. Não há idade para gostar do desenho.

Durante essa trajetória foram incluídos algumas personagens, como é o caso do cachorro Scooby-Loo, que fez muito sucesso entre os anos 1980 e 1990. Ele é o sobrinho de Scooby. Pequeno, falastrão e corajoso, metia o tio em várias armadilhas. Essas confusões sempre geravam boas risadas.

Em todas as décadas, as únicas personagens mantidas em toda a história foram Scooby e Salsicha. Os demais oscilaram. É bem verdade que os cinco amigos participaram da maioria das animações.

Dubladores

Um dos motivos do sucesso do Scooby foi, sem dúvida, o carisma de seus dubladores. Nesse ponto, é importante registrar que foi escolhido um verdadeiro elenco de estrelas para dublar o desenho animado. Todos que serão mencionados abaixo deixaram seus nomes na história da dublagem brasileira. A escolha do elenco foi feita pelo dublador Luís Manuel. Aliás, ele foi o escolhido da Dublasom Guanabara para fazer a direção da história e também foi o responsável pela dublagem do Fred nos primeiros anos. Logo depois a Herbert Richers assumiu os trabalhos, mas manteve o elenco, que já era sucesso absoluto. Outras empresas também dublaram o desenho, como por exemplo a Áudio News, o Som da Vera Cruz e a Cinevídeo.

Abaixo, os dubladores que participaram de todas as edições da série até o ano de 2012. O motivo é simples: foi quando saíram, de forma definitiva, Orlando e Mário Monjardim, Scooby e Salsicha, respectivamente. Mas essa troca será descrita um pouco mais à frente. Orlando Drummond foi escolhido para dublar o cão falante desde o começo, e ficou até 2012 (por isso o recorte inicial). O leal amigo de Scooby, Salsicha, foi interpretado por vários dubladores. No entanto, quem conseguiu mais sucesso foi Mário Monjardim. A dublagem da personagem pode ser dividida da seguinte forma:

Dubladores do Salsicha

Dublador	Período
Mário Monjardim	(1972–1984; 1988–1990; 2005–2012)
César Marchetti	(1977–1978)
Orlando Prado	(1985–1987; 1990–1992)
Marco Ribeiro	(1993–1995; 2002–2004)
Manolo Rey	(1996–2001)

Velma é a mais inteligente e também a mais estabanada. É ela quem consegue convencer Scooby a desvendar os casos. O seu convencimento é quase um suborno: ela oferece ao cão biscoito e caramelo. Segue a lista das dubladoras da Velma.

Dubladores da Velma

Dublador	Período
Nair Amorim	(1972–1976; 1990–1992; 2000–2011)
Vera Miranda	(1977–1986)
Carmen Sheila	(1987–1989)
Adelmária Mesquita	(1993–1995)
Miriam Ficher	(1996–1999)

A mais vaidosa do grupo é Daphne, em sua bolsa não falta um cosmético. É a namorada de Fred. Sua participação é fundamental na resolução dos mistérios. Ela foi dublada pelas seguintes atrizes:

Dubladores da Daphne

Dublador	Período
Juraciara Diácovo	(1972-1976; 1980-1984; 1998-2011)
Maralise Tartarine	(1977-1979)
Mônica Rossi	(1985-1992)
Sylvia Salustti	(1993-1997)
Flávia Saddy	(2012)

Fred é o líder do grupo. Corajoso, assume a responsabilidade de desvendar os mistérios. É ele quem organiza como o grupo vai agir. Cinco dubladores interpretaram o galã na série animada.

Dubladores do Fred

Dublador	Período
Luís Manuel	(1969-1974)
Cleonir dos Santos	(1976-1979)
Carlos Marques	(1979-1981; 1988)
Mário Jorge Andrade	(1988-1991)
Peterson Adriano	(2002-2010)

Scooby-Doo nos cinemas

O sucesso do desenho impulsionou Hollywood. A animação virou realidade. Os amantes da sétima arte, provavelmente, estranharam um Scooby computadorizado. Por vezes soa um pouco artificial – essa é a impressão de quem escreve este texto e se acostumou a assistir ao desenho animado.

O primeiro longa com atores reais saiu em 2002. Intitulado de forma simples: "Scooby-Doo – O Filme". A direção da dublagem e a escolha do elenco foram feitas por Lauro Fabiano e as gravações nos estúdios da Delart. Em relação aos atores, sem muitas novidades: Orlando Drummond (Scooby), Peterson Adriano (Fred), Mário Monjardim (Salsicha), Sylvia Salustti (Daphne) e Miriam Ficher (Velma). Um dos destaques desse filme é a dublagem de Guilherme Briggs, que interpreta Scooby-Loo. Interessante notar que Briggs sempre foi um grande fã de

Orlando e cresceu assistindo ao desenho do atrapalhado cão falante. Mas ele se decepcionou com o resultado final.

– Foi intenso, mas não me senti tão emocionado. Eu gosto é do desenho.

Após resolver mais um caso, os cinco amigos se separam. O motivo é que não aceitam mais a liderança de Fred, que se considera o líder do grupo. Passam dois anos e eles se encontram de forma inesperada. Individualmente são contratados para resolver mais um mistério e se surpreendem com o encontro. Passado o susto inicial, resolvem trabalhar juntos novamente.

Por um lado, a dublagem foi celebrada pelos críticos e pelo público. No entanto, a trama e a forma caricata dos personagens foram criticadas pelos especialistas.

Em 2004 é lançado "Scooby-Doo 2: Monstros à Solta". Estúdio, direção e elenco de dublagem foram mantidos, ou seja, o que deu certo no longa anterior. Já o que não foi bem recebido pela crítica foi mudado. Por exemplo: a trama e a caracterização dos personagens lembraram mais os tempos do desenho. Foi uma espécie de volta à infância.

Os cinco amigos enfrentam um vilão mascarado que possui um aparato científico capaz de recriar os maiores inimigos do grupo. Essa parte é a mais interessante, pois é uma volta ao passado. Esses vilões foram retirados dos desenhos produzidos pela Hanna-Barbera.

O terceiro filme da série já traz grandes mudanças, a começar pelo estúdio (a Cinevídeo foi a responsável). Já a direção da dublagem ficou com Jorge Vasconcellos. "Scooby-Doo – O Mistério Começa" foi lançado em 2009. O elenco de dublagem também sofreu modificações. Apenas Orlando e Peterson foram mantidos. Assumiram Flávia Saddy (Daphne), Mariana Torres (Velma) e Manolo Rey (Salsicha). O enredo faz uma volta ao passado. Fred, Daphne, Velma, Salsicha e Scooby se envolvem em uma discussão no ônibus da escola. São retirados e mandados para a detenção na própria escola. Conversando, eles percebem que todos têm um interesse em comum: os mistérios sobrenaturais. É o momento em que surgem dois fantasmas e começam a perseguir o grupo.

A troca dos dubladores

Em 2012, chegou ao fim a parceria entre Drummond e Scooby. A separação foi dolorosa para as duas partes. Muito se especulou na época sobre o motivo da mudança. Na verdade, pode-se escrever no plural. Basicamente todo o elenco foi mudado. Só Peterson Adriano (o Fred) permaneceu. Para muitos, o desenho já não tinha mais o mesmo encanto.

É certo que já havia um desgaste natural do elenco. Afinal foram anos e anos com a mesma personagem. Não há uma nota oficial da Warner que justifique a mudança, mas suposições dentro do próprio mercado. A primeira é que alguns dubladores já estavam com idade avançada. Orlando estava com 93; Monjardim, com 77; Nair, com 79, e Juraciara com 69 anos. A preocupação era uma possível morte ou doença que impedisse a continuidade dos trabalhos.

Uma segunda hipótese é a de que Orlando e Monjardim estavam descontentes com o cachê pago pela Warner. Nessa hipótese, é pública a reclamação dos dois dubladores veteranos. Em uma entrevista para o programa Jô Soares, da TV Globo, no dia 21 de novembro de 2003, Drummond já reclamava do tratamento da Warner, que pagava muito para atores americanos dublarem seus personagens e muito pouco para os brasileiros.[29]

– Está para ser dublada agora, para o ano, a chegada do Scooby que foi um sucesso extraordinário de bilheteria e tudo. Mas dessa vez espero me dar melhor, porque os americanos estão pagando aí aos cartazes de televisão uns 15, 20 mil dólares, e ao modesto dublador aqui, como eu, e tantos outros, como o Monjardim, que é o Salsicha, pagam R$ 1.500, 2.000. Então, dessa vez, nós vamos conversar... se Deus quiser.

– Dá uma risadinha do Scooby – pede o apresentador Jô Soares.

– [Risada do Scooby] Ai de vocês se colocarem outro para me substituir [risada do Scooby].

O fato é que aqui no Brasil não é comum o pagamento de cachês para os dubladores. Não há verba disponível nesse sentido. O que ocorre, e tem sido cada vez mais comum, é um pagamento extra (sim, o cachê) para um ator convidado para dublar. Por exemplo: a distribuidora resolve chamar um ator muito famoso. Ela se aproveita da imagem, da visibilidade e da credibilidade para ajudar na divulgação do seu produto. Ele atrai mais mídia para o produto.

Uma terceira hipótese seria padronizar as vozes. A Warner tem investido cada vez mais nessa padronização. Faz sentido esse investimento. Até então, o dublador tinha mais liberdade para criar as vozes. E as mudanças não estão restritas às vozes. Por exemplo: o título "Superman" era "Super-Homem" por aqui. Não é mais! O mundo inteiro vai assistir ao lançamento do novo filme do "Superman".

Como eu disse no começo deste tópico, são hipóteses – quase todas criadas dentro do mercado da dublagem. Talvez todas estejam certas (ou até erradas). Ou melhor: um pouquinho de cada forme a verdade.

---

[29] Mais à frente, você vai ler a opinião de Drummond sobre a participação de atores famosos na dublagem.

Certo mesmo é que Drummond se sentia cansado. Como as jornadas de gravações eram longas, ele tinha o auxílio da família para chegar ao estúdio. Mas não se sentia bem com essa dependência. Ele mesmo sugeriu sua saída, mas entrou em acordo com o estúdio, que garantiu o pagamento do táxi de ida e volta. Mesmo assim, não houve acordo final.

Os testes

O fato é que a Warner decidiu mudar os atores. Agora era preciso encontrar novos dubladores. A empresa não tinha um nome preferido. Estavam abertas as sessões de testes. Não se falava outra coisa no mercado. Afinal, quem não queria um presente desses?

Mas era um presente caro. A responsabilidade de substituir dubladores que marcaram gerações não era uma tarefa fácil. Se a Warner não tinha nenhuma preferência, o Drummond tinha.

— Eu indiquei o Felipe [*Drummond*] e o [*Guilherme*] Briggs para fazerem os testes.

Em Felipe a emoção falou mais alto. O Scooby não era apenas uma referência em sua infância, ele estava dentro do seu ambiente familiar.

— Eu cresci vendo meu avô fazendo o Scooby. Não era apenas televisão. Sempre que ele tinha uma chance dublava o Scooby em casa para todos nós.

Orlando é o grande ídolo de Felipe. Não só do ponto de vista profissional, mas, também de visão de mundo. Dublar o Scooby seria uma grande forma de homenageá-lo.

— Ele é meu herói! Dublar o Scooby era uma forma de manter o seu legado, a sua história.

Para Guilherme Briggs era também um desafio imenso. Orlando sempre foi sua referência na dublagem. Assim que ficou sabendo do teste, foi procurar o veterano dublador. Na verdade, foi pedir permissão para participar da seleção.

— Drummond, tá rolando teste do Scooby. Posso participar?

— Claro que sim! Você deve participar!

— Mas eu não quero fazer outra voz.

— Garoto, vai lá e pode fazer a minha voz. Te dou carta branca!

Claramente, a Warner buscava um estilo diferente do de Orlando. O Scooby original tinha uma voz mais séria do que a que Drummond fazia. Felipe e Guilherme foram fazer o teste. Os dois se emocionaram no processo e, no final, não foram aprovados.

— É impossível fazer algo diferente do que cresci assistindo e admirando – disse Felipe.

— Eu fui lá e, claramente, imitei o Drummond. Em nenhum momento tentei fazer diferente.

O novo Scooby

O teste estava aberto para quem se interessasse. Muitos tentaram, não só o Scooby mas, obviamente, os demais personagens. Só não participou quem não quis, esta é a verdade.

O vencedor do teste e escolhido para fazer o novo Scooby foi o dublador Reginaldo Primo.[30] Ele começou na dublagem em 1997 e tem grandes trabalhos no currículo, como a série Máquina Mortífera (papel de Martin Riggs). Em depoimento para este livro, o dublador disse que conseguiu o papel por uma sorte do destino. Ele mesmo confessa que não se preparou para os testes. Reginaldo estava nos estúdios da Cinevídeo para gravar uma participação em outra produção.

— Me chamaram por acaso, porque estava por ali dando sopa. Já haviam feito testes com praticamente toda a nata da dublagem. Ninguém havia sido aprovado ainda. Nunca entendi, porque tinha gente muito melhor do que eu na época. Muito mais capacitado tecnicamente, a meu ver. E foi muito difícil. Ao longo do processo, cheguei a pensar em jogar a toalha.

Reginaldo também é (e sempre foi) um fã do cão atrapalhado. Ele mesmo confessa que não se ter preparado para o teste o ajudou a conseguir o papel.

— Fui buscando aos poucos, experimentando no meio do processo maneiras de fazer algo que pudesse lembrar de alguma forma aquilo que tanto representava para mim, que estava vivo, aceso, na minha infantil memória.

Ele lembra que, antes de entrar no estúdio ouviu a recomendação de que teria que ser diferente da interpretação do Orlando Drummond. Não poderia ser parecido.

— Fiz alguma coisa extremamente esquisita e diferente de qualquer coisa que eu pudesse imaginar naquele momento.

Todo esse improviso o ajudou na hora do teste. O improviso faz parte da vida do dublador. Na maioria das vezes, essa é a rotina da vida desses profissionais. Eles não têm tempo hábil para criar o perfil de uma personagem. Feliz por conseguir o papel, ele está ciente das dificuldades, das cobranças e, claro, das inevitáveis comparações.

---

[30] Importante deixar claro o meu respeito pelo dublador Reginaldo Primo. Ele foi muito solícito ao aceitar ser entrevistado para este livro. Ele fez o teste e passou. Por isso, a comparação que farei será no sentido da dublagem. Não será dita uma palavra sobre se ficou melhor ou pior.

– Quando me disseram que fui aprovado, só me saíram as palavras: "Caramba", "Bom!", "Legal!", "Bacana!", "Preocupante para burro". Na verdade, é uma árdua missão. Me arrependi, lamentei, dialoguei com diretores e responsáveis, chorei sozinho. Continuo na luta. Não se substitui o insubstituível. É bom que se saiba disso.

Reginaldo encontrou o formato de voz que a Warner queria. Mesmo dublando do seu jeito, ele achou um timbre parecido com o original, um pouco mais grave, abafado. Mérito total para ele!

O reencontro

No mundo da cultura há grandes parcerias como Lennon-McCartney, correto? Pode-se falar, sem medo de errar, que uma grande parceria na dublagem foi criada aqui no Brasil. Falo de Drummond-Monjardim. Os dois conseguiram transformar a amizade e a fidelidade de seus personagens em pilares na história. Digo do ponto de vista da atuação, da continuidade e do retorno do público.

As frases "Salsicha? Scooby-Scooby-Doo!", "Scooby-Doo, cadê você, meu filho?" perpetuaram gerações. São pais, mães, filhos e filhas, e até netos e netas, que cresceram ouvindo e repetindo essas quase orações.

O interessante é que, após o anúncio oficial da troca dos dubladores, Orlando e Monjardim se encontraram poucas vezes. Todas relacionadas a trabalho. A amizade continuou, mas distante. Um desses reencontros rendeu um vídeo que acabou tendo grande repercussão na imprensa e nas redes sociais. Os dois veteranos foram convidados a fazer uma participação nos desenhos "Jovens Titãs" e "As Meninas Superpoderosas". O convite foi feito pelo dublador Marco Ribeiro, responsável pela dublagem de astros do cinema mundial como Jim Carrey, Robert Downey Jr. e Tom Hanks.

O reencontro aconteceu no dia 13 de setembro de 2016. Drummond estava com 96 anos; Monjardim, com 81. O local foi o estúdio Wan Marc, no Rio de Janeiro. Orlando já estava aposentado, fazendo apenas algumas pontas. Já Mário estava dedicado à direção de dublagem. Provocados, no bom sentido, por Marco, os dois veteranos improvisaram um diálogo sem muito sentido. Valeu pelo valor histórico. Drummond defendeu seu Scooby, e Monjardim, o Salsicha. Foi muito emocionante, sobretudo para as novas gerações que acompanharam pouco a carreira desses dois grandes dubladores.

O vídeo foi compartilhado por milhares de pessoas nas redes sociais. Os veículos *online* também destacaram o encontro. O interessante foi acompanhar as opiniões dos internautas, todos demonstrando carinho, respeito e reverência aos dois dubladores.

Mesmo amigos, sempre houve uma certa rixa entre os dois. Mas era uma rixa, digamos, positiva. Quase uma brincadeira entre os dubladores veteranos. Explico. Monjardim sempre reclamou que tinha muito mais falas do que Orlando. E, de fato, ele tem razão. Salsicha tinha frases completas enquanto o Scooby fazia muitos sussurros.

Quem era o preferido do público ou, principalmente nesse caso, das agências de publicidade? Exatamente, o cão tinha essa preferência. A brincadeira era então essa: Monjardim se esgoelava para fazer o Salsicha com uma centena de falas. E Orlando, que pouco falava, levava os créditos e a grana quase toda. É claro que isso era apenas uma questão interna. Os dois dubladores tinham seus trabalhos reconhecidos por todos.

Drummond-Scooby

A casa de Drummond tem três andares, no tradicional bairro de Vila Isabel. No primeiro mora seu filho, Orlando. Nos dois seguintes, ele e Glória. No terceiro andar está um dos seus lugares preferidos: o seu escritório. Nesse local estão suas memórias, aí sempre passou parte de seu tempo livre escrevendo para suas personagens.

Na parede e por toda parte estão lembranças ligadas a seus principais personagens. Também há os prêmios que recebeu em sua carreira. O Scooby está presente em todos os espaços. Orlando jamais escondeu sua admiração pelo cão.

– Foi ele quem me deu todo o reconhecimento que hoje eu tenho na dublagem e na minha carreira.

Ele não lembra exatamente o dia em que fez o teste, mas lembra que foi fácil conseguir a personagem.

– Parece que eu já sabia que essa personagem seria minha. Eu, de forma inconsciente, já fazia o Scooby sem saber que ele existia. E ele ainda não existia.

Por tudo isso foi fácil dublar o cão, que é medroso, tem medo da própria sombra. Mesmo com todo esse medo e meio sem querer, Scooby busca coragem e, claro, com um pouco de sorte, consegue desvendar os mistérios. Mas tudo tem um preço. O nosso herói só permanece porque lhe foi prometida uma recompensa (leia-se, comida).

Certa vez, Orlando aprontou uma das suas. O cinema estava cheio para a pré-estreia do segundo filme da franquia do Scooby. Além dos convidados, a sessão foi aberta aos fãs. Todos os dubladores estavam lá. Em um dado momento do filme, Drummond se levanta e começa a imitar o cão.

– Oh, Salsicha! Scooby-doo-bee-doo [risada].

Orlando Drummond com 4 anos - 1923

Orlando Drummond com 18 anos - 1937

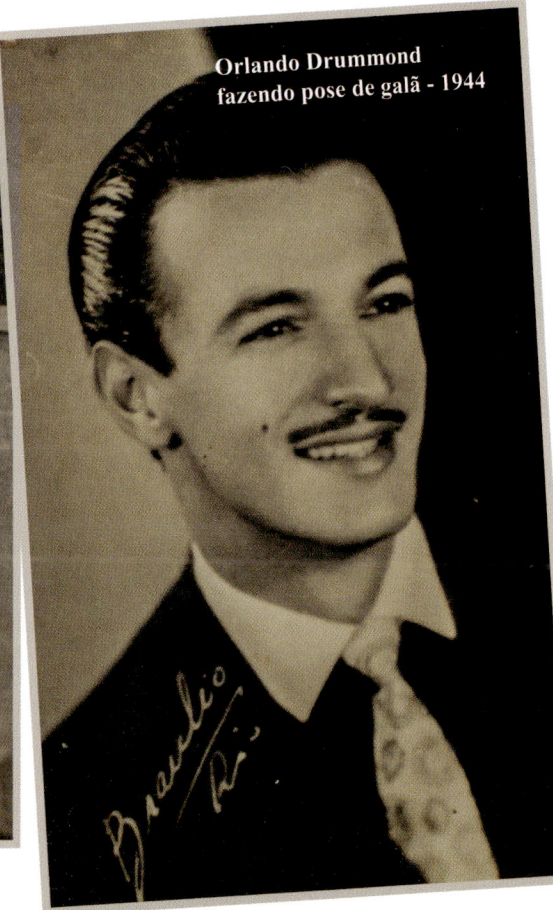

Orlando Drummond posando na adolescência

Orlando Drummond fazendo pose de galã - 1944

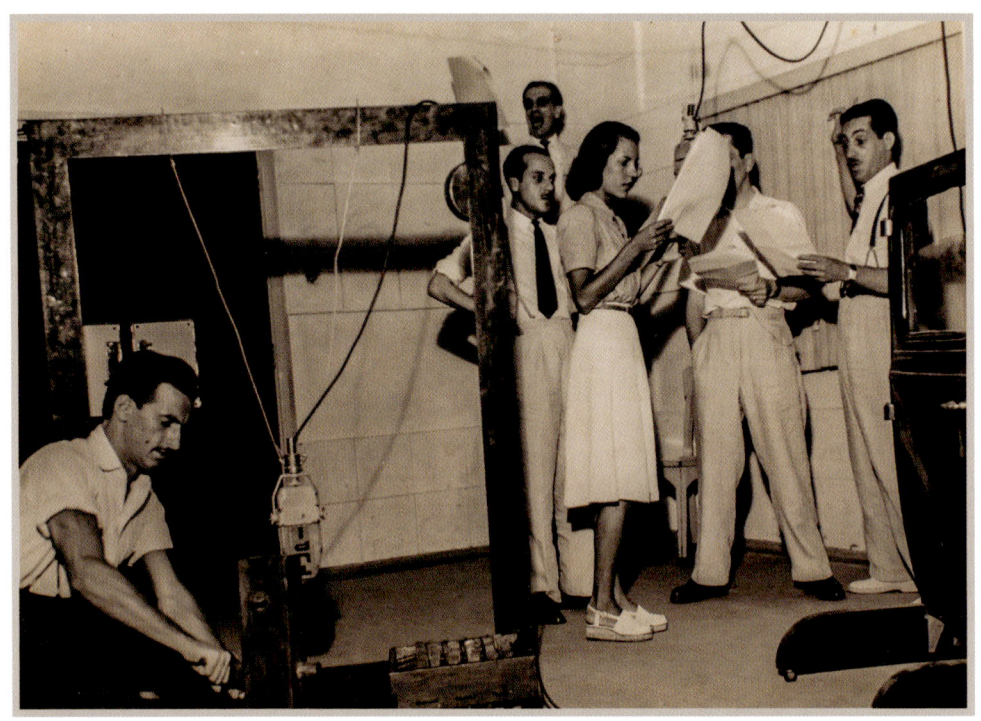

Geraldo Avellar, Restier Jr., Amélia Ferreira, Castro Vianna e Radamés Celestino. Orlando Drummond atuando como contrarregra em cenas do radioteatro da Rádio Tupi - 1946

Maria do Carmo, Matinhos e
Orlando Drummond - Rádio Tupi - 1946

Orlando Drummond atuando na Rádio Tupi - 1947

Orlando Drummond imitando Abel Pêra - 1949

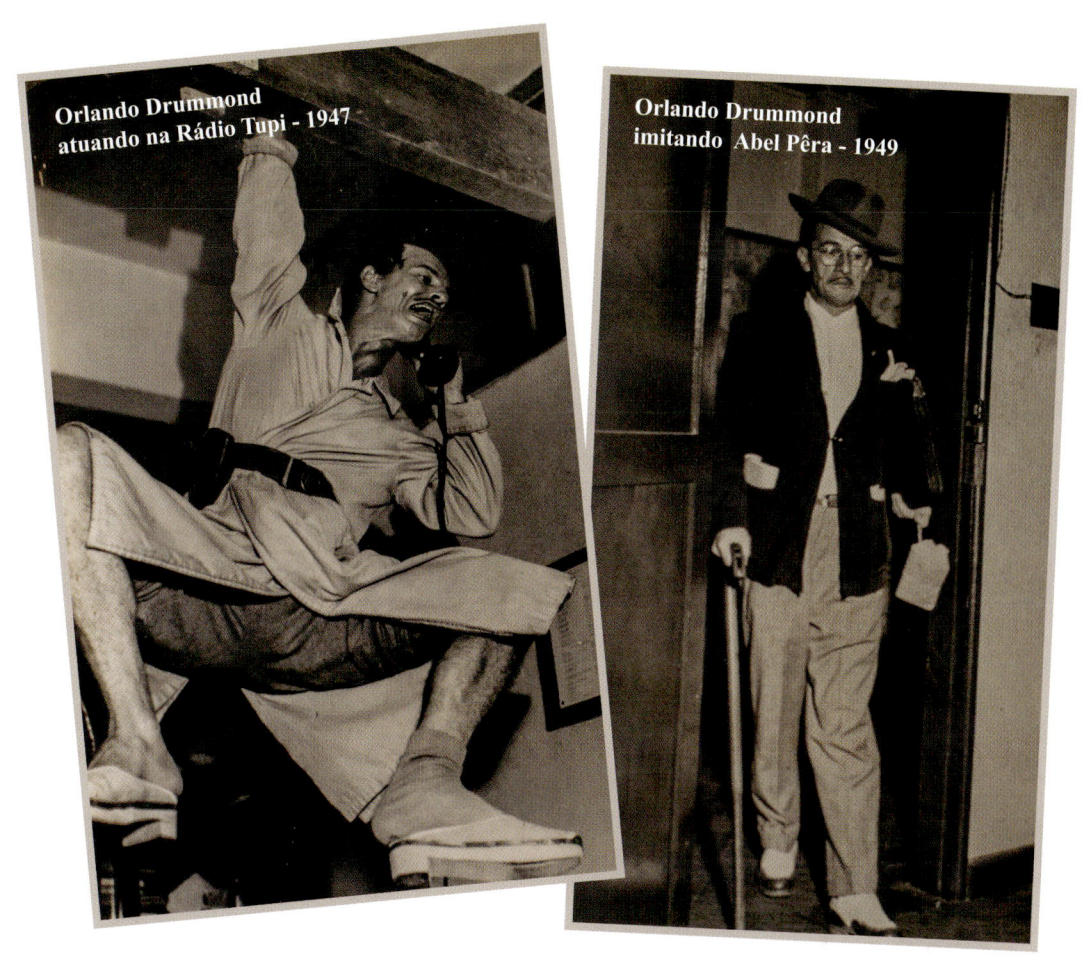

Orlando Drummond e Ida Gomes no programa Faz de Conta da Rádio Tupi - 1948

Maria do Carmo, Terezinha Moreira, Orlando Drummond e Lauro Borges no programa Feira Livre na Rádio Tupi - 1949

Orlando Drummond, Germano e Hamílton Ferreira - Rádio Tupi - 1949

Maria do Carmo, Nádia Maria,
Castro Barbosa e Orlando Drummond no
programa Feira Livre na Rádio Tupi - 1950

Germano e Orlando Drummond
- Rádio Tupi - 1950

Ribeiro Fortes, Dircinha Batista, Linda Batista e Orlando Drummond -
Bastidores da TV Tupi em 1950

Orlando e Glória posando na lua de mel em Paquetá - 1951

Orlando fazendo pose na Rádio Tupi - 1951

Orlando Drummond, Otávio França e Leda Maria nos bastidores da Rádio Tupi - 1955

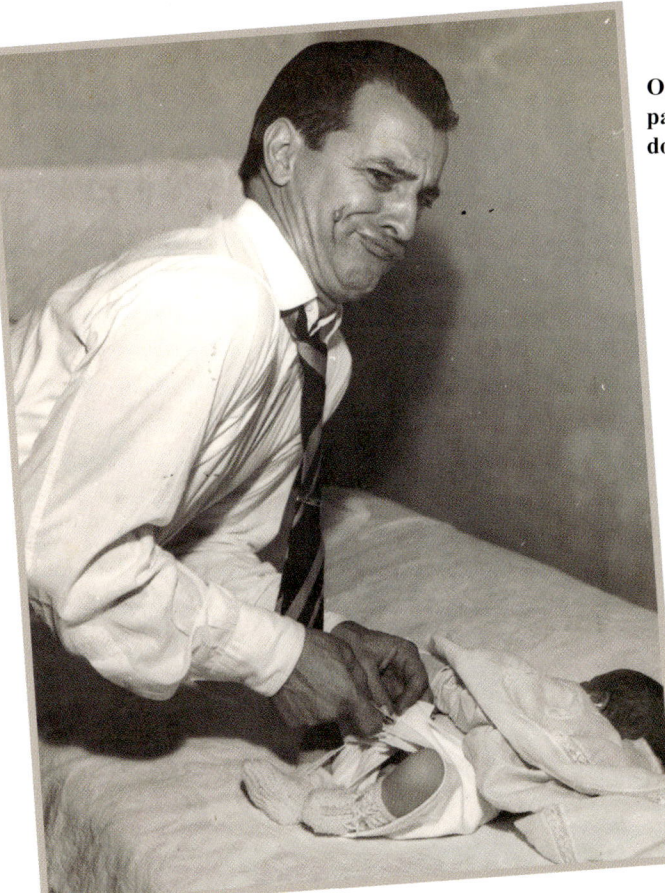

Orlando fazendo pose
para trocar a fralda
do filho - 1958

Armando Nascimento e Orlando Drummond - Boate de Ali Babá - TV Tupi - 1958

Formação do time de futebol da Rádio Tupi. Orlando Drummond está com uma touca - 1959

Orlando Drummond nos bastidores da TV Tupi - 1959

Orlando Drummond interpretando o Tacananuca no programa Boate de Ali Babá na TV Tupi - 1960

Orlando Drummond interpretando o Pifo na Rádio Tupi - 1966

Orlando Drummond, Haydée Vieira, Jorge Loredo - Espetáculos Tonelux - TV Tupi - 1963

Orlando Drummond
e Dinorah Marzullo nos
bastidores da TV Tupi - 1968

Orlando Drummond
interpretando Jânio Quadros
no programa Rua do Ri, ri,
ri na TV Tupi - 1969

Nádia Maria e Orlando Drummond no quadro Os Tremendoidos
no programa Café sem Concerto na TV Tupi - 1969

TV Globo/acervo

Seu Peru em cena: "Estou porrr aqui"

Da esquerda para direita - Rony Cócegas (Galeão Cumbica), Brandão Filho (Sandoval Quaresma), Rogério Cardoso (Rolando Lero), Berta Loran (Manuela D'Além-mar), Tom Cavalcante (João Canabrava), Paulo Cintura (Paulo Cintura), Mário Tupinambá (Bertoldo Brecha), Márcia Brito (Flora Própolis), Nizo Neto (Ptolomeu), David Pinheiro (Armando Volta), Orlando Drummond (Seu Peru), Lúcio Mauro (Aldemar Vigário), Jaime Filho (índio Suppapau Uaçu), Antônio Pedro (Bicalho), Stella Freitas (Dona Cândida), Orival Pessini (Patropi), Cláudia Jimenez (Cacilda), Antônio Carlos (Joselino Barbacena), Lug de Paula (Seu Boneco), Zilda Cardoso (Catifunda), João Elias (Salim Muchiba), Costinha (Mazarito), Castrinho (Geraldo), Zezé Macedo (Dona Bela), Chico Anysio (Prof. Raimundo), Walter D'Ávila (Baltazar da Rocha), Ivon Curi (Gaudêncio). Agachado: Grande Otelo (Eustáquio)

Seu Peru em cena: "Cruzes!"

Seu Peru em cena: "Use-me e abuse-me, teacher!"

Seu Peru em cena: "Te dou o maiorrr apoio!"

Seu Peru em cena: "Peru com mel de Vila Isabel!"

Seu Peru em cena: "Peru é cultura, cheio de ternura!"

Orlando estudando a fala do papai *Smurf* - 2011

Orlando em ação na dublagem do Papai *Smurf* - 2011

Guilherme Briggs e Orlando Drummond - 2011

**Orlando e Glória nos
Estados Unidos - 1995**

Comemoração do aniversário em São Lourenço - 2007

**Comemoração
do aniversário
Orlando e Glória em
Buenos Aires - 2007**

**Orlando e Glória em
Buenos Aires - 2007**

Orlando com Orlandinho
Comemoração dos 90 anos - 2009

Orlando com Lenita - Comemoração dos 90 anos - 2009

Família reunida - 2018

A plateia foi ao delírio. Todos ficaram de pé e aplaudiram o veterano dublador, que se emocionou com a homenagem.

– Guardo aquele dia com muito carinho!

O carinho do público é o maior retorno que um artista pode receber. Mas, para Orlando, no que se refere ao Scooby, ele vai além. Os próprios dubladores reverenciam a interpretação que ele deu ao cão comilão.

– A interpretação do Scooby original é mais chorosa. Um cachorrão medroso. Acredito que meu avô deu uma carga de humor única, que não vemos no conteúdo original. Meu avô criou o Scooby como todos nós conhecemos. Acredito que a brilhante atuação dele e a do *Monja* (Mario Monjardim) tenham influenciado, e muito, no sucesso do desenho do Brasil – destaca Felipe Drummond.

Orlando interpretou o Scooby por 40 anos (1972-2012). Foi tempo suficiente para criar uma relação que confunde criador e criatura. É como se Drummond e Scooby fossem a mesma pessoa.

– Ele é o Scooby. Até hoje, quando assisto aos desenhos dublados por mim, sinto a falta dele da mesma forma que sinto a falta de Mario Monjardim, outro monstro sagrado da arte. Juraciara Diácovo, Nair Amorim e Luís Manuel são outros visionários dessa arte – afirma Reginaldo Primo.

Por todos esses anos dublando o Scooby, Orlando deveria estar no Guinness Book. Nenhum outro dublador interpretou por 40 anos a mesma personagem. A família já está tratando de todos os trâmites para colocar o nome de Drummond no lugar que lhe é de direito.

Ainda sobre o segundo filme do Scooby, tem uma história interessante que me foi contada pelo ator e dublador Nizo Neto. Acho que ela corrobora o mantra[31] que escrevi logo no começo do livro.

O cliente cobrava a entrega da dublagem. Não se sabe ao certo o motivo do atraso, de repente pode ter sido da própria distribuidora. Enfim, o certo é que todos os dubladores estavam trabalhando horas e horas por dia. Após passar o dia inteiro gravando, Orlando foi liberado para ir para casa. Sua participação tinha terminado. Mas, após a análise final, descobriram que ficou faltando uma fala. Rolou aquela correria. Chama ou não chama o Drummond de volta?

Nizo estava nos estúdios, fazendo outra gravação, e percebeu que alguma coisa estava errada. Quando ficou sabendo o ocorrido, propôs um desafio.

– O Orlando tinha gravado muitas horas. Era para fazer apenas uma pequena ponta. Eu disse: "Eu faço! Se achar que não ficou legal é só chamar Orlando de volta".

---

[31] Todo mundo tem um Orlando Drummond dentro de si.

O desafio foi proposto e aceito. O resultado final ficou tão parecido que não precisaram chamar Drummond de volta.

– O Orlando criou uma escola. Todo dublador sabe imitar o Scooby. Tá no sangue – brinca Nizo.

O curioso é que Drummond jamais soube desse caso. Assistiu ao filme e jamais percebeu alguma diferença. Nem ele nem os fãs perceberam. No final virou história.

E para terminar este capítulo, uso uma frase do próprio Drummond, que reunia seus grandes amores: o humor, o Scooby e sua esposa [não necessariamente nessa ordem].

– Scooby foi a maior glória da minha vida, a não ser pela minha esposa, que se chama Glória.

A PRÓXIMA VÍTIMA

Casa, dublagem, rádio, TV, dublagem e casa. Essa era a rotina diária de Orlando. Mas bastava um tempo livre que ele preenchia com a família. Se necessário, dormia menos só para ficar mais tempo ao lado da mulher e dos filhos. Todo esse esforço era recompensado. A família tinha um bom padrão de vida, e o principal: ele sabia que tinha o amor e o carinho de todos.

Um dos seus passeios preferidos era colocar os filhos dentro do carro, um possante *DKW-Vemag Vemaguet*, e sair para passear. O destino: Quinta da Boa Vista, em São Cristóvão. Drummond também colocava no carro os amigos de Orlandinho e Lenita. Muito do sacana, provocava os filhos a mexerem com as pessoas que estavam nas ruas. E depois se fazia de cínico.

Certa vez, Orlandinho estava com os amigos no carro e seu pai dirigia quieto. Ele olhava atento para os retrovisores e para todos os lados. Na verdade, procurava uma vítima para provocar os garotos.

– Achei!

– O quê? – Orlandinho perguntou.

– *Tá* vendo aquele casal de namorados?

– *Tô* sim!

– Eu vou parar o carro bem perto deles.

Um casal namorava bem feliz em uma praça. Eles se abraçavam e beijavam. Pareciam verdadeiramente apaixonados. Mas o que os dois pombinhos não imaginavam é que seriam provocados em instantes. Alheio ao mundo, o casal não reparou a aproximação do carro de Drummond. Todos no carro estavam ansiosos, nervosos. Era sempre uma emoção, pois não sabiam como a história ia acabar.

— O que eu faço?
— Eu vou passar bem próximo deles, vou buzinar bem alto e você vai gritar "Aperta que ela peida". Combinado?
— Combinado!

E assim foi feito. De forma sorrateira, Drummond se aproxima do casal, dá uma buzinada bem alta e Orlandinho com toda a sua força grita:
— Aperta que ela peida!

O casal naturalmente se assusta e a primeira reação é o xingamento.
— *Filho da puta*!

Todos no carro estão rindo. Menos Drummond. Ele continua a dirigir o carro lentamente. Após o xingamento, o namorado começa a correr atrás deles. Os meninos percebem e ficam nervosos. E o pai continua calmo e tranquilo.
— Viu o que vocês fizeram?
— Ele *tá* vindo atrás da gente!
— Eu sei!
— E aí?
— E aí, eu que pergunto! Agora o camarada vem aqui tirar satisfação com a gente. E o que eu vou fazer?
— Corre! Corre!

Orlando deixava o namorado chegar o mais próximo possível e em seguida acelerava o carro. Todos os meninos estavam em pânico. E ele, como sempre, bem tranquilo. Olhava para os dois retrovisores e para todos os lados. Com um sorriso de canto na boca, era a hora de procurar a próxima vítima.

O PODEROSO CHEFÃO

Em 1972 estreou um dos maiores filmes da história do cinema mundial: "O Poderoso Chefão" (*The Godfather*). A obra-prima foi dirigida por Francis Ford Coppola. O longa fez tanto sucesso que se tornou uma trilogia.

A história é baseada na obra do escritor norte-americano Mario Puzo. O elenco, recheado de estrelas, também ajudou no sucesso da trama: Marlon Brando, Al Pacino, Robert Duvall, entre tantos outros. Drummond participou dos três filmes. Seu papel teve mais destaque no primeiro, nos demais foram participações pequenas. Vou me concentrar apenas no longa que iniciou a trilogia.

Participações de Orlando Drummond na trilogia "O Poderoso Chefão"

Filme	Ano	Ator	Papel	Estúdio
O Poderoso Chefão	1972	Salvatore Corsitto	Amerigo Bonasera	Herbert Richers
O Poderoso Chefão 2	1974	William Bowers	Presidente da Comissão Parlamentar	Herbert Richers
O Poderoso Chefão 3	1990	Enzo Robutti	Don Licio Lucchesi	VTI

A trama se passa em 1945. Tudo começa com a festa de casamento da filha de Don Vito Corleone (Marlon Brando), o maior mafioso da época. Embora seja um dia de celebração, ele recebe, em seu escritório, vários pedidos de "justiça". Um desses pedidos é feito por Bonasera (Salvatore Corsitto), exatamente o personagem dublado por Orlando Drummond. Ele quer vingança. Uma quadrilha espancou sua filha depois de ela ter se negado a fazer sexo com os rapazes.

Vito promete ajudá-lo. A sentença dos rapazes já foi dada. Eles não serão mortos, mas extremamente castigados. Mas Bonasera sabe que ficará com uma dívida eterna com o chefão, e dívidas precisam ser pagas.

O ponto alto é a disputa entre Vito e Sollozo (Al Lettieri) pelo domínio das ruas de Nova York. O segundo pretende vender drogas – fato que Corleone não admitia. Não satisfeito, Sollozzo trama o assassinato do rival. Vito leva cinco tiros, mas não morre.

De forma resumida e objetiva, o filme "Poderoso Chefão 2" mostra o início da saga de Vito Corleone (Robert de Niro). Já na terceira parte, mostra o envelhecimento do gângster (Al Pacino).

O EXORCISTA

O mundo assistiu, em 1973, a um dos maiores clássicos de terror. Refiro-me ao filme "O Exorcista" (*The Exorcist*), produção norte-americana com direção de William Friedkin. A obra é baseada no livro de William Peter Blatty.

O longa conta o drama de uma menina de 12 anos vítima de possessão demoníaca. Blatty inspirou-se em uma história real de exorcismo, ocorrida em 1949, em que a vítima foi um garoto de 14 anos.

Chris (Ellen Burstyn) percebe que sua filha de 12 anos está diferente. Ela nota mudanças de comportamento, pois Regan (Linda Blair) começou a ter convulsões, pronunciar palavrões, blasfêmias e até apresentar poderes sobrenaturais como, por exemplo, a levitação. A expressão física (sempre fechada) e a voz da menina modificaram. Regan parecia estar possuída. Sem saber o que fazer, Chris leva a filha ao médico, que faz inúmeros exames, mas não encontra nada. O médico recomenda que a mãe leve a filha ao psiquiatra. A experiência não é nada boa. Possuída, a menina ataca o profissional. As ocorrências sobrenaturais continuam acontecendo. Uma das pessoas da equipe médica aconselha que Chris procure um exorcista.

Ela acaba chegando no padre Damien Karras (Jason Miller) que também é psiquiatra. Ele vive um drama particular: a mãe está com uma doença terminal e Damien começa a duvidar da própria fé. Algo chama a atenção do padre: a menina fala inglês de trás para frente. Assustado, solicita à Igreja uma permissão especial para realizar o exorcismo. A Igreja envia um padre experiente para ajudar Damien, o padre Lankester Merrin (Max von Sydow). Os dois têm uma missão muito difícil pela frente.

O filme "O Exorcista" foi o primeiro do gênero a ser indicado ao Oscar. Levou de melhor roteiro adaptado e melhor som. No total foram quatro Globos de Ouro (melhor filme, melhor diretor, melhor roteiro e melhor atriz coadjuvante).

Orlando teve a grande oportunidade de trabalhar nesse projeto, dublando Max von Sydow. Como efeito de curiosidade, o ator sueco foi indicado ao Globo de Ouro como melhor ator coadjuvante.

O filme foi dublado na Herbert Richers e teve pelo menos duas versões. Drummond fez as duas. Em 2001 foi lançado "O Exorcista – Versão do Diretor".[32] A dublagem foi realizada pela Wan Mächer. O padre Merrin foi interpretado por Isaac Bardavid.

O sucesso foi tanto que Hollywood planejou uma continuação, que não fazia parte dos escritos de William Peter Blatty. O "Exorcista 2 – O Herege" (*Exorcist II: The Heretic*) foi lançado em 1977. A direção foi de John Boorman.

Para não dar *spoiler*, registro que o filme ficou longe do sucesso do primeiro. Drummond interpreta novamente o ator Max von Sidow na pele do padre Lankester Merrin.

ROBIN HOOD

A história de um dos maiores justiceiros virou tema de desenho da Disney. Em 1973, o estúdio norte-americano lançou Robin Hood, sua 21ª produção. A animação chegou por aqui no ano seguinte.

---

[32] Orlando fez uma pequena participação no filme "O Exorcista – Versão do Diretor". Ele dublou o ator Titos Vandis, que interpretou o tio do padre Damien Karras.

A lenda diz que o personagem principal é conhecido por roubar dos pobres para dar aos ricos. Esse lado justiceiro faz com que ele ganhe inimigos poderosos, como é o caso do príncipe João, o grande vilão dessa animação. A história começa quando o rei da Inglaterra, Ricardo Coração de Leão, parte para uma missão. Ele era querido por seu povo. Em seu lugar, assume o irmão e tirano, príncipe João, que passa a explorar a população, cobrando altos impostos e com medidas antipopulares, como a pena de morte.

Já conhecendo a fama de Robin Hood, o príncipe o transforma em um fora da lei. Mas ele não foi o único. O leal ajudante do herói também entrou nessa condição (refiro-me ao simpático João Pequeno). E assim se passa o filme: o tirano cria várias armadilhas para tentar prender a dupla, incluindo perseguir pessoas queridas do herói, como a amada Marian.

Uma das curiosidades desse filme é que todas as personagens foram transformadas em animais. Essa é a grande transformação da animação, já que a lenda de Hood, um nobre criminoso, foi mantida. Na narrativa, o protagonista é uma raposa, o príncipe João, um leão, João Pequeno é um urso, Lady Marian, uma raposa e o xerife é um lobo.

A dublagem de Robin Hood foi feita nos estúdios da Tecnisom. A direção e a tradução foram feitas por Telmo de Avelar e a adaptação e a direção musical ficaram a cargo de Aloysio de Oliveira.

Telmo escalou um verdadeiro timaço para a dublagem de Robin Hood: Orlando Drummond, Mário Monjardim, Juraciara Diácovo, Selma Lopes, Magalhães Graça, Miguel Rosenberg e tantos outros. O protagonista foi interpretado por Cláudio Cavalcanti.

Sobre a dublagem, aponto algumas observações. A primeira é que Orlando interpretou o amigo e fiel escudeiro de Robin Hood, o urso João Pequeno. O tom da voz lembra um Scooby. A diferença é que ele é muito mais falante e sem trejeitos na fala. João Pequeno não é a personagem mais engraçada do filme, mas garante cenas cômicas ao lado de Robin. Em uma delas, os dois se vestem de ciganas para fugir de mais uma das armações do príncipe tirano. A segunda observação é sobre Drummond se assumir cantor. Ele já tinha participado do coro de outras canções nos filmes da Disney, mas nessa animação assume o vocal sozinho na música "Rei da Imitação".

PERI FILMES

No começo da década de 1970, Orlando já era um dublador com um excelente currículo e muito bem-conceituado entre as empresas de dublagem. Já tinha feito grandes personagens e sua vida financeira estava estabilizada. Estava, cada vez mais, familiarizado com esse mundo. É bem verdade que a dublagem pagava pouco mas sua situação era diferente. Orlando recebia salário fixo na Herbert, condição rara para a época.

Mas o que estava bom ficaria melhor. Drummond recebeu o convite do americano Ralph Norman para ser diretor de dublagem na Peri Filmes. A felicidade durou pouco. A preocupação que teve na hora foi em relação a seu emprego na Herbert. Não queria abandonar o que já tinha conquistado. No entanto, era um grande desafio profissional poder montar uma empresa quase que do zero. Ele já tinha qualificação mais do que necessária para aceitar o emprego, e o salário era bom. Orlando foi conversar com Herbert. O patrão ouviu-o atentamente, mas disse que não tinha como cobrir o salário oferecido por Ralph Norman. Foi quando se assustou com a proposta do dublador.

– Não quero sair daqui. Minha ideia é permanecer nos dois empregos. Vai ser cansativo, mas acho que consigo. Você autoriza?

Herbert topou. Para ele era ótimo, pois só teve ganhos. Não perderia, naquele período, seu dublador mais popular. E mais ainda: não precisou gastar um centavo a mais para mantê-lo.

A Peri Filmes tem uma vida curta, fecha as portas pouco depois de ser aberta. Dois motivos essenciais podem ser atribuídos ao fechamento. O primeiro é a má administração financeira, o segundo é a falta de investimentos em aparelhos mais modernos que baratearam os custos da dublagem. A Peri continuava com equipamentos velhos e obsoletos.

QUEM LATE MAIS ALTO?

A família Drummond resolveu variar os negócios, nos anos 1970. Orlando se dedicava cada vez mais à dublagem. Nesse período, estava dirigindo na Peri Filmes. Com os filhos mais crescidos, Glória decidiu que queria trabalhar.

Os dois decidiram investir em um armarinho. Quem tocava o negócio era Glória. Orlando, quando tinha tempo, sempre ia ajudar. Ele conseguiu ajustar a agenda para ficar na loja na parte da manhã.

Glória já sabia quando Drummond estava chegando. Ele era reconhecido nas ruas e parado. Atencioso, sempre falava com as fãs, mulheres, em sua grande maioria. Ela já se acostumara. Mas, às vezes, ele gostava de fazer típicas chegadas triunfais. Certa vez, Glória ouviu uma gritaria na rua. Era uma verdadeira latição que parecia envolver todos os cachorros do bairro.

– Tomara que não seja o Orlando! Tomara que não seja o Orlando! – repetiu como um mantra.

Antes de Glória chegar à porta, ela se assusta com uma senhora que entrou meio apavorada no armarinho.

– Tem um maluco brigando com os cachorros na rua!

Glória só colocou as mãos no rosto e perguntou, já envergonhada.

– Mas ele está fazendo o quê com os cachorros?

A mulher, ainda muito assustada, e não acreditando na cena que tinha visto, respondeu:

– Ele está latindo para os cachorros! Latindo! – disse, aos gritos.

Glória fechou os olhos e começou a pensar em voz alta.

– Por quê, Orlando? Por quê?

A moça sai da loja e segue seu rumo. De repente a barulheira para e começa um profundo silêncio. Orlando, com a maior cara lavada do mundo, entra na loja e diz:

– Oi, amor, tudo bem?

DIRETOR DE DUBLAGEM

Orlando foi diretor de dublagem de duas grandes empresas: a Peri Filmes e a Herbert Richers. Dirigiu, é verdade, muito mais na primeira.[33] Na Herbert, ele se destacou principalmente como dublador. Infelizmente as duas faliram e grande parte de seus acervos foram perdidos.

Se Orlando é inquieto na terceira idade, imagine entre os 50 e 60 anos.

– Eu dirigia um longa-metragem por dia. Eram muitas produções e precisava de muita gente. Por isso, para mim, o bom dublador é o que pode ir dublar – lembra.

Primeiramente é fundamental entender como funciona um estúdio de dublagem. Parto do pressuposto de que a empresa de dublagem trabalha por demanda. Uma distribuidora de filmes (ou um canal de televisão) envia o produto (pode ser programa, filme, desenho, série, por exemplo) que será dublado. A empresa tem um tradutor, que será responsável pelas traduções.

Após o projeto ser traduzido e revisado, ele é dividido em "anéis" (ou *loops*). Esses anéis são trechos de roteiros com aproximadamente 20 segundos. Cabe ao diretor da dublagem escalar quem vai dublar cada personagem. O dublador recebe seu papel, estuda o texto e grava os anéis de forma individual. A hora da

---

[33] Você vai ler mais à frente algumas dessas produções.

gravação já foi previamente marcada com o diretor da dublagem, que vai acompanhar todo o processo.

Um dado interessante é que o dublador não leva para casa o trabalho que vai dublar. Ele recebe na hora as cenas do dia. A explicação: os projetos são sigilosos e envolvem milhões de dólares em *marketing* e na expectativa de retorno financeiro. Tudo é feito com o objetivo de evitar qualquer vazamento da história.

Escrevo isso, pois entendo que dublar é diferente de interpretar. Dublar, qualquer um dubla. Basta colocar a voz. Interpretar é o grande desafio, é colocar a voz com a carga artística que a cena demanda. Apenas o diretor tem acesso ao roteiro com antecedência. Por esse trabalho, ganha mais do que os demais integrantes da equipe. Mas sua carga horária também é muito maior.

O dublador Guilherme Briggs,[34] que também é diretor de dublagem, reconhece a dificuldade que é dirigir um filme, uma série ou um desenho.

– É muito cansativo. Você precisa resolver inúmeros problemas administrativos como, por exemplo, montagem de elenco, suprir falta de dublador, além de ter que lidar diretamente com o cliente. Tem a questão do prazo, que sempre é muito curto. A grana que você leva a mais nem sempre compensa.

Três pessoas participam desse processo: o operador, que capta o som e exibe as imagens originais; o dublador, que grava, assistindo às cenas; e o diretor, que coordena todo o trabalho. Um dos pontos de maior dificuldade é conseguir sincronizar a fala da personagem real com a do dublador. Essa dificuldade sempre existiu. Hoje ela é um pouco menor, graças ao programa chamado *Pro Tools*. Essa maravilha tecnológica permite esticar ou encurtar as falas dubladas.

Aliás, sobre o sincronismo não há discussão. Ele é fundamental para garantir a qualidade da dublagem. Posso afirmar que um produto sem sincronismo está mal dublado. Tinha, inclusive, um quadro no programa "Casseta e Planeta" (Rede Globo) que brincava (ou debochava) com a má dublagem. Os personagens eram os policiais Johnny de Bruce e Chuck Smegman. O nome do quadro era *"Fucker and Suker"*. Contava a história de dois policiais e se dizia o primeiro enlatado americano produzido no Brasil. O quadro fez muito sucesso, mas deixou a ferida exposta. Afinal, a dublagem jamais foi uma unanimidade.

Orlando não chegou a dirigir uma produção usando essa tecnologia. O que ele fez foi mudar a forma como as gravações eram feitas. Foi escrito acima que cada dublador tem a hora marcada para fazer a sua gravação, certo? Essa foi uma medida implantada por Drummond. Antes não era assim. Olha o que a dubladora Carmen Sheila contou, em depoimento para este livro:

---

[34] Briggs é um dos discípulos de Drummond. Um foi muito importante para o outro, como você vai ler neste livro.

– Hoje é um trabalho solitário, mas de qualidade muito melhor. Antes ficávamos 10 dubladores grudados em uma bancada. Era um *ballet*, que aprendemos, para sair da bancada sem fazer nenhum barulho para não atrapalhar o outro que ia entrar com a fala. Desde que eu comecei, as coisas só foram crescendo tecnicamente. Quando íamos gravar e um errava, tínhamos que começar de novo. Não havia os canais. Depois fomos começando a gravar com mais canais, mas encarecia o produto final. Hoje ninguém encontra com ninguém, porque é tudo gravado separado.

O próprio Drummond falou sobre esse antigo processo de gravação:

– Se você chegasse atrasado, além de não receber, prejudicava todos os colegas que estavam à sua espera. Eles também não iam receber esses minutos atrasados.

Se não usou o *Pro Tools,* Orlando tinha outras tecnologias. A principal delas foi o advento de mais canais, como mostra o depoimento de Carmen Sheila. Drummond teve, pelo menos, dois grandes motivos para implementar essas mudanças. O primeiro era a questão do profissional. Era desumano deixar um ator gravando 10 horas ou mais por dia. Em segundo, tinha o lado profissional. Gravar todo mundo junto não era uma questão de reduzir o custo. Bastava um erro para recomeçar todo o processo. Por isso a tecnologia tornou mais rápida a finalização do produto.

Apesar de as mudanças serem positivas, a própria Carmen Sheila lembra com saudades dos tempos em que todos gravavam juntos. Tinha mais interação no estúdio. As emoções ficavam mais aguçadas.

– Eu estranhei no início. Todos juntos naquela bancada dava muita emoção na cena. Um passava para o outro o calor, a tensão. Mas eu me acostumei. Acho que todos os antigos também se acostumaram. Os novos já entram nessa realidade. E tem um diferencial. Para quem vai gravar em segundo ou terceiro, por exemplo, já pode aproveitar a voz do primeiro que foi dublado.

O próprio Drummond reconhece que era muito melhor dublar junto com os demais colegas.

– Era mais fácil para interpretar. Você atuava com os colegas. Tinha mais emoção, mais alma. Mas, enfim, pelo menos agilizou a produção e melhorou a remuneração dos dubladores.

Já lemos que o Orlando implantou algumas mudanças dentro de um estúdio de dublagem, mas será que ele era um diretor calmo, agitado, do tipo "paizão", ou daqueles mais durões?

Orlando era muito exigente dentro de um estúdio e trazia toda a sua experiência nessa cobrança.

— Não pode fazer porcaria. O que vale é o produto final – repetia inúmeras vezes.
No entanto, essa exigência pode esconder as verdadeiras facetas dele como diretor. E quem melhor para defini-lo do que os próprios atores? É uma unanimidade o quão querido ele era nos estúdios – na condição de ator e de dublador. Era do tipo que animava o clima da gravação. Na hora do trabalho era para ser sério, mas tinha que ter um tempo para a brincadeira.

Mário Jorge me contou uma das histórias de Orlando dentro do estúdio, quando ainda todos gravavam juntos. Os nomes dos dubladores não serão citados, por motivos que você vai entender.

— Estávamos gravando. Na hora de uma das pausas, fui almoçar com o Drummond. Na volta, ele descobriu que tinham quebrado a antena do seu carro. Só mesmo ele, um aficionado por carro, para perceber a antena quebrada. Ele ficou muito nervoso e precisava descontar essa raiva com humor.

Mário Jorge lembra bem daquele momento. Afinal, era raro Orlando perder o humor – mesmo que por alguns minutos.

— "Dru" pegou a antena e foi para o estúdio, que estava todo escuro. Dois dubladores estavam lá, se preparando para gravar. Acontece que esses dois atores não se bicavam. Um era *gay* e o outro totalmente machista. Muito do sacana, "Dru" pegou a antena e passou no pinto do homofóbico.

Orlando lembra bem daquela cena, que quase saiu do seu controle.

— Eu percebi que o clima ficou estranho no estúdio e marquei uma parada para uma água – conta, às risadas.

O dublador machista procurou Orlando, durante o intervalo.

— Ele estava puto da vida. Chegou para mim, transtornado, e falou que o outro ator tinha passado a mão no pinto dele:

— Drummond, dessa vez vai passar. Só não vou brigar em consideração a você.

— Isso foi uma safadeza. Uma coisa dessas não pode acontecer. Vamos voltar ao estúdio e acabar esse filme – retrucou.

Os atores voltaram ao estúdio, mas o clima continuava pesado. O outro dublador estava assustado, pois não entendia o motivo de tanta agressividade. Afinal, não tinha feito nada de errado.

Mas Orlando não se deu por satisfeito e novamente tocou a antena no *pinto* do dublador metido a forte.

— Quase saiu uma porradaria. A turma do "deixa-disso" teve que entrar rapidamente em cena para evitar o pior – recorda Mário Jorge.

Sem perder a chance de uma piada, Orlando usou seu tom grave e falou de forma enérgica (ou cínica, se preferir) ao microfone:

— Podem parar agora com essa confusão! Peço calma aos dois! Vamos acabar de dublar e lá fora vocês se comem!

– Quase a porrada começou de novo – ri Mário Jorge.

O mais interessante é que até hoje os dois atores não sabem que foi tudo uma grande brincadeira de Orlando.

Uma de suas características era a de se abrir com os amigos. E o mais incrível era que as pessoas percebiam quando alguma coisa não estava bem. Profissional ao extremo, Drummond nem sempre conseguia esconder uma tristeza. Era muito transparente, sem deixar de ser profissional.

O depoimento de Márcio Seixas para este livro deixa evidente a transparência de Drummond. Mostra, também, a sua forma de agir, humana, ao manter um diálogo sincero com toda a equipe.

– Ele me escalava sempre. Fiz uma penca de trabalhos com ele. Eu era fã da sua voz poderosa. O "Druma" sempre foi afável, brincalhão. Sempre! Todo mundo ria no estúdio.

Márcio lembra de um dia em que Orlando não estava bem.

– Eu estava sentado no pátio da Herbert. Ele veio caminhando lentamente, o que não era normal. "Druma" sempre foi de passos rápidos. Ele veio com uma mão fechada, segurando a imagem de uma santa e sentou ao meu lado.

– O que aconteceu? Por que você está estranho?

– Eu pisei na bola com a Glória. Ela é minha razão de viver. Não a deveria ter magoado.

Márcio nem se preocupou em perguntar o que tinha acontecido. Não era importante naquele momento. Sua intenção era ajudar o amigo.

– Eu sabia que ele estava estranho, que não estava bem. O "Druma" falava isso muito emocionado, com a voz mansa, dizendo que só queria o perdão dela. Eu não pensei no que ele fez para magoá-la. Isso não era o mais importante. Só imaginava o quanto ela é amada e que o "Druma" a amava muito. Eu fiquei calado e só ficamos ali, os dois, eu com a mão em seu ombro. Apenas em silêncio.

Esse era o Drummond, "Dru" ou "Druma" dentro de um estúdio, na condição de diretor de dublagem. Como ele sempre fez questão de falar:

– A coisa mais parecida com o amor é o humor.

DE PIJAMA

Orlando e Glória sempre se orgulharam da educação que deram para Lenita e Orlandinho. Eles entendiam que aquele era o maior legado que poderiam deixar para os filhos. E aqui há um detalhe interessante: não foi uma educação severa. Pelo contrário, era baseada no bate-papo.

– Eles sempre me ensinaram a não mentir – lembra Lenita.

A primogênita, por sinal, era quem mais dava trabalho aos pais. Sobretudo no período em que cursava a universidade. Lenita estava matriculada no curso de jornalismo. Era muito comum levar amigos para casa e fazer uma serenata.

– Tinha vezes em que eu chegava em casa com mais de 30 pessoas. Ficava todo mundo junto na sala, tocando violão e cantando. Meus pais sempre participavam – conta.

Drummond se preocupava, e muito, com a filha, quando ela ia para as festas. Havia uma espécie de acordo de Lenita com os pais. Na época, não havia celular, então era tudo na base do papo e da confiança. O acordo era relativo às suas saídas. Orlando, em especial, sempre apoiava que a filha saísse. Glória era mais relutante e ficava mais apreensiva. Eles combinavam com ela um horário de volta. Tudo era uma questão de acerto e quase sempre dava tudo certo. Mas Lenita descumpria o acordo vez ou outra.

Após Glória reclamar que a filha estava descumprindo o combinado, Orlando a chamou para conversar em seu quarto e puxou um banquinho para que ela sentasse. Pediu compreensão para Lenita e que ela seguisse o acordo. O pai, então, fez uma promessa (ou, se preferir, uma ameaça). Se ela continuasse agindo daquela forma, ele a buscaria de pijama. Ela parecia não acreditar.

Certa vez, Glória, que não dormia enquanto ela não chegasse, estava aflita, andando de um lado para o outro.

– Orlando, a Lenita ainda não chegou!
– Já, já ela chega!
– Mas já passaram quase duas horas do combinado!

Após muita insistência de Glória, Orlando levantou. Eles sabiam a festa em que Lenita estava, pois ela sempre deixava o endereço completo, fazia parte do combinado. De pijama, ele foi ao local buscá-la. Ao parar o carro em frente ao endereço, respirou fundo. Lentamente saiu do veículo. Foi reconhecido por alguns presentes na porta da boate. O seu pijama virou sensação entre os jovens.

– Gostaram da minha roupa? – perguntou, com muito bom humor.

Um desses jovens que estavam do lado de fora era amigo de Lenita. Rapidamente entrou na festa e foi procurá-la. Não foi uma tarefa difícil. Ela estava rodeada de pessoas que já tinham contado a novidade. Lenita saiu correndo da boate. Ela se surpreendeu com o que viu. Não era apenas o seu pai de pijama. Ele estava conversando e extremamente bem-humorado. Parecia estar gostando da festa.

– Eu te avisei!

Rindo, Lenita entrou no carro e voltou para casa.

MARY TYLER MOORE

Pensa em uma série que revolucionou a televisão norte-americana. Pensou? O nome desse seriado é, sem dúvida, "Mary Tyler Moore" (*The Mary Tyler Moore Show*). Criada por James L. Brooks e Allan Burns, essa produção teve como grande mérito mostrar a figura da mulher livre de estereótipos. Vale lembrar que foi nesse período que o mercado de trabalho começou a se abrir mais para o sexo feminino.

A primeira emissora a exibir a série foi a CBS, em 1970. O sucesso pode ser entendido pelo seu tamanho. Ao todo foram produzidas sete temporadas, num total de quase 170 episódios.

Mary Richards (Mary Tyler Moore) é a grande protagonista da história. Ela tem 30 anos, solteira (terminou um noivado de dois anos) e é bem-sucedida na carreira – produtora de uma emissora de TV. O interessante é que o seriado foge dos estereótipos. Por exemplo, Mary Richards é muito competente, mas tem seus momentos de insegurança. Isso não a faz ser inferior a ninguém, muito menos a qualquer homem. Nenhum assunto ficou de fora. Tinha amizades, sexo, carreira e, claro, momentos de tristeza e, principalmente, cômicos. Um ponto interessante é que ela, linda e bem-sucedida, tinha dificuldade de arranjar namorados. O motivo é que Mary estava à procura de um relacionamento maduro.

A série foi muito premiada. Mary Tyler Moore ganhou o Emmy como Atriz do Ano e de Melhor Atriz de Comédia em 1974. O seriado, também, ganhou nas categorias de Melhor Ator Coadjuvante (Cloris Leachman) e de Melhor Redator (Treva Silverman).

O sucesso da série em terras norte-americanas chamou a atenção dos produtores brasileiros. Em 1973, a Rede Globo passou a exibir o seriado. Mas não foi a única. Em 1978, a Bandeirantes ganhou o direito de veicular em sua grade. Dando um salto no tempo, a Multishow transmitiu o produto.

O seriado "Mary Tyler Moore" foi dublado na Peri Filmes. Orlando participou, interpretando a personagem Murray Slaughter (Gavin MacLeod). Amigo de Mary, era considerado por todos um grande jornalista e escritor. Mas Murray não estava feliz no trabalho. Seu sonho era pedir demissão e se dedicar à arte de escrever, mas tinha medo por ter esposa e uma filha pequena.

A TURMA DO ZÉ COLMEIA

Não há dúvidas de que a Hanna-Barbera é um dos principais estúdios de animação do mundo. Dali saíram verdadeiros clássicos como, por exemplo, "Scooby-Doo", "Flinstones", "Jetsons" e "Zé Colmeia".

Agora imagina quando um diretor do estúdio tem a ideia de produzir um desenho incluindo vários personagens conhecidos. Pois foi exatamente isso que aconteceu em "A Turma do Zé Colmeia" (*Yogi's Gang*). Em 1973, estreava na rede ABC o desenho que trazia o famoso urso como o grande líder em uma arca voadora. Foi uma série especial, que durou pouco. Foram produzidos apenas 15 episódios no total.

A história é uma grande crítica aos vícios dos homens. Tudo começa quando Zé Colmeia e seus amigos percebem que o parque Jellystone (o urso e Catatau moram ali) corre perigo. O motivo é o aumento descontrolado da população que invade a natureza e a poluição ambiental.

Eles, então, decidem construir uma arca voadora para buscar um lugar onde possam viver em paz. Mas nessa fuga vão enfrentar vilões com nomes que sintetizam toda a crítica social. Por exemplo: vai ter o Sr. Sujo, para tentar impedi-los.

Participam dessa aventura, além do Zé Colmeia, Catatau, Dom Pixote, Pepe Legal, Bobi Filho e Bibo Pai, Formiga Atômica, Joca, Manda-Chuva, Tartaruga Touché, Dum Dum e muitos outros. Um timaço da animação.

O desenho não tardou a chegar por aqui. A primeira emissora a exibi-lo foi a Rede Globo. A dublagem do desenho foi feita nos estúdios da Herbert Richers. Drummond participou, interpretando duas personagens. A primeira foi o Bibo Pai, que tem um desenho próprio junto com o primogênito Bobi Filho. O mais interessante é a relação amorosa dos dois. Eles sempre tentam se ajudar, mesmo nos momentos mais difíceis. A segunda personagem foi, curiosamente, uma mulher, Bié Buscapé, a esposa de Zé Buscapé. Trata-se de uma família caipira. Ela sempre reclama da preguiça do marido, que vive dormindo. A ursa não pensa duas vezes e sempre o acorda.

DUMBO

1941. A Disney precisava recuperar o prejuízo que teve com o filme "Fantasia". E a escolha da companhia para seu quarto longa já estava feita. No dia 23 de outubro estreava o desenho "Dumbo" (*Dumbo*),[35] que conta a história de um simpático elefante. Considerado mais um clássico da Disney, a animação tem em seu papel principal o elefante Jumbo Jr., que é rejeitado pelos demais animais por causa de suas longas orelhas. Chega ao ponto de ser chamado de "dumbo" (do inglês *dumb*, que significa estúpido).

---

[35] O filme é baseado no livro *Dumbo*, da escritora Helen Aberson e do ilustrador Harold Pearl.

Jumbo só tem um amigo, o rato Timóteo. A mãe, diga-se de passagem, também sempre o defendeu. Eles moram dentro de um circo. Mas o elefante dá a volta por cima e descobre que é possível voar com as suas longas orelhas. Um dado curioso: a personagem principal não diz uma única palavra.

Com um orçamento baixo, se comparado às outras três produções da Disney, "Dumbo" conseguiu ter um bom retorno financeiro. Seu resultado ajudou os estúdios a manterem seu calendário de filmes. Teve três dublagens. A primeira, logicamente, foi a do lançamento do filme, em 1941.[36] A segunda foi em 1973, e a terceira, em 1998. Drummond participou das duas últimas versões, com personagens diferentes.

A versão de 1973 foi dirigida por Telmo de Avelar e dublada na Tecnisom. Orlando dublou um dos corvos. A participação é pequena, esses animais entram em cena mais na parte final do filme e debocham do fato de Jumbo estar em cima de uma árvore. Eles não sabiam que o elefante sabia voar.

Além de dublar, Drummond participa do coral[37] de duas músicas: "Oh, Eu vou pedir mais grana pro patrão" e "Quando eu vi um elefante voar".

Já em 1998 a dublagem foi na Double Sound. A direção foi conduzida por Isaac Bardavid. Orlando dublou uma personagem com mais destaque: o diretor do circo. A interpretação lembra um pouco o folclórico Sargento Garcia, do Zorro. Mas o diretor é mais viril, mais forte. Em alguns momentos, Orlando parece furioso em cena, principalmente quando o diretor chicoteia a elefanta que se irrita quando os outros animais debocham de Jumbo. Mas, em outros momentos, ele abusa dos adjetivos e da emoção para poder vender os números do circo para o público.

O SOLDADO ERA GENERAL

Essa quem me contou foi a dubladora Carmen Sheila. O ano era por volta de 1975, 1976. Orlando estava na Peri Filmes, cumprindo mais um dia de trabalho. Tudo parecia normal. Ele chegou à casa de dublagem e foi para o estúdio preparar tudo.

Drummond estava dirigindo um filme de guerra. De forma paralela à gravação, um cliente entrava na Peri Filmes para uma reunião de negócios com Ralph Norman. O tal cliente se perdeu nos imensos corredores do casarão e acabou entrando, justamente, no estúdio onde Orlando estava dirigindo. Até aí não houve nenhum problema, pois ninguém percebeu. Estavam todos os atores na bancada,

---

[36] A primeira versão foi dirigida por João de Barro (que também dublou o ratinho Timóteo), e foi dublada na Sonofilms.

[37] Participam do coral os dubladores Antônio Patiño, Francisco Milani, Mário Monjardim e Orlando Drummond.

concentrados na dublagem. Filme de guerra tem muito tiro. Então, era barulho de tiro para todos os lados. O cliente estava encantado.

Orlando estava inspirado naquele dia. Estava brincando que era um típico general, para deixar todos imersos naquele mundo, e com sua voz grave não era difícil mostrar quem estava no comando.

Após horas de gravação, Orlando achou melhor dar uma parada para descanso. Todos estavam cansados, era um processo muito desgastante. Ainda mais para ele, que gostava de criar esses climas para motivar os atores.

– Soldados, vamos dar uma parada para descanso!

As luzes começaram a se acender e todos os atores saíram da bancada para tomar um café, dar uma relaxada. Orlando se surpreendeu, quando viu um rapaz sentado dentro do estúdio. Ainda no clima da gravação, foi conversar com o sujeito.

– Soldado! Você vai ficar aí sentado enquanto todos trabalham?

Orlando falou de uma maneira áspera, bem típica de um militar do alto comando. O rapaz nada respondeu. Quando as luzes se acenderam por completo, ele reparou que o homem estava engravatado e não era um dublador.

– Cacete! Que merda que eu fiz?

Foi quando o rapaz explicou que era dono de uma distribuidora e tinha vindo conhecer os estúdios da Peri. Ele estava negociando contratos com Ralph Norman. Dizem que ele não gostou nem um pouco de levar uma bronca de Drummond. Mas, como o diretor não foi demitido, ele até hoje acha que ajudou a fechar alguns, não muitos, contratos.

A CASA MAL-ASSOMBRADA

O bairro das Laranjeiras é um dos mais tradicionais da cidade do Rio de Janeiro. Uma história de terror assombrava um casarão em uma das ruas mais famosas. Estou falando da rua Alice, que abrigava uma casa enorme muito frequentada por Orlando: a Peri Filmes.

Quem me contou esta história foi a dubladora Sumara Louise. Quando ainda pensava em dublar, ela foi assistir a uma gravação na Peri. O convite foi feito por Selma Lopes, uma das maiores na dublagem de todos os tempos. Na época não havia um curso específico para formar novos dubladores. A profissão ainda não era regulamentada. O pretendente aprendia na famosa cara e coragem. E foi o que Sumara fez.

Ela lembra que o casarão tinha um mistério que aterrorizava, principalmente, os novatos. Mas, diga-se de passagem, tinha muito veterano que também tinha medo. Segundo a maldição, uma mulher assombrava o casarão. Essa mulher, com o decorrer do tempo, assumiu vários formatos e com inúmeros detalhes de roupas. Foram muitos que disseram ter visto a tal fantasma.

Orlando nunca acreditou. Ele sempre foi adepto dos santos católicos, o que não quer dizer que nunca teve uma pulga atrás da orelha. É desacreditar-acreditando. O próprio casarão era propício para tais histórias. Olhando por fora, ele parecia, segundo Sumara, uma casa mal-assombrada.

– A casa era suja, o portão enferrujado e o chão rangia conforme pisávamos – lembra.

Durante uma gravação, Sumara diz que uma pessoa entrou correndo no estúdio e gritou, dizendo ter visto o fantasma da tal mulher. Ela lembra que, na dúvida, todos saíram correndo.

– Acho que o único que não saiu correndo foi o Drummond. Ele ficou paralisado! Aquele dia foi muito engraçado.

Sumara depois se tornou uma grande dubladora, com trabalhos célebres. Ela interpretou atrizes como Meryl Streep e Glenn Close.

FÚRIA NO CÉU

Além da Peri, Drummond dirigiu para outras empresas. Uma delas foi a Riosom. Um dos filmes que ele mais gostou de dirigir foi "Fúria no Céu" (*Rage in Heaven*), lançado originalmente no início dos anos 1940, embora a dublagem tenha sido décadas depois.

Dirigido por W. S. Van Dyke, o filme é ambientado em Londres. Dois amigos de faculdade se distanciam por circunstâncias da vida, mas se reencontram anos depois e acabam se apaixonando pela mesma mulher.

Tudo começa dentro de um hotel. O engenheiro Ward Andrews (George Sanders) reencontra o amigo Philip Monrell (Robert Montgomery), que estava em Paris. De forma gentil, Philip o convida para uma ida até sua casa de campo.

Ao chegar à casa, eles encontram com Stella Bergen (Ingrid Bergman), a bela secretária da mãe de Philip. A Sra. Monrell (Lucile Watson) teme que o filho não se interesse pelos trabalhos da empresa da família, uma siderúrgica. A matriarca espera que o filho se case com Stella, mas a moça se sente atraída, imediatamente, por Ward. O jeito comportado e a sua vontade de trabalhar foram duas qualidades que chamaram a atenção da bela.

Mas as coisas mudam, quando Philip é obrigado, por motivos de saúde da mãe, a assumir a siderúrgica. Ele não consegue esconder sua insegurança. Quem o ajuda é Stella. Isso mexe com ele, que acaba por pedi-la em casamento. A partir daí, desenrola-se um triângulo amoroso. Ward não consegue esconder seu amor por Stella, que precisa reprimir seus sentimentos. Philip, enciumado, é capaz de fazer loucuras para não perder a esposa.

Essas loucuras passam do limite e transformam-se em crime. Paro por aqui, para não contar o filme inteiro e deixar um gosto para o leitor. Uma coisa já adianto: Stella vai ficar com um dos dois. O final é surpreendente.

Além de dirigir, Drummond também participou da dublagem. Ele dublou o ator Aubrey Mather, que interpretou o mordomo chamado Clark. O papel cresce durante a trama. É ele quem vai ajudar a desvendar o crime que mencionei acima. Último *spoiler*: a culpa não é do mordomo!

PRIMEIRA APOSENTADORIA

Estamos em 1974. Drummond estava com 54 anos e se sentia cansado. Ao olhar sua carteira de trabalho, percebeu que tinha o tempo necessário para se aposentar. Por que não?

Mas não era uma decisão fácil. Se o corpo estava cansado, a cabeça estava ativa. Ele não queria parar de trabalhar, isso não passava pela sua cabeça. O que ele pretendia era ter mais tempo com a família. Orlando tinha dois filhos e uma carreira de sucesso, principalmente no rádio e na dublagem. Ele acabara de ser convidado para ser diretor de dublagem na Peri Filmes. Era a chance de ter um salário fixo.

É bem verdade que ele nunca se sentiu valorizado, do ponto de vista financeiro, pela Tupi, em especial a rádio. Na televisão, ele se dedicou menos do que gostaria – até por causa dos compromissos com a rádio (principalmente) e com a dublagem. Por isso mesmo, não repetiu o mesmo sucesso na telinha. Ainda assim, conseguiu bons papéis. Outro ponto que o incomodava eram os constantes atrasos salariais. A Tupi começava um período de baixa, na empresa como um todo, e já não conseguia mais honrar seus compromissos financeiros.

Ao conversar com Glória, Orlando encontrou o porto seguro de que tanto precisava. Ela prometeu apoiá-lo, qualquer que fosse sua decisão. E assim o fez. O ator se desligou da Tupi em uma negociação amigável. Era o fim de uma relação que começara lá nos anos 1940. Passou um filme na memória de Orlando. Desde o seu começo como contrarregra, o primeiro teste, os papéis que foram surgindo até a fama. A fama não veio rápido. O processo foi longo. Lembrou do guru Paulo Gracindo, dos amigos que fez. Até hoje se emociona ao falar que é o responsável por imitar os galos tradicionais da emissora.

A empresa tinha uma dívida antiga com o artista, que não foi paga. Por isso, Orlando entrou com um processo trabalhista e ganhou anos depois uma boa quantia.

– Foi esse dinheiro que nos deu tranquilidade para comprar a nossa casa e ter uma vida calma – lembra Glória.

Era preciso se adaptar aos novos projetos. A dublagem, naquele momento, era o principal. Mal sabia que ainda tinha muita coisa pela frente. Mas a sua prioridade atendia três nomes: Glória, Lenita e Orlandinho.

HONG KONG FU

"Quem é o super-herói? O sargento? // Não! // Rosemary, a telefonista? // Não! // Penry, o humilde faxineiro? // Pode ser..."

Era com essas palavras que começava a abertura do desenho "Hong Kong Fu" (*Hong Kong Phooey*), produzido em 1974. Uma criação dos estúdios Hanna-Barbera exibida pela ABC. Houve apenas uma temporada, totalizando 16 episódios. A Rede Globo foi a primeira emissora por aqui a exibir o desenho, em 1975. Depois foi transmitido por outros canais, como Bandeirantes, Record e Cartoon Network.

O desenho se passa dentro de uma delegacia de polícia, comandada pelo Sargento Flint. Rosemary é quem atende aos chamados para as ocorrências. Penry é um cão faxineiro, preguiçoso e atrapalhado. E tem o gato, que se chama China. Sempre que Rosemary atende o telefone, Penry fica à espreita. Ao saber da ocorrência, de forma sorrateira, ele se esconde dentro de um gaveteiro para se transformar no Hong Kong Fu.

Mas é claro que não se trata de um processo fácil. Até porque o herói também é atrapalhado. Para conseguir se transformar, ele precisa da ajuda do China, o único que sabe da sua dupla identidade. Após o gato bater quatro vezes na mobília, o cão consegue sair já uniformizado. Vestido com um quimono vermelho e uma máscara preta, o herói tem um carro (o Fu-Móvel) para chegar mais rápido nas ocorrências. O interessante é que esse veículo se transforma em tantos outros meios de transporte.

Os vilões são os mais loucos possíveis. Hong Kong Fu, mesmo sendo um especialista em artes marciais, só consegue vencê-los graças à ajuda do China. É ele quem está sempre por perto para ajudar o herói desastrado. Curioso é que o gato não emite uma única palavra.

Importa ressaltar que o desenho tinha, claramente, um viés duplamente cômico. O primeiro era pela própria história. O segundo, por satirizar um seriado muito famoso nos anos 1970, que se chamava "Kung Fu" e era estrelado por David Carradine.

A dublagem foi feita nos estúdios da Herbert Richers. O elenco fixo era bem pequeno e protagonizado por Drummond. Ele era o dublador do Hong Kung Fu, mais um cachorro para sua coleção. Milton Vilar era o Sargento Flint e Selma Lopes, Rosemary.

É difícil entender por que só uma temporada foi produzida. O desenho foi exaustivamente reprisado entre as décadas de 1970 e 1980. Por causa dessas repetições, muitos acreditavam que a animação tinha muito mais episódios do que realmente tinha.

KING KONG

A história do assustador gorila foi contada pela primeira vez no cinema em 1933. Mas vou fazer um intervalo de tempo de 43 anos. Pulamos para 1976. O filme "King Kong" (*King Kong*), dirigido por John Guillermin, chegava aos cinemas.

O longa começa com uma expedição petroleira secreta. O objetivo é chegar até uma ilha que eles acreditavam ter petróleo. Mas lá não é uma simples ilha. Ela tem um ar misterioso, sempre cercada de nevoeiros. Nessa expedição havia um paleontólogo especialista em primatas. Ele teme que a ilha tenha muitos animais dessa espécie. Os demais participantes não tinham noção dos perigos, caso encontrassem uma criatura dessa.

Mas eles não estão sozinhos. O capitão da expedição se chamava Ross. Mas quem queria comandar, até por sua personalidade, era Fred Wilson (Charles Grodin). Os dois não se entendiam. Um homem está escondido entre os dois – Jack Prescott (Jeff Bridges) – o paleontólogo. Daí surge uma mulher, uma atriz, que está em um bote precisando de ajuda – Dwan (Jessica Lange).

No final, todos se encontram na Ilha da Caveira. Aqui tem um detalhe interessante: essa mesma ilha tinha nativos com um hábito para lá de diferente: eles entregavam mulheres ao poderoso King Kong. Isso é feito. Dwan é entregue ao gorila e, de forma estranha, ela e o animal têm uma espécie de troca. Mas o grande lance é que o King Kong é capturado e levado para Nova York.

Daí em diante começa a luta do gorila por sua sobrevivência. Por vezes, ele parece indefeso, longe do seu *habitat*. Mas, em outros momentos, é poderoso e consegue transformar toda a sua raiva em força. O animal não aceita receber ordens dos humanos. Ele consegue fugir e acaba provocando o pânico pelas ruas da cidade. Uma das cenas mais clássicas do cinema é exatamente quando o gorila sobe no Empire State Building.

O filme foi indicado a três prêmios do Oscar, todas indicações técnicas: melhor som, melhor fotografia e efeitos especiais.

"King Kong" teve, pelo menos, quatro dublagens. Drummond dublou o Capitão Ross, interpretado pelo ator John Randolph. Ele era o comandante da expedição à Ilha da Caveira, que vivia batendo de frente com Fred Wilson. Também dublaram o Capitão Ross Domício Costa, Amaury Costa e José Ângelo.

O RESPEITO PELO SONHO DO FILHO

Já escrevi que Orlando era um típico zagueiro ruim de bola. Mesmo não sendo um "fominha", gostava de estar com os amigos jogando.

– Meu sonho era ser jogador de futebol.

Essa frase virou uma espécie de mantra na vida de Drummond. Ele cansou de repetir esse sonho para amigos, familiares e para a imprensa. Parece que deu certo. Explico: Orlandinho parece ter herdado a qualidade para o esporte, que o pai jamais teve.

Drummond sempre incentivou o filho a jogar e acompanhar o futebol. Desde pequeno ele o levava ao Maracanã para assistir aos jogos do Fluminense. Era um programa de família. Sabendo do gosto do filho pelo futebol, Orlando sempre dava os mesmos presentes de aniversário: os mais variados tipos de bolas (de meia, plástico e de couro), chuteiras e o uniforme completo do Fluminense.

Outro passeio muito comum era levar o filho e os coleguinhas para bater bola na Quinta da Boa Vista, em São Cristóvão. Orlando até tentava participar e era, de fato, bastante participativo. Mas quem se destacava era Orlandinho.

Um dos seus *hobbies* era jogar com os amigos na vila. Drummond gostava dessa interação, achava positiva. Mas uma coisa o incomodava: ele não gostava que o filho jogasse descalço.

– Eu deixava meu tênis no pé de uma árvore e pedia para que alguém me avisasse quando meu pai entrava na vila. Era o tempo certo de correr para ele não me ver descalço – lembra, aos risos.

Mas a reclamação de Orlando tinha motivo.

– Acho que causava uma má impressão. Eu também machucava meu pé toda hora, furava no prego, dava topada. Podia ser uma questão só de cuidado.

Orlando sempre arrumava tempo para participar das festas de final de ano da Tupi, da Globo e dos estúdios de dublagem. Quase sempre rolava futebol e churrasco. Seu filho tinha participação constante nas partidas. Drummond tinha orgulho em assistir ao filho jogando futebol. Lembrava de sua infância e adolescência. O caçula era rápido e tinha habilidade com a bola nos pés.

– Vou colocar o Orlandinho na escolinha de futebol – decidiu.

E assim foi feito. Orlando matriculou o filho na escolinha do Flamengo. Depois ele se transferiu para a Portuguesa. O pai fazia questão de acompanhar todos os jogos de Orlandinho, era presença certa nas arquibancadas.

– Ele me mandava partir para cima do adversário. O meu forte eram o drible e a velocidade.

Pai e filho levavam a sério essa questão do futebol. Drummond enxergava a chance de Orlandinho realizar um sonho que ele não conseguira. Por isso fazia questão de passar o máximo de recomendações. Uma delas era a de se tornar ambidestro. O menino custou, mas conseguiu.

– Você tem que chutar com as duas pernas. Só está chutando com a direita!

– Mas eu só sei chutar com a direita!

– Para ser jogador de futebol tem que saber chutar com as duas pernas!

Nessa jornada ao lado do filho, ele percorreu vários estádios: Bariri (Olaria), Ítalo Del Cima (Campo Grande), Teixeira de Castro (Bonsucesso), Figueira de Melo (São Cristóvão), Luso-Brasileiro e Conselheiro Galvão (Madureira).

– Sinto saudades de todo aquele companheirismo, do suporte. Ele me transmitia muita confiança. Sempre esteve ao meu lado, assistindo aos jogos.

Drummond esteve em todos os jogos do filho. Sempre dava um jeito de ajustar a agenda para não perder uma partida sequer. E não era tarefa fácil. Foi um período em que estava muito focado na dublagem, mas tratava de dar um jeito.

A história de Orlandinho no futebol foi curta. Sua carreira de ponta-direita durou apenas quatro anos. Ele chegou a jogar no Maracanã pelo time júnior do Flamengo. Mas teve de priorizar os estudos. No entanto, a parceria de Drummond ainda está presente em sua memória.

– Hoje, que sou pai, compreendo melhor o tamanho da amizade, o carinho da sua presença e o respeito que ele sempre teve pelo meu sonho – lembra.

BA-NA-NA

Os gringos adoravam vir ao Brasil para acompanhar nossa dublagem. Era uma praxe. Alguns já tinham uma manha do português, mas a maioria ainda não. Mas, de toda forma, um deles estava aqui. O nome dessa pessoa será preservado, mas a história será contada.

Orlando foi chamado para fazer uma locução que parecia ser bem simples. E, de fato, era. Ele precisava dizer:

– 21st Century Fox apresenta...

O que Drummond não sabia é que esse *loop* seria dirigido pelo americano. Pois bem, após aquelas apresentações iniciais, cada um falou um pouco de si, risos para todos os lados e, enfim, era hora de gravar.

Orlando foi para o estúdio e fez um leve trabalho de voz antes de começar a gravar. Hora de se concentrar.

– Vamos lá! É só uma frase!

Último respiro... ele solta a voz e diz a frase:

– 21st Century Fox apresenta...

Repetiu para ter mais uma possibilidade na hora da edição final.

– 21st Century Fox apresenta ...

O que era para ser uma simples frase virou um problema. O gringo não gostou. Ele achou que faltava alguma coisa. Depois de muita conversa e de algumas repetições, ficou entendido que o produtor não gostara da pronúncia em inglês.

– Ele queria que eu falasse o inglês do americano. Mas eu sou brasileiro e dublo para o meu povo, que precisa entender o que eu digo de forma clara e correta.

A bem da verdade, Drummond ficou puto da vida quando descobriu o real motivo. Ele propôs um teste ao gringo.

– Pedi para que ele entrasse na cabine e dissesse a palavra "banana".

O americano aceitou o desafio. Ele entrou na cabine e Orlando assumiu a direção da gravação.

– Valendo! Pode começar! OK!

– Banana (*bénana*).

– Não está bom! *No*! Ba-na-na!

– Banana (*bénana*)!

O gringo saiu puto da cabine. Ele não gostou da provocação. Pegou suas coisas e foi embora. Orlando perdeu o trabalho, mas sua ira tinha se transformado em uma série de boas risadas.

AI, MEU CARRINHO...

Drummond teve dezenas de carros, mas nenhum deles era zero quilômetro – o seu sonho. Eram todos usados, mas sempre em bom estado. Faltavam o dinheiro e um veículo de preferência. Pois essa união aconteceu. Foi em 1976. Orlando comprou um Volkswagen Passat, marrom metálico, todo completo.

O Passat virou um xodó da família. Drummond e Orlandinho admiravam diariamente o carro. Para o pai era uma grande vitória ter aquele carro, que não era barato. Era como se todo o seu esforço fosse recompensado.

Drummond sempre permitiu que seus filhos usassem seus carros. Mas, claro, pedia que tomassem cuidado. Certa vez, Orlando emprestou o carro para o filho ir visitar a namorada. Isso foi em 1979. Linda morava em Padre Miguel, zona oeste da cidade, bem próximo à Vila Militar. Para chegar até lá, tinha que, basicamente, cruzar todo o município.

Toda essa distância era um motivo de preocupação para os pais. Mas não havia o que fazer. Era a namorada do filho e ele tinha que visitá-la, era torcer para que nada de errado acontecesse.

Mas um dia aconteceu. Orlandinho estava parado em um cruzamento, distraído, esperando o sinal abrir, quando, de repente, só sentiu o impacto.

– Uma mulher vinha em alta velocidade e perdeu a direção do carro. Foi uma porrada! – conta Orlandinho.

Pronto! O Passatinho, como Drummond o chamava, tinha perdido toda a frente. Orlandinho só ficou zonzo na hora, mas sem ferimentos. Uma sorte, pela força da batida. Quem dirigia o outro carro era uma mulher, que teve alguns machucados, mas nada muito forte também. Bem próximo do acidente, tinha um orelhão (vale lembrar que em 1976 não havia celular). Orlandinho, bem nervoso, ligou para casa para avisar do ocorrido. Foi o pai quem atendeu o telefone.

– Alô?
– Pai?
– Opa!
– Eu bati com seu carro!
– O que? Você se machucou?
– Não, mas o carro está todo arrebentando...
– Você quer me matar?

Nervoso, Drummond não conseguiu mais falar. Ele passou o telefone para Lenita, que estava ao seu lado.

– Como você está?
– Eu tô bem, mas a frente do carro tá toda arrebentada!
– Você está onde?
– Eu tô na Vila Militar!
– Porra! Nem sei para que lado fica isso! Como a gente vai te ajudar agora?

Orlandinho tinha pouco tempo de carteira, mas já dirigia bem. O pai confiava plenamente nele. Mas era uma situação totalmente atípica, ele estava nervoso, inseguro naquele momento.

Foram para a delegacia. A mulher era francesa, mas estava sem nenhum documento, incluindo o passaporte. Ela começou a desdenhar dos brasileiros, o que irritou a todos na delegacia.

– Eu conheço gente grande! Basta fazer uma ligação e cai todo mundo!

Situação resolvida na delegacia. Era hora de voltar para casa e encarar a família. O filho estava pronto para levar uma bronca dos pais e da irmã.

– Ele ficou bem triste, mas não deu uma bronca. Mandou reformar todo o carro. Ficamos dois meses sem o Passatinho.

O carro nunca mais foi o mesmo. Um lado comia mais pneu do que o outro. Mas o problema agora era outro. Por causa do acidente, Orlandinho ficou inseguro para dirigir novamente.

– Para com isso! Você não teve culpa! – disse o pai!
– Não quero! Ainda tenho medo!
– Vamos lá! Senta aí e dirige!

E assim Orlandinho foi retomando a coragem de dirigir.

DINAMITE, O BIONICÃO

Estamos em 1976. Orlando Drummond vive, em especial, um ano muito produtivo. Ele está com 57 anos. Scooby-Doo é o seu grande sucesso e adorado por todo o público, em especial as crianças. O desenho do cachorro e sua turma era exibido dentro de um quadro: "The Scooby-Doo Show".

Dentro dessa série, Joe Ruby e Ken Spears criaram uma nova dupla dinâmica: "Falcão Azul e o Bionicão". A produção foi feita pela Hanna-Barbera. A estreia foi na ABC. Aqui no Brasil, o desenho foi transmitido pela TV Globo e pelo SBT. Foram produzidos apenas 20 episódios. O desenho foi chamado de "Dinamite, o Bionicão (*"Dynomutt, Dog Wonder"*).

Orlando teve a missão de dublar o cachorro Dinamite, mais conhecido como Bionicão. A música de abertura já dá um tom do que se pode esperar do desenho:

Voando pelos céus, aí vai nosso herói. // Ele para um trem com a força que tem // – Tá falando de mim, amigão? (risos) // Ele ataca, defende e está sempre ligado // Dinamite, o Bionicão. // – Sou eu, o Bionicão. (risos) // Ele enfrenta o terror sem sentir pavor // Dinamite, é ele o nosso herói // – Sou eu, o Bionicão.

Pois é, esse é o Bionicão. Assim como no Scooby-Doo, o cachorro é a principal personagem da série animada. E ele tem muitas semelhanças com o dogue alemão mais famoso do planeta. As principais: é atrapalhado e engraçado.

O desenho é uma grande sátira. Dinamite e Falcão Azul precisam manter a ordem e a paz na cidade de Cidadópolis – quase uma Gotham City. Por sinal, o herói mascarado é um milionário chamado Radley Crown – não é exagero compará-lo a Bruce Wayne. Falcão não é o Batman. Dinamite muito menos o

Robin. Mas eles colocam máscara para combater criminosos, têm uma batcaverna... (ops) um *falconesconderijo* e um *falcon-móvel* que sobrevoa a cidade.

Falcão é a parte intelectual da dupla. É ele quem comanda todas as ações, é quem diz o que o Bionicão deve fazer. Ele só não contava que o animal não acertasse uma. Mas quando acertava, era reverenciado: "Finalmente, Bionicão, você fez uma coisa certa". E a resposta era sempre uma pergunta: "Eu fiz?". Falcão e Bionicão formavam uma dupla para lá de tecnológica. Eles tinham todos os recursos possíveis e inimagináveis (o cão tinha radares e sensores). Dinamite possuía superpoderes. Era quase um animal-borracha (pescoço e membros alongáveis), seu corpo se esticava todo. Sempre que o Falcão ia prender o perverso inimigo, o cão quase colocava tudo a perder, mas no final sempre acabava bem. Era muito comum a frase: "Com um amigo como Bionicão, você, Falcão, não precisa de inimigos".

Em um dos episódios, Falcão é humilhado publicamente por mais um erro do Bionicão. Ele e o cão são demitidos e precisam devolver todos os aparatos tecnológicos. Falcão, muito decepcionado, entende a questão. "Não há lugar no combate ao crime para derrotados". Já o cachorro se mostra desapontado: "Poxa! Eles podiam ao menos dar um aviso-prévio de 30 dias no caso de um ex-super-herói".

Apesar da sátira, a grande diferença em relação ao homem-morcego era o humor. Há ação, mas a série animada era mais divertida. Talvez tenha terminado de forma precoce, pelo próprio sucesso do Scooby-Doo. De repente não havia espaço, naquele momento, para dois cachorros super-heróis.

Aqui cabe um detalhe curioso sobre a interpretação do Orlando. O tom do Bionicão é muito parecido com o do Scooby-Doo. Tem até a famosa risadinha. O Bionicão criado por Orlando jamais acredita em seu potencial. Ele não acredita que pode fazer o certo, que pode prender o criminoso. Essa suposta incompetência é um grande charme da personagem. É o famoso "até quando ele se dá bem, ele se deu mal".

Por fim, uma última observação: apenas Orlando dublou o Bionicão. Já o Falcão Azul foi dublado por Nilton Valério e Júlio Chaves.

TODOS OS HOMENS DO PRESIDENTE

Para contar essa história é preciso voltar para 1972. O presidente norte-americano Richard Nixon tinha sido reeleito.

O filme, intitulado "Todos os Homens do Presidente" (*All the President's Men*), foi lançado em 1976. Dirigido por Alan J. Pakula, o longa mostra justamente todo o trabalho de investigação dos repórteres do *Washington Post*, Robert Woodward e Carl Bernstein, interpretados por Robert Redford e Dustin Hoffman, respectivamente.

Tudo começou quando o prédio Watergate foi invadido por cinco pessoas (ligadas ao Partido Republicano). O que parecia ser um simples caso de assalto virou uma grande história de espionagem e de lavagem de dinheiro, que forçou a renúncia do presidente Nixon. Essa invasão ocorreu meses antes da eleição presidencial norte-americana. No edifício Watergate estava localizado o escritório do Partido Democrata. Na mesma época descobriu-se que eram ligados ao FBI e à CIA e estavam com câmeras e microfones. Apesar do escândalo, Nixon foi reeleito.

Mesmo com a reeleição, Woodward e Bernstein começaram a investigar o caso. A partir daí, começa uma longa jornada que envolve muita apuração da dupla jornalística.

Em 1973, três assessores pediram demissão. Aumentava, cada vez mais, a certeza da participação da Casa Branca nesse jogo político de espionagem. Esses funcionários sugeriram que Nixon gravava as conversas com os colaboradores. O escândalo já era internacional. Em julho de 1974, o presidente foi obrigado pelo Supremo Tribunal a apresentar as gravações que ele sempre negou existirem. Encurralado, renunciou no dia 8 de agosto de 1974.

Drummond dublou Garganta Profunda, interpretado pelo ator Hal Holbrook, personagem central da trama e figura misteriosa, de apelido jocoso, que é a fonte da dupla de repórteres.

Apenas como fonte de curiosidade, a identidade do Garganta Profunda ficou desconhecida por, pelo menos, 30 anos. Só em 2005 é que se soube, com certeza, que seu nome era Mark Felt, o número dois na hierarquia da FBI.[38]

O filme "Todos os Homens do Presidente" foi indicado a oito estatuetas do Oscar. Recebeu quatro.

PRIMEIRA TENTATIVA DE ACORDO COLETIVO NA DUBLAGEM

Os dubladores mostravam-se insatisfeitos com as condições de trabalho. E tinham motivos. Para começar, a profissão não era regulamentada. Só por isso, já havia o impedimento de brigar pelos direitos.

---

[38] As razões para Mark Felt denunciar Nixon ainda não são totalmente claras. Há quem acredite que foi um ato de honestidade. No entanto, o próprio Felt admitiu que, após a morte do número 1 do FBI, era natural que ele se tornasse o comandante da agência. Mas Nixon, por pura politicagem, nomeou outra pessoa.

Mas não era só isso. Não havia piso salarial, décimo terceiro, hora extra, férias remuneradas, FGTS, PIS ou PASEP. Impensável imaginar uma aposentadoria. Os dubladores brigavam pelo dinheiro do dia seguinte. Não havia nenhum tipo de estabilidade. Enquanto isso, as empresas enriqueciam com a dublagem.

A década de 1970 mostrou uma grande invasão de produtos estrangeiros na programação das emissoras brasileiras. O motivo é muito simples. Era muito mais barato importar um seriado ou um desenho do que produzir um próprio. Nesse sentido, nada muito diferente do que acontece nos dias atuais.

A tentativa de acordo

De um lado, os patrões. Do outro, as entidades sindicais criadas para profissionalizar e ajudar na regularização da dublagem. Dessa forma, em 1976, o Sindicato Nacional da Indústria Cinematográfica, o Sindicato da Indústria Cinematográfica do Estado de São Paulo e os atores de dublagem, representados por seus órgãos de classe, Sindicato dos Artistas e Técnicos em Espetáculos de Diversões do Rio de Janeiro, Sindicato dos Artistas e Técnicos em Espetáculos de Diversões do Estado de São Paulo, Sindicato dos Trabalhadores em Empresas de Radiodifusão e Televisão no Estado de São Paulo e, em âmbito nacional, pela Federação Nacional dos Radialistas e Confederação Nacional dos Trabalhadores em Estabelecimentos de Educação e Cultura, fizeram uma tentativa de acordo coletivo.

O acordo exigia que as empresas contratassem atores e técnicos profissionais para os serviços de dublagem. Também estava previsto que os salários seriam preestabelecidos e reajustados.

Tabela de dublagem para filmes 16 mm

Personagens fixos:
  – Primeira hora-base: 20% do maior salário mínimo vigente no país.
  – Horas subsequentes: 15% do maior salário mínimo vigente no país.

Personagens não fixos:
  – Primeira hora base: 15% do maior salário mínimo vigente no país.
  – Horas subsequentes: 11% do maior salário mínimo vigente no país.

Diretor de dublagem
  – Primeira hora base: 20% do maior salário mínimo vigente no país.
  – Horas subsequentes: 15% do maior salário mínimo vigente no país.

Tabela de dublagem para filmes 35 mm

Filmes nacionais:
　Salário-hora dos atores
　　– Primeira hora-base: 20% do maior salário mínimo vigente no país.
　　– Horas subsequentes: 15% do maior salário mínimo vigente no país.

　Salário-hora dos diretores
　Hora: 30% do maior salário mínimo vigente no país.

Filmes estrangeiros:
　Salário-hora dos atores: 33% do maior salário mínimo vigente no país.
　Salário-hora dos diretores: 43% do maior salário mínimo vigente do país.

Uma das grandes reclamações dos dubladores era em relação aos horários. O acordo previa a normatização das horas de trabalho. Seriam criados turnos nos horários da manhã e da tarde. O cancelamento de uma gravação deveria respeitar uma antecedência de 24 horas. A falta, sem justificativa, permitia à empresa trocar o ator. Outra mudança previa que o ator poderia dublar até dois personagens em cada produção.

Nesse período, Drummond atuava como diretor de dublagem na Peri Filmes. Ele leu atentamente o acordo e destacou alguns artigos. O primeiro deles era sobre as horas de trabalho de cada dublador. Criar uma rotina, um horário definido sempre foi uma de suas preocupações.

Art. 9º As horas de trabalho dos atores e diretores de dublagem serão corridas dentro de cada período, considerando-se como intervalos apenas o tempo previsto para refeições.
§1º O ator não poderá ter seu horário de trabalho interrompido dentro de um mesmo turno, para uma mesma produção, mas somente em turnos diferentes.

O ator, ao ser convocado pela empresa, estava disponível para atuar em mais de uma produção. A ideia era aproveitar, ao máximo, o funcionário. Dentro do meio da dublagem é muito comum usar um profissional para fazer pequenas participações. No entanto, o texto abria uma exceção para o dublador que desempenhava papel fixo em uma produção. Nesses casos, a empresa poderia fazer um contrato individual de trabalho por tempo determinado. Esse contrato seria registrado no Sindicato de Artistas e Técnicos e no Ministério do Trabalho.

Além do dublador, o acordo definia a função e as obrigações do diretor de dublagem.

Art. 21. Cabe o diretor de dublagem, além de orientar e dirigir o sincronismo e a interpretação dos atores, assistir e sugerir a escalação do filme, ficando a empresa com a responsabilidade da escolha dos personagens fixos da série, programação e esquematização do horário de entrada e saída dos atores, assim como a convocação dos mesmos. Poderá, no entanto, o diretor de dublagem desempenhar as tarefas acima discriminadas, caso convenha às partes, mediante o acréscimo de no mínimo 50% em sua remuneração, calculados sobre o total alcançado em seu trabalho na direção de estúdio do referido filme.

Por fim, o acordo previa um período para que todas as partes se adaptassem às novas mudanças acordadas. Esse prazo seria de 75 dias. Apesar das negociações, as empresas venceram a batalha.

GREVE DE 1978

A relação entre dubladores e empresários da dublagem não estava nada bem. Os profissionais da área não tinham engolido a derrota de 1976. O gosto estava amargo. Eles permaneciam recebendo baixíssimos cachês. Para garantir um salário digno, era preciso ficar, basicamente, o dia inteiro dentro dos estúdios.

A luta dos trabalhadores ficou mais acirrada após a posse, em 1977, dos conselheiros, diretores e fiscais para a Associação dos Atores em Dublagem, Cinema, Rádio, Televisão, Propaganda e Imprensa (ASA).

Orlando não participou da diretoria. Ele, na condição de diretor de dublagem, era, naquele momento, vidraça. Mas, no fundo, sua intenção era acompanhar de perto as negociações; afinal, também era um dublador.

Drummond se sindicalizara no dia 12 de setembro de 1975, ou seja, com quase 30 anos de profissão. Nesse período ele já estava aposentado e se dedicando, quase exclusivamente, à dublagem. O número da sua matrícula é 2433 no Sindicato dos Artistas e Técnicos em Espetáculos de Diversões do Estado do Rio de Janeiro.

A diretoria ficou dividida entre Conselho Diretor e Conselho Fiscal. O presidente da ASA era Jorge Ramos. Essa diretoria assumiu o desafio de garantir direitos trabalhistas como, por exemplo, regulamentação profissional, assistência previdenciária, ensino especializado, salário mínimo profissional, estabilidade, décimo terceiro, pagamento de hora extra, férias remuneradas, PIS e PASEP.

Uma das primeiras ações da diretoria foi emitir uma nota à classe, justamente mostrando os desafios e criticando as empresas de dublagem por não respeitarem e garantirem os direitos dos trabalhadores.

– Nos últimos 20 anos, não houve nenhum acontecimento que registrasse, na história da atividade artística do país, marcas de progresso na situação de marginalidade do artista nacional, apesar dos inúmeros projetos, reivindicações e assessoramentos da classe ao poder público.

O documento também mostrava que os trabalhadores insatisfeitos eram assediados pelos patrões.

– O artista, sistematicamente prejudicado e lesado, assim, em seus direitos, pelas empresas produtoras, está condenado a perder a oportunidade de trabalho, ao denunciar as fraudes e cobrar o que lhe é devido.

Após inúmeras assembleias, no dia 28 de novembro de 1977 foi estabelecido um documento com uma proposta de acordo coletivo por uma comissão criada pela ASA. Todos os dubladores receberam uma cópia do material encaminhado aos empresários na indústria de dublagem de filmes cinematográficos. Curioso notar que a comissão deu um prazo para que as empresas pudessem se preparar para as mudanças propostas. O marco inicial previsto foi o dia 1º de maio de 1978.

Ao todo foram elaboradas 43 cláusulas. Um texto, com tom bem sindicalista, batia muito na tecla da mobilização dos trabalhadores. Eles temiam que o assédio dos empresários enfraquecesse o movimento coletivo.

"A partir de agora, mais intensas serão essas pressões, ora prejudicando abertamente esse ou aquele companheiro, ora espalhando no meio dos profissionais boatos e ameaças com o objetivo, sempre negado, de instaurar a confusão, a dúvida, o medo e a insegurança. Não será surpresa se a alguns forem oferecidas repentinas vantagens, visando estabelecer, tanto quanto possível, a divisão de interesses dentro da classe, no intuito de nos jogar uns contra os outros".

O texto não deixava dúvidas em relação à contratação do dublador:

"As empresas comprometem-se a empregar, nas atividades artísticas de dublagem, única e exclusivamente atores e tradutores cujo reconhecimento do exercício profissional da atividade se fará por registro no Sindicato dos Artistas e Técnicos em Espetáculos e Diversões".

O acordo previa uma jornada de trabalho para o dublador de seis horas diárias, com limite de 40 horas semanais. Esse tema era tão levado a sério que a todo tempo era estimulado. Por exemplo: quem entrava de manhã, o horário de início era às 8h, para que o almoço fosse programado entre 12h e 14h.

O acordo foi enviado juntamente com uma carta que direcionava, obviamente, aos patrões. O curioso é que a comissão já sabia os pontos que seriam mais criticados pelos empregados. Eles eram, logicamente, de natureza financeira. Em especial, três artigos foram destacados pela comissão: o 39, o 41 e o 42. Vou me ater aos dois últimos (o 39 é referente ao pagamento aos tradutores).

Art. 41. Tabela exclusiva para dublagem de filmes brasileiros em todo o território nacional:

Classe	Pagamento
Atores	20% do salário mínimo vigente no país, por hora de trabalho;
Atores fixos	30% do salário mínimo vigente no país, por hora de trabalho;
Diretores	45% do salário mínimo vigente no país, por hora de trabalho.

Art. 42. Tabela exclusiva para dublagem de filmes estrangeiros em todo o território nacional:

Classe	Pagamento
Atores	33% do salário mínimo vigente no país, por hora de trabalho;
Atores fixos	43% do salário mínimo vigente no país, por hora de trabalho;
Diretores	65% do salário mínimo vigente no país, por hora de trabalho.

Nem precisa dizer que as reivindicações dos dubladores não foram aceitas. Isso melou ainda mais a relação entre os empresários e os trabalhadores. Mas agora havia um diferencial: a ASA era muito comprometida com a causa.

Em março, a relação azedou de vez. Os dubladores fizeram uma paralisação. O prejuízo nas empresas foi imediato. A adesão foi grande e elas não conseguiram cumprir o cronograma de entrega do material. Mas é verdade que nem todos os dubladores aderiram à greve. Drummond foi um deles. Ele dirigia e dublava. Nesse período, a dublagem era basicamente sua única fonte de renda.

– Há vários tipos de bocas. Tem boca fácil, boca difícil, boca torta e boca com bigode. É apaixonante! Eu larguei tudo, até televisão, para só fazer dublagem – conta.

A imprensa passou a acompanhar a greve dos dubladores. Virou notícia, pois prejudicava o consumidor final, o telespectador. O fato de não participar do movimento afetou diretamente Drummond.

Em julho, a ASA conseguiu reajuste salarial para a categoria. A associação liberou os nomes dos dubladores que não aderiram à greve mas foram beneficiados com as conquistas alcançadas. No total, foram 34 profissionais.[39] Desse total, apenas quatro trabalhavam em São Paulo. Além de Drummond, constavam da lista nomes como José Santana, Sílvio Navas, Guálter França, André Filho, Mário Monjardim, Márcio Seixas e tantos outros.

Esses mesmos 30 profissionais foram expulsos do Sindicato dos Artistas do Rio de Janeiro. A expulsão, como bem frisaram os diretores da ASA, não estava relacionada ao fato de não participar do movimento. A crítica era em relação ao comportamento desses dubladores nas assembleias. O motivo explicado à imprensa é que esses profissionais desacataram as decisões dos órgãos da categoria. Parte do documento enviado à imprensa informava que os expulsos em nenhum momento se defenderam.

"A diretoria do Sindicato dos Artistas e Técnicos em Espetáculos de Diversões do Estado do Rio de Janeiro, reunida para decidir sobre a audiência, na qual seria apreciada a situação dos associados que desrespeitando a decisão das assembleias 'furaram' e prejudicaram o movimento do setor de dublagem, torna público o seguinte: nenhum dos associados notificados para defender ou justificar suas atitudes compareceu à audiência e nem procurou se defender das acusações que sobre os mesmos pesavam".

Mas os dubladores expulsos também se manifestaram. Eles negaram a expulsão e emitiram uma nota oficial, publicada por toda a imprensa na época.

"Os dubladores do Rio, que voltaram a trabalhar para defender a profissão, negam que tenham sido expulsos do Sindicato dos Artistas e Técnicos em Espetáculos de Diversão e pedem um pronunciamento oficial da entidade sindical para que possamos tomar as medidas legais sobre o ressarcimento moral e profissional de nossos nomes como traidores e furadores".

O que ocorreu foi que o Ministério do Trabalho e Previdência enviou um representante para participar das negociações. Durante essa negociação, foi enviada, no dia 8 de maio, uma proposta à ASA de reajuste parcelado da seguinte forma:

---

[39] Pelo Rio de Janeiro: Alberto Perez, André Filho, Angela Bonatti, Armando Cazella, Carlos Marques, Ennio Rodrigues, Gualter França, Glória Ladani, João Jaci, José Santana Gomes, Leonel, Airton Cardoso, Lígia Rinelli, Marcelo Morandi, Maria Alice Barreto, Márcio Seixas, Mário Monjardim, Maurício Barroso, Milton Luiz Martins, Neuza Tavares, Nilton Valério, Orlando Drummond, Orlando Prado, Ronaldo Magalhães, Silas Martins, Sílvio Navas, Sumara Louise, Tony Vermont, Vera Miranda e Waldir Fiori. Por São Paulo: Dolores Machado, Garcia Neto, Márcio Gomes e Neide Pavani.

Tabela para dublagem de filmes brasileiros em todo o território nacional/para 60 dias

Classe	Pagamento
Atores	24% do salário mínimo vigente no país, por hora de trabalho
Atores fixos	20% do salário mínimo vigente no país, por hora de trabalho

Tabela para dublagem de filmes brasileiros em todo o território nacional/a partir de 1º/01/1979

Classe	Pagamento
Atores	30% do salário mínimo vigente no país, por hora de trabalho
Atores fixos	24% do salário mínimo vigente no país, por hora de trabalho

– Essa proposta do Ministério do Trabalho e da Previdência significava uma vitória dos trabalhadores – diz o comunicado.

É bem verdade que as empresas, nesse período de greve, tiveram que encontrar soluções para conseguir entregar os produtos. Uma das soluções foi a criação de escolinhas que ensinava o básico aos interessados em aprender dublagem. Como não havia a exigência de ser ator, era muito mais fácil encontrar alunos.

– Eu conversava com uma pessoa na rua. Se eu gostasse da voz, chamava, na hora, para um teste. A primeira coisa que chamava a atenção era a voz bonita. Mas não era só isso. Tinha que ter talento. E esse era o desafio: conseguir fazer essa pessoa desenvolver esse talento – explica.

A vitória da categoria não foi total. Mas foram conquistas importantes. As principais: aumento salarial, criação de vínculo empregatício, férias remuneradas, hora extra, 13º e jornada de trabalho de seis horas.

DURO NA QUEDA

É bem verdade que a greve de 1978 trouxe melhorias para a categoria. Mas também deixou marcas. Muitos dubladores que aderiram à paralisação tiveram dificuldades para voltar ao mercado de trabalho.

Os empresários criaram espécies de listas com nomes de atores, para que não houvesse dúvida: eles não deveriam ser contratados para interpretar em seus respectivos estúdios. Além do mais, muitos dubladores foram criados dentro das escolinhas realizadas nas próprias empresas. Orlando sabia dessas listas. Mas, com seu tom conciliador, ele conseguiu encaixar vários colegas que buscavam empregos e não conseguiam oportunidades. Um deles foi o ator Ricardo Schnetzer, que hoje é considerado um dos maiores dubladores e já deixou seu nome marcado na história da dublagem brasileira. Ele é o responsável por interpretar astros como Al Pacino e Tom Cruise. Na animação, talvez, seu maior papel tenha sido o Hank, de "Caverna do Dragão".

Mas, no final dos anos 1970 e início de 1980, a realidade era diferente. Schnetzer tem Orlando como guru. Foi ele quem o ajudou a voltar ao mercado de trabalho. Orlando conhecia o talento de Ricardo e não hesitou em auxiliá-lo. Era diretor na Peri Filmes e tinha recebido uma nova demanda para dirigir. Tratava-se da série "Duro na Queda" (*The Fall Guy*). Ele, na hora, pensou em Schnetzer para dublar o ator Douglas Barr, um dos protagonistas do seriado.

Bem, já que comecei a falar sobre o seriado, vamos às informações adicionais. "Duro na Queda" foi produzida por Glen A. Larson. No total, foram feitas cinco temporadas (1981-1986), exibidas pela ABC. Aqui no Brasil a série foi transmitida, primeiramente, pela Rede Globo e, anos depois, pela Record.

A série é estrelada por Lee Majors, que interpreta o dublê Colt Seavers, mas possui um trabalho extra como caçador de recompensa. Ele tem o auxílio do primo Howard Munson (Douglas Barr) e de Jody Banks (Heather Thomas), que trabalhavam para uma organização cuja principal demanda era proteger pessoas perseguidas e juradas de morte. Mas também investigavam e iam atrás dos vilões.

Não dá para falar da série e não escrever sobre o carro, a caminhonete GMC Sierra. Era marrom, com as laterais douradas. No capô tinha uma águia pintada, logotipo da empresa de Colt.

Na Peri Filmes, Drummond foi o responsável pela direção e André Filho foi o protagonista, no papel de Colt Seavers. Schnetzer, conforme você já leu, dublou Howard Munson. Myriam Thereza ficou responsável por Heather Thomas.

DON QUIXOTE DE LA MANCHA

Em 1605 foi publicado, em Madri, um dos maiores clássicos da literatura mundial: *Dom Quixote de La Mancha*. A obra é do escritor Miguel de Cervantes. O enredo é uma paródia de outros livros de cavalaria que já não eram os preferidos do público.

Don Quixote, que já tinha certa idade, era um devorador desses livros e começa a confundir as histórias e acreditar em todas, até criar a sua própria e se tornar um cavaleiro andante.

Mais de três séculos após o lançamento, a história ganhou uma versão animada. O ano é 1978. A primeira emissora a exibir esse material foi a TVE espanhola. A direção foi de José Romagosa. Foi produzida apenas uma temporada, totalizando 39 episódios. Aqui no Brasil quem apostou nesse conteúdo foi a TV Manchete, no programa Clube da Criança, apresentado por Xuxa.

Em sua fértil imaginação, Don Quixote cavalgava seu pangaré chamado Rocinante, acompanhado do seu fiel escudeiro, o camponês Sancho Pança, que montava o burro Rucio. Isso sem falar do cachorro Galco. O mais interessante é que o próprio Don Quixote se cansa desse fantasioso mundo que ele mesmo criou. Na verdade, foram vários mundos. Quando ele consegue recuperar o juízo, cai na realidade de tudo o que tinha pensado e inventado, pensa em voltar a ter uma vida, digamos, normal. Mas é Sancho Pança que o incentiva a buscar novas histórias.

A dublagem do desenho "Don Quixote de La Mancha" foi feita nos estúdios da Herbert Richers. Drummond estrelou essa animação no papel de Don Quixote. Ionei Silva dublou Sancho Pança e Darcy Pedrosa interpretou Miguel de Cervantes.

ARQUIVO CÃOFIDENCIAL

O estúdio Hanna-Barbera continuava a produzir desenhos a pleno vapor. Em 1978 apresentou o desenho "Arquivo Cãofidencial" (*The Buford Files*). Foram criados apenas 13 episódios.

Quem estrela o desenho é o cão Kojeka, excelente farejador, esperto e inteligente. Mas também tem seus defeitos e o principal deles é ser dorminhoco. Morando em um pântano, Kojeka não está sozinho. Ele tem seus amigos, os irmãos adolescentes Rosinha e Zé Quati. O trio tem como grande característica resolver mistérios que intrigam a todos, em especial o Xerife Pé de Mula, que tem como ajudante o atrapalhado Janjão. Kojeka não tem poderes mágicos, mas também não é frágil. Seu maior atributo é o focinho. Não há melhor farejador de pistas. Suas orelhas também são especiais, funcionam como um ágil radar.

Outro fato interessante é que nem sempre o herói tem um final feliz. Se, por um lado, ele consegue resolver todas as missões, uma é praticamente impossível: Kojeka não consegue pegar um guaxinim que o inferniza.

A personagem é uma sátira ao famoso detetive Kojak, que estrelou uma série de mesmo nome nos anos 1970. Não há dúvidas das coincidências entre Kojak e Kojeka. No final dá tudo certo.

O desenho foi dublado nos estúdios da Herbert Richers. Drummond dublou Kojeka, mais um cachorro para sua extensa coleção. A voz do cão lembra um pouco a do marinheiro Popeye. Um elenco estelar de dubladores foi convidado para participar desse desenho: Armando Braga (Zé Quati), Neusa Tavares (Rosinha), Gualter França (Xerife Pé de Mula) e Mário Monjardim (Janjão).

MINI POLEGAR

Em 1979, Orlando participou com muito destaque do desenho "Mini Polegar" (*Mighty Man and Yukk*), uma produção da Ruby Spears Productions. A animação não fez muito sucesso. Foi produzida apenas uma temporada, com um total de 32 episódios. Por aqui, a série foi exibida na Rede Manchete e no SBT.

A animação conta a história de Brandon Brewster. Ele é, para variar, um milionário que tem superpoderes, e seu nome de guerra é Mini Polegar. Além de voar e ter uma força sobrenatural, o herói consegue também diminuir de tamanho. Como quase todos os heróis, Mini Polegar tem um fiel ajudante. No caso, seu parceiro é um cão chamado Yogui. O cachorro é considerado o mais feio da espécie. Parece brincadeira, mas não é. Ele é tão feio que só é visto com uma casa de cachorro na cabeça. É exatamente o que você leu. Seu principal poder é a sua feiura.

– Quem disse que ser feio não tem suas vantagens? – questiona Orlando.

Essa é a sua grande arma. Quando ele tira a casa, sua feiura deixa seus inimigos atônitos. Alguns desmaiam, outros têm crises. E, pasmem, até prédios ruem. O mais interessante, no entanto, é que seu rosto nunca é mostrado de frente. Só aparece de costas, com pouquíssimos fios de cabelo – três, para ser preciso. O desenho "Mini Polegar" foi dublado nos estúdios da Herbert Richers. Sim, Drummond dublou o Yogui. Quem interpretou o herói humano foi Orlando Prado.

A crítica existe, pois Orlando já fazia o Scooby e o Bionicão. Por mais que tentasse fazer variação com a voz, é inegável a semelhança entre os três personagens. Soa um pouco como mais do mesmo.

BEBENDO E CANTANDO

Orlando sempre gostou de beber socialmente. Vodka, cachaça, vinho... não tinha preferência. Era muito comum vê-lo com um copo de bebida em seu terraço ou em festas da família. Ele não ficava bêbado, mas ficava mais alegre – como se fosse possível. Aproveitava para fazer piadas, imitações de seus principais personagens e até para mostrar seus dotes artísticos no campo da música.

Lenita tem um sítio em Araras, região serrana no Rio de Janeiro, e é muito comum a família se reunir por lá, principalmente nos feriados prolongados.

Nesses casos, frio rima com bebida, que rima com música. Orlando aproveita para tocar gaita. A idade nunca foi um entrave. Ele sempre demonstrou fôlego para "mandar" seu som, como seus netos gostam de falar.

Cantar também sempre foi um dos seus *hobbies* preferidos. Ele gosta muito de Elvis Presley e Frank Sinatra. Quando tem oportunidade, o rei do *rock* é o primeiro a ser lembrado. *"Blue Suede Shoes"* é uma de suas favoritas. Ele aproveita para lembrar a sua fase de *crooner* durante os tempos em que trabalhou na rádio e na TV Tupi. Frank Sinatra também está na trilha sonora de sua vida. *"My Way"* é uma das mais cantadas. Mas *"New York, New York"* é arrebatadora.

CASAL 20

Orlando já esteve dentro do próprio Casal 20 (Hart to Hart). Refiro-me ao seriado que fez muito sucesso no começo dos anos 1980, na Rede Globo. Ele interpretou o mordomo Max.

Jonathan Hart (dublado por André Filho) e Jennifer Hart (Juraciara Diácovo) formavam a espécie de dupla perfeita da história criada por Sidney Sheldon. Ele é um empresário bem-sucedido. Ela é uma respeitada jornalista e escritora. Em comum, os dois têm prazer em buscar novas aventuras e solucionar crimes. Logo na vinheta da série dá para ter uma ideia da importância do papel de Orlando. É o mordomo Max quem narra a abertura dos episódios do seriado.

Esse é o meu patrão Jonathan Hart: um grande homem, um grande sujeito!
Esta é a senhora Hart: ela é um encanto, que mulher espetacular!
A propósito, meu nome é Max! Eu cuido deles – o que não é fácil.
Porque eles só se sentem felizes vivendo perigosamente.

A personagem de Orlando era uma das mais populares. Era extremamente fiel aos patrões. Pode-se dizer que era uma espécie de faz-tudo em casa, quase um conselheiro do casal.

Na verdade, Drummond tem muitas características parecidas com Max. Uma delas é essa disponibilidade de ajudar ao próximo. A outra é a educação. O mordomo só se refere aos patrões como "senhor ou senhora H". Mas, a principal, com toda a certeza, é estar sempre bem-humorado.

A LAGOA AZUL

Você, provavelmente, já assistiu ao filme "A Lagoa Azul" (*The Blue Lagoon*). Na pior das hipóteses, já ouviu falar. O longa virou um clássico para quem assiste à "Sessão da Tarde", exibida na Rede Globo. Sem medo de errar, dá para afirmar que é um dos filmes mais reprisados na história da TV brasileira.

Lançado em 1980, "A Lagoa Azul" teve um orçamento de US$ 4,5 milhões. O filme conta a história de Emmeline (Brooke Shields) e Richard (Christopher Atkins). São duas crianças, e primos, que, juntamente, com o velho marinheiro Paddy Button (Leo Mckern) sobrevivem a um naufrágio no Oceano Pacífico. Em uma ilha sem animais selvagens, as duas crianças perdem Paddy (ele morre) e precisam aprender a crescer sozinhos. Como um bom romance, eles descobrem o amor e têm um filho.

Dublado na Herbert Richers, Drummond interpretou o velho marinheiro Paddy Button. Na história, é o responsável por ensinar aos jovens como pescar e sobreviver em uma ilha deserta. Pena que a participação é pequena. O marinheiro morre no começo da trama, afogado após uma bebedeira. Embora a participação seja pequena, é muito simbólica dentro da narrativa. A atuação de Orlando se destaca, pois consegue dar o tom certo exigido pela personagem. Tem de tudo um pouco: humor, ação e drama.

Um dado interessante é que, quase 40 anos depois, o neto de Orlando, Felipe, também trabalhou na produção. Ele foi o responsável por fazer a autodescrição do longa. Trata-se de um trabalho voltado para os deficientes visuais – é feita uma outra narração específica para esse público. Para Felipe foi uma mistura de surpresa e bons sentimentos.

– Meu avô dublou muitos filmes. Não dá para saber ou lembrar de todos. Na hora, foi uma grande surpresa ouvir sua voz.

DANGER MOUSE

Em 1981 entrou no ar o desenho "Danger Mouse" (*Danger Mouse*). De origem inglesa, a série teve nove temporadas e fez muito sucesso entre as crianças e o público infanto-juvenil. A animação foi vendida para mais de 30 países. Aqui no Brasil, a primeira emissora a exibir o desenho foi a TV Record, em 1982.

Danger Mouse é o nome de um agente secreto inglês, muito elegante e culto, que fala mais de 30 idiomas. De aparência estranha, é caolho e mora em uma caixa de correio em Londres. Humor, agente secreto e Londres. Essas três palavras-chave estão conectadas. Sim, o desenho é uma sátira de James Bond, o famoso agente 007. O mais interessante é que não tentam enganar.

Como todo agente secreto, há um chefe para passar as missões internacionais. Nesse caso, ele se chama Coronel K. Para conseguir sucesso nas suas tarefas, Danger dispõe de todas as principais inovações tecnológicas, incluindo um supercarro. Além dos aparatos tecnológicos, o agente secreto conta com o auxílio de um ajudante, não necessariamente muito prendado. Seu nome é Ernesto Penaforte, um *hamster* muito tímido que usa óculos e sempre está com uma gravata amarela e preta. Ah! Também está sempre usando um terno azul.

Mas, se tem agente secreto, ajudante e missões, há certamente vilões. E aí sobram mais sátiras. O sapo Barão Silas Costaverde é um gângster, cópia bem-humorada de "O Poderoso Chefão".

A dublagem do desenho "Danger Mouse" foi realizada nos estúdios da Herbert Richers. Drummond interpretou Ernesto Penaforte, o ajudante covarde do famoso agente secreto no combate aos maiores vilões do mundo.

Destaque para as atuações de Nélson Batista (Danger Mouse), João Jaci Batista (Barão Silas), Mário Monjardim (Coronel K.) e Ionei Silva (Estilete). O narrador é interpretado por Sílvio Navas.

OS SMURFS

De certo modo você já ouviu falar nos Smurfs. Na verdade, de uma forma ou de outra, a gente se identifica. Imagine só: *Smurfette* (vaidosa), Desastrado, Gênio, Ranzinza, Vaidoso, Papai *Smurf* (sábio) e tantos outros. Provavelmente, você já escolheu um e não lembra (ou prefere não lembrar). Só não vale dizer que não era do seu tempo de criança.

E o que dizer da música? Pegajosa... clássica. Em um dos filmes, virou tema de piada. Espero que nesse momento você a esteja cantarolando ("Lala Lalala..."). Afinal, quem nunca, não é mesmo?

A própria abertura já dá uma mostra do que é a história.

"Há muitos e muitos anos, no coração da floresta, havia uma vila escondida onde moravam minúsculas criaturas. Chamavam-se, a si mesmos, de Smurfs. Eram muito bons, mas existia, também, Gargamel, o feiticeiro perverso, e ele era muito mau. A floresta ainda existe e, se prestarem atenção, vocês ouvirão os gritos de Gargamel. Se forem bonzinhos, conseguirão dar uma olhadinha nos Smurfs".

Os *Smurfs* (*Les Schtroumpfs*) foram criados pelo belga Pierre Culliford. Ele assinava apenas pelo nome artístico de Peyo. Tudo começou em 1945, quando o autor criou a palavra "*Schtroumpf*". É difícil definir o que (ou quem) seriam os *Smurfs*. Duendes? Talvez. O mais interessante é saber que Peyo (com o auxílio de André Franquin) criou todo um universo sobre esses humanoides. O próprio termo "*Schtroumpf*" virou verbo "*schtroumpfar*". Aqui no Brasil virou "smurfar" (vamos "smurfar?").

A maioria se veste da mesma forma – um gorro, uma calça e um par de sapatos brancos. Seus nomes são ligados a características humanas. Eles vivem em comunidades, vilas com centenas deles. O principal mestre, o líder, é o Papai *Smurf*. Essas vilas são compostas de casas em formato de cogumelo, mas não é fácil chegar lá. É preciso uma espécie de magia para alcançar o mundo encantado dos *Smurfs*. O caminho é tortuoso: passa-se por florestas densas, pântanos e até cordilheiras. Essas comunidades têm um ponto curioso: não há dinheiro. Todos trabalham e cada um tem sua função já definida dentro desse sistema coletivo.

As pequenas criaturas azuis apareceram pela primeira vez em 1958 (em uma revista em quadrinhos). O sucesso foi imediato. O passo seguinte foi a criação de desenhos animados, em 1981.

As histórias contam o dia a dia da vila com muita magia, aventura e comédia. Interessante citar que não há uma personagem principal. Todos se destacam em algum momento. Isso também explica essa aproximação com o público. Há um antagonista, Gargamel, que tem verdadeiro ódio dos *Smurfs*. O malvado feiticeiro tem como objetivo comer os *Smurfs* e, assim, transformá-los em ouro. Há, também, uma tentativa de descoberta da longevidade dos seres (Papai *Smurf* tem mais de 500 anos).

O desenho animado

Como já descrito acima, a primeira aparição, em desenho animado, dos *Smurfs* foi em 1981. A produtora foi a Hanna-Barbera. O canal NBC exibiu a série entre 12 de agosto de 1981 a 2 de dezembro de 1989, com reprises até 1990.

Aqui no Brasil o desenho não demorou a chegar. Logo em seguida à estreia mundial, *Smurfs* foi exibido na TV Globo, no programa infantil apresentado por Xuxa Meneghel.

Orlando Drummond teve muito destaque na série. Ele dublou, em momentos diferentes, dois personagens centrais na história: Gargamel e Papai *Smurf*. Com muita serenidade, deu vida aos dois com identidades e objetivos muito distantes. Gargamel se transformou em um dos principais vilões nos desenhos animados. Já Papai *Smurf*, com toda sua sabedoria e tranquilidade, foi dublado nas produções cinematográficas.

Vamos por partes e por produção. Primeiramente, Gargamel. Sua importância é tanta que ele aparece na abertura e já dá as cartas em relação aos seus pensamentos e intenções.

"*Eu odeio os Smurfs. Eu vou pegar todos vocês nem que seja a última coisa que eu farei. Eu pego vocês. Algum dia eu encontro a vila de vocês e vocês vão se arrepender... Eu pego vocês*".

Já começa que, diferentemente das criaturas azuis, Gargamel é um humano que mora em um sombrio castelo ao lado de seu fiel amigo, o gato Cruel. O mago é magro, corcunda, calvo e usa uma capa preta com buracos retalhados por pedaços de tecido das cores verde e cinza. Ele ainda usa meias e sapatos vermelhos. Seu objetivo é derrotar os *Smurfs*. Pensa nisso a todo instante. Para alcançar esse feito, ele cria planos mirabolantes – que nunca dão certo. A sorte das criaturas azuis é que eles usam de toda sua esperteza para fugir dessas investidas. Suas intenções são comer os *Smurfs* e transformá-los em ouro. Um de seus atos foi o de criar um ser da espécie. Para surpresa de muitos (e isso só foi descoberto nos filmes), ele criou a *Smurfette*. Mas é claro que não deu certo e a bela virou uma das heroínas.

Esse foi um dos trabalhos que Drummond mais gostou de fazer. Ele nutria um carinho especial por Gargamel. O motivo é que o vilão tinha senso de humor politicamente incorreto. De certa forma, havia uma espécie de identificação. Seja com a família ou com os amigos, Orlando gostava de contar piadas. Algumas – diga-se de passagem – seriam impublicáveis. Embora já estivesse na casa dos 60 anos, Orlando deu uma rejuvenescida na fala de Gargamel. A voz original dá um tom envelhecido à personagem. Em relação ao timbre, é parecido com o do Popeye. O mais curioso é que a interpretação de Drummond faz parecer que Gargamel é mais maléfico, mais ganancioso e mais azarado.

Os filmes

Em relação aos filmes, ficaremos restrito aos longas produzidos. Escrevo isso porque foram realizados alguns minifilmes.

De imediato, uma mudança muito significativa: Orlando perde o papel de Gargamel, mas continua na história, assumindo a dublagem do Papai *Smurf*.

Foram lançados três filmes:

– *Smurfs* (2011);
– *Smurfs 2* (2013);
– Os *Smurfs* e a Vila Perdida (2017).

Em *Smurfs* e *Smurfs* 2, Orlando Drummond dubla Papai *Smurf* no lugar de Sílvio Navas. Márcio Simões assume Gargamel. Não há uma explicação oficial para a troca, mas algumas suposições são bem possíveis. A principal delas é relativa à voz. Nos dois longas, Orlando já tinha mais de 90 anos. Sua potência vocal já não era a mesma. Nesse sentido, ele força muito menos a voz no papel do Papai *Smurf*.

– Dublar o Papai *Smurf* aos 94 anos foi um grande presente por toda a minha história nos *Smurfs* – define.

Cabe esclarecer (e a ideia não é comparar quem foi o melhor) que há diferenças entre o Papai *Smurf* interpretado pelo Sílvio e pelo Orlando. O primeiro fazia o tipo mais bem-humorado. O segundo é mais sóbrio, de riso menos fácil. Por incrível que pareça, para dublar o "mago azul", Drummond recorre muito mais ao drama do que ao humor.

Já no terceiro filme (2017), não há mais a participação do Orlando. Papai *Smurf* é dublado por Júlio Chaves. Ele mantém um ar de seriedade e, por vezes, é um pouco áspero.

Antes de falar sobre as interpretações do Gargamel, é importante deixar registrado aqui quem é o Papai *Smurf*: ele é um elfo sábio. Pode ser chamado de mago, pois está sempre inventando poções. Ele é o politicamente correto, sempre busca fazer e ensinar o certo. Um dos seus principais objetivos é proteger "seus pequenos *Smurfs*" das garras do Gargamel.

Explicações feitas, vamos ao Gargamel. Aqui, sim, farei uma pequena comparação. Não no sentido de quem foi o melhor dublador, mas é importante citar que Orlando foi quem transformou o vilão em popular.

Nos filmes *Smurfs* e *Smurfs 2*, o vilão é interpretado por Márcio Simões. Ele mantém a mesma cólera de Drummond no desenho. A personagem tem um toque de humor nas suas ações, o que confere boas risadas durante o filme.

Já em "Os *Smurfs* e a Vila Perdida" (2017) há novas mudanças. Gargamel é dublado pelo ator Rodrigo Lombardi. Em sua página na rede social, ele prestou uma homenagem ao Orlando.

"Que sonho! Que delícia! Nunca pensei que teria a chance de fazer uma personagem que conviveu comigo em minha infância inteira! Peço licença para Orlando Drummond para ocupar esse lugar! Gargamel na área!"

Na interpretação de Lombardi percebe-se, claramente, uma inspiração em Drummond. Não à toa ele foi tão respeitoso ao bom e velho dublador. Verdade seja dita (e repetida), Drummond se destacou muito mais na dublagem de Gargamel. Ele marcou, pelo menos, duas décadas, duas gerações. Pode-se entender que o Papai *Smurf* foi muito mais um presente para mantê-lo na série. E ele o fez bem, mas não foi com a mesma astúcia e vitalidade do vilão.

– O Gargamel está no rol dos personagens que mais gostei de fazer. Era uma grande alegria poder dublá-lo.

Gargamel não conseguiu seu principal objetivo, que era capturar as criaturinhas azuis. Mas Orlando conseguiu o que queria: transformou o *"seu"* Gargamel em uma referência de interpretação e dublagem.

CHICO ANYSIO SHOW

A Rede Globo estreou no dia 4 de março de 1982 o programa "Chico Anysio Show". O humorístico ficou no ar até 2 de agosto de 1990. O comediante, mais do que nunca, abusava de um recurso que revolucionou a televisão brasileira: o videoteipe.[40] Esse recurso possibilitou uma das grandes características dos programas do Chico: suas personagens contracenavam entre si.

Chico emplacava mais uma produção seguida na Rede Globo. "Chico City" e "Chico Total" foram as anteriores. Isso mostra o sucesso que o humorista já tinha na época. A criatividade do comediante parecia não ter fim. Ele apresentou novas personagens que entraram para a história da televisão brasileira.

Difícil citar as mais importantes, quase um atrevimento, mas o farei. A primeira delas é Bento Carneiro (o Vampiro Brasileiro). Sua busca por sangue sempre dá errado. O humorista criou duas personagens machistas que eram alcoólatras. Ambas maltratavam suas mulheres. A primeira delas é o Nazareno, que não permitia que a companheira falasse. Seu bordão era "Ca-la-da!". A outra é o Tavares, que vivia com um copo de *whisky* na mão e fugindo da esposa, que ele carinhosamente chamava de "Biscoito".

Ninguém escapava das garras do Chico. Sobrou até para os pastores. Ele criou Tim Tones, um grande aproveitador, que só pensava em dinheiro. Outra personagem histórica é o pai de santo Painho. Há dois bordões que viraram mania entre os telespectadores: "Sou louco por essa neguinha" e "Affe". Até pelo longo tempo que ficou na grade da Rede Globo, o programa Chico Anysio Show abriu as portas para muitos talentos. Orlando Drummond foi um desses artistas que ganharam a chance e souberam aproveitar a oportunidade.

Nesse sentido, propositalmente, não citei dois personagens de Chico nos parágrafos acima. Deixei de forma separada para que possa escrever mais detalhadamente. Refiro-me ao galã Bruce Kane e ao Professor Raimundo.

Bruce Kane

A dublagem já era uma realidade no país. Chico tinha a intenção de colocar algo do tipo no programa Chico Anysio Show. Ele já tinha produzido alguns episódios que tinham como cenário os Estados Unidos nos anos 1920, 1930. Mas

---

[40] O videoteipe é o recurso que permitiu a gravação das cenas, dos programas. Antes, todo o conteúdo era feito ao vivo. O próprio Chico usou esse recurso, ainda nos anos 1960, na TV Rio.

faltava criar um herói estereotipado, um típico norte-americano, mas com uns toques brasileiros.

Nizo Neto, filho de Chico, trabalhava diretamente com o pai. Era assistente de produção na época. Ele lembra bem quando o pai começou a falar da ideia de criar essa personagem.

– Eu lembro que meu pai falou que tinha um amigo que era muito bom na dublagem. Ainda não estava muito bem definido como seria a personagem. Mas ele queria um diretor para ficar perfeita a cena. Foi quando ele me apresentou ao Drummond.

A Rede Globo acatou a sugestão de Chico e contratou Orlando para ser o diretor de dublagem do quadro. A princípio, ele não faria pontas como ator.

Outra pessoa fundamental para a contratação de Orlando foi o diretor Maurício Sherman. Eles já se conheciam desde os tempos da Rádio Tupi e pelas dublagens da vida. Assim, em 1983, Drummond foi contratado, com carteira assinada, pela Rede Globo.

Bruce era um típico galã dos filmes de faroeste. Ele tinha duas frases que ficaram bem famosas na época: "Eu sou Bruce Kane, de Cincinatti, Ohio!" e "Fui claro?". Chico, claro, era o ator. A dublagem era dividida entre Antonio Patiño e Isaac Bardavid.

Bruce tem um aspecto importante que, de repente, nem todos notaram. Há falta de sincronismo no movimento com a fala. Nesse caso, ela é proposital.

– Dentro da carreira do dublador você tem que interpretar, ver, ouvir e ler ao mesmo tempo. Não é fácil. O trabalho na dublagem exige perfeição e sincronismo. As falhas que existem nem sempre são visíveis. Muita gente não sabe, mas o que ocorre é que, quando os filmes vão para a TV, o sincronismo muitas vezes é retirado. Já em Bruce Kane, o erro é proposital e, por um lado, é maravilhoso – lembra.

Nessa época, Orlando já era reconhecido como um grande dublador. Ele estava na lista dos principais. O Scooby, por exemplo, fazia muito sucesso entre as crianças e adolescentes. Nizo lembra que foi nessa época que teve suas primeiras aulas de dublagem.[41]

– Eu conhecia a dublagem, mas ela me parecia muito distante. Só que eu estava diante de um dos maiores já naquela época. Foi um grande aprendizado estar próximo do Drummond.

---

[41] Logo depois, Nizo Neto passou no teste para fazer o mágico Presto, no desenho "Caverna do Dragão", que também contava com a participação de Drummond, dublando o Vingador.

PRIMEIROS PASSOS COMO ATOR NA GLOBO

Não demorou muito para Orlando crescer dentro da emissora carioca. Conversa daqui, conversa dali, ele foi conquistando a confiança da direção e foi deixando clara sua vontade de atuar. Assim, de forma lenta, mas gradual, Orlando foi fazendo pequenos trabalhos. Vou citar aqui alguns, sem preocupação com a ordem. O primeiro foi um de época. O cenário era Chicago, nos anos 1930. Um grupo de correligionários se reúne para apoiar uma campanha política para acabar com os pobres na cidade e aumentar a corrupção. Orlando faz uma participação pequena, interpretando um dos apoiadores.

Em outro episódio, a participação já foi um pouco maior. Orlando vive um fiscal da Vigilância Sanitária, na Bahia, que encontra irregularidades no "Abaitolá", terreiro de Painho. A única solução é fechar o espaço. No entanto, ele aceita propina e mantém o local aberto.

Vou destacar duas participações pequenas, mas de fundamental importância. Drummond, em dois momentos, deu vida a personagens *gays*. O primeiro era um sultão. Em uma conversa com outros dois sultões, eles comparam o número de mulheres com quem são casados.

No segundo, vive um homem da alta sociedade. A personagem de Orlando era um dos anfitriões. Em um dado momento, ele está acompanhado de dois rapazes quando encontra, provavelmente, uma das organizadoras do evento.

– Orlando: Onde está meu filho?
– Mulher: Namorando na biblioteca, senhor.
– Orlando: E minha filha, onde está?
– Mulher: Namorando na pinacoteca, senhor.
– Orlando: Sei... e minha senhora, onde está?
– Mulher: Namorando no jardim, senhor!
– Orlando: Absurdo! Vou ter que namorar na garagem outra vez! Vamos [puxa um dos convidados].

Essas interpretações vão no futuro, no caso não muito distante, ajudar Orlando a conseguir o papel de Seu Peru, na Escolinha do Professor Raimundo. A forma como ele fala ("Um horror!"), no primeiro caso, e a forma como se comporta, no segundo (caras e bocas), já mostram um indício do que seria o aluno da escolinha mais divertida do país.

JORGE, O CACHORRO

Estamos em 1986. Não foi um ano fácil. Para entender este capítulo é preciso escrever sobre temas nada divertidos, como economia e política nacional. Essa explicação é importante para entender com mais profundidade o cachorro Jorge, a primeira personagem fixa de Orlando no programa Chico Anysio Show.

No dia 28 de fevereiro, o então presidente José Sarney lançou o Plano Cruzado. O país começava o ano com hiperinflação.[42] O objetivo era aumentar o consumo. Uma das principais marcas dessa época foi o congelamento de preços nos supermercados, feito com a ajuda da população.[43]

Agora, vamos aos fatos: Chico Anysio por si só era um comediante que tinha uma preocupação com o cenário político. Essa essência está em seus personagens, como é o caso do Bolada. Este está longe de ser um dos seus personagens mais famosos, mas fez sucesso na época. Ele tinha um fiel amigo: um cão chamado Jorge. O animal era dublado por Orlando.

Um dos detalhes da personagem dublada por Drummond era justamente a sua vocação política. O cão era *malufista*. Em 1986, Paulo Maluf tentou se eleger para governador de São Paulo. Concorreu com Orestes Quércia e Antônio Ermírio de Moraes. Ficou em terceiro.

Em um dos episódios, Jorge começa sua participação lendo o jornal *O Globo* e falando sobre política.

– Olha aqui, Bolada! Já tem seis candidatos ao governo de São Paulo. Tá sabendo?

O cachorro já tinha escolhido seu candidato preferido.

– Não fala mal do Maluf que ele morde! – Bolada alerta aos desavisados.

Em uma entrevista ao programa "De Frente com Gabi", em 1998, Chico se definiu como um "fotógrafo da vida". Ele ainda disse que o "humor é denúncia" e que ele, como humorista, "tinha o dever de denunciar". Tudo indica que, naquele momento, Chico tinha simpatia pelo político. Quando perguntado em qual candidato votaria, ele respondeu:

– Eu gostaria demais que o Maluf tivesse uma oportunidade. (...) Eu acho que o Maluf é um administrador admirável. O que ele fez como prefeito e como governador de São Paulo foi de tal modo brilhante que eu acho que ele merecia uma chance de ser Presidente da República.[44]

---

[42] A inflação chegou a superar 80% ao dia.
[43] As pessoas fiscalizavam os preços dos mercados e denunciavam a subida de preço. Eram chamadas de "fiscais do Sarney". No entanto, como não tinha reajuste, os produtores, vendo sua rentabilidade só cair, reduziram a produção e retiraram os produtos do mercado.
[44] Só abrindo um parêntese. Fernando Henrique Cardoso foi o primeiro presidente

Aqui não cabe discutir se Paulo Maluf era (foi, é ou será) o melhor candidato para o país ou para São Paulo. Chico achava que sim. Você pode achar que não. Para Orlando, "o nome do político é indiferente – basta que faça um bom governo".

1987

O momento político e financeiro, como já visto, não era dos melhores. Assim como todo brasileiro, Orlando precisava do trabalho para sustentar a família. Mesmo sendo artista, não tinha um salário alto. Só a dublagem, naquele momento, não era suficiente para pagar as contas. Por isso ele se dedica, ainda mais, na Rede Globo. Para manter o seu contrato era necessária, principalmente, a aprovação de Chico Anysio. E Drummond sabia bem disso.

O programa contava com elenco numeroso e o corte era sempre uma preocupação dos profissionais que participavam da produção. Por alguns dias, ou semanas, Orlando se questionava se deveria conversar diretamente com Chico. Não queria atrapalhar, mas, também, não queria perder o emprego. Sabia do seu potencial, da sua qualidade, tinha total clareza de que poderia render mais, ser mais útil. Ele queria era trabalhar. Após muito ponderar, chegou a uma conclusão. Em uma mistura de ansiedade, nervosismo e receio, Drummond decidiu que precisava falar. Mas, ao invés de uma conversa, preferiu enviar uma carta ao amigo. Ele a entregou em mãos e pediu que o humorista lesse assim que arrumasse um tempo.

Caríssimo companheiro Chico Anysio,
não tive oportunidade de te falar pessoalmente, mas o faço agora através desse teu magnífico varão correio. E, desde já, peço desculpas a ele pelo meu abuso. Seguinte: se houver "oportunidade" para eu continuar no teu programa, te ficaria muito grato. Se não, te fico grato do mesmo jeito já que o contrato corrente me trouxe muitas alegrias.
Obrigado
Salve 1987 e 1988!
Versão brasileira Orlando Drummond
The End

Chico não respondeu a carta. Mas, na primeira oportunidade que teve, falou com Orlando para se acalmar, que ele seria mantido para a temporada seguinte.

---

reeleito na história do país. Ele venceu no primeiro turno. Luiz Inácio Lula da Silva ficou em segundo lugar e Ciro Gomes em terceiro. Já no governo de São Paulo, Paulo Maluf foi derrotado no segundo turno. Mário Covas foi eleito para comandar o Estado.

Mais aliviado, o dublador teria um 1988 inesquecível, que mudaria os rumos da sua vida.

OS GATÕES

O ano era 1982. A Rede Globo[45] começava a transmitir a série "Os Gatões" (*The Dukes of Hazzard*). Mas a verdade é que ela fora criada um pouco antes. Em 1979 era exibida, pela primeira vez, nos Estados Unidos. O seriado era estrelado por Luke Duke (Tom Wopat) e Bo Duke (John Schneider). Eles começaram a trabalhar com o Tio Jesse (Denver Pyle), que tinha um rancho em uma cidade do interior da Geórgia. O detalhe é que Tio Jesse fabricava uma espécie de *whisky* clandestino e eles trabalhavam na fabricação e na distribuição da bebida.

Só que os primos foram presos pela polícia por porte de bebida ilegal e Tio Jesse apareceu para ajudá-los. Por ter bons antecedentes, foi feito um acordo na justiça. Eles não ficariam presos, mas não poderiam mais produzir, comercializar e entregar o *whisky* falsificado. Mas o grande problema é que a família não sabia fazer nada além da bebida clandestina. Logicamente eles continuaram com a produção. Como não poderiam andar com armas de fogo, Tio Jesse teve uma grande ideia: ensinou os sobrinhos a usar arco e flecha.

Já deu para ter uma ideia de que os dois só se metiam em confusão, né? Quem sofria com a dupla era o xerife Rosco P. Coltrane (James Best). Para ajudá-los a fugir das enrascadas, os primos tinham um fiel amigo: o General Lee, um Dodge Charger RT, de 1969. O carro era alaranjado e tinha o número 1 estampado nas portas. No teto havia uma bandeira confederada. A buzina, quando acionada, tocava o início do hino confederado chamado "Dixie".

A dublagem foi feita nos estúdios da Herbert Richers. Drummond dublou o Tio Jesse Duke, mas não foi o único dublador da personagem. Também foi escolhido o ator João Jaci Batista.

HE-MAN

O acaso pode ser uma definição quando se trata do desenho "He-Man e os Defensores do Universo" (*He-Man and the Masters of the Universe*). A explicação é simples: ele surgiu graças a um projeto que deu errado. A empresa Mattel produzia bonecos baseados na série Conan (protagonizada pelo ator Arnold Schwar-

---

[45] A série também foi exibida pela Rede Record e pela Warner Channel.

zenegger). Ocorre que os executivos mudaram de ideia, pois se tratava de uma série violenta para as crianças. O projeto foi deixado de lado por um momento. Para não perder o investimento que tinha sido feito, a Mattel decidiu criar um novo herói com o biótipo parecido com o de Conan. Surgia, assim, o homem mais forte do universo: He-Man.

O desenho estreou em 1983 e logo se tornou um fenômeno mundial. Aqui no Brasil, a estreia foi no ano seguinte, no programa Balão Mágico, exibido pela Rede Globo. O sucesso se repetiu. A abertura do desenho já traz um breve resumo dos personagens e da história:

"Eu sou Adam, príncipe da Etérnia, defensor dos segredos do castelo de Greyskull. Esse é Pacato, meu melhor amigo. Fabulosos poderes secretos me foram revelados no dia em que ergui a minha espada mágica e disse: 'Pelos poderes de Greyskull!! Eu tenho a força!'. Pacato transformou-se no possante Gato Guerreiro e eu me tornei He-Man, o homem mais poderoso do universo. Só mais três pessoas conhecem o segredo: nossos amigos a Feiticeira, o Mentor e o Gorpo. Juntos defendemos o castelo de Greyskull contra as forças malignas do Esqueleto".

A dublagem foi feita na Herbert Richers. A direção ficou por conta de Angela Bonatti. Príncipe Adam/He-Man foi dublado por Garcia Júnior. Orlando interpretou a dupla Pacato/Gato Guerreiro. Isaac Bardavid dublou o Esqueleto e Mário Jorge, o Gorpo. O ponto curioso é a capacidade de Drummond interpretar dois personagens totalmente distintos no mesmo desenho. Pacato/Gato Guerreiro têm personalidades bem diferentes. São duas pessoas distintas.

Fiel amigo de He-Man, ele precisa a todo custo ajudar o herói a defender o reino de Etérnia. É aí que entra a grande diferença na interpretação. Pacato, como o nome já sugere, é um animal medroso. Já Gato Guerreiro é destemido, corajoso, não teme nada nem ninguém.

– Era interessante que naquela época as pessoas não entendiam e não me associavam aos dois personagens. E sempre ficavam divididas se eu dublava o Pacato ou o Gato Guerreiro – se diverte.

Orlando, em um mesmo episódio, precisava mostrar toda a sua versatilidade como dublador. E ele o fazia usando referências próprias. Pacato tem um jeito Scooby e o Gato Guerreiro foi uma clara inspiração para o Vingador do desenho Caverna do Dragão.

LOUCADEMIA DE POLÍCIA

Em 1984 chegava aos cinemas o primeiro filme da série "Loucademia de Polícia" (*Police Academy*). O nome, por si só, já sugere uma comédia. O mais interessante foi fazer essa brincadeira com a instituição. A crítica especializada gostou muito do primeiro filme. E só. Mas foram feitos mais sete. Drummond participou ativamente desta série, dublando o ator George Gaynes, que interpretou o Comandante Eric Lassard. A voz mais rouca, que lembra um pouco o Popeye. Mas é preciso ressaltar que Orlando não foi o único dublador desta personagem, dividiu o batente com Dário Lourenço.

Em um rápido quadro ilustrativo, os dois dubladores se dividiram da seguinte forma:

Filme	Ano	Dublador
Loucademia de Polícia	1984	Orlando Drummond
Loucademia de Polícia 2 – A Primeira Missão	1985	Orlando Drummond
Loucademia de Polícia 3 – De Volta ao Treinamento	1986	Dário Lourenço
Loucademia de Polícia 4 – O Cidadão se Defende	1987	Orlando Drummond
Loucademia de Polícia 5 – Missão Miami Beach	1988	Dário Lourenço
		Orlando Drummond (redublagem)
Loucademia de Polícia 6 – Cidade em Estado de Sítio	1989	Dário Lourenço
Loucademia de Polícia 7 – Missão Moscou	1994	Dário Lourenço

A história começa com a entrada de recrutas voluntários para a Academia de Polícia. Trata-se de uma tentativa de o prefeito reduzir os índices de violência, que só aumentam. A partir daí, os recrutas se formam policiais e vão se metendo em muitas encrencas. Em um dos filmes, passam a formar novos cadetes. As narrativas em si se perdem. O principal dos filmes, definitivamente, não é o roteiro. Em alguns momentos, parece que os atores têm carta branca para fazer brincadeiras em cena. Isso se repete na dublagem.

Foram muitos filmes em seguida. Quase todos nos anos 1980. Isso pode ter cansado um pouco a fórmula.

O sucesso da série não ficou restrito ao cinema. Em 1988 foi lançada uma versão animada. A Herbert Richers foi o estúdio escolhido para fazer a dublagem (diga-se de passagem, a empresa fez todos os filmes também).

Se foi lançada em 1988 lá fora, aqui demorou um pouco mais a chegar. As duas temporadas foram exibidas, primeiramente, na Rede Globo, entre 1990 e 1992. Em seguida, passou no SBT, entre 2004 e 2007. A temática foi muito parecida com o filme. O roteiro, mais uma vez, ficou em segundo plano. O humor era o principal atrativo do desenho. Drummond continuou dublando o Coronel Lassard.

NOIVADO DO ORLANDINHO

Drummond nunca foi de se meter na vida dos filhos. Ele só se posicionava quando era chamado. Essa era a regra, mas há exceções. E o Orlandinho foi uma espécie de vítima desse acaso. Ele namorava Linda há seis anos. Orlando e Glória adoravam a nora, os dois a tratavam como uma verdadeira filha. E, diga-se de passagem, ela sempre retribuiu esse carinho com muito amor e atenção.

Certo vez, Orlando chamou o filho para conversar. Os dois foram até o escritório. Chegando lá, o pai puxou um banquinho para Orlandinho sentar. Ali, ele percebeu que tinha algo de diferente naquele papo.

– Quando ele puxava um banquinho era para algum papo cabeça. Quando papai queria falar alguma banalidade, a conversa era em pé.

A percepção de Orlandinho estava correta. O pai, realmente, queria ter uma conversa séria. Na verdade, Drummond adiou esse papo o máximo que conseguiu, mas estava incomodado com a situação.

– Está tudo bem? – o pai perguntou.
– Está tudo bom – o filho respondeu
– Como está a vida?
– Está tudo direitinho.
– Uma coisa que nunca te perguntei, mas estou curioso: está ganhando quanto?
– Estou ganhando x.[46]
– Nossa, tá ganhando bem!

Orlandinho estava um pouco aflito. Ele ainda não sabia o real sentido daquela conversa. Drummond foi então mais direto.

– E essa menina com quem você está: você gosta dela?
– Gosto!
– É com ela? Tem essa sensação de que é com ela?
– Tenho sim!
– Então fala para mim: o que está faltando? Você vai ficar enrolando a moça até quando?
– Calma aí! Essa fala não é sua! O pai dela é que tinha que estar me dando essa prensa.

---

[46] Ele disse o valor correto.

Drummond realmente não entendia o motivo da demora do filho. Orlandinho estava com 28 anos, bem empregado, ganhando bem, namorando há seis anos e com a certeza de que ela era a menina certa.

– Você não pode ficar nessa enrolação. Vai acabar magoando a moça!

A conversa surtiu efeito. O filho, de fato, não pensava em casar naquele momento. Estava feliz do jeito que estava.

– Eu tenho para mim que, se ele não me desse aquele toque, eu ia enrolar bem mais tempo – confessa.

Essa conversa entre os dois sempre foi motivo de boas risadas nos encontros da família. O filho não lembra exatamente o dia em que ela ocorreu, mas está certo de que foi em outubro de 1984.

Anos mais tarde, Orlandinho ainda não entendia bem o motivo de o pai tê-lo chamado para aquele papo. Mas ele tem duas boas hipóteses:

– Meus pais se casaram no dia 27 de outubro de 1951. Como esse nosso papo foi no mesmo mês, acho que o incentivou a falar comigo. Mas, é claro que pesou o fato de ele gostar muito da Linda.

Aquela conversa não saía da cabeça de Orlandinho. Foram exatos 15 dias pensando e lembrando as frases do pai. Até que ele decidiu e tomou a decisão de anunciar o noivado.

– Para minha mulher, é Deus no céu e papai na Terra! – conta, às gargalhadas.

OS WUZZLES E OS URSINHOS GUMMI

Os estúdios Disney resolveram apostar em dois desenhos animados, em 1985: "Os Wuzzles" (*The Wuzzles*) e "Os Ursinhos Gummi" (*Adventures of the Gummi Bears*). Orlando participou das duas, mas de formas diferentes; protagonizou a primeira e fez uma participação na segunda. Vou falar um pouco de cada.

A primeira delas é "Os Wuzzles", exibido em 1985 pela emissora CBS. Foi produzida apenas uma temporada, totalizando 13 episódios. A Rede Globo comprou os direitos dois anos depois. Era uma das grandes atrações do programa "Xou da Xuxa". O desenho apostava, acima de tudo, na imaginação do público, ou seja, os personagens, muito coloridos, com boas técnicas de animação, eram híbridos. Eles se formavam de metades de outros animais. Para simplificar, é como imaginar a cabeça de um gato em um corpo de um tigre. Os animais viviam na Ilha Wuz. Os habitantes tinham duas grandes missões. A primeira era preservar o local contra os invasores – em sua maioria, humanos. O segundo era realmente se proteger das investidas dos homens que pregavam a caça desses diferentes animais.

O quadro abaixo mostra uma síntese dos animais da Ilha Wuz:

Nome	Híbrido	Característica
Abeleão	Abelha + leão	Era o mais corajoso.
Ursoleta	Urso + borboleta	Seu *hobby* era cozinhar e cuidar do jardim.
Rinocaco	Rinoceronte + macaco	Era o bem-humorado do grupo.
Hipocó	Hipopótamo + coelho	Também era muito divertido.
Alçoca	Alce + foca	Tinha uma imaginação fértil.
Eleru	Elefante + canguru	Era distraído e lento.

Mas nem tudo era calmo na Ilha Wuz. Como sempre, tinha o vilão. Seu nome era Crock, um crocodilo responsável por tirar a paz dos simpáticos animais que gostavam de cultivar seus jardins e ter uma vida em sociedade pacífica.

A dublagem de "Os Wuzzles" foi feita nos estúdios da Herbert Richers. Drummond foi o protagonista do desenho, interpretando o Abeleão. A personagem morava em uma casa que mais parecia uma colmeia. Detalhe que ele era muito vaidoso, estava sempre cuidando da parte física.

O outro desenho foi "Os Ursinhos Gummi". Mas esse teve uma vida maior, durou seis temporadas, totalizando 65 episódios. Lá fora foi exibido pela ABC. A Rede Globo não perdeu tempo e adquiriu os direitos de transmissão. Assim como "Os Wuzzles", o desenho também era uma das principais atrações do programa "Xou da Xuxa".

O desenho "Os Ursinhos Gummi" também foi dublado nos estúdios da Herbert Richers. Acumulando outras dublagens, que inclusive protagonizava, Orlando fez uma pequena participação na animação, interpretando a personagem Tuxford, um senhor que adorava uma briga e liderava os cavaleiros do castelo de Duwyn.

O CALDEIRÃO MÁGICO

Em 1985, o estúdio Disney lançou sua 25ª produção. "O Caldeirão Mágico" (*The black cauldron*) é um filme que mistura fantasia e aventura. A animação foi uma das grandes frustrações da produtora, pois o retorno financeiro ficou abaixo do esperado. A história se passa durante a Idade das Trevas, em uma terra chamada Prydain. Um garoto, Taran, tem o sonho de se transformar em um valente guerreiro. Ele é uma espécie de cuidador de porcos na fazenda do mago Dallben.

O mago tem um grande inimigo: o Rei de Chifres. Ele descobre que o seu algoz está atrás de um caldeirão mágico, com o objetivo de criar um exército de zumbis para dominar o universo. Mas essa não é a sua única preocupação. Dallben tem uma porquinha que possui poderes e teme que o animal seja sequestrado. Por isso, o mago toma uma atitude: manda Taran fugir com o animal para um esconderijo na floresta. O menino passa a ser procurado pelos capangas do rei. Em um descuido, a porquinha é raptada.

Taran segue em busca do animal. No caminho ele conhece Gurgi, que o aconselha a desistir, mas não o escuta e, em um ato de coragem, invade o castelo. O menino encontra facilmente a porquinha e consegue salvá-la – ela foge, mas o garoto não tem a mesma sorte e acaba capturado. Prisioneiro, encontra uma jovem princesa chamada Eilonwy. Os dois encontram uma espada mágica, que ajuda Taran a lutar com os capangas do rei. Eles conseguem fugir do castelo, mas o rei começa a persegui-los. Ao fugir do castelo, Taran observa as pegadas da porquinha e começa a segui-las. Para sua surpresa, descobre um reino encantado onde moram pequenos magos e fadas. Outra descoberta é que esses seres mágicos sabem o paradeiro do tal caldeirão.

Aqui eu paro para não contar o final da história. Drummond participou, dublando o mago Dallben. Foi mais um velho para o currículo do dublador. A direção de dublagem foi conduzida por Telmo Avelar, e a gravação feita na Herbert Richers.

CAVERNA DO DRAGÃO

Posso escrever sem medo de errar: o desenho "Caverna do Dragão" (*Dungeons and Dragons*) é um dos grandes clássicos dos anos 1980, mas, também, pode ser adjetivado como uma das maiores contradições da década. Talvez, possa ir além: até hoje a animação é tida como clássica e controversa. O desenho, que não pode ser classificado como infantil, foi inspirado em um jogo de RPG chamado "*Dungeons & Dragons*". Coproduzido por Marvel, TSR e Toei Animation, estreou em 1983 na rede CBS. A série durou três temporadas, com um total de 27 episódios.

Aqui no Brasil, o desenho estreou apenas em 1986, no programa "Xou da Xuxa", na Rede Globo. Logo de cara, deixo duas observações. A primeira é que a animação estreou por aqui quando já não era mais produzido lá fora. A segunda observação, e não menos importante, é que não se falava (ou se falava muito pouco) em RPG no Brasil. O desenho conta a história de seis jovens que decidem ir ao parque de diversões e, ao entrarem em uma montanha-russa (a *"Dungeons & Dragons"*), são transportados para um reino mágico. Bobby, Diana, Eric, Hank, Sheila e Presto são os heróis da animação, que passam por histórias incríveis com um único objetivo: descobrir como voltar para suas casas.

Importante citar que, ao chegar no tal reino, cada um recebe uma arma diferente:

Personagem	Arma	Personalidade
Bobby	Tacape (espécie de clava)	É o caçula do grupo e irmão de Sheila. Apesar da pouca idade (8 anos), é o mais corajoso do grupo.
Diana	Bastão (usado para saltos e acrobacias)	É a mais confiante e centrada do grupo. Sua maior arma é a agilidade nos movimentos.
Eric	Escudo mágico	Filho de pais ricos, é egoísta e arrogante. No entanto, em alguns episódios arrisca a própria vida para salvar os amigos.
Hank	Arco com flechas mágicas	É o líder do grupo. Mas, por vários momentos, demonstra hesitação.
Sheila	Capuz que a deixa invisível	É a irmã de Bobby e protetora do irmão. Essa proteção se estende aos demais do grupo.
Presto	Mágica (possui um chapéu de feiticeiro)	É tímido e atrapalhado. Geralmente, suas mágicas têm o efeito inverso, mas no final acabam dando certo.

Uma personagem menor, mas que aparece em todos os episódios, é a unicórnio Uni, que virou o animal de estimação de Bobby. A série ainda possui outros coadjuvantes, como a dragoa Tiamat (protetora dos dragões) e o Demônio das Sombras, o informante do Vingador.

Mais dois personagens são centrais nesta história: o Mestre dos Magos e o Vingador. Eles são apresentados como opostos: o bem e o mal. O primeiro é o guia dos seis jovens, que acreditam que ele possa ajudá-los a voltar para casa. No entanto, o velho sábio aparece e desaparece como o vento e é o rei das mensagens enigmáticas. Em alguns capítulos sua sabedoria é questionada pelo grupo. Já o Vingador é apresentado como o grande vilão, que serve a uma entidade apenas chamada de "aquele cujo nome não deve ser pronunciado". Seu objetivo é destruir e dominar o reino. Para isso, ele precisa destruir a dragoa Tiamat, o que só é possível com o uso das armas dos seis jovens.

No começo do capítulo escrevi que a série era controversa. Explico: simplesmente, após a terceira temporada, os produtores desistiram de continuar o desenho. O grande acontecimento seria (ou não) o retorno dos seis garotos a suas casas. Esse episódio foi escrito e virou um verdadeiro mistério, pois jamais foi gravado. Será que eles voltaram para seus lares? Outras dúvidas também não foram respondidas: quem, de fato, é o Mestre dos Magos? E o Vingador? Em alguns episódios, o sábio deixava dúvidas sobre uma suposta familiaridade com o vilão. Será que as posições, então, estavam invertidas? Enfim, todas essas dúvidas e outras mais ficaram no imaginário de milhares de jovens que acompanharam a série. Os próprios dubladores sofreram, de certa forma, com essas dúvidas.

– Você se prepara para fazer uma personagem e espera que a história tenha um final. Faz parte do roteiro. Mas o principal é que a história foi um sucesso e até hoje todos lembram com carinho do Caverna do Dragão – afirmou Drummond.

Ricardo Schnetzer, dublador do Hank, tem a mesma opinião:

– Frustra, porque você fica sem saber o final. Mas quem mais sofre, sem dúvida, é o público.

Um alento aos fãs é que esse último episódio foi escrito, anos depois (2010), em um quadrinho. O roteirista foi o mesmo que escreveu a maioria das histórias do desenho, Michael Reaves. A produção ficou por conta do cartunista brasileiro Reinaldo Rocha. O nome é "Requiem". Mas, que fique claro: trata-se de uma versão não oficial.

Bem, a partir daqui é *spoiler* sobre esse possível último episódio. O Mestre dos Magos, na verdade, é pai do Vingador. Ele usa os seis jovens para tentar recuperar o filho que seguia o mestre "cujo nome não pode ser dito". Após uma verdadeira guerra, os seis garotos conseguem recuperar a bondade do Vingador. Como retribuição, o Mestre dos Magos aponta o portal para que os seis jovens decidam se querem voltar para casa ou se preferem continuar no reino mágico. A resposta fica por conta da imaginação de cada um.

Sobre a dublagem

A dublagem do desenho foi feita nos estúdios da Herbert Richers. A direção ficou por conta de Henrique Ogalla, que dublou o Bobby. Drummond, como já mencionado, interpretou o Vingador. Alguns personagens tiveram mais de uma voz. Veja, no quadro abaixo, os demais dubladores.

Personagem	Dublador
Bobby	Henrique Ogalla
Diana	Mônica Rossi
Eric	1ª voz: Mário Jorge 2ª voz: Ettore Zuim
Hank	Ricardo Schnetzer
Mestre dos Magos	1ª voz: Ionei Silva 2ª voz: Miguel Rosenberg
Sheila	1ª voz: Marlene Costa 2ª voz: Fernanda Baronne
Presto	1ª voz: Nizo Neto 2ª voz: Gabriel de Queiroz Rezende
Vingador	Orlando Drummond

Fundamental, também, citar as seguintes vozes: Demônio das Sombras: 1ª voz – André Luiz "Chapéu"; 2ª voz – Orlando Prado; 3ª voz – Nélson Batista; 4ª voz – Marco Ribeiro; e Tiamat: 1ª voz – José Santa Cruz; 2ª voz – Amaury Costa.

O Vingador é um dos principais trabalhos de Drummond. O culto à série diz muito sobre a sua importância. Não foi uma interpretação fácil, e Orlando não seguiu o tom da versão original. O seu vilão parece mais viril, mais maléfico, é como se houvesse ódio em cada palavra. O mais interessante é a versatilidade que Orlando mostra. Seus principais personagens tinham um toque de humor. Até Popeye, com seu jeitão mal-humorado, conseguia fazer umas piadas grosseiras.

Não é o caso do Vingador. Ele não faz piadas. O Gargamel (de "*Smurfs*"), por exemplo, é atrapalhado e arranca gargalhadas por mais que ele quisesse capturar as simpáticas criaturas azuis. Não é um exagero afirmar que o Vingador é um dos principais vilões da história dos desenhos animados.

2019

Décadas depois, os fãs continuam a cultuar a série. Prova disso foi o sucesso do comercial do carro Kwid Outsider, da Renault. Criado pela agência DPZ&T, a *live action* mostrou os amigos Hank, Eric, Diana, Sheila, Bobby e Presto fugindo do Vingador.

Até aí, tudo bem, certo? Mas a grande sacada é que os amigos conseguiram voltar para o mundo real e usaram, obviamente, o veículo para conseguir tal feito. Ou seja, a agência, de forma brilhante, fez uma campanha nostálgica e, de quebra, mostrou ao público o que parecia impossível: o final de "Caverna do Dragão". Os jovens acessam um portal e, já no mundo real, estão com roupas novas e dentro de um parque de diversões (foi assim que tudo começou, lembra?). Mesmo assim, eles percebem um homem estranho montado em um cavalo – provavelmente, o Vingador.

Para se ter uma ideia do sucesso do comercial, foram mais de 13 milhões de visualizações em menos de 15 dias. Não dá para mensurar, e não é a ideia, o impacto nas vendas do automóvel.

Impossível citar o comercial sem mencionar Orlando. Com 99 anos, ele dublou, mais uma vez, o Vingador. A força da voz, apesar da idade, foi mantida. A agência divulgou o *making of* das gravações, onde é possível notar toda a arte de Drummond. A direção da dublagem foi feita por Felipe, neto do veterano dublador.

– Foi incrível. Vou guardar para sempre – resume Felipe.

FARO FINO

Estamos em 1986. Orlando ficou sabendo de um teste para uma série que tinha acabado de chegar nos estúdios da Herbert Richers. De cara ele se entusiasmou. O papel principal era interpretado pelo ator Jack Warden, velho conhecido seu.[47] Confiante, ele não tentou fazer uma interpretação diferente: afinal, já tinha dublado Warden em comédias, aventuras e até em suspense. Na verdade, nem foi preciso muito sacrifício.

Mais um teste feito, mais um papel conquistado. O seriado, no original, se chamava *Crazy Like a Fox*. Por aqui, foi traduzido para "Faro Fino". A série, uma produção da emissora CBS, foi transmitida em solos americanos em 1984 e durou apenas duas temporadas. Aqui no Brasil foi exibida pela Rede Globo, dois anos depois.

O seriado é uma mistura, na medida certa e tipicamente americana, de ação com comédia. Warden interpreta um detetive para lá de atrapalhado e inconsequente, que não mede o perigo para se meter em loucuras. O nome da sua personagem é Harrison "Harry" Fox. Mas ele não se mete sozinho nas confusões. Não que ele tenha um parceiro, uma pessoa disposta a ajudá-lo, não é bem assim. Pelo contrário, "Harry" sempre coloca o próprio filho nas confusões. Esse filho é

---

[47] Na arte-final do livro você vai perceber que Drummond dublou um mesmo ator muitas vezes. Jack Warden foi um deles.

interpretado pelo ator John Rubinstein. A dublagem foi feita por Marco Antônio. A personagem se chama Harrison Fox Jr., um advogado que só pensa em ter uma vida calma e fugir das trapalhadas do pai.

Essa relação de pai e filho é um dos grandes atrativos da série. Eles brigam o tempo todo. O pai sempre começa querendo um conselho jurídico. Em instantes eles estão perseguindo um suspeito e acabam discutindo se devem ou não atirar no vilão da trama.

TRANSFORMERS

1986. Esse foi o ano de estreia da série de robôs super-heróis aqui no Brasil. Foi no programa apresentado pela Xuxa, na TV Globo e ajudou a alavancar o sucesso do matinal infantil.

Transformers foi um curioso caso, pois, antes do desenho, já havia uma extensa linha de brinquedos produzida. A série foi encomendada pela empresa americana Hasbro (sucesso no mundo inteiro com sua linha de produtos para crianças e jovens), em 1984. Como foram lançados quadrinhos da série, a empresa americana se associou à Marvel para a realização do programa de televisão. O enredo não é dos mais simples. Há dois grupos: o bom, que luta para manter a paz mundial, os Autobots. Eles não ferem, de forma nenhuma, os humanos. E os inimigos, que pretendem criar um exército de máquinas superpoderosas, os Decepticons. É uma verdadeira guerra robótica entre Optimus Prime (bom) e Megatron (mau).

Nessa luta incessante, esses robôs possuem uma espécie de identidade secreta. Mas eles não estão escondidos atrás de pele/carne humana. São carros e naves que se transformam em seres gigantes.

Ao todo a série durou quatro temporadas. Foram 98 episódios produzidos, mas aqui no Brasil só foram lançados 94. Os quatro restantes, do último ano, não foram dublados. Transformers foi dublada nos estúdios Herbert Richers. Drummond fez pontas e, no total, dublou quatro personagens na série animada. O primeiro deles foi Blaster, mas ele não foi o único dublador desse robô; Carlos Seidl e Francisco José também defenderam o Autobot especializado em comunicação. O segundo robô dublado foi o Rumble e Drummond dividiu a atuação com Paulo Flores. Trata-se de um Decepticon que nem era um dos mais fortes. Blurr foi o terceiro robô e dessa vez Orlando foi o único dublador. A personagem é um Autobot, que se aproveita de sua velocidade para se tornar um mensageiro rápido e eficaz. Por fim, Skywarp, Decepticon dublado por Orlando, Francisco José e Older Cazarré. O teletransporte é sua principal arma. Essa personagem teve um lado curioso: de assistente leal, ela se desilude com os rumos e muda de lado – vai lutar a favor dos Autobots.

Transformers no cinema

A série robótica chegou com força aos cinemas. Até 2017 foram lançados cinco longas. A direção da dublagem ficou a cargo de Guilherme Briggs, que também interpretou o robô Optimus Prime. Ele deu dois presentes ao veterano dublador. O primeiro foi no filme "Transformers – O Lado Oculto da Lua" (*Transformers: Dark of the Moon*). Lançado em 2011, o longa, que não foi um sucesso de crítica, arrecadou mais de 1 bilhão de dólares em todo o mundo.

Não percam as contas: em 2011, Orlando estava com 91 para 92 anos. Nessa idade, ele já não tinha mais condições de fazer, por exemplo, o papel principal ou secundário de um filme ou de uma série. Mas, se a idade era um entrave, o amor pela dublagem falava mais alto. O diretor lembra exatamente como foi o convite para Orlando.

– Eu liguei para ele e perguntei: "*Dru*, posso continuar te chamando?". Aí ele me respondeu: "Oh, meu filho: me dá coisinha pequena para a gente ir com calma".

Como ele poderia recusar um convite feito por uma pessoa tão querida como o Briggs? O seu papel era mais do que especial. Não se tratava de mais um dos robôs (como na série animada). Ele interpretou uma personagem baseada em uma história real: Edwin Eugene Aldrin Jr., Buzz Aldrin, como era mais conhecido, é um ex-astronauta norte-americano. Ele foi o segundo homem a pisar na Lua, no dia 20 de julho de 1969, durante a missão Apollo 11. Como homenagem, foi dado seu nome a uma cratera na Lua, e há uma estrela que o representa na Calçada da Fama, em Hollywood.

Foram apenas duas falas. Drummond, apesar da idade, não perdeu o *timing*.

– O melhor de tudo é que o Buzz Aldrin interage com o Optimus. Ou seja, eu ainda fiz de uma forma que consegui dublar diretamente com o Drummond – lembra Briggs.

A segunda participação foi no filme "Transformers 4 – A Era da Extinção" (*Transformers: Age of Extinction*). Assim como o anterior, crítica de cinema e público seguiram caminhos separados. Detestado pelos especialistas, o longa novamente passou da casa de 1 bilhão de dólares. O quarto filme da série robótica é de 2014. Orlando estava com 94, 95 anos. Mais do que nunca, suas participações na dublagem foram ficando escassas. Mas, novamente, como recusar o convite do Briggs? Dessa vez o papel não era tão importante para a humanidade, mas foi importante demais para Orlando, fez ele se sentir bem, se sentir vivo, querido pelos colegas de dublagem. A personagem em questão era um velho dono de um cinema antigo destruído, que estava vendendo peças. O ponto é que Optimus Prime estava escondido nesse lugar.

– Eu o convidei para homenageá-lo, para eternizá-lo. É importante que ele esteja dublando – afirma Briggs.

ALF, O ETEIMOSO

O seriado "Alf, o ETeimoso" foi um dos grandes sucessos da televisão mundial, no final dos anos 1980 e começo de 1990. Orlando dublou o extraterrestre.

– Foi um grande presente dublar o Alf. Eu consegui dar um *jeitão* meio carioca para ele.

Realmente, Alf é um dos personagens preferidos de Drummond. Mais do que falar da personagem, ele gosta de apresentá-lo dublando. E, para isso, repete a mesma frase há tempos. Pode colocar mais de 30 anos.

– Eu vim de Melmac e lá o macho que era macho comia 10 gatos por dia!

Alf é uma série americana que foi inspirada em um dos maiores sucessos da história do cinema mundial: ET, de Steven Spielberg, lançado em 1982. A inspiração pode ser lida como uma paródia. O seriado foi lançado em 1986 nos Estados Unidos. Por aqui, chegou no ano seguinte, sendo exibido na Rede Globo. Ao todo foram produzidos 102 episódios.[48]

A história já começa tumultuada. Alf segue o sinal de um radioamador em direção à Terra e acaba caindo na casa da família Tanner, na Califórnia. William é o pai e Kate, a esposa. Eles tem três filhos. Ah! Também têm um gato, Lucky. Assustados (afinal, não é todo dia que um alienígena cai no seu quintal), a família resolve escondê-lo, na esperança de que ele conserte a sua nave e volte ao seu planeta de origem. Mas, é claro que isso não acontece e Alf vira mais um membro dos Tanner. O grande barato da série é Alf descobrindo os costumes dos terráqueos. Ele tem sempre uma tirada divertida, até de um bebê tenta tomar conta. Mas, claro, não tem a paciência e a atenção necessárias.

Assim é o ET mais divertido da televisão. Ele não tem limites, não tem educação (adora arrotar!) e não mede as consequências dos seus atos. Outro exemplo é a constante briga que mantém com Kate. Ele a chama de bruxa e ela diz que vai entregá-lo aos militares. Por trás dos muitos pelos, há um coração grande. Apesar

---

[48] A série ganhou duas versões animadas e uma cinematográfica. Todas dubladas por Drummond.

das brigas, de cobrar pelos serviços de casa, Alf está sempre por perto para garantir a harmonia da família.

– Eu tive total liberdade para criar. Eu que criei a expressão "Tá Limpo!" Não tinha no original. A frase pegou e fez o maior sucesso. As pessoas me paravam e falavam "Tá limpo" – lembra, aos risos.

A dublagem foi, de fato, um dos grandes motivos do sucesso da série. Todos os dubladores conseguiram uma forma de abrasileirar seus personagens. Em alguns momentos, parecia um seriado brasileiro. No quadro abaixo tem a relação dos atores, personagens e dubladores. A dublagem foi feita na Herbert Richers.

Ator	Personagem	Dublador(es)
Michu Meszaros Abraham Verduzco Paul Fusco	Alf	Orlando Drummond
Max Wright	Willie Tanner	José Santana Júlio Chaves
Anne Schedeen	Kate Tanner	Ilka Pinheiro Nelly Amaral Isabela Quadros
Andrea Elson	Lynn Tanner	Miriam Ficher Flávia Saddy
Benji Gregory	Brian Tanner	Danton Mello José Leonardo Peterson Adriano Sérgio Cantú Luciano Monteiro

Há uma grande identificação entre Orlando e Alf e esse pode ser um dos grandes motivos do sucesso da série. Os dois têm ótimas tiradas, são sarcásticos, desastrados e cínicos. Sabe aquele velho clichê do "perco um amigo, mas não perco a piada"? É por aí. Muitas vezes uma brincadeira pode sair do controle mas, na verdade, o que prevalece é o coração puro, grande. Em um dos episódios, Alf descobre que Lynn está juntando dinheiro para comprar um carro. Ele tinha ouro guardado dentro de sua espaçonave. Sem saber a fortuna que tem em mãos, ele vende o ouro e compra uma Ferrari para a menina.

– É claro que tinha muito humor, mas não era só isso. Na brincadeira, o Alf falava muita verdade. Teve um episódio em que ele ligava para o presidente norte-americano, dizendo para ele parar com o programa nuclear. Ou seja, tinha também uma preocupação com o social – afirma.

Drummond sabe o que fala e sua dublagem virou uma marca registrada da personagem. Ele criou um timbre diferente, tomou para si a personagem. O mesmo aconteceu, por exemplo, com o Scooby e o Popeye.

Um dado interessante é o último episódio. Estava tudo acertado para mais uma temporada do Alf, pelo menos era o que os produtores imaginavam. Mas não foi o que ocorreu. Essa mudança de planos causou uma grande frustração nos fãs da série. Simplesmente, o extraterrestre consegue marcar um encontro com outros alienígenas para tentar voltar para casa. No local e horário marcados, aprece um OVNI. Só que, para surpresa de todos, também aparecem militares. Em suma, a nave desaparece e Alf é capturado. E assim acaba, sem final feliz, sem alegria, uma das séries mais engraçadas do século passado.

UMA CILADA PARA ROGER RABBIT

Em 1988 chegava aos cinemas o filme "Uma Cilada para Roger Rabbit" (*Who Framed Roger Rabbit*). Dirigida por Robert Zemeckis, a produção foi feita por Steven Spielberg. A Disney foi a responsável pela distribuição do longa.

O filme é ambientado em Hollywood no ano de 1947. Personagens de desenhos animados convivem de forma harmônica com seres humanos. Ou, pelo menos, tentam. Roger Rabbit é a grande estrela da cidade de Desenholândia, uma espécie de bairro que acolhe os personagens animados. Mas a vida do astro não anda nada fácil. Ele trabalha para a Maroon Desenhos e não está se entendendo com o diretor, o que vem atrapalhando o andamento das produções. Todos querem saber o que está acontecendo com Roger Rabbit. Rumores estão se espalhando por todas as partes. Um deles diz que sua mulher, Jéssica Rabbit, arrumou um amante.

Insatisfeito com os atrasos e preocupado com a sua grande estrela, o dono da Maroon resolve contratar um detetive particular, Eddie Valiant, que aceitou a contragosto. O motivo é que ele perdera um irmão há cinco anos, morto justamente por um desenho. Eddie, então, começa suas investigações. Ele passa a seguir Jéssica e se surpreende ao encontrá-la com o dono da ACME. Seu nome é Marvin Acme. Os dois estão juntos fazendo uma brincadeira infantil (sem trocadilhos).

O detetive fotografa tudo. Eddie mostra as fotos para Roger, que se sente traído pela amada. No dia seguinte, Marvin é encontrado morto. Todos estão chocados. Nessa altura, Rabbit torna-se o principal suspeito. Daí em diante começa uma incessante busca para saber se Rabbit é inocente ou culpado. O longa foi um grande sucesso de crítica e de público. Ao todo, foi indicado a seis prêmios do Oscar: melhor direção de arte, melhor fotografia, melhores efeitos visuais, melhor som, melhores efeitos sonoros e melhor edição. Levou as quatro últimas. O filme foi dublado nos estúdios da Herbert Richers. Drummond dublou Marvin Acme.

BATMAN

Em 1939, o mundo conhecia o Batman. O Homem-Morcego foi uma criação do escritor Bill Finger e do artista Bob Kane. O herói é, na verdade, Bruce Wayne que, ainda criança, testemunha o assassinato dos pais. O menino cresce jurando vingança aos criminosos e à criminalidade de uma maneira geral. O cenário é a cidade fictícia de Gotham City. Bruce, um magnata, não tem superpoderes. Pelo contrário, diferente dos demais heróis, ele tem habilidades em artes marciais e é um apaixonado por tecnologia. Até para manter sua identidade secreta, Bruce, apesar da agitada vida social, tem poucos amigos. Um deles é o mordomo Alfred, que o acompanha desde criança. No decorrer dos anos ganha um parceiro (Robin). O terceiro é o comissário da polícia, Jim Gordon.

Diga-se de passagem, essas amizades, e outras surgidas no decorrer dos anos, foram (ou são) fundamentais para ajudar na luta contra inimigos perigosos. Nesse contexto, cito os vilões Coringa, Pinguim, Charada e Duas Caras.

Após anos de sucesso nos quadrinhos, o herói virou tema de seriado e de desenho animado, mas foi no cinema que o Homem-Morcego atingiu o máximo de sua popularidade.

Destaque para os dois primeiros filmes dirigidos por Tim Burton. Ele conseguiu o ponto certo para mostrar o nebuloso, sombrio mundo do herói. O primeiro deles foi lançado em 1989, como forma de comemorar os 50 anos do Cavaleiro das Trevas. Foi intitulado apenas de "Batman, o Filme" (*Batman*). Michael Keaton viveu o herói. Já Jack Nicholson incorporou, de maneira magistral, o Coringa. O longa teve duas dublagens, uma feita pela Sincrovídeo, versão exibida nos cinemas e em VHS. O herói foi dublado por Nilton Valério o vilão por Allan Lima. A outra versão foi feita na Herbert Richers e Nilton também defendeu o Homem-Morcego. Já o Coringa ficou com Darcy Pedrosa.

Orlando participou desse filme, defendendo o comissário Gordon, mas atuou apenas na versão da Herbert, exibida na Rede Globo, na TV a cabo, em DVD e na Netflix. Pela Sincrovídeo, a personagem ficou com Ênio Santos. O ator que viveu o policial foi Pat Hingle.

Em 1992 foi lançado o segundo filme da série – "Batman: O Retorno" (*Batman Returns*). Michael Keaton foi mantido no papel principal e novos personagens foram incluídos: Pinguim (Danny DeVito) e Mulher-Gato (Michelle Pfeiffer). A dublagem do Homem-Morcego continuou com Nilton Valério, José Santa Cruz interpretou o Pinguim e Vera Miranda dublou a Mulher-Gato. Drummond, mais uma vez, defendeu o Comissário Gordon, que continuou com Pat Hingle. Este mesmo ator voltou a interpretar o comissário nos filmes "Batman Eternamente" (*Batman Forever* – 1995) e "Batman e Robin" (*Batman & Robin* – 1997). Orlando foi o dublador nessas duas oportunidades. O Comissário é um grande aliado de Batman na luta contra o crime. Quando se sente em perigo ou quando a situação sai do seu controle, ele não se furta a chamar o Cavaleiro das Trevas. O chamado é feito através de um sinal (conhecido como Bat-Sinal): por meio de um holofote, fica iluminado o desenho de um morcego, símbolo do herói.

URSINHO POOH

A história de um dos ursos mais famosos dos desenhos começa na década de 1920. O início foi com a publicação de livros de contos infantis, e começou meio que por acaso. O escritor A. A. Milne começou a observar seu filho brincando e resolveu escrever um poema. Entre tantos brinquedos com que o menino brincava, um, em especial, atraía mais sua atenção: um ursinho de pelúcia.

O mais curioso é que ele mesmo não achou o tal poema nada de mais. Mas sua mulher adorou e sugeriu a publicação. A revista *Vanity Fair* publicou e ainda contratou Milne para outros trabalhos. Foi assim que surgiu o Ursinho Pooh (*Winnie the Pooh*). Histórias da personagem foram lançadas em jornais e em quadrinhos. Walt Disney comprou os direitos em 1961, mas só lançou séries animadas a partir de 1966.

Os desenhos do ursinho carinhoso e comilão encantaram gerações. Na verdade, pode-se apontar como principais características de Pooh a bondade e a lealdade com os amigos. Ele também é atrapalhado, o que garante boas risadas. Por falar em amigos, são eles que garantem as cenas de ação do desenho. Apenas um é humano: Christopher Robin, que é exatamente a representação do filho de Milne. Os demais são todos animais: Tigrão, Leitão e Coelho.

Orlando dubla o Corujão, personagem que aparece constantemente; é o habitante mais velho e mais sábio da história. Apesar disso, é garantia de boas risadas, pois tem dificuldade de se concentrar no que está falando e, constantemente, se perde no meio da fala. Sua sabedoria está traduzida em livros – mora no alto de uma árvore e possui uma extensa biblioteca. Os animais, sobretudo na infância, gostam de ouvir suas histórias. O Corujão tem um tom mais didático, seja nas palavras seja nas músicas. Essas virtudes possibilitaram a Drummond fazer uma personagem bem diferente de tudo o que já tinha feito. Quando o Corujão está falando, ele dá um tom mais sereno. Quando a personagem faz uma brincadeira e dá uma risada, não há como não identificar um traço do Scooby. Mas o ponto alto é quando ele canta.

Música é uma de suas grandes paixões. Orlando fez personagens cantores no rádio, mas no desenho do Pooh ele está cantando para o público infantil. É como se ele estivesse cantando para os próprios filhos, netos ou bisnetos. Em um dos episódios, ele ensina um dos personagens a contar até o número 10. Mas antes de começar a música, ele profetiza:

"Assim como você precisa lembrar os nomes das pessoas, você precisa lembrar os nomes dos números".

Antes de começar a música, a tradicional risada do Scooby, como se fosse um aquecimento vocal.

Conte, conte números que mostram // Quantas coisas você tem // É nos números que a gente conta // Vem contar você também! // Espelho é um... // O que vem depois? // Você e eu... // É o número dois...

O mais interessante é a *performance*. Drummond parecia, acima de tudo, feliz fazendo o musical. E, de fato, essa cena específica é atemporal. Qualquer criança em fase de aprendizagem, independente da época, pode assistir e vai aprender a contar.

A ESCOLINHA DO PROFESSOR RAIMUNDO

– Eu não sou mais o Orlando Drummond. Eu sou o Seu Peru.

Essa frase afirmativa de Orlando reflete muito o que representou a Escolinha do Professor Raimundo em sua vida, em sua carreira. Já conhecido da dublagem, dos programas de rádios e até mesmo, em menor proporção, na televisão, o programa mudou a sua vida. E mudou para melhor. Drummond entrou na Escolinha em 1988, mas o programa é bem mais antigo. Sua história começa em 1952, na Rádio Mayrink Veiga. O criador foi um dos maiores radialistas e humoristas da história do país: Haroldo Barbosa (aquele mesmo que escreveu um artigo sobre o Orlando em seu início de carreira na Tupi).

Chico, desde sempre, interpretou o Professor Raimundo Nonato. A escola ainda era pequena: eram apenas três alunos: um que sabia tudo (interpretado por

Afrânio Rodrigues), um que nada sabia (João Fernandes) e outro que se achava o esperto (Zé Trindade). Um tempo depois entrou o mineiro, mais do que desconfiado (Antônio Carlos). Em 1957, ou seja, cinco anos após a estreia na rádio, a Escolinha estreou na TV Rio como quadro fixo do programa Noites Cariocas. Vale lembrar que a televisão ainda estava engatinhando. Era tudo muito amador e novo para todos: produtores, técnicos, atores e, claro, o público. Como curiosidade para ilustrar essas dificuldades, Chico Anysio teve que usar uma maquiagem totalmente nova e adaptada. Afinal, o professor Raimundo tinha muito mais idade do que o ator – Chico estava com 26 anos.

O quadro estreou com algumas novidades. A começar pelo elenco: João Loredo fez o que sabia tudo, Castrinho era o que não sabia nada e Vagareza (nome artístico de Hamilton Augusto) era o que se achava espertalhão. Outro aluno foi incluído: Ary Leite, que interpretava um gago muito confuso.

Antes de chegar à Rede Globo, o programa passou pelas TVs Excelsior e Tupi, mas foi na Vênus Platinada que o programa atingiu seu auge. Não foi um processo fácil e curto, pelo contrário. A estreia da Escolinha na Rede Globo foi no programa Chico City (1973) e o formato foi o mesmo da Rádio Mayrink Veiga, com apenas três alunos. A grande mudança foi em 1988, no Chico Anysio Show, quando já contava com 20 estudantes. Aí Drummond passou a fazer definitivamente parte do primeiro time de comediantes da Rede Globo.

O quadro já era um dos mais famosos do programa Chico Anysio Show. O próprio Chico achava que era a hora de a Escolinha ter seu voo solo, mas era preciso convencer a emissora a apostar em mais um programa de humor comandado pelo próprio humorista. As negociações se alongaram, pois demandavam mais investimentos e mudanças na programação, mas elas aconteceram. No dia 4 de agosto de 1990 estreava o programa "A Escolinha do Professor Raimundo". A direção ficou com Cininha de Paula, Cassiano Filho e Paulo Ghelli.

Primeiramente, o programa foi ao ar aos sábados à noite, mais precisamente às 21h30. Os 20 alunos foram mantidos. O sucesso foi imediato, e não demorou muito para a própria emissora enxergar a mina de ouro que tinha em mãos. No dia 29 de outubro, a Rede Globo decidiu que a Escolinha entraria na grade diária da emissora. E assim, com mais três alunos, o programa passou a ser exibido de segunda a sexta, às 17h30. A exibição aos sábados foi mantida.

Mais acima escrevi que Drummond esteve presente na Escolinha desde 1988. Quando o programa ainda era um quadro, ele participou da maioria das edições. Não foi em todas, pois também atuava em outras atrações do Chico Anysio Show. Essa condição mudou, quando a Escolinha estreou como programa fixo. Orlando tornou-se fixo do elenco e sempre era escalado. Mas a grande curiosidade é que ele não foi o primeiro escolhido para fazer o Seu Peru. A personagem foi criada por Chico, mas não para Drummond.

O nome do ator escolhido pode ser descrito como um dos grandes mistérios do mundo televisivo. Vou descrevê-lo como X, certo? O que aconteceu foi que a diretora Cininha de Paula, após a escolha do elenco, começou o treinamento. X fez os testes e passou por todo esse laboratório. Em um dos últimos ensaios, já com o figurino, X não se sentiu confortável com a personagem e com a possível repercussão que poderia ter. E desistiu de vez de fazer o Seu Peru.

– Eu realmente não lembro quem era o ator que estava escalado – garante Cininha.

Cininha e toda a produção estavam diante de um problema inesperado poucos dias antes da estreia. Ela foi falar com Chico, que não teve dúvidas na escolha do substituto e foi curto e objetivo:

"Chama o Drummond! Ele vai dar conta!"

Cininha lembra bem desse dia.

– Na hora pra valer, o Chico mandou chamar o Orlando. Ele já conhecia os trabalhos anteriores de Drummond, sobretudo os em que ele imitava *gays*.

Orlando não lembra exatamente o dia, mas a cena ficou guardada em sua memória.

– Eu estava indo embora, depois de um dia de gravação no Chico Anysio Show. Me chega a Cininha e fala que o Chico me indicou para fazer um *gay* em um quadro da Escolinha. Eles me disseram que era uma participação pequena. Graças a Deus que me enganaram – lembra, aos risos. O quadro e o programa solo tinham um formato definido e essa fórmula exigia muito de cada ator. A questão é simples: como o elenco ficava cada vez mais numeroso, não era possível colocar todos na edição final de cada episódio. Na verdade, os atores, mesmo os mais veteranos, eram provocados em todas as gravações. O improviso e a interação eram os maiores triunfos que a direção e Chico tinham para produzir as melhores piadas.

– Não tinha ensaio, a ideia era fazer um grande teatro, mas sem plateia. Eu conversava com cada ator. O objetivo era que um não soubesse o texto do outro. Com isso, a gente provocava o riso entre eles mesmos. A gente provocava essa interação – lembra Cininha.

Esse era mesmo um dos grandes atrativos. Cada um recebia apenas o seu texto. De todo o elenco, apenas Chico sabia o texto de todos e tinha total liberdade para transformar as cenas na hora da gravação. Era muito comum ele mudar o texto, deixando o ator (ou atriz) desconcertado(a). O Seu Peru foi uma criação do Chico, mas o veterano ator deu toda liberdade para Orlando fazer suas adaptações. E ele fez. Um bom exemplo são as frases que se tornaram clássicas. A única que ele não criou foi *"Estou porrr aqui"*. Abaixo, cito algumas:

– *"Peru" com mel de Vila Isabel!*
– *Use-me e abuse-me, teacher!*
– *Te dou o maiorrr apoio!*
– *Peru é cultura, cheio de ternura!*

Para surpresa de Drummond, a personagem foi um sucesso imediato. Crianças, jovens, adultos e idosos adoraram o Seu Peru. Ele não era apenas uma voz famosa. As pessoas conheciam, agora, o seu rosto e reconheciam seu talento.

– Ao invés de Orlando Drummond, eu agora sou o Seu Peru. Às ordens! – essa era a frase que Orlando repetia, quando era abordado pelo público.

Junto com a fama, também, vieram as dificuldades que ela acarreta. Provavelmente você já ouviu ou leu algum caso envolvendo um fã que confundiu o artista com a personagem. Na verdade, por um lado é bom, pois mostra que a interpretação está tão boa que confunde o público, mas é preciso gerenciar os possíveis problemas que possam acontecer.

– Na rua a turma não perdoa. Viviam soltando os mais variados gracejos para mim, que era um chefe de família e avô.

Mas Orlando sempre levou esses gracejos numa boa, deixando claro que não aceitaria nenhum tipo de desrespeito com ele e com a sua família.

– Nunca me incomodou o fato de na rua me chamarem de Seu Peru. Pelo contrário, sempre achei maravilhoso. A explicação é simples. Tem o "Seu" antes. Se me chamassem só de "Peru" eu nem olhava, pois não dou essa confiança, essa liberdade para ninguém. Só "Peru" é desrespeitoso.

Drummond lembrou que teve de lidar com a reação da família logo após o sucesso do Seu Peru. Ele estava com 69 anos, já era um senhor, e sua personagem dava margens a brincadeiras – ainda mais naquela época. Glória, por exemplo, teve dificuldades para lidar com algumas situações.

– Quando eu comecei a fazer o Seu Peru, minha mulher não gostou muito. Eu falei: o que tem? Eu sou ator. Eu já fiz índio e não sou índio. Eu fiz japonês e não sou japonês. Eu fiz português e não sou português.

A própria Glória passou por uma situação inusitada. Hoje ela ri ao lembrar mas, na época, não achou nada engraçado.

– A muito custo, conseguimos uma vaga na agenda do Orlando e marcamos uma viagem em família para Petrópolis. Entramos em uma loja e, na hora de pagar, a moça do caixa o reconheceu. Quando ela nos viu de mãos dadas, ficou muito confusa. A coitada, espantada, perguntou para ele: "'Seu Peru', o senhor é casado?".

No fundo, Orlando sempre achou graça da reação de Glória. Mesmo quando ela ficava chateada com algumas brincadeiras do público, ele encontrava um jeito de fazer graça da situação.

– Quando eu chegava em algum lugar com a Glória e percebia alguns olhares de desconfiança, não pestanejava. Eu me adiantava e a apresentava como a minha perua, a "Dona Perua".

No entanto, foi em casa que Orlando teve a dimensão do carinho das crianças. Certa vez ele foi buscar o neto Felipe na escola e causou um grande alvoroço na porta do colégio. Todos queriam tocá-lo. Mas Drummond se divertia mesmo era em casa.

– Eu lembro quando o Felipe, com apenas dois anos, ficava imitando o Seu Peru. Ele colocava a mão por baixo do queixo e ficava falando: "*Estou porrr aqui!*".

Passados mais de 30 anos da estreia da personagem, Orlando ainda lembra de algumas dificuldades que o papel exigia. Ele tinha, por exemplo, que pintar os cabelos constantemente. Afinal, do jeito que o Seu Peru era vaidoso, ele jamais teria cabelos brancos.

– Eu acho que eu merecia um prêmio, uma homenagem. De repente, até internacional. Será que, em algum lugar do mundo, alguém com tanta idade interpretou uma boneca por tanto tempo? Me sinto uma verdadeira bicha velha.

Por falar em bicha velha, o próprio Orlando definiu quem, de fato, foi Seu Peru.

– Ele é o próprio *bichinha*, burro como os demais alunos, mas que gosta mesmo é de mostrar certo charminho em qualquer situação.

Cininha, ao olhar para trás, se diz aliviada por Orlando ter feito o Seu Peru. Ela lembra que, graças ao talento do ator, a personagem, uma dos mais complexas da Escolinha, fez tanto sucesso.

– É um ator muito disciplinado. Tinha muita facilidade para decorar texto. Ele, simplesmente, não errava. É um comediante deslumbrante.

Cininha, também, lembra de uma conversa com Chico, após uma das inúmeras gravações. Eles falavam sobre o Orlando, e o humorista disse que o fato de o ator ser um dublador o ajudava na interpretação.

– O Chico dizia que o dublador tinha mais facilidade para flexionar as palavras. É a mais pura verdade.

Apesar de todo o sucesso, a Escolinha se tornou refém do próprio formato. Apesar das constantes mudanças do elenco e da categoria dos atores, as seis exibições semanais causaram um desgaste da fórmula. A emissora ainda tentou algumas trocas de horários, mas não foram bem-sucedidas. Assim, em maio de 1995, o programa saiu do ar pela primeira vez.

Quatro anos depois, em 1999, a Escolinha voltou como quadro fixo no programa Zorra Total. Esse tempo fora do ar parece que fez bem para os atores e para o formato. Com gás novo, outra vez o programa caiu nas graças do público, permanecendo no Zorra até outubro de 2001. Ciente do sucesso da Escolinha no Zorra, a Rede Globo apostou, mais uma vez, em voo solo da turma mais engraçada do Brasil. E, assim, entre março e dezembro de 2001, o programa voltou à grade diária da emissora. Foi a última temporada. O último episódio foi ao ar no dia 28 de dezembro.

Após o fim definitivo da Escolinha, aconteceu o esperado (e o que Chico Anysio mais temia). Muitos artistas tinham contrato por trabalho. Esses foram desligados definitivamente. Mas não por muito tempo. O próprio Chico falou da dificuldade em manter o numeroso elenco. A entrevista foi ao ar no programa Roda Viva, da TV Cultura, em 1993.

"Eu agradeço muito ao Dr. Roberto Marinho e ao Boni. Eles sabem que eu poderia fazer o programa com 16 alunos e me permitem colocar 48. Mas é um jeito que eu encontro de arrumar emprego para mais 32. Não há onde trabalhar. Para o comediante que sai da Escolinha hoje só resta 'A Praça é Nossa' (SBT). Não tem mais onde trabalhar".

Na verdade, além do tradicional humorístico do SBT, a Rede Record resolveu apostar em um formato parecido. Como muitos atores eram os donos dos personagens, eles os levaram para a emissora. E assim estreou a Escolinha do Barulho.[49]

A Escolinha voltou a ser exibida no Canal Viva (pertencente às Organizações Globo) no dia 4 de outubro de 2010 e continua até hoje na programação. É mais uma grande oportunidade para apreciar o talento e garantir boas risadas com os grandes nomes da história do humor brasileiro, como Chico Anysio, Grande Otelo, Lúcio Mauro, Walter D'Ávila, Mário Tupinambá, Nádia Maria, Rogério Cardoso, Jorge Loredo, Cláudia Jimenez, Zezé Macedo, Castrinho, Costinha, Francisco Milani, Ivon Curi, Orival Pessini, Brandão Filho, Palhaço Carequinha, Tom Cavalcante e, claro, Orlando Drummond.

IMPROVISOS EM CENA

Não havia espaço para todo mundo. A Escolinha chega ao nível de ter quase 50 estudantes. Esse espaço pode ser compreendido do ponto de vista de tempo e

---

[49] Drummond foi convidado para participar da Escolinha do Barulho, mas não aceitou. O contrato era tentador. Ele receberia mais do que ganhava na Rede Globo, além da oportunidade de fazer o Seu Peru ou qualquer outro personagem. Mas ele era contratado fixo na Globo, com salário mensal. Achou que não valia a pena sair de um emprego seguro para uma tentativa em outra emissora. Mas há mais duas questões em jogo: a primeira é que ele já tinha uma promessa de participar do Zorra Total (que ainda estava em fase de estudos) e a segunda, e principal, é que achou que seria uma traição com o amigo Chico Anysio.

físico, como o próprio Chico Anysio explicou no programa Roda Viva, exibido em 1993.

"No começo, quando eram menos atores, muitos estavam na sala de aula, mesmo que não participassem, que não tivessem uma fala no roteiro daquele dia. Com o aumento do elenco, só estava na sala quem, de fato, ia participar. Não cabiam todos. Era uma questão de espaço físico. No entanto, todos eram escalados. Se algum ator tivesse uma boa ideia, uma boa piada, entraria em cena para gravar".

Essa fala do Chico mostra que havia uma competitividade entre os atores. Mas, que fique claro, era uma competitividade sadia. Eles eram amigos, mas cada um queria buscar seu espaço. Na hora em que recebiam o roteiro, de repente, se percebiam que a piada não era tão boa, tinham a liberdade de mudá-la. Outra situação muito corriqueira era quando um aproveitava o *gancho* da fala do outro.

É importante explicar esse *gancho*. Ele nem sempre está no roteiro. Geralmente não está, pode ser entendido como a sagacidade do artista. É aquela típica resposta rápida muito boa, que pega todo mundo de surpresa e garante boas risadas. Um bom exemplo ocorria sempre nas *brigas* entre o Gaudêncio (Ivon Curi) e o Seu Peru. Orlando aproveitava umas tiradas da fala preconceituosa da personagem gaúcha para marcar seu lugar na edição final do programa.

Abaixo transcrevo um exemplo para melhor entendimento:

Gaudêncio: – Outro dia quase dei coice em um. Veja só, eu queria tomar um vinho e ele me oferece o quê: vinho rosa. Mas vinho rosa? Macho como eu!?

Professor Raimundo: – Ele lhe reconheceu quando o senhor chegou?

Gaudêncio: – Não me reconheceu! Ele pensou que se tratava do Seu Peru!

Seu Peru: – Ele tá sempre com o peru na boca!

Repare que, no exemplo, fica muito claro que era um diálogo entre o professor Raimundo e Gaudêncio. Mas, na troca, sabendo que a piada poderia render, Ivon Curi joga para Orlando, que aproveita o gancho e responde de forma imediata. Para quem assiste à cena, parece que foi tudo programado e está no roteiro. A resposta é simples. A sala de aula nada mais é do que um estúdio cheio de câmeras. E essas câmeras cobrem todos os ângulos possíveis. Para isso são instaladas.

Além dos improvisos, o elenco tinha liberdade para apresentar uma piada para Chico. Ele mesmo disse isso, como mostrei acima, em sua fala no programa Roda Viva. Você deve considerar que a maioria dos atores eram experientes e tinham suas próprias carreiras. Muitos faziam até *shows* por todo o país.

– Aquilo ali era uma espécie de escolinha geriátrica. Só tinha o pessoal da velha guarda, só tinha fera. Os novatos entravam aos poucos e aprendiam com a gente. Nós também aprendemos muito com eles. Era uma troca muito bem comandada pelo Chico – avalia Drummond.

Quero dizer que eles montavam seus próprios repertórios. Por isso, era muito comum que eles apresentassem ao Chico umas piadas para seus personagens. Apesar de a equipe ser grande, o programa era exibido seis vezes por semana. É muita coisa. Por mais criativos que fossem os redatores, e eram, essa ajuda era sempre bem-vinda. O próprio Drummond apresentou algumas ideias. Uma delas foi a canção que intitulou de "Fuxicos da Ciranda do Peru". Ele, simplesmente, provoca todos os alunos da Escolinha. Nenhum passa imune. Esse esquete foi ao ar em maio de 1991 e sintetiza bem a abertura dada pelos diretores do programa. Abaixo, a letra.

Fuxicos da Ciranda do Peru

O Nerso da Capitinga // Grudou no Ptolomeu // Não sei se ele é boneca // Ou só gosta do que é meu. // Samuel e Rolando Lero // Amigos até debaixo d'água // Um usa cueca de renda // O outro calcinha e anágua. // Seu Vigário e o Galeão // Andam loucos para dar // A notícia a seus parentes // Que pretendem se casar. // O seu Sandoval Quaresma // Tá de olho em Dona Bela // O diabo é que o Bertoldo // Também tá de olho nela. // Dona Marina que é da Glória // Tá assim com a Cacilda // Quando se toca no assunto // Ela fica aborrecida. // O seu Baltazar da Rocha // Que de burro não tem nada // Ele só pensa naquilo // Diz que é uma barbada. // Supapo e Joselino // São espertos com bumbum // O Rolando leva fama // Quando se trata de pum. // Água mole em pedra dura // Tanto bate até que fura // Sei que a Dona Manuela // Tá de olho no Cintura. // Dona Flora e a Candinha // Falam coisas da Amparito // No entanto todas dizem // Que o Armando é bonito (sambarilove). // O safado do Eustáquio // Tá que nem se aguenta em pé // Fuma e bebe seus uisquinhos // E só pensa em mulher. // O Boneco da merenda // Vou fazer uma intriga // Já perdeu a namorada // Só por causa da barriga. // Seu Bicalho e Seu Geraldo // Que medem um metro e meio // Pelo visto os dois mamaram // Leite do mesmo seio. // O Gaudêncio se diz machão // Mas de machão só tem as botas // Segundo me disse um bofe // Ganhou do marido em Pelotas. // Seu Bicalho é bricalhão // Um gatinho, mas não mia // Faz cocô numa banheira // E xixi só numa pia. // O Geraldo é um tampinho // Que só gosta de filé // Tem as pernas bem curtinhas // É pintor de rodapé. // Samuel e Rolando Lero // Tão de caso, sim senhor // Aprenderam bonitinho // Como homem faz amor.

O TELEFONE DO SEU PERU

Era para ser mais um dia normal para Orlando. Ou melhor: era para ser mais um dia normal de aula para o Seu Peru. Pois bem, era, mas não foi. E não foi por um detalhe mínimo. Isso lhe custou uma baita dor de cabeça. Em geral, Drummond não marcava nenhum outro compromisso nos dias de gravações da Escolinha do Professor Raimundo. Como eram muitos atores, eles gravavam mais de um programa. Em geral, rendiam horas e horas. Assim como todas as outras vezes, Orlando estava com o texto na ponta da língua antes mesmo de chegar ao Teatro Fênix. Assim que chegou, foi direto fazer a maquiagem e o figurino.

Seu Peru estava pronto para gravar. Drummond também. Enquanto esperava que todos se aprontassem, passou mais uma vez o texto. Afinal, não custava dar mais uma lida no roteiro. Atores prontos. Cenário preparado. Os atores foram chamados para mais um dia de gravação. Todos se posicionaram em suas carteiras. O programa começou. Parecia tudo normal. Em pensamento, Orlando passou novamente o texto devidamente decorado.

Segundo o *script*, estava chegando a sua vez. Logo, o Professor Raimundo o chamaria. Ele resolveu que era hora de relaxar. Respirou fundo. Não tinha como dar nenhum tipo de problema.

Finalmente, chegou a sua vez.

Prof. Raimundo: – Seu Peru?

Seu Peru: – Peru **às** suas ordens. Use-me e abuse-me.

Prof. Raimundo: – Seu Peru, o senhor está uma gracinha, hein.

Seu Peru: – É *teacher*. O senhor acha?

Prof. Raimundo: – Acho!

Seu Peru: – Então, tome nota do meu telefone.

Nessa hora, Orlando esqueceu o texto e, sem perceber, falou o número do telefone de sua casa. Isso mesmo que você leu. Vale lembrar que nessa época, meados dos anos 1990, ainda não havia aparelho celular. O mais impressionante é que ele gravou outro número e ninguém da produção mandou voltar. Imaginaram que na hora ele falou outro telefone para não ter que refazer a cena. O próprio Drummond não atentou. Quando o programa foi ao ar, Glória reparou que era o número do telefone de sua casa.

– Filho, você deu o número daqui de casa.

– Puta merda!

Não tinha o que fazer. O programa estava editado e já tinha ido ao ar. Com um pouco de sorte, ninguém ia reparar ou conseguir copiar o número. Afinal, ele falou muito rápido e não tinha *replay*. Mas não foi bem assim.

– Putz! Até do Maranhão me ligaram!

Foi imediato. Começou uma ligação atrás da outra. Sabedor do seu erro, o próprio Orlando foi atender o telefone. Na maioria das vezes, ele disfarçava a voz para não ser reconhecido.

— Teve de tudo um pouco. Alguns queriam saber sobre minha vida, minha família. Mas teve até proposta indecente. "Cruzes"! [Imitando o Seu Peru][50] Eu já era um senhorzinho.

O CANIBAL DE SÃO LOURENÇO

Orlando e Glória foram passar férias em São Lourenço. A cidade mineira sempre foi um dos destinos preferidos do casal. Lá tem cheiro de campo, ar puro e, principalmente, paz. Por muitas vezes, desfilaram em carro aberto no período do Carnaval. Há uma espécie de amor recíproco entre Drummond e São Lourenço. A aconchegante cidade tem, de acordo com o IBGE, pouco mais de 45 mil habitantes distribuídos em seus 58 quilômetros quadrados de extensão. Em uma dessas idas à cidade, por volta do final dos anos 1990, aconteceu uma história das mais curiosas. Orlando e Glória chegaram quase à noite. Encontraram amigos durante um jantar e foram dormir cedo.

— Amanhã quero acordar bem cedinho e fazer minha caminhada matinal na cidade – disse Drummond.

Dito e feito. O humorista acordou cedo, tomou café, deu um beijo em Glória e foi fazer seu passeio. Bem ao seu jeito, ao se dirigir à praça central para iniciar o treinamento, foi parando para falar com um e outro amigo, conhecido ou fã.

Uma das grandes características de Orlando é o foco. Ele sempre se concentrou em tudo o que fez, seja no trabalho ou na vida particular. Tem começo, meio e fim. Não pode começar e não terminar. É como se estivesse em um mundo paralelo nesses momentos. Pois bem, ao chegar à praça, olhou ao redor, suspirou com força e iniciou a caminhada.

— Vamos lá!

Ao terminar a primeira volta, uma fã o chamou para conversar.

— Seu Peru? Seu Peru?

Ele acenou para a moça, que aparentava ter uns 50 anos, e disse, de forma carinhosa.

— Quando eu acabar o treinamento falo com você com toda a calma do mundo.

Mas a moça parecia não querer esperar.

— Seu Peru? Seu Peru?

Orlando começou a se irritar, mas tentava aparentar uma calma que ele sabia que ia perder em poucos minutos.

— Agora não! Daqui a pouco falo com você.

---

[50] Nota do autor.

Mas a mulher não soube esperar; antes de ele completar a terceira volta, ela de forma abrupta entrou em sua frente e o parou, segurando seu braço com força. Ele se assustou e, com uma certa hostilidade, conseguiu se desvencilhar da fã afoita.

– O que é isso? Me larga!
– É verdade que o senhor é viado?
– Como é que é?
– O senhor é viado?

Orlando ficou incrédulo com aquela pergunta, sentiu-se desrespeitado com a atitude da mulher.

– Ela foi mal-educada. Primeiro, porque eu disse que conversaria com ela depois. E, como assim, querer saber se sou *gay* ou não? Que diferença faz para ela?

Mesmo irritado, Orlando olhou nos olhos da mulher e ainda conseguiu uma grande tirada.

– *Gay*? Não! Eu sou índio!
– Índio?
– É! Lembra do "Pezinho pra frente, pezinho pra trás"?

A mulher parecia confusa, sem entender o que estava acontecendo.

– Lembro!
– Então, mas não sou um índio normal.
– Não?
– Não! Sou um índio canibal.
– Mas canibal come gente...
– Exato! Mas eu sou um índio canibal que não come velha!

A mulher ficou revoltada com o deboche e foi embora. Orlando, mais calmo, ria por dentro.

– Ela ficou puta da vida. Mas mereceu. Eu já era um senhor de idade.

Drummond voltou ao treinamento. Deu mais umas voltas na praça e seguiu para o prédio onde estavam hospedados. Fez o mesmo ritual na volta: parou para falar com um aqui, outro ali. Ao chegar no hotel, Glória estava tomando café. Chegou ao lado da esposa e deu um beijo em sua cabeça.

– Filho, como foi na caminhada?

Com um sorriso no canto da boca, e sem ela perceber nada, disse, indo em direção ao banheiro.

– Foi boa. Me sinto ótimo!

AS AVENTURAS DE TINTIM

Lançado em 1991, o desenho "As Aventuras de Tintim" (*Les Aventures de Tintin*) durou apenas três temporadas. Apenas anos mais tarde, em 2011, foi lançado um filme sobre a história. De origem belga, a trama conta a saga de Tintim, um jovem repórter que está sempre em busca de boas histórias. Ele sempre acaba descobrindo os mistérios, mas o interessante é notar a diversidade de temas que são narrados: tem fantasia, humor, cenas de ação policial e tudo o mais que você possa imaginar. A história de Tintim é antiga, de 1929. Esse foi ano do lançamento da revista em quadrinhos criada por Georges Prosper Remi, mais conhecido como Hergé.

O personagem principal tem um grande amigo que o ajuda quando ele está em perigo — e ele sempre está. Seu quase protetor, pode-se escrever assim, é o cão Milu. No decorrer dos anos, outros personagens foram incluídos na história: os detetives Dupond e Dupont, o capitão Haddock e o professor Girassol, entre tantos outros. Este último, Trifólio Girassol, foi dublado por Drummond. Trata-se de um cientista quase surdo. Devido à deficiência, ele faz tudo (ou quase tudo) de maneira equivocada. O professor aparece de forma regular no desenho.

O GURU

Orlando teve o seu guru: Paulo Gracindo. Mas ele mesmo, Drummond, foi (e continua sendo) guru de muitos dubladores. Citar os três netos (Felipe, Alexandre e Eduardo) é uma mera repetição ou um clichê.

Mas um dublador, em especial, sempre viu Orlando como um verdadeiro deus. O seu nome é Guilherme Briggs e ele, hoje, sem dúvidas, é um dos grandes nomes da dublagem. Neste livro você vai perceber que Briggs, em mais de uma oportunidade, fez o possível para homenagear o veterano dublador e o convidou para pequenas e importantes participações. Mas o principal: manteve seu legado em suas dublagens.

Briggs nasceu em 1970 e teve o pai como inspirador. Eles brincavam nos finais de semana de criar novelas para o radioteatro, superproduções com direito a trilha sonora. Uma amiga jornalista de Briggs fez uma crítica à dublagem de um dos filmes da série Jornada nas Estrelas. O texto foi publicado na sessão de cartas do jornal *O Globo*. Para surpresa de Briggs e de sua amiga, eles foram identificados e convidados pelo dono da VTI Rio (estúdio de dublagem) para conhecer a empresa. O principal era entender o que eles não gostaram na dublagem.

Briggs aproveitou a oportunidade e pediu uma chance para estagiar na empresa. A oportunidade foi dada e ele iniciou o curso de ator para tirar o DRT (registro profissional da profissão). Foi nesse período, em 1991, que ele conheceu Orlando, que fazia serviços para a VTI Rio. Ele já era um grande fã do dublador, mas até então nunca tinham se falado.

– Fiquei todo arrepiado, e o que mais me chamou a atenção foi que ele é uma pessoa verdadeiramente simples.

Briggs passou a fazer pequenas participações nas produções. Eram *loops* que o deixavam bastante feliz. Afinal, estava trabalhando com aquilo com que sempre sonhou. Nas oportunidades que tinha, aproveitava para olhar os antigos dubladores trabalhando. Com Drummond não foi diferente. A admiração só aumentou.

– A voz dele sempre me deixou feliz. Eu quero ser esse homem. Eu quero ter essa voz. Eu quero ter essa energia. Eu quero ter essa capacidade de mudar a voz.

O que Briggs não esperava era que Orlando já tinha identificado nele um grande futuro. E tiveram uma conversa que ele jamais vai esquecer:

– Conhece a Herbert Richers? – perguntou Drummond.
– Conheço!
– Vamos lá um dia?
– Vamos!

Briggs achou que era mais uma das brincadeiras de Orlando, não percebeu que era um papo sério. Mas dessa vez não foi brincadeira e o tal dia não demorou a acontecer.

– Lembra do convite que eu te fiz? – questionou Orlando.
– Lembro!
– Hoje é o dia! Entra no carro. Já falei com a Helena (gerente da Herbert).

E os dois foram para a Herbert. Ao chegar à empresa, Orlando apresentou Guilherme a Helena.

– Este aqui é o Guilherme Briggs, um garoto muito bom. Gosto muito dele. Tem talento e um coração bom. Helena, bota ele aí para fazer alguma coisa.

– Tá bom! Vou ver aqui o que dá para fazer. Vamos ver se você vai dar conta do recado – retrucou Helena, olhando para Briggs.

– E agora, Drummond? – perguntou Briggs.
– Agora você se vira aí. Vou te ajudar até aqui.

Logo no primeiro ano da Herbert, Briggs fez grandes papéis, como o "Freakzoid". Os encontros com Drummond passaram a ser mais constantes, e ele sempre perguntava como estava indo. Na verdade, Orlando sabia bem como ia seu pupilo, pois estava sempre o acompanhando. Em depoimento para este livro, Briggs relatou todo seu carinho por Drummond. Ele sempre enxergou em seu guru uma visão paterna.

– Eu gosto muito do Drummond porque ele é muito parecido com o meu pai. Meu pai era muito bem-humorado, muito brincalhão. Ele fazia piada com tudo. Não levava nada a sério. Eles sempre olharam a vida de forma mais leve, bem-humorada, com mais amor.

Briggs cresceu na profissão e se tornou um dublador e diretor muito respeitado no meio. Interpretou grandes personagens, como Superman, Buzz Lightyear (do desenho Toy Story) e Optimus Prime (Transformers). Ele dá voz a atores como Denzel Washington e Owen Wilson. Na direção, acumula sucessos de bilheteria, como a animação "Rio" e o multipremiado "Avatar".

Mesmo assim, ele lembra de uma ligação que fez a Drummond. Ele fez um pedido e foi autorizado imediatamente.

– Drummond, você me permite usar a sua voz para meus vídeos na internet e até para os filmes que dublo? Eu quero sempre te homenagear.

– Está autorizado. Você tá me eternizando com essas homenagens.

E assim foi feito:

– Em todo desenho que eu faço, como "Os Padrinhos Mágicos", "Freakzoid", o Rei Julian de "Madagascar", tento uma tirada para homenagear o Drummond. Eles sempre têm alguma coisa dele.

O GUARDA-COSTAS

Pensa em um clássico nos anos 1990. Com certeza, o filme "O Guarda-Costas" (*The Bodyguard*) é um deles. O longa foi uma perfeita combinação de roteiro e música. A canção "I will always love you" tornou-se um dos hinos da geração. O filme foi produzido em 1992. A direção foi conduzida por Mick Jackson e a produção foi a primeira participação da cantora Whitney Houston no cinema. Ela estrela a trama juntamente com o ator Kevin Costner.

Whitney vive a cantora Rachel Marron, que vive o seu melhor momento e acaba de ser indicada ao Oscar. Mas nem tudo são flores. Rachel está sendo perseguida. O clímax foi quando uma bomba, dentro de uma boneca, explodiu em seu camarim. Preocupado com a segurança da estrela, seu gerente, Bill Devaney (Bill Cobbs) decide contratar um guarda-costas para protegê-la. Esse profissional é Frank Farmer (Kevin Costner).

A relação entre os dois começa das mais complicadas. Rachel é uma diva e tem seus gestos de egoísmo e Frank não aceita esses casos de estrelismo. Se o início foi difícil, no meio ocorrem alguns incidentes, mas os dois vão se envolvendo em um caso amoroso cheio de conflitos.

Em relação à dublagem, foram feitas duas, ambas pela Herbert Richers. Orlando participou das duas versões. Ele dublou o gerente Bill Devaney.

FESTAS NA VILA

Orlando e Glória buscavam uma casa um pouco maior para morar com seus dois filhos. Foi quando conseguiram comprar o primeiro andar do apartamento onde moram até hoje, em uma vila no bairro de Noel. Vila Isabel, por sinal, se confunde com a história do casal. O bairro acolheu e foi acolhido pelos dois. Orlando, por exemplo, virou símbolo e eternizou o lugar em um famoso bordão do Seu Peru: "Peru com Mel de Vila Isabel".

Primeiramente, a família Drummond morou de aluguel no primeiro andar, depois comprou o primeiro e, anos depois, o segundo. Já estabilizados, construíram o terceiro, com um terraço e uma churrasqueira para confraternizações. Já são décadas morando no mesmo lugar. O mais interessante é que nessa vila não houve muita mudança de morador. Por causa disso, foi se transformando em uma verdadeira família.

Nesse clima de amizade foram criados vários eventos dentro da vila. Orlando e Glória sempre fizeram questão de participar. Por exemplo: Drummond tinha um projetor de filmes. Sempre às terças e sextas, ele o tirava do armário e projetava filmes. O quórum e a pipoca eram garantidos.

Outra brincadeira muito comum eram as tradicionais imitações do Scooby e do Popeye. Orlando tinha uma brincadeira que ele adorava fazer e era a alegria da criançada. Ele comprava muitas balas e as colocava em um saco. Chegava na varanda, imitando um dos seus personagens, e gritava:

"Olha a chuva de bala!!!!"

Era uma correria da criançada, que esperava ansiosamente por esse momento. Orlando repetiu esse gesto muitas vezes. Mas não foi o único. Nas noites de Natal, ele gostava de se vestir de Papai Noel. Esse espírito natalino sempre fez parte de sua vida. Apreciava estar rodeado de crianças. Bastava um sorriso para se sentir completo. Ele era o mais feliz em toda essa história.

X-MEN

Quando perguntado sobre a oportunidade de dublar alguma personagem, Orlando sempre começava suas respostas da mesma forma.

– Muito feliz! Foi uma grande honra...

Não era discurso pronto. Drummond sempre destacava o fato de ser convidado ou de ter passado no teste. Era sempre uma vitória, uma honra mesmo. Ele acreditava, sobretudo, na importância e na experiência de cada personagem. O dublador teve a oportunidade de sempre participar de grandes projetos. Isso é um mérito total seu. Um desses projetos foi o desenho "X-Men", criação de Stan Lee e Jack Kirby para a Marvel Comics.

A estreia da série foi nos quadrinhos, em 1963. A saga conta a história de mutantes que convivem, de forma nada pacífica, com humanos. Os cientistas veem essas criaturas como uma evolução da própria espécie. Os conflitos surgem quando alguns usam seus poderes para fins criminosos. Os mutantes se dividiram entre bons e maus. De um lado, toda uma equipe comandada pelo Professor Charles Xavier lutava para impedir que o poderoso Magneto destruísse a raça humana. O sonho de Charles era que as duas espécies vivessem de forma pacífica.

A primeira experiência animada dos mutantes foi em 1965. Foi uma espécie de coletânea da Marvel. Já em 1992, a Fox produziu o desenho tido como o grande clássico pelos fãs. A série foi produzida por cinco temporadas. Aqui no Brasil a produção estreou no programa TV Colosso, da Rede Globo.

O desenho foi dublado na Herbert Richers. A direção ficou dividida entre Mário Monjardim e Ilka Pinheiro. Drummond participou dessa produção animada, interpretando quatro vilões: Apocalipse,[51] Sr. Sinistro,[52] Dente de Sabre[53] e Mojo.

FRASIER

Imagina uma série que ficou no ar por quase 11 anos. Imaginou? Agora pense em uma que ganhou 39 Emmys, sendo cinco seguidos. Pensou? Difícil supor, não é mesmo? Refiro-me ao mesmo seriado. "Frasier" (*Frasier*) foi exibida entre 16 de setembro de 1993 e 13 de maio de 2004. A série é estrelada pelo ator Kelsey Grammer. Ele é Frasier Crane, um psicólogo que toma uma decisão importante em sua vida: voltar para Seattle, sua cidade natal. Mas não foi nada fácil, até porque ele tinha muito sucesso profissional em Boston.

Ele é apresentador de um programa de rádio que adora dar conselhos aos ouvintes. Até aí, tudo bem. Os grandes problemas de Frasier são os familiares. Ao voltar para a cidade, o psicólogo teve a companhia do pai em casa, um velho

---

[51] Orlando não foi o único dublador da personagem. Na verdade, foi o último a fazê-lo. Antes, na ordem, também interpretaram o Apocalipse: Joaquim Luís Motta, Antonio Patiño e Newton Martins.
[52] Quatro dubladores interpretaram o Sr. Sinistro no desenho animado: Luiz Brandão, Orlando Drummond, Antônio Patiño e Mário Cardoso.
[53] O personagem Dente de Sabre foi dublado por Hamilton Ricardo, Guilherme Briggs e Ricardo Vooght.

ranzinza e cheio de melindres. Seria bom, se eles não brigassem o tempo todo. Para piorar o cenário, Frasier e o irmão, o psiquiatra Niles Crane (David Hyde Pierce) também vivem brigando. Os dois disputam quem é o melhor. Melhor para o público. Essa rivalidade é sinônimo de boas risadas. Sem dúvida, uma das maiores duplas das histórias dos *sitcoms* americanos. Mas Frasier também precisa lidar com a paixão platônica do irmão pela fisioterapeuta do pai, que se chama Daphne Moon (Jane Leeves). O problema é que ele é casado, embora a mulher nunca tenha aparecido no programa.

Drummond teve uma boa participação na série Frasier. Interpretou o pai do protagonista, Martin Crane, papel desenvolvido pelo ator John Mahoney. As brigas entre os dois eram sempre pontos altos na trama. A dublagem foi feita nos estúdios da VTI.

Pelo trabalho, o ator John Mahoney foi indicado a dois Emmys e a dois Globos de Ouro. Para os fãs da série, Drummond, além de ser o Seu Peru, o dublador do Scooby, do Alf e do Popeye, é o Martin Crane.

JURASSIC PARK

Em 1993 chegava aos cinemas mais um grande trabalho do diretor Steven Spielberg: "Jurassic Park – O Parque dos Dinossauros" (*Jurassic Park*), um enorme sucesso de críticas e de público. Um bilionário resolve investir na criação de um parque temático sobre dinossauros e contrata uma pequena equipe de geneticistas para recriar esses animais, utilizando o DNA extraído de insetos preservados em âmbar pré-histórico. Diferentes espécies foram desenvolvidas.

O bilionário é John Hammond (Richard Attenborough). Ele construiu o parque em uma ilha chamada Nublar, que fica próxima à Costa Rica. Os investidores recebem a informação de um trabalhador morto no local e exigem uma vistoria feita por especialistas. Hammond monta, então, uma expedição, formada pelo matemático Ian Malcolm (Jeff Goldblum), o paleontólogo Alan Grant (Sam Neill) e a paleobotânica Ellie Sattler (Laura Dern). Estão presentes, também, dois netos do bilionário: Tim (Joseph Mazzello) e Lex Murphy (Ariana Richards).

O passeio não sai conforme o planejado. Alguns animais não aparecem para o visitante, e um dinossauro está muito doente. Para piorar, há um impostor no local, tentando roubar os embriões dos animais. A calmaria no parque acabou. Um tiranossauro foge do cercado e ataca um grupo de visitantes. Uma pessoa morre. Outros animais também se mostram violentos. Começa uma luta pela sobrevivência.

Jurassic Park foi indicado a três categorias no Oscar. Venceu todas: melhor som, melhor edição de som e melhores efeitos visuais.

O filme teve, pelo menos, três dublagens, feitas pelos estúdios da Álamo, Herbert Richers e Delart. Orlando interpretou o ator Richard Attenborough na Herbert. Os dubladores Jorge Pires e Jomeri Pozzoli dublaram pela Álamo e Delart, respectivamente.

Para se ter ideia do sucesso, foram lançados posteriormente mais quatro filmes.[54] Drummond também participou do segundo – "O Mundo Perdido – Jurassic Park" (*The Lost World – Jurassic Park*) – ainda dublando o ator Richard Attenborough, em 1997, também pela Herbert Richers.

NADA NA VIDA PODE SER AMARGO

Em geral, a casa dos avós sempre tem carinho, amor e doce, certo? Com Orlando e Glória não era diferente. Eles sempre tiveram uma jarra com diferentes guloseimas. Esse artefato era presente na vida dos familiares. A casa de Drummond e Glória sempre foi cheia. Afinal, Orlandinho morava embaixo, com a mulher Linda e seus três filhos. Mas se engana quem acha que eram os netos que comiam todos os doces.

– Como você acha que ele desenvolveu a diabetes? – questiona Felipe.

De fato, Orlando sempre gostou de um docinho. Comia entre e depois das refeições. Era doce que ingeria durante o trabalho na dublagem. Nem sempre era possível comer com tranquilidade.

– Eu ia emendando um trabalho no outro. Quando via, já tinha passado muito tempo da hora do almoço – lembra Orlando.

Por isso, sempre que possível, preferia comer em casa. Era garantia de almoçar com calma, na presença da família e uma comida bem quente e gostosa. Mas o doce não faltava. Ele não escondia, deixava à mostra. O problema é que nem sempre dava tempo para os outros integrantes da casa sentirem o cheiro de qual doce era. Orlando realmente exagerava nos doces e a conta veio cara. Ele adquiriu diabetes, que o impediu de continuar comendo essas guloseimas. Por causa disso, a jarra foi guardada. Isso não quer dizer que os doces tenham sumido da casa de Orlando e Glória. Não sumiram, mas passaram a ser mais "leves".

---

[54] Como Drummond participa do segundo filme da série, cito apenas as sequências feitas que não contam com a participação do dublador: Jurassic Park III (*Jurassic park III*), em 2001; Jurassic World – O Mundo dos Dinossauros (*Jurassic World*), em 2015, e Jurassic Park – Reino Ameaçado (*Jurassic World – Fallen Kingdom*), em 2018.

Drummond precisou se adaptar. Por exemplo: sempre gostou de café com açúcar. Mesmo não sendo fã de adoçante, passou a usar. Colocava o dobro do necessário.

– Café frio e sem açúcar não desce! – afirma Orlando.

Por falar em bebida, Drummond é um apreciador de vinhos, o que para a saúde dele sempre foi ótimo. É um dos presentes que mais gosta de receber. Afinal, seu médico nunca proibiu. Mas tinha um gosto no mínimo, ou bastante, duvidoso sobre a bebida. Adquiriu o hábito de colocar pelo menos uma colher de açúcar no vinho. Já era praxe pegar o vinho, o cálice, o ingrediente e a colher. Todo mundo que presenciava aquela cena pela primeira vez achava o gesto estranho. Natural. Mas ele não dava a mínima. Com o seu bom humor peculiar, tinha a resposta na ponta da língua.

– Nada na vida pode ser amargo – profetizava.

E assim colocava mais uma colher de açúcar no vinho. Acontece que, após descobrir o diabetes, ele também precisou mudar esse hábito. E não foi um processo nada fácil.

– Mas como vou beber o vinho? – se questionava.

Após alguns experimentos, ele mesmo achou a solução. E foi fácil. Para beber o café, ele trocara o açúcar pelo adoçante. Logo, era apenas fazer a mesma mudança em relação ao vinho. E assim foi feito. Sempre que bebe um vinho, Drummond coloca uma colher de adoçante e mexe até ficar no ponto ideal. Afinal, nada na vida pode ser amargo.

A ESCOLINHA NOS PALCOS

O sucesso da Escolinha do Professor Raimundo não se resumiu ao programa de televisão exibido pela TV Globo, mas lançou novos artistas e manteve muitos no sucesso. Em uma declaração, o próprio Chico Anysio chegou a afirmar que o programa era um espaço para manter muitos humoristas empregados e vivos. Muitos atores souberam aproveitar o sucesso. Um grupo montou uma espécie de miniescolinha e excursionava pelo país, basicamente em apresentações fechadas para empresas ou políticos. O nome do espetáculo não deixava dúvidas: A Escolinha do Professor Raimundo. Drummond participou do projeto paralelo, juntamente com os atores Brandão Filho, Marcos Plonka, Rogério Cardoso, Zezé Macedo e Anne Marie (fazendo o papel de professora e prima do professor Raimundo).

O roteiro era basicamente o mesmo para todas as apresentações. No texto escrito por José Sampaio tinha sempre uma referência à empresa contratada, uma espécie de *merchandising*. O formato é o mesmo do programa da televisão.

A apresentação começa com o palco, uma referência à sala de aula, vazio. O primeiro a entrar é o Seu Peru, que fica desolado ao descobrir que foi o primeiro a chegar na escola.

– Ih, que desolação! A classe está deserta! Das duas uma: ou os coleguinhas atrasaram – e, isso seria ótimo, porque eu teria a oportunidade de "tirar o atraso" deles todinhos, – ou, então, hoje não vai ter aula. O jeito é me sentar para repousar minha beleza.

Enquanto aguarda os demais alunos, ele repara que a cadeira está suja. Resolve limpá-la ao seu jeito.

– Na falta de um aspirador, eu uso mesmo é a minha "Arca do Tesouro"! Um dia, ainda haverá de aparecer um "Indiana Jones" tarado para me dar *"o maiorrr apoio"*. Ai, só de pensar nisso já sinto uma deliciosa coceirinha de *"cabo a rabo"* ... Muito mais no resto do que no cabo. Cruzes!!

Os diálogos eram mais maliciosos. O ator Marcos Plonka entra em cena. Seu personagem, Samuel Blaustein, está mudo e nem repara na presença de Seu Peru.

Peru: – Mas que falta de educação, Samuel... Nem cumprimenta a gente. Não vai me dizer que você também está comigo *"porrr aqui"*! Custa muito me dar um bom-dia?

Samuel: [NERVOSO] – O que foi que Peru falar?

Peru: – Eu disse que não custa nada dar...

Samuel: [NERVOSO] – Dar? Tá *louca* da cabeça, você? Dar sempre custa! Por este, Samuel nunca dar bom-dia, nunca dar boa-noite, nunca dar coisa nenhuma para ninguém. Dar, nunca!

Peru: – Taí, Samuquinha: eu já sou diferente. Adoro dar! Desde que eu me conheço por gente que eu dou com a maior facilidade. É só me pedir com jeitinho, assim cochichando no meu ouvidinho, que eu vou logo dando. É dando que se recebe. O que é meu é dos outros.

Em outro momento, Orlando contracena diretamente com o ator Rogério Cardoso. O personagem Rolando Lero está chateado. Sentiu-se enganado por Seu Peru.

Rolando: [ENTRA COM A MÃO NO ROSTO] – Amados colegas, saibam todos que fui vilipendiado!

Samuel: – Nossa... que *ser* isso?

Rolando: – Também ignoro... Mas que é bonito, é! Minha namorada acabou de dar-me uma violenta bofetada em plena face. E tudo por sua culpa, Seu Peru. Fui fazer o que o amado colega me ensinou e acabei sendo esbofeteado!

Peru: – Devagar com o andor, bofe! Eu só lhe disse que, para fazer sua gatinha ficar gamadíssima, você tinha que dar um beijo nela, quando ela menos esperasse.

Rolando: – Ah! Seria para beijá-la quando ela menos esperasse?

Peru: – Exatamente!

Rolando: – Droga! Eu pensei que fosse onde ela menos esperasse... Bem, isso não importa!

Antes de a luz do palco se apagar, os alunos se reuniam e cantavam a música-tema das apresentações da Escolinha:

Essa é nossa "Escolinha" // Feita para você rir // Se você gostou da gente // Não se acanhe de aplaudir. // Essa é nossa "Escolinha" // Bagunçada para chuchu // E quem não gostou da gente // Pode ir tomar...
Bela: [BERRA INTERROMPENDO A MÚSICA] Aiiiiiiiii. [AO PÚBLICO] Eles só pensam NAQUILO...

O ESPETÁCULO "SEIS COM VO... CÊIS"

Você acabou de ler que sobre um espetáculo teatral dos alunos da Escolinha, certo? O mesmo grupo de atores montou uma segunda versão para esse *show*. O esquema era o mesmo: as apresentações eram contratadas para eventos fechados. O nome do espetáculo era "Seis com Vo... cêis". O texto também era escrito por José Sampaio. Mas os dois *shows* tinham algumas diferenças: o segundo era maior e tinha espaço para que cada ator fizesse uma apresentação solo. No último quadro, claro, todos se juntavam e eles encenavam uma aula.

Esse roteiro também foi encontrado entre os documentos de Orlando. Ele, que nunca teve interesse de participar de peças teatrais, adorava essas apresentações. O que mais gostava era de estar junto dos seus amigos queridos.

Abaixo vou transcrever alguns trechos desse espetáculo. Ratifico que dele participaram, em ordem alfabética, os atores Anne Marie, Brandão Filho, Marcos Plonka, Orlando Drummond, Rogério Cardoso e Zezé Macedo.

O *show* começa com música. As luzes se acendem e todos entram no palco cantando a música.

Meus senhores e senhoras // Aqui estamos pra valer // Com prazer e simpatia // Somos seis para vo... cêis! // O relógio deu a hora // Prestem muita atenção // Nosso show começa agora // Para sua diversão! // Samuel: Orlando Drummond! // Anne: Marcos Plonka! // Rolando: Anne Marie! // Bela:[Rogério Cardoso! // Peru: Brandão Filho // Todos: E... Zezé Macedo. // TODOS CANTAM // O relógio deu a hora // E chegou a nossa vez // O que é ruim ficou lá fora // Somos seis para vo... cêis.

Os seis atores estão no palco e começam a improvisar. Quem contaria a primeira piada? As mulheres ou o mais velho? Um vai jogando para o outro. Nessa hora não há personagem. Cada ator se representa. Até que eles começam a falar sobre relacionamentos. Orlando conta uma de suas histórias. Sabe-se lá se é, ou não, verdadeira.

– Conheci uma gatinha numa festa e papo vai, papo vem, fomos parar num motel. No dia seguinte, assim que acordamos, ela virou-se para mim e falou: "você é médico, não é"? Eu, para botar banca, disse: "sou"! E tem mais: "e deve ser anestesista"! E eu: "como foi que adivinhou"? E ela: "porque a noite inteira, eu não senti porra nenhuma, pode"?

Em um dos quadros, Anne Marie atua com Rogério Cardoso, Orlando Drummond e Brandão Filho. O nome do esquete é "Os Cacoetes". Rogério tem um problema e Brandão é quem vai curá-lo. Orlando é o enfermeiro e Anne, uma paquera de Cardoso.

O quadro seguinte, e mais aguardado, é o da Escolinha do Professor Raimundo. Aqui há pouco espaço para improviso. Os atores seguem à risca o roteiro escrito por José Sampaio. Nesse esquete, o texto é o mesmo do *show* apresentado no capítulo anterior.

CARTAS

Uma forma muito comum de comunicação entre a família Drummond era através de cartas. O mais curioso é que virou uma espécie de tradição, passando de geração para geração. Uma hipótese pode ser a vida corrida de Orlando. Em muitos momentos ele fez de forma simultânea rádio, televisão, dublagem e *shows*.

Ao meu paizinho querido // Venho com muita emoção // Ofereço estas flores // Flores do meu coração. // À minha mãe querida, mui querida // Que é todo meu coração // É guia da minha vida // Meu carinho e gratidão.[55]

Também no Dia dos Pais, não sei se no mesmo ou em outro ano:-

Para o paizinho mais querido do mundo, Feliz Dia dos Pais.
Você é o maior.
Te amo[56]

---

[55] Carta escrita por Orlandinho. O ano não está especificado.
[56] Carta escrita por Lenita. O ano não está especificado.

No Dia dos Pais de 2010, Orlandinho recorre as suas memórias e conta um pouco das histórias que passou ao lado de Drummond. Há nostalgia. Há emoção. Há, acima de tudo, felicidade.

– Tenho saudades dos meus primeiros velocípedes, que você precisava remendar a toda hora, e do jipinho de ferro, verde oliva como os do exército, daqueles de pedalar.

Por um instante, Orlandinho cita um momento triste que ele não queria mais lembrar. Foi em uma das idas do pai ao hospital. Mas ele faz questão de ressaltar a felicidade do retorno de Drummond para casa.

– Não tenho saudades do dia, único dia em toda minha vida, que tive de levar meu Super-Herói a um hospital. Mas tenho saudades das palavras tranquilizadoras dos médicos que te atenderam. Tenho saudades, também, do dia em que você teve alta e voltou para casa, refeito do susto e cheio de vontade de viver. Que viva por muitos e muitos anos ainda, para nos encher de alegria com a sua presença!

No final da redação, o filho faz questão de agradecer ao pai por tudo. E esse tudo passa pela formação de um homem e de um chefe de família, no sentido mais tradicional da expressão.

– Pai, essa linda história que temos escrito é motivo de muito orgulho e de uma enorme felicidade. Tem sido um privilégio fazer essa viagem ao seu lado. Eu me considero um pai atencioso, carinhoso e dedicado, um chefe de família responsável, um cidadão decente e um homem de bem. Devo tudo isso ao exemplo que você sempre me deu.

Os netos, também, seguiram essa tradição. Felipe[57] escreveu uma carta no dia do aniversário de Orlando. Com muita clareza, ele traça um pequeno e objetivo perfil do avô.

– Gosto muito da sua alegria, pois ninguém faz com que ela termine. Você é uma pessoa que não se deixa levar pelos momentos maus. Está sempre alegre. Apesar do jeito sério, você é muito legal e engraçado.

Felipe começou a dublar ainda muito criança. O avô sempre foi sua maior referência e seu maior incentivador. E o neto demonstra que sabe exatamente a importância de Drummond na dublagem. E o melhor: ele faz uma promessa.

– Adoro o apoio que está me dando na dublagem. Prometo que não te desapontarei. Vou ser igual a você. No futuro gostaria de ser tão bom quanto você está sendo comigo: ensinando, corrigindo e vivendo!

Alexandre, irmão de Felipe, também resolveu parabenizar o avô com uma carta. Foi em 2015. Orlando completava 96 anos. O neto começa o texto falando da dublagem, profissão que ele também adotou.

---

[57] O ano não está especificado.

– Acho que falar da sua genialidade como ator e dublador é chover no molhado. Todos sabem do seu enorme talento e de como você conseguiu atingir gerações através de trabalhos absurdos, brilhantes, que marcaram a nossa profissão (Pois é, nossa profissão... foi você, mestre, que me fez querer entrar nesse mundo da dublagem, junto do meu irmão e também mestre Felipe).

Alexandre sonha ser o homem humano que Orlando sempre foi.

– Você é uma daquelas pessoas que vieram nesse mundo para ensinar, para dar aula, para mostrar o caminho das pedras para esses mundanos, essas pessoas que têm muito o que aprender. Tem gente que não sabe o básico: "humor é a palavra mais próxima de amor". Tão fácil, né, Vô? Eu tento desde moleque ser um pouco como você.

Alexandre se considera devoto, companheiro, amigo e apaixonado por Orlando.

– Quero dizer que você é um cara extremamente especial, o meu maior espelho, a pessoa que mais admiro e tento me assemelhar. Um dia, quem sabe, chego perto desse homem maravilhoso, apaixonado por tudo o que faz e possui, caridoso, amigo, bem humorado, feliz e realizado. Você é o máximo e o meu maior orgulho, meu avô. Te amo mais do que qualquer coisa nesta vida.

A IMPORTÂNCIA DOS ESTUDOS

Olhando para trás, Orlando lamenta não ter se dedicado mais aos estudos. Ele tem ideia de que ser um bom aluno não mudaria ou melhoraria sua carreira artística. Mas tem total ciência de que é preciso ter opções na vida.

Orlandinho lembra de uma história boa. Ele tinha uns 16, 17 anos. Cursava o ensino médio. Estava sendo um ano complicado na escola. Suas notas, que sempre foram boas, tinham baixado demais.

– Eu estava pisando na bola. Minhas notas estavam baixas e eu cometia indisciplinas sem motivos – confessa.

Glória já tinha conversado, mas não tinha adiantado. Ela resolveu, então, falar com Drummond. De forma paciente, viu as notas do filho e disse que ia conversar com ele. Mas seria do jeito dele.

– Minha mãe me disse que falou para o meu pai. Fiquei aflito, esperando ele chegar em casa. Não sabia qual seria a sua reação. Eu tava esperando o mundo desabar na minha cabeça. Mas, quando ele chegou, agiu na maior naturalidade comigo. Estava na leveza de sempre.

No dia seguinte, Drummond foi levar o filho à escola. Os dois entraram no carro e foram conversando amenidades. Ele parou o automóvel em frente ao colégio. O filho deu um beijo no pai e abriu a porta para sair.

– Espera! – o pai pediu.
– O que foi? – o filho perguntou.
Drummond entregou-lhe um bilhetinho.
– Só te faço um pedido: leia esse bilhete no pátio da escola. É importante que tenha outros alunos ao seu redor.
– Combinado!

Os dois se despediram com um beijo. Orlandinho cumpriu o combinado. Curioso e com receio, foi ao pátio para ler o bilhete. O texto era simples e direto. Em poucas palavras, Drummond pedia ao filho que olhasse ao redor e analisasse a qualidade e o alto custo que aquela escola representava para os seus pais. O colégio era um dos mais caros da cidade.

"Será que os pais dos seus colegas também têm dificuldade para pagar a escola dos filhos? Nós temos!"

O bilhete caiu como uma bomba para Orlandinho.
– Pô, a escola era cara, de altíssimo nível. Meus colegas eram todos filhos de gente rica. Foi um soco no meu estômago. Senti-me um canalha, traidor da sua confiança e insensível ao seu esforço.

Aquele texto mudou a vida de Orlandinho. Daquele dia em diante, ele se transformou em outro aluno. Voltou a prestar atenção às aulas e nunca mais tirou uma nota vermelha.

– Eu merecia um esporro, um castigo, mas ele me escreveu palavras doces que me mostraram a realidade.

Naquele mesmo dia, Orlandinho chegou em casa muito envergonhado. Aguardou ansiosamente o pai chegar. Precisava conversar com Orlando e Glória. Sentia-se em dívida, aquilo o incomodava.

– Eu dei um longo abraço nele e prometi que não iria decepcioná-lo novamente.

Orlandinho aprendeu a lição e a levou para toda sua vida. Ele passou por um problema parecido, quando Alexandre repetiu de ano. Ao invés da raiva, sentou com o filho para conversar.

– A tendência é que a gente seja com os filhos aquilo que os pais foram conosco. E eu fiquei muito mal por não saber como agir no primeiro momento em que descobri a reprovação do Alexandre.

Orlandinho lembrou do passado, da conversa com o pai, e convidou Alexandre para dar uma volta. Era uma oportunidade para aproximá-los ainda mais. Era a chance de ensinar o que aprendeu.

– E aí? E a escola?

– Você já tá sabendo, né? – Alexandre respondeu.
– Estou!
– Pai, desculpa! Eu não fiz por mal.
– Tá tranquilo! Eu não estou te cobrando nada. Eu só quero saber se está te faltando alguma coisa. Nosso papel é te apoiar. Se você não passou de ano, há uma falha aí. Somos uma equipe!
– Eu acho que nunca vou aprender física e química. Não entram na minha cabeça.
– Você sabia que essa é a minha história? Cara, eu também tinha essa dificuldade. Meus pais me colocaram em um professor particular. Gostei tanto que fiz uma faculdade de exatas.

Orlandinho contratou um professor para ajudar Alexandre. Após esse dia, ele não tirou mais notas vermelhas nessas matérias.

A lição foi entendida e repassada.

NOVELAS MEXICANAS

O canal de televisão SBT é uma referência quando se fala em novelas mexicanas. Podem-se estabelecer algumas razões para uma emissora passar o famoso "enlatado". A principal delas é o baixo custo.

Silvio Santos sabia bem disso. Ele queria entrar no filão, mas não tinha recursos para bancar uma megaprodução. A primeira novela exibida pela emissora paulista foi "Os Ricos também Choram", em 1982. Daí para frente foram centenas de produções latinas. Algumas eram venezuelanas, mas a maioria era, de fato, do México. A Record também exibiu alguns títulos.

Impossível citar todas as novelas produzidas. São centenas. Mas aqui cabem algumas observações. Por exemplo: todos os públicos foram contemplados. Teve novela infantil (Carrossel e Carinha de Anjo), adolescente (Rebelde) e o verdadeiro dramalhão (Maria do Bairro, Marimar).

O que muita gente não sabe é que Silvio Santos montou seu próprio estúdio de dublagem no começo dos anos 1980. Sua emissora ainda se chamava TVS. Era uma forma de reduzir os custos. No entanto, ele fechou o estúdio e dividiu os produtos dublados entre Rio de Janeiro e São Paulo. Chaves e Chapolim ficaram em terras paulistas, com a Marshmallow, e as novelas ficaram na responsabilidade da Herbert Richers.

Embora a dublagem das novelas mexicanas tenha aquecido o mercado, a maioria dos dubladores não gostava de trabalhar nessas produções. No entanto, as primeiras dublagens não ficaram boas. As empresas de dublagem não conseguiam encontrar o tom certo da interpretação. O que os especialistas afirmam é que a busca das labiais para conseguir a sincronia na abertura de bocas é muito difícil. A dificuldade aumenta quando se trata de um idioma tão parecido.

É preciso lembrar que a Herbert investiu pesado nessas produções. Não dá para criticar o dublador brasileiro. A nata do estúdio carioca estava ali, suando horas e horas para realizar o melhor trabalho. O grande problema é que a tradução do espanhol para o português não é tão simples. Algumas palavras são bem parecidas, mas muitas enganam. É necessário ressaltar, também, que o brasileiro acredita que entende e sabe falar o idioma quando, na verdade, criou um novo (o "portunhol").

Aqui entra mais um detalhe interessante. Atendendo um pedido de Silvio Santos, a Herbert não assinava a dublagem. O famoso "Versão brasileira Herbert Richers" não fez parte desse processo. O motivo é simples: o objetivo era fazer com que o telespectador não percebesse que era um produto importado. Foi, de fato, uma tentativa de enganar o público, mas sem sucesso.

Ricardo Schnetzer dirigiu e atuou (ainda atua) em várias dessas produções. Ele é a voz oficial do ator Fernando Calunga, um dos mais populares do México. Ele lembra que o dono da emissora paulista não queria vozes repetidas em produções seguidas.

– Eu lembro que o Sr. Herbert contratou mais 400 dubladores e esse foi um dos motivos da falência dele. Tinha que pagar encargos trabalhistas de todos esses atores. Ficou um custo muito alto, insustentável.

Orlando participou de várias novelas, sem muito protagonismo. Essa não era a praia dele. Participou mais pela grana do que pelos projetos em si. Entre uma produção e outra, na Herbert, ele gravava um *loop*. Mas isso não quer dizer que não tenha feito bons trabalhos.

50 ANOS DE CARREIRA

O ano de 1992 começa bem especial para Drummond. Afinal, ele comemora meio século de uma carreira de que pode se orgulhar e dizer de cabeça erguida que foi e está sendo vitoriosa. O verbo no passado se justifica pelas personagens que ele interpretou, seja no rádio, na dublagem ou na TV. O verbo no presente pelo que está acontecendo no momento. E o principal é a possibilidade de enxergar uma continuidade do sucesso no futuro.

Personagens famosos na época da rádio, como, por exemplo, "Lúcio, o Grã-fino" e o índio Taco com a célebre frase "Pezinho pra frente, pezinho pra trás", ainda estavam no imaginário do público. O que dizer do presente? Do ponto de vista da dublagem, Orlando está em cartaz com Scooby, Alf, Popeye, Gato Guerreiro (He-Man), Gargamel (Smurfs), Vingador (Caverna do Dragão) e tantos outros.

Na televisão, o escrachado Seu Peru era uma das principais personagens da Escolinha do Professor Raimundo. E esse sucesso se estende aos palcos com o espetáculo "Seis para vo... cêis", com os amigos do programa.

Em seu escritório, Drummond passa parte do dia respondendo cartas de fãs e preparando cacos para o Seu Peru. No restante do tempo, faz aquilo de que mais gosta: ficar junto à família em sua querida Vila Isabel. Família essa que ficou um pouco maior após o nascimento de mais um neto, o Alexandre, filho de Orlando e Linda. No momento, Orlando vivia rodeado de Marco Aurélio (6 anos), Felipe (4 anos) e Alexandre (poucos meses), fazendo a maior bagunça na casa de Vila Isabel, seu reduto há 35 anos, acompanhado de sua amada esposa Glória.

SEU PERU X GAUDÊNCIO

Um dos pontos altos da Escolinha do Professor Raimundo era a rivalidade entre o Seu Peru e o Gaudêncio, interpretado pelo ator Ivon Curi.[58] Um sempre arrumava jeito de cutucar o outro – e, nesse caso, não era no bom sentido. Gaudêncio era o tradicional gaúcho, usava roupas típicas e falava com sotaque carregado. No entanto, tinha uma característica que hoje, mais de 20 anos depois, pode soar como homofóbico, mas não era a ideia na época. Como um típico "machão", não suportava os *gays*, no caso, o Seu Peru.

Ele tinha três bordões:
"Eu sou *macho-chô*"
"É um macho aqui, *tchê*"
"Isso é coisa de *maricão*!"

O entrosamento entre os dois atores era ótimo. Na Escolinha, a sintonia era considerada perfeita. Já era uma cena esperada pelos telespectadores do programa.

Certo dia, Seu Peru chegou atrasado na sala de aula. Ele vestia uma bombacha, típica roupa gaúcha, mas para lá de extravagante.

---

[58] Ivon Curi era um artista completo: ator, compositor e cantor. Nasceu no dia 05 de junho de 1928. Considerado um verdadeiro *showman*, venceu um concurso de calouros com 11 anos, dando início à carreira artística. Na década de 1050, foi eleito "O rei do Rádio". Morreu no dia 24 de junho de 1995, aos 67 anos. A causa foi falência múltipla dos órgãos, insuficiência respiratória e hemorragia.

Seu Peru: – Desculpe o atraso, *teacher*! É o seguinte...

Prof. Raimundo: – Seu Peru? O que é isso? Por que o traje?

Seu Peru: – É porque eu *tô* fazendo um curso sobre as tradições gaúchas. Me desculpe o atraso!

Prof. Raimundo: – Tá desculpado!

Seu Peru: – Pois é...

Prof. Raimundo: – Mas o que o senhor já aprendeu nesse curso?

Seu Peru: – Ah! Tô aprendendo tudo sobre o folclore cantado do Rio Grande do Sul. Veja só que graça que eu aprendi. [COMEÇA A CANTAR]

Bota aqui, bota aqui, o seu pezinho
Bota aqui bem juntinho do meu
E depois não vá dizer que se arrependeu [PARA DE CANTAR E COM OLHAR MALICIOSO APONTA PARA GAUDÊNCIO]

Seu Peru: – Entendeu a mensagem, *"Gau-Gau"*?

Gaudêncio: – Sabe aonde que eu vou colocar o meu pezinho? É na tua cabeça! Esmagar, assim como se esmaga uma barata! Essa sua roupa é um desrespeito lá para minha terra!

Seu Peru: – *Issa*! Saúde é o que interessa, meu bem! Olha aqui, *teacher*! Olha que safadeza! Olha como eu fico arrepiado, quando ele dá essa de "Indiana Jones de Pelotas"!

SAÍDA FORÇADA DA ESCOLINHA

Ainda em 1992, Orlando está feliz com sua carreira na televisão. Seu Peru continua fazendo muito sucesso entre todo o público. Tudo parece bem, também, com a continuidade do programa, exibido seis vezes por semana. Mas, na verdade, as aparências enganam. E enganaram. Chico era muito pressionado para fazer o programa dar audiência. Era a contrapartida para manter o numeroso elenco, parte do acordo com a Rede Globo. Além disso, a emissora tinha destacado um funcionário para avaliar os roteiros de cada capítulo da Escolinha. A preocupação da emissora era em relação ao teor das piadas, principalmente no programa diário, exibido à tarde.

Chico disse em entrevista ao programa Roda Viva, exibido no dia 21.06.1993, que o roteiro da Escolinha passava por avaliação dentro da Globo. Ele confirmou que o texto da Escolinha era muito modificado. Os critérios para os cortes seriam políticos e morais.

– Para mim o cara que corta o que eu escrevo é censor. Não é um avaliador artístico.

No entanto, dias antes do programa da TV Cultura, o jornalista Zózimo Barroso do Amaral publicou em sua coluna no *Jornal do Brasil*,[59] a saída do Seu Peru da Escolinha do Professor Raimundo.

Coluna do Zózimo – TV Light

O humorista Chico Anysio foi chamado para uma conversa com a direção da TV Globo, que lhe pediu para dar uma maneirada no texto e nas situações da Escolinha do Professor Raimundo pelo menos no horário vespertino.
No sábado à noite vá lá que seja, pela hora, dá para botar no ar um programa mais picante. À tarde, contudo, nem todos os gatos são pardos e convém, em respeito à plateia infantil, uma escolinha mais light.
A primeira consequência da conversa será a expulsão em breve nos bancos da escola do Seu Peru – a personagem, bem entendido, e não o intérprete, Orlando Drummond, que poderá mudar de pele.

Chico foi questionado durante o programa Roda Viva sobre a saída do Seu Peru do programa. Apesar da presença do censor (ou avaliador artístico – deixo a definição a seu critério), foi Chico quem decidiu pela saída temporária da personagem da Escolinha. Ele explicou que preferia não assistir aos programas, pois sempre gostaria de mudar uma cena ou outra. Mas, um dia, acabou assistindo e tomou a decisão.

– Um dia eu estava em Itapetininga (*município de São Paulo*). Eu tinha um *show* à noite. Ainda era de tarde, começou a Escolinha e fui assistir. Achei que a personagem Seu Peru estava muito forte. Uma coisa é frescura e outra é viadagem. Eu tirei para ele descer um pouco a chama.

Orlando aceitou a saída da personagem, afinal, nada poderia fazer. Tentou ponderar com Chico, mas não conseguiu. Foi procurado pela imprensa, mas evitou dar declarações. Não era o momento.

– Naquela época não tinham mente aberta para os *gays*. Eu ajudei a mudar esse cenário.

Ele estava chateado. Tinha todos os motivos. Apesar da volta rápida ao programa, por pressão do público, Drummond ficou sentido pela forma como foi tratado. Não achou correta. Mais de 20 anos depois, ele diz ter superado completamente o caso, mas suas palavras e sua expressão não mostram tanta certeza.

---

[59] A coluna foi publicada no dia 17.06.1992.

– Disseram que o programa era pouco educativo porque tinha uma piranha (Dona Cacilda – interpretada pela Cláudia Jimenez, um bêbado (João Canabrava – interpretado por Tom Cavalcante) e uma bicha. Em vez de barrarem o bêbado, que é mau exemplo, barraram foi a bicha.

SANTÍSSIMA TRINDADE

As constantes provocações entre os personagens Seu Peru e Gaudêncio renderam uma amizade entre os dois atores. Se tornaram amigos fora da televisão. Ivon nunca se limitou à televisão. Ele tinha um pacote de *shows* que viajava por todo o país, sempre com muito sucesso. Já Orlando se dividia entre as gravações da Escolinha e a dublagem.

Curi percebeu que o público pedia que ele fizesse o Gaudêncio em seus *shows*. A explicação era lógica: era a sua personagem do momento, que estava na televisão. É assim que funciona o meio artístico. Foi a partir daí que teve a seguinte ideia: por que não levar aos palcos o Gaudêncio e o Seu Peru? Por que não criar um *show* que ele e Orlando, que se davam tão bem, pudessem excursionar pelo país?

Curi fez o convite para Drummond, que aceitou na hora. E veio no momento certo. Tudo parecia bem. Mas ele começou a perceber que suas aparições na Escolinha estavam reduzindo. Foi quando Chico disse que o Seu Peru ia deixar o programa. Orlando ficou muito chateado com toda aquela situação.

Após aceitar o convite, era preciso pensar como seria o espetáculo. Os dois, imediatamente, entraram em contato com José Sampaio, um dos redatores da Escolinha. Após algumas reuniões, Sampaio escreveu um *show* completo para a dupla.

Em junho de 1992, Curi tinha um *show* solo agendado em um Congresso em Caxambu, interior de Minas Gerais. Ele entrou em contato com a organização e solicitou alteração para fazer a estreia do espetáculo "A Santíssima Trindade", em parceria com Orlando. Os contratantes aceitaram.

Repare que foi justamente no momento em que Drummond estava fora do ar. Ele chegou a dizer em algumas entrevistas na época que o Seu Peru, mesmo fora da Escolinha, ainda daria muitas alegrias ao público.

– Não quero matar o Seu Peru. Ele saiu do programa, mas ainda vai alegrar muita gente com seus ataques, queixumes e gracinhas. Tenho planos de fazer *shows* com ele, mesmo que receba outra personagem na Escolinha, como me foi prometido.

Os dois artistas se apresentavam sem máscaras. Estavam de cara limpa no espetáculo. Mesmo durante os números, eram eles que estavam no palco.

O *show* consistia em três etapas. Curi abria o espetáculo fazendo um número solo, contando casos de sua carreira e cantando seus sucessos e de outros artistas. O *setlist* contava com as canções "João Bobo", "Farinhada", "Xote das Meninas" e "La Vie en Rose", de Edith Piaf. Já Drummond apresentava canções de Nat King Cole e Louis Armstrong. Como era *a capella*, o repertório variava. Mas, com certeza, estavam presentes sucessos como *"Unforgettable"* e *"What a Wonderful World"*, respectivamente. Em seguida, Orlando fazia suas tradicionais brincadeiras com a dublagem. Contava passagens de sua carreira através de personagens como Scooby, Popeye, Alf e tantos outros. O Seu Peru, também, estava presente na encenação. Nessa parte, Curi fazia uma pequena participação como uma espécie de professor. Logo depois, ele saía de cena e voltava como Gaudêncio para juntos encerrarem o show.

– Chamávamos o *show* de Trindade, porque estavam presentes o Ivon Curi, eu e o Seu Peru com o Gaudêncio.

Encontrei no escritório de Orlando justamente o trecho solo do "Seu Peru" que conta com a participação de Curi como uma espécie de professor. A esquete era de perguntas e respostas rápidas.

Professor: – Seu Peru.

Seu Peru: – Sou todo seu, sua gulosa!

Professor: – O senhor não veio ontem! Portanto, suas perguntas ficaram para hoje. Me fale sobre suas preferências. Qual a temperatura que o senhor gosta?

Seu Peru: – Fresca

Professor: – Seu esporte preferido?

Seu Peru: – Frescobol

Professor: – Um nome de um homem bonito.

Seu Peru: – Todos.

Professor: – E de uma mulher?

Seu Peru: – Nenhuma.

Professor: – Me diga o nome do seu banco favorito?

Seu Peru: – O de trás

Professor: – E seu ídolo?

Seu Peru: – Roberta Close.

Professor: – Brincadeira predileta?

Seu Peru: – Adoro brincar de trenzinho. Sou o primeiro da fila.

Professor: – O senhor usa meia?

Seu Peru: – Sim, meia-calça!

Professor: – Vamos falar de comidas. Qual a sua salada predileta?

Seu Peru: – De pepino com cenoura.

Professor: – E um prato quente?

Seu Peru: – Salpicão com dois ovos.
Professor: – E para encerrar, Seu Peru, antes de eu lhe dar um zero: qual o seu maior desejo?
Seu Peru: – Ser mãe!
Professor: – Pode sentar!
Seu Peru: – Por falar em sentar, sabe qual a diferença entre o Papa e eu?
Professor: – Não!
Seu Peru: – É que o papa santifica e eu sento e fico!
Professor: – É por essas e outras que suas notas estão péssimas. O que é que o senhor espera no fim de ano?
Seu Peru: – Levar pau!
Professor: – Zero!!!

No último ato, os dois revivem diálogos de amor e ódio entre Seu Peru e Gaudêncio. Tem muito "Use-me e abuse-me", "Estou *porrr aqui*", "Cruzes!" para cá e "Eu sou macho-chô", "É um macho aqui, *tchê*" e "Maricão!", para lá. O espetáculo durava, em média, 1h30. Eles excursionaram por quase três anos. Só pararam devido ao estado de saúde de Curi. No fim, após muitos aplausos, os dois mostraram que rir é o melhor remédio.

CONFUSÃO EUROPEIA

Drummond e Ivon Curi estavam excursionando pela Região Sul, com a peça "Santíssima Trindade". Apesar de todo o desgaste pelos deslocamentos e pelas apresentações, os dois sempre buscavam uma forma de se divertir pelas cidades.

Certa vez foram almoçar em um restaurante muito chique. Logo de cara, as roupas das garçonetes, todas louras, chamaram a atenção de Drummond. Elas estavam vestidas a caráter. Além da comida maravilhosa, o restaurante tinha uma banda tocando músicas europeias. Para Drummond eram canções alemãs. Após alguns chopes, ele já não estava entendendo o que estavam cantando.

Aquela data específica, 05 de junho, era o aniversário de Curi. Drummond resolveu homenageá-lo. Foi conversar com a banda e perguntou se poderia cantar uma música para o amigo. A banda aceitou na hora. Ele pegou o microfone e cantou à capela. A música escolhida fazia muito sucesso no Brasil. Era um *jingle* da Brahma para promover a cerveja. Quem estrelava era o cantor e compositor João Gilberto.

"Pediu cerveja, pediu Brahma chope
Cerveja é Brahma chope
A número 1"

Essa música é uma versão para uma canção alemã. Aí está a origem de tudo. Drummond tinha certeza de que estava em um restaurante com comidas típicas da Alemanha. A música chamava-se "Liechtensteiner Polka", do compositor Will Glahé, e virou um verdadeiro hino das cervejarias, sendo adaptada por várias partes do mundo. Drummond sabia cantar a versão em alemão e soltou a voz, cantando de olhos fechados. A letra original é bem maior do que a versão em português. Quando acabou e abriu os olhos, assustou-se com o que viu.

– Estavam todos de olhos bem abertos e mudos. Pareciam sem reação – lembra. Ninguém aplaudiu. Nenhuma alma esboçou qualquer movimento. Ele, muito sem graça, agradeceu e foi em direção à mesa. Curi estava gargalhando. Confuso, Drummond foi na direção do *maître*.

– Poxa, me esforcei tanto e ninguém gostou. Tentei fazer uma homenagem ao meu amigo e à cidade.

O *maître*, muito atencioso, manteve a seriedade e explicou:

– Não somos alemães. Somos todos italianos!

EXPULSOS DA ESCOLINHA

O ano de 1992, realmente, foi intenso para Orlando. Mesmo após o retorno à Escolinha, ficou uma mágoa. A segurança que ele tinha de permanência no programa já não era mais a mesma. Afinal, com toda a popularidade do Seu Peru ele fora retirado. O medo de Drummond era justificável. Em todo final de ano, Chico Anysio fazia umas trocas de personagens e até de atores. Era uma forma de manter sempre atual a Escolinha. Orlando tinha medo de estar em uma dessas trocas.

– Eu já tinha saído naquela confusão toda. Embora o Chico tivesse me prometido uma outra personagem, eu não conseguia me imaginar sem o Seu Peru.

Financeiramente falando, Orlando tinha seu porto seguro: a dublagem. Embora contratado da Globo, o contrato era de valor baixo. Só aumentava quando ele estava no ar. Nesse caso, a televisão era uma grande vitrine para comerciais e eventos. Era sempre uma forma de ganhar uma grana extra.

Teatro não era uma paixão de Orlando. Ele gostava de assistir, mas nunca teve interesse de fazer. Ele não gostava de ficar sexta, sábado e domingo longe de casa e também não gostava de decorar textos longos. O improviso era uma de suas principais qualidades.

Essa questão do improviso é muito importante; foi um dos principais motivos do grande sucesso da peça com Ivon Curi. Orlando sempre teve essa interação com o público como uma de suas principais características.

Mais adaptado ao teatro, ele aceitou um convite feito pela atriz Nádia Maria.[60] Eles eram amigos fora do mundo artístico e já tinham atuado juntos na Escolinha do Professor Raimundo. Nádia fez quatro participações no programa comandado por Chico Anysio.[61] As inspirações são as mais variadas possíveis. Vai do cangaço, passa pela economia e chega até a política. Tudo, claro, com muito humor.

Nádia e Orlando convidaram o comediante Tutuca[62] para participar do projeto. Esse último, um grande artista, não tinha participado da Escolinha, mas tinha grandes trabalhos em seu currículo.

O espetáculo foi chamado de "Expulsos da Escolinha". Nádia interpretou Maria da Recessão, Orlando fez o Seu Peru e Tutuca brincou com seus personagens históricos, sobretudo, o Clementino e o travesti Magnólio. A história era muito focada em acontecimentos do dia a dia de cada um dos personagens. Apesar do grande elenco, foram poucas apresentações, talvez pela agenda corrida dos três.

Interessante notar que eram três grandes atores no palco com muitas histórias para contar. O principal foi mostrar que, para ser artista, não tem idade, tem que ter talento. E talento os três tinham de sobra.

O ASSALTO (SALVO PELO "PERU")

Durante muitos anos, Orlando pegava seu carro e saía de casa para gravar a Escolinha do Professor Raimundo. Era uma distância considerável de sua residência, em Vila Isabel, até os estúdios da TV Globo, em um teatro na Barra da Tijuca. Em tese, eram lados opostos, tinha que cruzar a cidade. O caminho natural era a serra Grajaú-Jacarepaguá, em que se leva, em média, 10 minutos para fazer a travessia. Mas engana-se quem pensa que esse é um trajeto tranquilo. É comum o fechamento ou interdição devido às ações policiais na região.

---

[60] Nádia Maria nasceu em Recife, no dia 7 de outubro de 1931. A atriz teve uma vasta carreira na televisão e no cinema. Além da "Escolinha do Professor Raimundo", ela também participou do programa "Balança, mas não cai". Já no cinema, destaque para os filmes "O primo do cangaceiro", "É a maior" e "Virou bagunça". Nádia morreu no dia 16 de fevereiro de 2000, aos 68 anos.
[61] Célia Caridosa de Melo, Maria Bonita, Márcia Suplício e Maria da Recessão Colares.
[62] Natural do Rio de Janeiro, o nome verdadeiro do comediante era Ulisver Linhares. Começou sua carreira como palhaço aos 13 anos. Fez muito sucesso no teatro com as peças "Macabro show" e "Elas gostam de verdura". Na TV criou dois personagens que ficaram famosos com os seus respectivos bordões: Clementino ("Xiii... como é boa essa secretária! Ah, se ela me dessa bola!"), Chefinho ("Ui, ui, chefinho!") e o travesti Magnólio Ponto Fraco ("Bicha não morre, vira purpurina"). Tutuca morreu no dia 3 de dezembro de 2015, aos 83 anos.

As gravações duravam o dia inteiro. Geralmente se gravavam os episódios da semana inteira. Para Orlando era ótimo, pois dava tempo suficiente para ele conciliar com seus trabalhos na dublagem.

Certo dia ele saía do teatro, por volta de 1 hora da manhã. Cansado, servia de consolo que, pela hora, seria um trajeto mais rápido do que o comum. Ruas vazias, ele aproveitou para acelerar o carro. Quando entrou na serra Grajaú-Jacarepaguá, tomou um grande susto.

– Oito camaradas fecharam a rua, e um deles começou a atirar para o alto – lembra.

Assustado, a única reação de Orlando foi parar o carro. Ele estava com muito medo do que poderia acontecer. Afinal, nunca se sabe qual será a reação dos bandidos. Ele saiu do seu veículo com as mãos para o alto e tentou conversar com os assaltantes.

– Não vai dizer que tem aí mais uma mulher grávida para eu levar ao hospital, que seria a segunda de hoje.

Até hoje, ele não sabe o motivo de falar essa frase.

– Foi o que me veio na cabeça na hora. Eu só sabia, sem saber o porquê, que tinha que falar alguma coisa.

Para a sorte de Orlando, ele foi reconhecido e interrompido por um dos bandidos.

– É o Seu Peru!

Um outro bandido falou:

– Ele faz o Scooby-Doo!

Na hora, Orlando deu uma acalmada, pois percebeu que tinha sido reconhecido. Os bandidos ficaram falando entre si sobre seus personagens. Drummond não teve dúvidas. Mesmo com a perna tremendo e extenuado fez uma espécie de *pocket show*. Ele começou a imitar seus principais personagens.

– Eu fiz as vozes todas. "Oh Salsicha! [risada do Scooby]", "Tá limpo!" ...

Os oito assaltantes gostaram tanto que convidaram Orlando para tomar uma cerveja em um bar pé-sujo, ali mesmo na serra Grajaú-Jacarepaguá. Na verdade, ele não tinha como rejeitar o convite. Chegando ao bar, Orlando sentou-se com os oito e na mesa foram colocados petiscos e cervejas. Papo vai, papo vem, ele fez mais algumas imitações e todos bebendo. Em dado momento, Drummond disse:

– Pessoal, eu preciso ir para casa, que a *patroa* deve estar preocupada. *Tô* muito tempo fora de casa.

Todos concordaram e deixaram ele sair. Mas, antes de ir embora, o dublador encontrou tempo para fazer uma brincadeira.

– Essa é por minha conta. Vou pagar hein! Mas a próxima fica por conta de vocês.

– Claro, claro! Deixa com a gente! – disse um dos bandidos.

Após pagar a conta e se despedir de um a um, Orlando foi parado por um deles, que estava na porta de saída do bar e o acompanhou até o carro.

– Tu és um grande ator. Vai com Deus! Gostei da malandragem. A história da grávida foi muito boa.

Orlando deu a partida no carro e saiu. As pernas ainda tremiam e as mãos estavam suadas, mas o saldo era positivo. Ele conseguiu não ser assaltado, tomou umas cervejas e ainda comeu uns petiscos.

– O "Peru" me salvou! Poucos têm essa glória!

MEDALHA TIRADENTES

O dia 20 de novembro de 1993 foi diferente para Orlando. Ele estava com 74 anos e se preparava para receber uma das grandes homenagens em sua carreira. A deputada estadual Daisy Lúcidi propôs que o ator e dublador recebesse a Medalha Tiradentes pelos trabalhos prestados à cultura. O projeto foi votado e aprovado no plenário da Assembleia Legislativa do Estado do Rio de Janeiro (Alerj). De acordo com a definição do regimento interno da Casa Legislativa, a Medalha Tiradentes é concedida a personalidades nacionais e estrangeiras que, de qualquer forma, tenham serviços prestados ao estado do Rio de Janeiro, ao Brasil ou à humanidade.

– Foi um dia de muita emoção. É sempre bom saber que nosso trabalho é reconhecido.

Orlando e Daisy foram colegas de profissão na Rádio Tupi. Ela chegou à emissora com apenas oito anos, ainda na década de 1940. Drummond era contrarregra e começava a dar os primeiros passos na profissão de ator.

– Eu era uma menina quando fui para a Tupi. Comecei fazendo programa infantil e era aproveitada nas novelas. O Orlando era contrarregra. Sempre foi uma pessoa muito agradável, uma pessoa incrível, um grande companheiro – lembra Daisy.

MEDALHA PEDRO ERNESTO

Dia 17 de junho de 2019. A arte de Drummond é reverenciada mais uma vez. O ator recebe a maior homenagem da Câmara Municipal do Rio de Janeiro – a Medalha Pedro Ernesto. De acordo com informações da própria Casa Legislativa, a medalha "é a principal homenagem que o Rio de Janeiro presta a quem mais se destaca na sociedade brasileira ou internacional".

O autor da homenagem foi o vereador Reimont.

VIVA SÃO LOURENÇO!

A primeira vez que Orlando pisou em São Lourenço foi em 1973. Após muitas recomendações, foi com a família descansar do seu extenuante trabalho. Foi uma espécie de amor à primeira vista. A cidade virou refúgio da família. Drummond recebeu muito carinho de todos. A população o tratava como uma personalidade e ele retribuía atendendo, um a um, quem o procurava para um autógrafo ou uma foto.

A época em que Orlando mais gostava de ir para a cidade era no Carnaval, período em que os estúdios conseguiam, na maioria das vezes, paralisar as gravações para uma semana de descanso. Os jornais e as rádios locais anunciavam a presença de Drummond e da família, como forma de atrair as pessoas para o carnaval de rua. O ator e Glória desfilavam em carro aberto eram ovacionados pelos moradores.

O carinho, porém, não veio só das ruas. Orlando foi reconhecido com duas homenagens pela Câmara Municipal e se tornou "Amigo de São Lourenço" e "Cidadão Honorário de São Lourenço". O autor das duas homenagens foi o vereador Paulo Gilson de Castro Ribeiro, mais conhecido como Chopinho. A primeira foi o título de "Amigo de São Lourenço", em 1993. Para celebrar a data, Orlando escreveu uma poesia que declamou no plenário da Câmara Municipal.

Ser Amigo

> "Amigo" é coisa sagrada // "Amigo" é bem duradouro // "Amigo" é quase irmão! // E quando documentado // Com festa e emoção, // Fica selado para sempre // É quase um renascer! // E o "Amigo" vai aprendendo // O nosso modo "maneiro" // De falar e até de ser. // Fica seu coração bipartido // – Lado esquerdo Carioca // – Lado direito Mineiro // Ser amigo desta terra // Que aprendeu a amar // É tomar água da fonte // É respirar nosso ar! // É sentir toda beleza // Deste rincão tão querido // Que o abraça com carinho // Escrito em letras douradas // Neste lindo pergaminho. // Ser amigo é ir embora // Já com saudades acenando: // "Até breve!", "Vou voltar!" // E em contagem regressiva // Desfolhar o calendário // Até o regresso chegar! // E o Rio Verde, lá fora // Vai levando a outras plagas // A beleza, o encanto, // Desta noite de esplendor! // As flores se perfumaram // A natureza sorriu // São Lourenço se levanta // Para "Amigo" lhe chamar! // E o fez com muito amor! // Esse título que hoje // Você recebe sorrindo // E com santa emoção // A cidade tem certeza // Há muito já estava escrito // Dentro do seu coração.

A segunda homenagem veio dois anos depois. Em 1995, o vereador Paulo Gilson apresentou decreto que tornava Orlando cidadão honorário da cidade de

São Lourenço. Com a agenda cheia de compromissos, o ator só conseguiu receber o título no começo do ano seguinte (26 de fevereiro).

SÓ DÁ ELE

Começo com a seguinte afirmativa: ninguém é unanimidade! Provavelmente você vai concordar comigo. O próprio Drummond não é. Ele também foi alvo de críticas. Todos nós somos.

Era o ano de 1994. Orlando estava em todas as faixas de horário (manhã, tarde ou noite). Em qualquer hora era possível assistir a ele. Na parte matutina, ele interpretava alguma personagem (desenho animado). À tarde, era o Seu Peru e, à noite, dublava algum filme. Esse foi o preço do talento. Mais do que nunca, Drummond era alvo. O excesso de trabalho deixava marcas. Ele adorava o que fazia, sempre adorou. Mas também queria mais tempo para ficar com a família e, sobretudo, com os netos.

Certa vez, ele foi alvo de uma crítica publicada na seção de cartas do *Jornal do Brasil*. O texto foi publicado no dia 23 de abril. O autor, cujo nome não será divulgado, lamentava que a indústria da dublagem estivesse nas mãos de poucos. Leia, abaixo, na íntegra a publicação.

É impressionante que a indústria da dublagem no Brasil esteja nas mãos de tão poucos profissionais. É desagradável ter nossas casas invadidas diariamente por uns cinco ou seis dubladores que dão vozes aos filmes, desenhos animados e comerciais da TV. Particularmente não aguento mais ouvir a voz do Seu Peru (Orlando Drummond) – personagem da Escolinha do Professor Raimundo – que dubla tudo, às vezes mais de uma personagem no mesmo filme. Para piorar, tornou-se cômico em um programa diário de TV. É dose.

De fato, Orlando estava em um momento de superexposição. O maior de sua vida, muito provavelmente. Mas, diferente do que pode supor o autor da crítica, a dublagem não estava nas mãos de poucos.

Talvez lá no começo da dublagem a crítica fizesse sentido. Mas não naquele momento. Drummond, ciente do excesso de trabalho, lembra bem dessa época. Mas enfatiza que aparecia demais por seus próprios méritos, pelo seu talento. Afinal, ele pode se orgulhar de dublar uma série de personagens que se destacavam na televisão naquele momento. Só para citar alguns: Scooby e Alf, que gozavam de muito prestígio com o grande público.

– Todo teste que eu fazia eu ganhava. Não tenho culpa de ser bom. Mesmo sendo diretor da Herbert, eu fazia questão de participar dos testes para conseguir os personagens de forma limpa e com as mesmas chances de todo mundo. Os produtores americanos vieram me conhecer, pois só dava eu.

Realmente os americanos da Warner vieram ao Brasil. Não é nada convencional um mesmo dublador fazer muitos papéis importantes. E personagens tão diferentes com o mesmo brilho.

UM FINAL DE SEMANA EM BELÉM

Em setembro de 1994, Chico Anysio reuniu o elenco da "Escolinha do Professor Raimundo" e avisou que estava agendado para outubro um *show* em Belém. Todos comemoravam, afinal, era uma chance de ganhar um dinheiro extra, fazendo aquilo de que mais gostavam. O *show* era muitas vezes vendido para eventos de empresas, mas dessa vez era diferente: o contratante era um político muito famoso na região. Alheios a isso, os artistas fariam a apresentação de sempre.

Ao olhar na agenda, Drummond percebeu que a data era mais do que especial. Católico, ele teria a chance de participar do Círio de Nazaré, a que o ator já tinha assistido em outra oportunidade. A procissão é uma das mais tradicionais de todo o país e reúne cerca de dois milhões de romeiros todos os anos. O evento é uma homenagem à Nossa Senhora de Nazaré, a mãe de Jesus.

– Nas duas vezes fiquei arrepiado da cabeça aos pés, durante a procissão. É uma combinação muito forte de energia e fé – conta.

Foi nesse mesmo final de semana que aconteceu uma das maiores mancadas da vida de Orlando. Os atores estavam sendo paparicados por todos da cidade. Nesse cenário, é possível incluir os políticos. Como águias, aproveitavam toda a mídia envolvendo o elenco da Escolinha para aparecer na imprensa. Após assistir à procissão do Círio, o elenco foi convidado para almoçar em um restaurante muito famoso, talvez o mais chique de Belém. Orlando sentou ao lado de grandes figurões da política local e nacional. Conversaram apenas sobre amenidades.

Drummond se surpreendeu que esses políticos conheciam sua carreira artística. Não falaram apenas sobre o Seu Peru, Alf, Scooby ou Popeye. Ele ficou mais curioso pela lembrança de personagens como "Takananuka", "Jânio Quadros" e "Coral dos Bigodudos".

Após o almoço, o elenco da Escolinha voltou para o hotel para descansar. À noite estavam agendados um jantar e uma apresentação. O *show* era fechado para políticos e empresários.

Como combinado, à noite os artistas se encontraram em um suntuoso teatro lotado. Chico Anysio subiu ao palco e foi anunciando um a um. Todos eram reverenciados pelo público, que estava eufórico. Orlando estava na coxia esperando sua vez de entrar. Ele era o último a ser anunciado. De repente, é chamado por Chico.

— E agora... Orlando Drummond, mais conhecido como o Seu Peru. Ele está aqui para fazer umas gracinhas para vocês, mas não se esqueçam de que ele faz a voz do Scooby, do Popeye, do Alf.

Após longas palmas, um político levantou e impediu que Chico continuasse a apresentação, falando diretamente com Orlando.

— Oh! Você quem faz a voz do Alf? A minha filha adora. Por favor, faça um pouquinho!

O que o político não sabia é que Chico tinha reservado um espaço no *show* para que cada artista fizesse um número solo. E Drummond tinha previsto fazer um número com as vozes dos seus principais personagens.

Autorizado por Chico, Orlando deu uma palhinha, imitando o extraterrestre.

— Eu vim de Melmac porque lá em Melmac macho, que era macho, tinha que comer 500 gatos todo dia. Eu já tava cheio de comer gato e me mandei por esse universo afora e dei um azar desgraçado. Imaginem vocês onde eu fui cair: em Brasília. Porra, como tem gato!

Assim que acabou de falar, Orlando esperava aplausos. Mas, no lugar, o que recebeu foi um gelo. O público estava atônito, incrédulo com o que acabara de presenciar. Todos se entreolharam não acreditando que ele pudesse ter dito o que disse naquele local.

— Perdi muitas amizades! – conta.

O ator passou o resto da apresentação ainda meio envergonhado.

— Depois disso não tive nem a chance de me candidatar a vereador – lembra, em meio a muitas risadas.

PARADA *GAY*

Essa quem me contou foi o ator David Pinheiro, que também fez muito sucesso na "Escolinha do Professor Raimundo", interpretando um dos personagens mais populares. Armando Volta, como o nome sugere, estava sempre tentando enrolar o professor. Seu principal bordão era "Sambarilove!".

Mas, vamos à história! Drummond conseguia confundir o público em relação a sua orientação sexual. Muitos acreditavam que, de fato, ele era *gay*. E aí alguém pode perguntar: "Mas não sabiam que ele era casado há décadas com a Glória?". Vale lembrar que, naquela época, o acesso a informação não era tão fácil. Não havia internet, por exemplo.

Voltando à história. Drummond estava em casa, em um dos seus raros momentos de folga. O telefone tocou, Glória atendeu e o chamou. Do outro lado da linha, uma voz de mulher, que queria fazer um convite.

– Eu gostaria de te convidar para participar, como mestre de cerimônia, da Parada *Gay*...

– Oi? – interrompendo – Como assim?

A moça, obviamente, não sabia que Orlando era casado. Na hora, ela só pensava em ter o Seu Peru como atração do evento. De forma educada, Orlando agradeceu o convite, mas recusou a oferta, antes mesmo de ela terminar a proposta.

– Drummond contava que recebia sempre essas ofertas. Ele dizia que algumas pessoas ficavam chateadas quando descobriam que ele não era *gay*. Esse era o barato do programa. A Escolinha fazia tanto sucesso que as pessoas levavam a sério.

Em outra oportunidade, ele recebeu uma proposta de um milhão de cruzeiros para passa um final de semana inteiro em Santos. O convite era para ser a rainha de um baile *gay*.

CARONA DOLORIDA

Orlando tinha acabado mais um dia cansativo de dublagens na Herbert Richers. Já tinha anoitecido, era hora de ir para casa. Calmamente foi até o pátio pegar o carro. Colocou a chave, mas o motor não ligou. Tentou repetidas vezes, sem êxito.

– Puta merda!

Mário Jorge tinha deixado sua moto próxima ao carro de Drummond. Ao perceber que ele estava com problemas no carro, ofereceu carona. O veterano dublador resistiu, mas aceitou. Afinal, não tinha muitas opções.

Mário Jorge lembrou que estava de moto – Drummond não gostava de motocicletas.

– Sou macho! – disse ao amigo.

Só que Mário Jorge percebeu que Orlando estava trêmulo. Era puro medo. Por isso, resolveu ir devagar para não assustá-lo ainda mais. A distância da Herbert para a casa de Orlando não era longa, mas parecia uma eternidade naquele momento.

Para ajudá-lo, Mário Jorge entrou na vila e parou em frente à casa de Drummond.

– Chegamos! – disse Mário Jorge.

– Eu sei!

Ele achou estranho que o veterano não desceu da moto.

– Desce, "Dru"! Bora!

– Não consigo!

– Não consegue por quê?

– Descer como, ô filha da puta? Minha perna tá dura e o ânus fechado!

A cena foi assistida pelo porteiro. Mário Jorge reparou que Orlando realmente estava com a perna dura.

– Você entende que, se eu descer, nós vamos cair? – questionou Mário Jorge.
– Preciso de meia hora!
– Porra, "Dru"!

Os dois ficaram conversando por quase meia hora à espera de a perna de Orlando começar a esticar. Aos poucos, ele foi recuperando os movimentos.

– Já estou bem! – disse Drummond.
– Então já pode descer!

Só que, quando Orlando foi descer, ele se desequilibrou e acabou caindo no chão. Mário Jorge e o porteiro começaram a rir. O funcionário da vila ainda o ajudou a levantar. O veterano dublador se arrumou, olhou nos olhos dos dois e disse:

– Vão tomar no cu!

Lentamente, abriu a porta de casa com um sorriso no rosto.

CLUBE DA CACHAÇA

"Unidos beberemos!
Sozinhos também!"

Esse é o slogan da Confraria de Cachaça Copo Furado, grupo que surgiu em 1994, no dia 13 de agosto, quando amigos decidiram se reunir para apreciar a típica bebida brasileira.

Apreciador da bebida, Orlando participou da criação do grupo, que tem como patrono Tom Jobim e São Benedito como santo protetor. Drummond é um confrade, ou seja, um membro da instituição.

De acordo com o próprio estatuto, "trata-se de uma entidade civil, sem fins lucrativos, registrada juridicamente, de natureza e caráter culturais, que realiza seus encontros uma vez por mês. Todas as suas atividades, a partir da degustação, são eminentemente culturais, tocam o interesse humano, social do brasileiro. A principal delas, o objetivo da Confraria, é promover a história, o estudo, a valorização e a divulgação da cachaça como a genuína bebida nacional, uma das mais caras e sublimes expressões da Cultura Brasileira".

Orlando não participou da primeira reunião do grupo, mas na segunda estava lá. Foi um encontro mais importante que o primeiro, pois ficou definido, por exemplo, que cada encontro teria no máximo duas horas e seria mensal. Outro ponto importante: os fundadores, entre eles Drummond, assinaram o barril que caracterizou a formalização da Confraria.

Por causa da agenda de trabalho, Orlando não conseguiu aparecer em muitas reuniões. Mas ele, como bom apreciador da cachaça, continua com seu nome lá escrito na história da confraria.

A MORTE DO GURU

Orlando já deu centenas, milhares de entrevistas. Na maioria delas, as perguntas são parecidas. Ele, de forma regular, nunca se furtou, pelo contrário, sempre falou, mesmo quando não era perguntado, que tinha se transformado em ator graças a Paulo Gracindo.

De forma carinhosa, sempre chamou seu diretor de mestre, de guru. Paulo Gracindo foi um dos maiores talentos que este país já viu. Interpretou papéis inesquecíveis como o Alberto Limonta, na radionovela "O Direito de Nascer". Outro que fez muito sucesso foi no programa "Balança, mas não cai", de Max Nunes. Gracindo estrelou, ao lado de Brandão Filho, o quadro "Primo Pobre e Primo Rico", no qual interpretava o mais abastado.

Já na televisão, interpretou um dos personagens mais antológicos da história das novelas: Odorico Paraguaçu, o prefeito de Sucupira na novela "O Bem-Amado", de Dias Gomes.

Paulo Gracindo morreu no dia 4 de setembro de 1995, aos 84 anos. Ele lutava contra um câncer de próstata e sofria com mal de Alzheimer. Deixou mulher (Dulce Xavier de Araújo Gracindo) e quatro filhos, um deles o ator Gracindo Jr.

— Paulo Gracindo foi a expressão maior do rádio e da televisão. Ele foi o meu guru. Sou eternamente grato!

PELO RONCO DA CUÍCA...

Orlando se sentia bem quando estava rodeado de familiares e amigos, adorava esses encontros. Era a chance de tocar uma gaita, um violão ou simplesmente dar boas risadas. Em todas essas ocasiões, ele acabava se destacando. Sempre tinha um que pedia, por exemplo, para ele contar uma piada ou fazer uma imitação. O Scooby, então, era o campeão de pedidos e ele sempre fez sem reclamar.

Com o tempo, outra personagem também passou a fazer parte dessas reuniões. Todos brincavam, com muito respeito, essa é a grande verdade, com o Seu Peru. Na primeira chance que tinha, ele mandava o seu tradicional jargão.

— Estou *porrr aqui*!

Mas tem uma frase que Drummond sempre usou nesses encontros ou simplesmente quando dirigia dublagem. Ouvia atentamente o que as pessoas falavam. A ideia era esperar um furo, uma falha. Sempre que tinha a oportunidade de "encarnar" em alguém, a frase que ele mandava na lata era essa:

— Pelo ronco da cuíca, esse cu já levou pica!

As pessoas já sabiam que ele, uma hora ou outra, ia mandar a frase. Era questão de tempo. Certa vez, Orlando estava em uma festa de criança. Papo vai, papo vem, tudo acontecia dentro da normalidade. Quando, de repente, dão a brecha e, no meio de um monte de pequenos, ele solta...

– Pelo ronco da cuíca...

Na mesma hora todos se olharam.

– Não!

– É sério que ele vai falar isso...

– Papai?

– Vô?

Orlando percebeu pelas reações que a frase seria inapropriada para aquele momento. Sem pestanejar, olhou para todos, respirou fundo e repetiu:

– Pelo ronco da cuíca, não beba água da bica!

Todos respiraram aliviados. Como um verdadeiro sacana, Drummond olhou para todos e soltou uma gargalhada. Ninguém conseguiu disfarçar o alívio, mas, no fim, todos riram com toda aquela situação.

– Acabou que pegou o "não beba água na bica" – lembra Felipe.

O mais interessante é que as pessoas tentavam pegar Orlando com a mesma piada. E ele sabia disso. Nessas festas, na maioria das vezes, davam corda para que ele falasse à vontade. Mas Drummond já tinha uma saída para essas situações. Quem sempre o salvava era o Seu Peru.

– Aí, Orlando... pelo ronco da cuíca... – dizia um.

– Esse cu já levou pica! – completava o outro.

– *Cruuuzes*! – debochava Orlando.

CHICO TOTAL

Em 1981, entrava no ar, pela Rede Globo, o programa "Chico Total". Estrelado por Chico Anysio, o humorístico era mensal. Ao todo foram exibidos nove episódios (de março a dezembro). Primeiramente era exibido às terças-feiras, mas logo foi transferido para a grade de sábado à noite. O seriado mostrava todo o talento de Chico, que interpretava 33 personagens distribuídos em quadros curtos e alguns mais longos. Tudo dependia da popularidade junto ao público. Destaque para o Retirante Nordestino e para o malandro Azambuja.

Além de interpretar, Chico contava histórias e apresentava números musicais. Ainda nesse período, o elenco que trabalhava com o humorista era enxuto. Por isso, até como forma de promover o programa, foram convidadas estrelas da Rede Globo que fizeram participações especiais, como Marília Pêra e Dina Sfat.

O programa ficou por pouco tempo no ar. Não se trata apenas de uma questão de audiência. Chico era um humorista inquieto e estava sempre pensando em novas ideias. Tanto não foi uma questão de audiência que o artista, em decisão conjunta com a Rede Globo, voltou com o programa 15 anos depois. No dia 6 de abril, estreava pela emissora carioca a mais nova versão de "Chico Total", aos sábados à noite.

O esquema era o mesmo. Um programa de auditório para Chico conversar com uma plateia animada. Em relação aos quadros, uma pequena mudança. Eram um pouco mais curtos. A grande novidade foi o humorista conseguir manter um elenco maior tralhando em suas produções. Ele continuava sendo a referência, mas não estava mais sozinho.

Aqui vale um comentário extra sobre a capacidade de Chico trabalhar com diferentes gerações de atores. Ele tinha uma enorme capacidade de descobrir novos talentos. Entre os nomes que faziam parte dessa segunda versão do programa "Chico Total" estão: Castrinho, Francisco Milani, Selma Lopes, Heloísa Perissé, Ingrid Guimarães, Luiz Carlos Tourinho e Orlando Drummond.

O programa tinha um clima de nostalgia. Chico abria as edições contando um fato antigo de sua já longa carreira ou fazendo críticas sobre a atualidade, com um humor para lá de ácido. No mais, era um verdadeiro desfile de personagens clássicos do humorista. Dentro da atração havia alguns quadros fixos. Mas, em sua maioria, era uma grande mescla de personagens.

A primeira participação de Drummond foi no quadro do Professor Gavião. Chico vivia o mestre que lecionava para uma turma nada convencional, que tinha como objetivo formar novos humoristas. Com um visual para lá de extravagante (topete, óculos enormes, roupas à la Faustão ou Falcão), ele chamava os alunos para contar uma história. Eram pequenas narrativas boladas por Chico para que os atores/alunos pudessem interpretar histórias do dia a dia. Drummond era Wilson, o pai de um aluno chamado à escola. Da outra vez ele viveu um guarda em diálogo com um bêbado que estava com dificuldade de entrar em casa.

Em outra oportunidade, Orlando viveu um correligionário, com sotaque gaúcho, convidado para participar de uma reunião para a reeleição do deputado Justo Veríssimo. Essa é mais uma das grandes críticas de Chico. O deputado é filiado ao partido FDP e era conhecido por sua ganância e corrupção. Sua plataforma era trabalhar em prol do extermínio dos pobres.

O programa durou apenas uma temporada. Já estava acertada, junto à Rede Globo, a continuação no ano seguinte, em 1997. Chico deixou, inclusive, alguns quadros gravados. Mas o humorista sofreu um acidente doméstico e fraturou o maxilar. Ele teve uma paralisia labial e precisou se afastar das gravações. O comediante só voltou à telinha em 1999, no programa "O Belo e as Feras".

CAÇA-TALENTOS

Em 1996, a Rede Globo começava a exibir a série "Caça-Talentos", estrelada pela apresentadora Angélica. A novelinha era exibida dentro do programa "Angel Mix", também comandado por Angélica.

A série narra a história de Bela (Angélica), que sofreu um acidente de carro ainda bebê. Seus pais não resistiram. Ela foi encontrada por duas fadas, que a levaram para um mundo mágico. Bela cresce e percebe que não é uma fada. Então, é enviada novamente para o mundo real para se relacionar com humanos. Acontece que a heroína adquiriu poderes e para ficar por aqui não poderia beijar nenhum homem. No entanto, ela arruma emprego na agência Caça-Talentos e se apaixona pelo chefe (Arthur), interpretado pelo ator Eduardo Galvão. A série durou dois anos, com muito sucesso entre o público infantil.

Além de Angélica e Eduardo Galvão, a novelinha tinha um elenco fixo, formado por nomes como Antônio Pedro (Tremedeira), Cláudia Rodrigues (Karina), Marilu Bueno (Margarida), Betina Viany (Violeta), Tony Tornado (Avalanche), Igor Lage (Souboy) e Paula Sanioto (Pepê).

Dezenas de atores fizeram participações especiais na novelinha. Orlando foi um deles; interpretou o Mago Zaratustra, que entrou na história no capítulo 285. O nome do episódio é "Rainha Bela e os Cavaleiros da Távola Redonda" e sua personagem era um professor muito exigente do mundo mágico. Eu diria que ele era um Professor Raimundo mais ranzinza. Claramente, o Professor Raimundo foi uma inspiração para Orlando. Sorrisos para o aluno que tira notas boas, deboche e ira para os maus estudantes.

A novelinha "Caça-Talentos" desenvolvia histórias semanais. Sendo assim, Orlando teve tempo para construir uma personagem dentro da série. Foi uma experiência diferente em sua longa carreira. Em geral, ele fazia papéis com histórias sem continuidade já definida.

Mas tem um motivo que encantou Drummond. Quando soube quem ia participar do projeto, ele não hesitou. Estavam escalados os atores veteranos Antônio Pedro e Rogério Cardoso, dois grandes amigos da antiga "Escolinha do Professor Raimundo".

MEDO DE AVIÃO

Certa vez, Drummond estava de viagem marcada para Orlando, em 1998. Era muito difícil conseguir uma folga, devido a seus compromissos profissionais. Apesar de todas as dificuldades, ele conseguiu marcar a viagem, por pura pressão de Glória e

Lenita. Orlando já não tirava férias havia um tempo, era mais do que necessário dar uma parada, segundo a família.

Mas uma faceta que poucos conhecem de Drummond: ele não gosta de andar de avião. Se pudesse, iria de carro, essa sim sua verdadeira paixão, mas infelizmente, não era possível.

Enfim, todos a postos no avião. Orlando pensa:

– Que tal um drinque para relaxar?

Mas naquele momento o serviço de bordo ainda não estava disponível, com os comissários ocupados em organizar tudo dentro da aeronave para o voo não decolar com atraso.

As mãos suavam, as pernas balançavam. Começam aquelas frases-padrão, que atormentam quem tem medo e não ajudam em nada:

"Em caso de despressurização, as máscaras cairão automaticamente. Caso esteja acompanhado de alguém que necessite de sua ajuda, coloque sua máscara primeiro para em seguida ajudá-lo. Queremos lembrar que seus assentos são flutuantes. Em caso de pouso na água, retire-o e leve-o para fora da aeronave. A torre de controle nos deu permissão para decolar. Nosso tempo de voo previsto do Aeroporto Internacional do Rio de Janeiro com destino ao Aeroporto Internacional de Orlando é de 8h48 minutos".

Depois que o avião decolou, Orlando ainda não estava relaxado. Ele queria uma bebida e sabia que tinha *whisky* no serviço de bordo. Mas o acesso ainda não estava liberado. Avião estabilizado, começa o atendimento. Orlando, mais aliviado, chama a comissária e pede uma bebida. Começa a relaxar e... pede outra. Ele está relaxando e... pede outro *whisky*.

Depois de algumas horas de voo, ele finalmente estava relaxado. Mas aí o avião começa a trepidar. O aviso para a colocação do cinto acende. Sua tranquilidade tinha terminado. O comandante avisa:

– Estamos passando por uma área de turbulência. Por favor mantenham seus cintos afivelados.

Suas mãos começaram a suar. Todo aquele relaxamento provocado pela bebida tinha desparecido. Incomodado, ele precisava conversar, mas ninguém queria papo – afinal, era uma turbulência.

– Preciso conversar com alguém! Preciso conversar com alguém!

Após alguns minutos de tensão, a turbulência passou. O comandante deu o aviso, permitindo a soltura dos cintos. Todos pareciam relaxados. O voo era noturno e, em geral, as pessoas conseguem dormir durante a longa viagem. Essa era a ideia. Mas Drummond não conseguia relaxar. Glória e Lenita pareciam dormir, ou pelo menos não tinham interesse em conversar naquele momento.

– Preciso conversar com alguém! Preciso conversar com alguém!

Por onde olhava, todos dormiam. Farto daquele silêncio sepulcral, Orlando se envolve em uma mistura de irritação e ansiedade e dá um berro no avião, que estava com todas as luzes apagadas.

— Salsicha????? Scooby-doo-be-doo!

Os passageiros se assustaram com a ação de Orlando. Glória e Lenita abriram os olhos, mas preferiram o silêncio. As duas se esconderam debaixo das cobertas. Teve gritaria, xingamento.

— As pessoas pularam assustadas. Foi uma coisa dos diabos. As pessoas levaram um baita susto – lembra, rindo da cena inusitada.

Pelo menos uma única pessoa encarou com humor e respondeu:

— Eu tô aqui, meu filho – em clara referência ao Salsicha.

Drummond parecia ter relaxado após o seu quase "grito de guerra". A liberação da adrenalina o deixou mais calmo. Nas horas seguintes, a viagem seguiu tranquila e ele conseguiu dormir.

Mas seu ato não passaria impune. Ao descer do avião, algumas pessoas pediram autógrafo, para tirar fotos, mas outras o olhavam de forma repressora. A situação se repetiu nos *shoppings* e nos parques.

— Fiquei malvisto. As pessoas me olhavam e falavam "foi aquele filho da puta que deu um susto na gente no avião". Elas não perceberam que eu também estava com medo.

GREVE DE 1997

A relação entre dubladores e empresários estava instável desde 1995. Em 1997, melou de vez. O ano iniciou com muitas negociações, denúncias e poucas soluções. Entre as principais reivindicações, a classe buscava:

- Aumento salarial (congelado desde 1994).
- Direitos trabalhistas (carteira assinada, férias, 13º e FGTS).
- Acordo coletivo nacional.
- Regulamentação do trabalho.
- Fiscalização da lei que determina a dublagem de filmes estrangeiros em território nacional.

Em março de 1997, a situação ficou ainda mais insustentável. No dia 12, os dubladores decidiram ficar paralisados por dois dias. Eles ainda confiavam em um acordo com os empresários – o que não aconteceu.

Essa paralisação não teve tanto impacto na dublagem dos filmes. Os empresários sabiam que o movimento estava crescendo, mas ainda não o suficiente para atrapalhar a produção. O Rio tinha, naquele momento, 180 profissionais regularizados. No final de junho, os patrões fizeram uma proposta salarial que não foi aceita pela categoria. Funcionava da seguinte forma: os dubladores recebiam, em média, R$ 21,00 por hora de trabalho.

Eles trabalhavam, em média, apenas duas horas por dia e eram liberados. A conta era feita a partir de anéis (ou *loops*) e funcionava da seguinte forma:
1 anel = 20 segundos
20 anéis = 1 hora de trabalho

Os empresários queriam mudar essa forma de pagamento. A oferta era pagar por anel ou por hora. A preferência patronal era o anel, e o valor seria de R$ 1,00 por cada gravação. Essa proposta deixou a negociação com os trabalhadores ainda mais conturbada.

Os trabalhadores colocaram seus números na mesa de negociação. A ideia era criar uma espécie de piso com as seguintes condições:

	Atual	Proposta
Carteira Assinada	R$ 16	R$ 65
Freelancer	R$ 22	R$ 84

O ápice da crise foi no dia 15 de setembro. Os trabalhadores fizeram mais uma paralisação, mas agora estavam em estado de greve. Um ultimato foi dado: ou havia um entendimento ou a categoria não teria prazo para voltar. Não houve acordo.

– É a nossa resposta ao jogo premeditado das empresas que tentaram nos vencer pelo cansaço. Foi maravilhoso ver a adesão cada vez maior de profissionais aos debates nas assembleias, discutindo, participando, votando e, acima de tudo, fortalecendo o sentimento de unidade e não de ajuntamento.[63]

A greve começava a dar sinais de que seria longa. Os empresários já não estavam tão calmos. Avisaram que só negociariam se os trabalhadores voltassem a trabalhar. Mas os dubladores resistiram.

– A defasagem salarial era muito grande para nós que dublávamos todos os produtos, como novela, seriado, desenho e filmes. Era quase pagar para trabalhar. Ficamos de braços cruzados! – recorda Drummond.

No começo de outubro, as emissoras começaram a sentir os efeitos da greve. A primeira medida foi reduzir o tamanho, por exemplo, de um capítulo de novela, para mantê-la dublada o maior tempo possível. O mesmo aconteceu com os dese-

---

[63] Trecho do texto escrito por Dário Castro para o jornal *O Vozerio (mais Alto do que Nunca)*, número 3, publicado em setembro de 1997. O impresso era o informativo da Associação Profissional dos Trabalhadores em Empresas de Dublagem do Rio de Janeiro.

nhos animados – alguns foram exibidos com legendas. Há quem tenha preferido reprisar, o que causou um grande transtorno nas grades de programação.

– Colocar legenda nos filmes e desenhos foi a maior sacanagem conosco – lembra Drummond.

Foram as emissoras que começaram a pressionar as empresas para que entrassem em um acordo com os trabalhadores. Quem conseguiu intermediar a negociação foi a Delegacia Regional do Trabalho de São Paulo.

	Atual
Carteira Assinada	R$ 30
Freelancer	R$ 39

O acordo foi selado, mas o desgaste deixou marcas. Foi um período de muito assédio moral e ameaças de demissões em massa. Assim como em 1978, as empresas viram, como última solução, a criação de turmas emergenciais para tentar manter a produção. Mas dessa vez não deu certo.

Os dubladores voltaram ao trabalho, mas a produção levou quase três meses para se normalizar.

TITANIC

Em 1997, o mundo assistiu a um dos maiores *blockbusters* da história do cinema. O tema em si não era novo, mas a forma como foi abordado foi o grande diferencial. Com 195 minutos, o diretor James Cameron apresentou sua versão do "Titanic" (*Titanic*). O filme, que conta o romance dos personagens vividos por Leonardo DiCaprio e Kate Winslet, foi orçado em 200 milhões de dólares. O retorno foi superior a 2 bilhões de dólares.

Titanic foi indicado para 14 categorias no Oscar e recebeu 11 estatuetas, outro recorde na época. O único filme que conseguiu esse feito foi Ben-Hur (1959). Essa premiação inclui melhor filme e melhor diretor.

A história começa quando um caçador de tesouros explora os destroços do transatlântico. Ele procura um colar, mas encontra o desenho de uma mulher nua que usava a joia. Após a imprensa divulgar essa informação, a tal mulher do desenho procura a equipe e conta como foi a fatídica viagem. Essa mulher é Rose (Kate Winslet), que na época tinha 17 anos. Ela é passageira da primeira classe e está noiva de um filho de magnata do aço. Sua família pressiona o casamento, mas Rose não está feliz e não quer se casar.

Totalmente desorientada, ela pensa em se matar. É quando conhece Jack (Leonardo DiCaprio), passageiro da terceira classe que consegue convencê-la a não se jogar. Daí surge uma intensa paixão. Só que o noivo não aceita perdê-la. Todo esse romance e aventura acontecem dentro do Titanic.

Por falar no navio, a sua primeira viagem, divulgada com toda pompa, foi em 10 de abril de 1912. Quatro dias depois, às 23h40, o Titanic colidiu com um *iceberg* avistado tarde demais e impossível de desviar.

Aí entra o Drummond. Ele dublou um dos personagens reais do filme, o Capitão Edward Smith, interpretado pelo ator Bernard Hill. O capitão planejava se aposentar após a viagem inaugural do Titanic. Na hora do impacto com o *iceberg*, não estava na cabine de comando e foi avisado imediatamente. De acordo com relatos da época, por volta de 23h50, ou seja, 10 minutos após a batida, ele já sabia (ou deveria saber) que o navio ia afundar.

Enquanto todos tentam se salvar nos botes salva-vidas, o capitão se tranca na cabine de comando e morre afogado. Essa foi a versão do filme, mas há quem diga que, na vida real, ele morreu congelado.

O RESGATE DO SOLDADO RYAN

"O Resgate do Soldado Ryan" (Saving Private Ryan) marcou 1998. Dirigido por Steven Spielberg e estrelado por Tom Hanks, o longa foi a maior bilheteria do ano. A história é ambientada na Segunda Guerra Mundial. Logo no começo do filme, há uma sequência de imagens, mostrando o desembarque de soldados americanos na Normandia, parte da operação para libertar a França ocupada pelos alemães.

Mas eles descobrem que três irmãos foram mortos durante o combate. Apenas um está vivo: Ryan (Matt Damon). O que se sabe é que é paraquedista e pode estar em qualquer lugar em solo francês. O capitão John Miller (Tom Hanks) recebe ordens para resgatar Ryan e monta uma pequena equipe para realizar a missão. O paraquedista é finalmente encontrado. Ao saber da morte dos irmãos, para surpresa de todos, decide continuar na guerra, ajudando a proteger uma ponte estratégica. Capitão Miller acompanha sua decisão e fica para auxiliá-lo na missão.

O sucesso do filme foi traduzido nas indicações ao Oscar: foram 11, no total. Mas, no final, levou cinco estatuetas: melhor diretor, melhor fotografia, melhor edição, melhor edição de som e melhor mixagem de som.

Em relação à dublagem, ela foi realizada nos estúdios da VTI. A direção foi conduzida por Mário Jorge Andrade. Orlando dublou o ator Harve Presnell, que interpretou o General George C. Marshall, chefe do Estado Maior do Exército americano. É ele quem dá a ordem para que o Capitão Miller encontre o soldado Ryan.

O BELO E AS FERAS

Foram longos três anos fora da televisão, tempo necessário para Chico Anysio se recuperar de uma paralisia. A volta do humorista representava muito para a classe artística. Como de costume, ele abria espaço para novos e antigos atores.

Dessa forma, entrava no ar, no dia 6 de janeiro de 1999, pela Rede Globo, o programa "O Belo e as Feras". O humorístico era exibido às quartas-feiras, às 21hh45, logo após a novela.

O formato era simples e não chegava a ser uma novidade para Chico. Ele já tinha desenvolvido esse projeto em 1958, na TV Tupi. Cada semana o humorista interpretava uma personagem para contracenar com atrizes convidadas, ou seja, não tinha elenco fixo.

Ao todo foram exibidos 16 programas. Drummond participou do penúltimo, o episódio "Azar no jogo, pior no amor". Rogério (Chico) é viciado em jogo há 30 anos e já perdeu um apartamento, um carro e outros bens. Ele aproveita que a mulher, Sônia (Louise Cardoso), precisa viajar para visitar a mãe, que está doente. Ele não vai. Pois bem, foi a esposa viajar para ele se encontrar com amigos para jogar uma partida de pôquer.

O programa "O Belo e as Feras" teve vida curta na programação da Rede Globo. O último episódio foi exibido no dia 22 de maio de 1999.

80 ANOS

Glória começou 1999 decidida a fazer uma homenagem a Drummond. Afinal, no dia 18 de outubro ele ia completar 80 anos. Ela pensou em uma série de possibilidades, mas esbarrava na agenda do ator.

A única definição é que seria uma festa surpresa. Conversa com um, conversa com outro e nada de chegar a uma conclusão. Foi quando comentou sobre essa possibilidade com uma prima que mora em São Lourenço.

– Por que você não faz a festa aqui? – disse a prima.

Glória topou na hora. São Lourenço é o lugar preferido do casal. Mas, ainda assim, era preciso conciliar a agenda de Drummond. Mesmo com 80 anos, ele sempre estava dublando ou fazendo uma participação na televisão.

A prima foi procurar o prefeito da cidade. Quem sabe a prefeitura não comprava a ideia e ajudava na elaboração da festa? Dito e feito. O gestor comprou a ideia e prometeu o auxílio da prefeitura.

A ideia foi ganhando força. Parentes e amigos adoraram a sugestão e prometeram participar. Ao saber da viagem para São Lourenço, Orlando aceitou na hora. Era uma chance de descansar.

No dia 18 de outubro foram bem cedo para a cidade. Glória já tinha tudo planejado com a prima e com a prefeitura. O bufê já estava contratado. Era só chegar o grande dia. E chegou! Orlando recebeu muitas ligações. O ator sempre se emociona nesse dia. Glória e Orlando iam jantar em um restaurante famoso. Embora muito conhecido na cidade, ele estranhou o fato de ser parado nas ruas e parabenizado. O que ele não sabia é que o apoio dado pela prefeitura consistia na colocação de faixas o parabenizando. Uma dessas faixas foi colocada no Parque das Águas, um dos lugares mais populares da cidade.

Após o jantar, Glória convidou-o para ir ao Hotel Londres, um dos mais famosos da cidade. Ela disse que tinha marcado com a prima para tomar um café. Orlando aceitou e continuou impressionado com o carinho nas ruas. Ao chegar ao hotel, eles foram ao salão principal. Ao abrir a porta, as luzes se acenderam e ele foi surpreendido com a presença de familiares e amigos. Todos se emocionaram.

– Foi uma surpresa muito bonita! Eu não esperava. Só tenho a agradecer por todo o amor!

O INFORMANTE

Dois grandes atores se reuniram em "O Informante" (*The Insider*): Al Pacino e Russel Crowe. O resultado não poderia ser diferente: um dos clássicos dos anos 1990 que virou tema de sala de aula de comunicação nas universidades.

Lançado em 1999, o filme, dirigido por Michael Mann, é baseado em fatos reais. Um ex-funcionário de uma grande empresa tabagista resolve contar para o jornalista o que a indústria de cigarros faz para viciar os fumantes. Jeffrey Wigand (Russel Crowe) é convencido pelo produtor Lowell Bergman (Al Pacino) a contar, de forma exclusiva, quais aditivos químicos eram colocados no cigarro para deixá-lo ainda mais viciante. Jeffrey vivia em conflito desde a sua demissão. Por um lado, tinha uma informação que, se chegasse ao conhecimento público, poderia evitar mais mortes. Mas, por outro, temia o impacto da sua fala e sabia que sua família estaria em risco. Afinal, ele tinha feito um contrato de confidencialidade. A entrevista foi concedida, mas não foi ao ar. A emissora CBS ficou com medo de um processo judicial.

O filme "O Informante" foi indicado a sete prêmios do Oscar: melhor filme, melhor diretor, melhor ator, melhor roteiro adaptado, melhor fotografia, melhor montagem e melhor som. Mesmo aclamado pela crítica, não levou nenhum. Em relação à bilheteria, o resultado foi abaixo do esperado.

A dublagem do filme foi feita na Double Sound. Orlando Drummond interpretou o ator Michael Gambon no papel de Thomas Sandefur, presidente da empresa Brown & Williamson. Inescrupuloso, ele foi o autor da demissão de Jeffrey e o responsável pelas ameaças.

ZORRA TOTAL

O fim do programa "Escolinha do Professor Raimundo", em maio de 1995, foi muito difícil para Drummond. Ele já estava com 76 anos. Não acreditava que ainda teria muito tempo pela frente.

Estar na Escolinha fazendo o Seu Peru, personagem de que tanto gostava, era motivo de muita alegria. Mais ainda era estar perto de amigos que aprendeu a admirar com o passar do tempo. Assim que Chico reuniu todo o elenco e disse que o programa não teria mais uma temporada, Orlando, assim como tantos outros, se sentiu despedaçado. Ele era funcionário da Globo, mas muitos tinham apenas contrato para fazer o programa. Era o fim da estrada para novos e antigos comediantes.

Drummond encheu-se de coragem e foi até o escritório de Roberto Marinho, presidente da Rede Globo. Eles já se conheciam há décadas, embora não fossem amigos próximos. Sempre foi uma relação de muito respeito.

Conseguir falar com Roberto Marinho foi mais fácil do que ele imaginava, difícil foi expor o que estava sentindo. As palavras lhe faltavam. Ali só tinha emoção, só tinha um homem septuagenário que falava com o coração.

– Fiquei muito sentido com o fim da Escolinha. É como se eu tivesse perdido minha identidade.

Além de ainda ter o contrato com a Globo, Drummond mantinha-se firme e forte na dublagem. O problema não era de ordem financeira (é claro que estar fora do ar reduziria seu orçamento), era mais do que isso. Ele se sentia fora de órbita. Era muito comum vê-lo pelos cantos, murmurando baixinho:

– E agora, o que eu faço da minha vida?

Pode parecer exagero, mas, definitivamente, não era. Até porque, ele havia recebido uma proposta salarial muito mais vantajosa da TV Record para participar do programa "Escolinha do Barulho" e não aceitou. E olha que ele teria a chance de fazer o Seu Peru, ou até de criar outra personagem.

Orlando saiu feliz, ou menos triste, da conversa que teve com Roberto Marinho. Ele teve a garantia de que permaneceria na emissora e seria escalado para outras produções. Chico Anysio, seu amigo de longa data, também tinha lhe feito essa promessa de que estariam juntos em novas atrações. Todas as promessas foram cumpridas. A Globo manteve-o em seu elenco e ele participou de dois programas do Chico ("Chico Total" e "O Belo e as Feras"), além da novelinha infantil "Caça-Talentos".

Mas foi no segundo semestre de 1998 que ele recebeu uma grande notícia. Chico ligou, dizendo que a Rede Globo estava elaborando um programa humorístico para entrar na grade da emissora em março do ano seguinte.

– O nome do programa ainda não está definido, mas estou acertando que a Escolinha volte como um quadro. Posso contar com você?

Chico nem precisava ter perguntado.

– Escolinha? Topo qualquer coisa!

Drummond não se continha de tanta felicidade. Após alguns minutos, uma breve melancolia. Se era um quadro, significava um elenco bem menor. Naquele momento lembrou dos amigos que se foram e dos que estavam batalhando para pagar as contas. Foi ao escritório, acendeu uma vela e foi rezar ao seu Anjo da Guarda. Precisava agradecer a bênção e pedir que Deus não deixasse de olhar para seus amigos mais próximos. Que eles jamais perdessem a fé.

Começam as gravações

O nome do programa estava definido: "Zorra Total". A estreia na grade seria no dia 25 de março de 1999. A direção era de Maurício Sherman, e Maurício Farias era o diretor de núcleo. Era preciso agora acertar os últimos detalhes para que tudo desse certo.

A Escolinha, com seu formato menor, com apenas 15 minutos, foi sucesso imediato. Os quatro anos fora do ar foram vistos como positivos pela crítica, e parece que pelo público também. O formato era basicamente o mesmo, foi uma espécie de *revival*. A volta da Escolinha era vista como uma aposta. Ninguém tinha certeza de que daria certo. O mais interessante era que a Rede Globo buscava novos atores e autores para seu núcleo de humor. Nesse contexto, o "Zorra Total" surgiu como uma ideia bem interessante, pois promovia essa interação de gerações artísticas.

O sucesso da Escolinha fez a Globo repensar a sua grade. A emissora decidiu novamente apostar no programa e o tirou do "Zorra Total", em outubro de 2000. A decisão, hoje, parece não ter sido a mais acertada. Com um elenco novamente maior, a "Escolinha do Professor Raimundo" estreou na grade da emissora em março de 2001. Mas seu novo voo solo foi curto e durou apenas uma temporada. O último episódio foi exibido no dia 28 de dezembro.

Mais uma vez chateado, Orlando foi pessoalmente conversar com o diretor do "Zorra Total", Maurício Sherman, e pedir que lhe desse algumas oportunidades. Embora estivesse com 81 anos, ainda se sentia apto para o trabalho. Queria se sentir útil.

O próprio "Zorra Total" passava por uma série de ajustes. Ele estreou, por exemplo, em uma quinta e era exibido a partir das 22h. Tinha uma hora de duração. Poucos meses depois, a emissora decidiu mudá-lo na grade e foi para o sábado à noite.

O programa era montado a partir de esquetes bem-humoradas. A ideia inicial era mostrar diferentes tendências do humor. Algumas eram mais longas, outras, mais curtas. Tudo dependia da resposta do público. Passaram por ali grandes nomes, como Renato Aragão, Jorge Dória, Francisco Milani, Denise Fraga, Paulo Silvino, Agildo Ribeiro, Cláudia Jimenez, Nair Bello e tantos outros. E, claro, não dá para esquecer de nomes como Lúcio Mauro Filho, Fabiana Karla, Leandro Hassum, Marcius Melhem, Maria Clara Gueiros, Rodrigo Sant'Anna, Katiuscia Canoro, Nelson Freitas e muitos outros que solidificaram suas carreiras a partir do humorístico.

O programa "Zorra Total" ficou no ar até o dia 2 de maio de 2015. Durante esse tempo, foram muitas mudanças de formato, elenco e cenário. Depois foi remodelado, recebeu o nome de "Zorra", e permanece até hoje na programação da Rede Globo.

Participações no "Zorra Total"

Drummond era chamado constantemente para fazer participações especiais no programa "Zorra Total". A maioria delas para interpretar o Seu Peru. Ele era, na maioria das vezes, escada (ator que auxilia o parceiro em cena) para outros personagens.

Mas o próprio Seu Peru foi personagem fixo durante um tempo. O mesmo pode-se dizer sobre o quadro "Pataco Taco", que ele dividiu com Paulo Silvino.

Outro destaque foi quando Orlando fez uma versão apocalíptica do seu famoso personagem Vamperu. Tudo para contracenar com o Bento Carneiro, famoso vampiro interpretado por Chico Anysio.

Mas, sobre as participações especiais, é importante destacar que Orlando atuou nos quadros mais famosos da época. O ponto negativo é a mesmice das cenas. A direção do programa poderia tê-lo aproveitado de forma criativa.

Seguem, abaixo, alguns desses quadros:

– Aeroporto

Em 2002, o programa tinha o quadro "Aeroporto", estrelado pelos atores Nelson Freitas (Ademar) e José Santa Cruz (Suetônio). Eles interpretavam dois guardas responsáveis pelo detector de metais. A dupla sempre dava um jeito de as mulheres bonitas ficarem seminuas. Só que um dia eles encontraram pela frente o Seu Peru.

– Metrô Zorra *Brazil*

O quadro era estrelado pela exótica e desbocada Valéria Vasques (Rodrigo Sant'Anna), que tinha uma amiga inseparável, a Janete (Thalita Carauta). Valéria tinha um bordão que virou moda em todo o país, em 2011: "Ai, como eu tô bandida".

A cena se passa em uma grande festa de fim de ano. Estão sentados à mesa, Valéria, Janete e Seu Peru. De repente passa um ator famoso, chamado Félix. Valéria é apaixonada por ele e na primeira oportunidade dá um beijo e um abraço, mas é rejeitada. Seu Peru se aproxima, mas, também, não tem muito sucesso.

– Tetê PM

A personagem, interpretada pela atriz Mariana Santos, vive em busca de um namorado, mas nenhum servia. Como o nome sugere, a moça vive em TPM. Ela ainda acredita que vá encontrar um príncipe encantado dentro de um vagão no metrô. Em 2012, foi a vez de o Seu Peru sentar-se ao seu lado. Ele tem poucas falas, mas abusa das suas tradicionais caras e bocas que, por si sós, já garantem boas risadas.

MEDO DE RESFRIADO

Essa quem me contou foi o ator André Damasceno. Estava tudo pronto para mais uma gravação do Zorra Total. Equipe técnica posicionada para iniciar o quadro do Pataco Taco. Orlando, Paulo Silvino e André Damasceno estavam à espera do *ok* da direção. Fazia muito frio no estúdio (a temperatura geralmente é muito baixa, por causa dos equipamentos). Drummond e Silvino gravam com muito pouca roupa, afinal interpretavam dois índios. Já André fazia uma espécie de Indiana Jones brasileiro. Vestia calça e jaqueta, estava bem protegido.

Drummond estava tremendo de frio. Damasceno percebeu.

– Orlando, está tudo bem? – André perguntou.

– Está tudo bem!

André não se convenceu. Ele percebeu que o veterano ator estava trêmulo e insistiu.

– O que você tem?

Depois de muita insistência, Orlando resolveu falar.

– Estou com muito frio!

Na hora, Paulo Silvino chamou um assistente de produção.

– Aumentem a temperatura do ar!

Uma das características de Drummond era evitar criar problemas em seu ambiente de trabalho. Em um caso como esse, ele ficaria com frio mas não falaria para ninguém, pois tinha medo de incomodar.

– Se está com frio, tem que avisar! – ponderou Silvino.

A produção normalizou a temperatura do estúdio. Orlando colocou uma manta para se aquecer. Em seguida, gravou o quadro. Após o término, reuniu os dois outros atores para agradecer.

– Quando for assim, fala com a gente – disse Damasceno.

Drummond agradeceu mais uma vez e confidenciou um grande medo.

– Eu tenho medo de pegar resfriado! Pegar um resfriado com quase 90 anos não é legal.

DINOSSAURO

"Dinossauro" (Dinosaur) é o 39º lançamento dos estúdios Walt Disney. Lançado em 2000, a animação foi um grande sucesso de público e de bilheteria. Foi o quinto filme mais visto do ano. A animação começa agitada. A mãe Iguanodon (um gênero dos dinossauros) está vigiando o ninho. Não à toa. Em seguida, um Parasaurolophus faz um voo rasante para tentar roubar os ovos, mas é impedido. Essa ilha é habitada pelos lêmures. Passado um tempo, o ovo choca e o bebê é batizado de Aladar. Tudo parecia bem, até que um meteorito cai no oceano e destrói totalmente essa ilha. Aladar é um dos sobreviventes. Ele está junto de sua família adotiva: Plio (mãe), Suri (irmã), Zini (tio) e Yar (avô). Eles agora partem em uma caminhada para achar novos grupos de dinossauros, já que muitos foram dizimados por causa do meteorito. Após muito caminhar, encontram um bando de dinossauros comandados pelo inescrupuloso Kron. Uma parte do grupo, incluindo

Aladar e a família, se abriga em uma caverna. Em breve eles vão descobrir outra grande preocupação: a falta de água. Após muitas brigas e confusões, Aladar se torna o líder do grupo. Até uma namorada ele arruma (Neera, irmã de Kron).

O filme "Dinossauro" foi dublado nos estúdios da Double Sound. Orlando Drummond interpretou Yar, o avô adotivo de Aladar. Ele é o mais antigo e o líder dos lêmures. Aparece quase sempre muito sério, mas, no final, o público descobre que ele tem muito de ironia e de humor.

STAR TALENTS

Vou aproveitar o filme "Dinossauro" para aprofundar uma discussão que iniciei lá atrás, quando escrevi sobre o Scooby-Doo: o uso, cada vez mais comum, de atores sem experiência em dublagem para justamente dublar.

Só para exemplificar. No filme "Dinossauro",[64] dublado nos estúdios da Double Sound, é possível encontrar vozes famosas na televisão, como o ator Fábio Assunção, que dubla o Aladar, o protagonista da produção.

Mas ele não é o único. Nesse mesmo filme ainda tem Malu Mader, no papel de Neera; Nair Bello, como Eema e Hebe Camargo, dublando a Baylene. No entanto, há dubladores veteranos na mesma produção como Drummond (Yar), Mônica Rossi (Plio) e Leonardo José (Kron).

Há verdades e fatos por trás dessa polêmica. O primeiro é que, independente de tudo, é preciso ter o registro de ator. O passo seguinte é entender que há uma lógica publicitária por trás da decisão de um grande estúdio ao contratar um ator que é visto diariamente na televisão. Os empresários entendem que essas ditas "estrelas" atraem público, pois dão mais visibilidade ao projeto. É certo que, em tempos de redes sociais, o dublador não é apenas uma voz em um corpo desconhecido, como muitos, infelizmente, ainda pensam. É certo também imaginar que o trabalho do dublador diz quem, de fato, ele é. As vozes estão eternizadas. E, é claro, elas conferem credibilidade ao produto. O público acompanha e se identifica.

A indústria chama essa ação do mercado de convidar artistas "famosos" de *star talents*. O que incomoda bastante os dubladores é, principalmente, a falta de reconhecimento e a perda de oportunidades de trabalho. Quando escrevo falta de reconhecimento, também me refiro à parte financeira. O dublador recebe, na maioria das vezes, o valor tabelado. A dita "estrela" tem um agente que negocia

---

[64] Eu usei o filme "Dinossauro" apenas como referência para mostrar essa polêmica. Não estou fazendo juízo de valor. Até porque poderia citar tantas outras produções, como, por exemplo: "Shrek", dublado por Bussunda, "Shrek 2", com Pedro Bial, e Luciano Huck em "Enrolados".

o cachê diretamente com o estúdio. Esse movimento não acontece apenas no Brasil. Hollywood usa e abusa, principalmente nas animações.

Drummond, por mais de uma vez, se posicionou contrário a essas contratações. Ele sempre afirmou que a luta dos dubladores era para fortalecer a categoria e medidas como essa iam, exatamente, pelo lado contrário.

– Eu até entendo que convidem profissionais consagrados da televisão, mas, que fique claro, é muito ruim, pois diminui a oferta de trabalho aos dubladores. É importante ressaltar que não é fácil fazer dublagem. É preciso dominar técnicas e ter qualificação e experiência específicas – diz.

AQUA TEEN – O ESQUADRÃO FORÇA TOTAL

No dia 30 de dezembro de 2000 estreava no Cartoon Network o desenho "Aqua Teen – O Esquadrão Força Total" (*Aqua Teen Hunger Force*). A animação passava na madrugada, dentro do quadro "Adult Swim".[65]

"Aqua Teen" tinha como personagens principais um grupo de lanches *fast-foods*. Mestre Shake (um copo de *milk-shake*), Almôndega e Batatão. Era justamente essa combinação nada usual que fazia sucesso. E eles tinham personalidade própria: o copo era o líder e o mais grosseiro, a almôndega era o mais ingênuo e a batata, o cérebro do time. Mas é claro que eles se metiam nas histórias mais ridículas que você possa imaginar. Uma dessas histórias contou com a participação do Orlando, fazendo uma múmia para lá de desbocada.

A série foi dublada por Alexandre Moreno (Mestre Shake), Marco Antônio (Almôndega) e Marcelo Garcia (Batatão) nos estúdios da Delart. A direção ficou por conta de Guilherme Briggs.

Briggs lembra bem quando recebeu o roteiro do desenho. Depois de ler os primeiros episódios, foi chamado para uma reunião de praxe com o cliente. E o *briefing* que recebeu não foi nada esclarecedor:

– Olha, é um desenho para adulto, não pega muito pesado mas também não deixe muito frouxo. Também não deixe muito infantil. É o seguinte: não coloca muito palavrão. Mas pode colocar um pouco.

Briggs saiu da reunião pensando em como poderia adaptar o roteiro. Colocou uns "que merda!" aqui, outros ali e concluiu dois episódios que foram enviados ao cliente. Os clientes acharam os dois episódios "levinhos demais". Ele poderia pegar mais pesado.

---

[65] "*Adult Swim*" tinha como grande característica programas com temáticas adultas. Era o oposto da programação infantil veiculada durante o dia no Cartoon Network.

"Vou arregaçar!" pensou Briggs.

E assim foi feito. Ele concluiu a primeira temporada, colocando um monte de palavrões e pensou em Drummond para participar de um desses episódios. O real objetivo era ter o grande ídolo por perto mais uma vez.

– A gente não quer deixar o Orlando parado. Por isso que a gente sempre o chama. – afirma Briggs.

Briggs foi pessoalmente à casa de Orlando fazer o convite.

– *Dru*, é um desenho para adulto.

– Pode falar uns palavrões cabeludos?

– Pode. Pode sim, com certeza!

– Pô... então, é a especialidade da casa – a fala de Drummond garantiu boas risadas.

No dia combinado, Orlando estava lá para as gravações. Mas o que ninguém imaginava é que Drummond estivesse tão feliz e resolvera aprontar das suas. Sua personagem era uma múmia. O nome do capítulo era "Ame Múmia". A primeira participação da Múmia era fazendo grunhidos, pedindo para ser libertada. Ela estava presa dentro de um porão na casa dos três amigos *fast-foods*.

De acordo com o *script*, Drummond tinha que falar: "Ah! Me libertem! Me tirem daqui, porra!". Só que Drummond resolveu incluir uma expressão inusitada.

– Ah! Me libertem! Me tirem daqui, porra! Seu *"chupador de pica preta"*.

Até o operador de áudio se assustou com a frase:

– Eita, porra! Essa não tá no roteiro! – gritou o operador.

Briggs, rindo, teve que interromper a gravação:

– Calma, Dru! Não é tanto assim! "Chupador de pica preta" não dá.

– Ah! Então é *soft*, é *diet*. Você me enganou – resmungou o veterano dublador.

– Vai ficar muito pesado – retrucou Briggs.

– Ah! Essa porra é para criança, então – disse um (in)conformado Drummond.

Todos riram no estúdio. Até para a série a expressão "chupador de pica preta" era politicamente incorreta e não foi ao ar.

A múmia era uma personagem muito carente, que só queria um abraço, um beijo e comida. Quem não a ajudasse sofreria com alguma maldição. Faminta, a múmia, por exemplo, pediu lagosta e feijoada, mas recebeu em troca um sanduíche que, logicamente, não aceitou. Quando, enfim, chegou a tal lagosta, ela não gostou do aspecto.

Nesse momento, Drummond aprontou mais uma das suas. Ele tinha que dizer: "Essa porra tá torrada!".

Ele achou a frase curta e improvisou:

– Essa porra tá torrada, viado!

De novo muita risada no estúdio. Afinal, o dublador tem todo o direito de improvisar. E o diretor, no caso, adorou.

– Dru, por que você colocou o "viado" no fim da frase? – perguntou Briggs.

– Ficou curta, sem sentido – respondeu prontamente.

A versão improvisada de Orlando foi ao ar.

Esse desenho marcou muito o neto mais novo de Drummond. Eduardo ainda não tinha a menor pretensão de ser dublador, mas sua visão mudou após assistir à animação.

– As pessoas me falavam que meu avô dublava o Scooby-Doo e eu sempre corrigia dizendo que ele imitava. Porque era isso que ele fazia em casa. Eu não tinha noção do que era dublagem.

Eduardo, ainda muito criança, não fazia associação do que era desenho e do que era atual. Ele mudou sua percepção justamente assistindo ao desenho "Aqua Teen – Esquadrão Força Total".

– Eu assistia a esse desenho escondido dos meus pais. Eles não gostavam que eu assistisse, porque tinha muito palavrão.

Mas um episódio foi revelador. Era justamente aquele em que aparecia a múmia. Atento ao desenho, ele se assustou quando a personagem gritou: "pederasta".

– Cara! É meu avô! Meu avô fala pederasta! Que sensacional!

Foi quando ele teve a real dimensão do que era a dublagem e do trabalho que seu avô e seus irmãos faziam.

Briggs dirigiu apenas a primeira temporada do desenho. Ele lembra como foi dirigir Drummond.

– Eu não fiquei nervoso. É uma grande felicidade. Eu gosto tanto dele que sempre foi natural.

Para a realização desse trabalho, Guilherme reservou 40 minutos de estúdio. Era tempo mais do que suficiente.

– O mais gostoso não é só vê-lo atuar. O mais gostoso é o depois. Reservei para o Drummond 40 minutos de estúdio. Eu sabia que ele não ia demorar isso tudo, mas queria depois estar com ele, ouvir histórias, tomar um café – lembra com saudades.

AS TERRÍVEIS AVENTURAS DE BILLY E MANDY

"Eu sou o ceifador Puro Osso, mestre das decisões da vida e da morte."

É assim que a personagem se define. Se você não conhece o desenho "As Terríveis Aventuras de Billy e Mandy" (*The Grim Adventures of Billy and Mandy*), parece que se trata de uma figura horripilante, não é mesmo?

Puro Osso é uma figura esquelética com milhares de anos. Ele se veste de forma bem singular: está sempre com um robe preto com capuz e uma foice. Drummond foi o responsável por dublar a personagem.[66]

— Vocês deviam ter medo de mim! Eu sou o esqueleto do mal! – Orlando repete essa frase quando fala da personagem.

A história, por si só, é no mínimo estranha. Puro Osso aparece no quarto de Billy e Mandy para levar a alma do *hamster* do menino. Acontece que as crianças tentam impedir a todo custo que a figura maléfica alcance seu objetivo.

Um jogo é proposto e Puro Osso se anima; afinal ele jamais perdeu uma partida em toda sua vida. O ceifador leva as crianças para um campeonato de limbo no purgatório. Só que ele é enrolado e acaba perdendo. Resultado: fica preso no mundo terrestre e se torna um amigo eterno da dupla infantil. Criada em 2003, a série não é nada politicamente correta. Billy é desprovido de inteligência, Mandy não é nada amigável e Puro Osso se imaginava um perverso, mas, na verdade, é um atrapalhado que não mete medo em ninguém.

O desenho foi dublado na Delart. Orlando tem um carinho grande pela personagem, que foi seu último sucesso na dublagem. A voz é uma mistura de Popeye com o Vingador (da Caverna do Dragão). Ele abusa dos grunhidos e risadas maléficas de que tanto gosta.

— Foi um prazer fazer o Puro Osso. Ele foi muito popular entre os jovens – disse.

O próprio Drummond faz graça da personagem.

— O Puro Osso é a personificação da morte. Estou protegido! – brinca.

A MANSÃO FOSTER PARA AMIGOS IMAGINÁRIOS

Estamos em 2005. O desenho "A Mansão Foster para Amigos Imaginários" (*Foster's Home for Imaginary Friends*) estreou no início do ano. Tudo se passa em um mundo imaginário. Mac é um menino de oito anos, que tem um amigo fictício, Bloo. A história começa quando a mãe de Mac não aceita o fato de o filho ter um amigo que supostamente não existe. Mas Bloo não parece disposto a perder a amizade e descobre um abrigo para amigos imaginários. Os dois topam fazer uma visita ao lugar, conhecido como Mansão Foster, que tem um lema bem interessante: "onde boas ideias não são esquecidas". Lá conhecem novos amigos, como Eduardo, Coco e Minguado. Mas o principal vem a seguir: Bloo pode ser adotado, se aceitar morar na mansão. Após muito disse-me-disse, os dois conseguem convencer

---

[66] Billy é dublado por Pedro Eugênio, e Mandy, por Nair Amorim.

Madame Foster a permitir que Bloo more na mansão sem precisar ser adotado. Mas ela tem uma condição: Mac precisa visitá-lo todos os dias.

Orlando dublou o Mr. Herriman, mais conhecido como o Sr. Coelho, amigo imaginário da Madame Foster. A personagem não está entre as principais do desenho. Drummond estava com 86 anos e seu ritmo já não era mais o mesmo. Dublar não era mais uma questão financeira. O principal era se sentir vivo, útil. Era ocupar o tempo.

Ele fez uma dublagem mais conservadora. Apesar da idade, a voz estava firme. Lembrou um pouco a atuação que ele fez do Papai Smurf nos filmes da série. Foi uma dublagem simples e sóbria.

FILMES DE TERRIR

A última participação de Orlando em um filme tinha sido em "Bonga", lançado em 1971. Mas em 2006, portanto 35 anos depois, ele voltou à telona no filme "Um Lobisomem na Amazônia". A direção é de Ivan Cardoso, o mestre do *terrir* (uma mistura de terror com comédia).

O longa é uma adaptação do livro *A Amazônia Misteriosa*, de Gastão Cruls. O ponto alto dessa produção é a participação do ator espanhol Paul Naschy, uma referência em filme de terror. Naschy interpreta o geneticista Dr. Moreau. Após a destruição de sua ilha, ele encontra refúgio na Amazônia e continua seus experimentos, criando seres bizarros. O cientista está por trás de vários assassinatos na região. Paralelo à trama, um grupo de turistas decide participar de uma cerimônia do Santo Daime em uma região muito próxima aos assassinatos. Eles contratam um guia, mas quem aparece é um substituto interpretado pelo ator Evandro Mesquita.

Drummond interpreta o secretário de segurança. Ele determina que o delegado Barreto (Toni Tornado) e o zoólogo Scott Corman (Nuno Leal Maia) investiguem as causas das misteriosas mortes na floresta. Depois descobre-se que um lobisomem é o autor desses crimes.

O elenco conta ainda com Bruno de Luca, Danielle Winits, Karina Bacchi e Pedro Neschling.

O sarcófago macabro

Curiosamente, Orlando participou de mais um filme de Ivan Cardoso, rodado mais ou menos na mesma época. O título é "O Sarcófago Macabro". A temática de juntar terror com humor se repete.

Um agente da CIA, chamado Ed Stone (Carlo Mossy), classificando os arquivos secretos da Segunda Guerra Mundial, se surpreende ao descobrir um dossiê que mostra a vinda de espiões nazistas para a América Latina fantasiados de múmias em sarcófagos. Esses agentes secretos eram os grandes carrascos da ditadura promovida por Hitler.

O filme tem um dado curioso, que é a participação do ator Wilson Grey no papel de um cientista louco. A curiosidade é que o artista morrera em 1993 e o diretor aproveitou as imagens rodadas nos anos 1970 de um filme que jamais foi lançado.

Outra curiosidade é que o filme faz uma compilação de imagens históricas. Foram pouquíssimas, de fato, filmadas. Participam da produção o ator Tony Tornado (ministro da Defesa norte-americano) e Orlando Drummond, na pele de um sacerdote do Egito Antigo.

CIRANDA DE PEDRA

Em 2008, entrava no ar, pela TV Globo, o *remake* de Ciranda de Pedra. Inspirada na obra homônima de Lygia Fagundes Telles, a novela é da autoria de Alcides Antunes. A primeira versão é de 1981, e o autor foi Teixeira Filho.

A história é ambientada em São Paulo, em 1958. O clímax é o triângulo amoroso entre Natércio (Daniel Dantas), Laura (Ana Paula Arósio) e Daniel (Marcello Antony).

Novela nunca foi a praia de Orlando. Contratado da emissora carioca, foi convidado para fazer uma participação especial, talvez a personagem mais fácil de toda a sua vida artística. Drummond estava com 89 anos e simplesmente se interpretou. Atuou como jurado de um concurso no mínimo inusitado, cujo objetivo era eleger a Miss Suéter. No júri, composto por supostos sócios fundadores do Grêmio Recreativo da Vila Mariana, está pomposo, de terno e gravata. Aparecem alguns *takes* dele sorridente, batendo palmas para as modelos que estão desfilando e fazendo algumas anotações. Drummond aparece em algumas cenas fazendo comentários sobre algumas mulheres com os demais jurados.

Embora não haja uma única fala, a participação valeu pelas suas famosas caras e bocas.

TOMA LÁ, DÁ CÁ

A Rede Globo começou a exibir, no dia 7 de agosto de 2007, a série cômica "Toma Lá, Dá Cá". A ideia surgiu a partir de um programa-piloto exibido em 2005 como produto especial para o final de ano.

Com direção de Cininha de Paula, o programa fez sucesso e chegou a ser considerado o substituto de "Sai de Baixo". O elenco era formado por grandes nomes, como Miguel Falabella (um dos autores), Marisa Orth, Adriana Esteves, Diogo Vilela, Arlete Salles e muitos outros. A história não é tão simples. É um tanto complexo entender a relação entre os personagens. O corretor de imóveis Mário Jorge (Miguel Falabella) foi casado com a também corretora Rita (Marisa Orth). Eles tiveram dois filhos: Isadora (Fernanda Souza) e Tatalo (George Sauma).

Já Celinha (Adriana Esteves) foi casada com o dentista Arnaldo (Diego Vilela). Da união, nasceu um filho: Adônis (Daniel Torres). No entanto, os casais se separam e se mesclam. É exatamente isso: Mário Jorge casa com Celinha e Arnaldo se junta com Rita. Detalhe: eles moram no mesmo condomínio. Exatamente: um apartamento de frente para o outro.

Ainda participam, de forma fixa, a mãe de Celinha, Copélia (Arlete Salles), uma ninfomaníaca; Álvara (Stela Miranda), síndica do prédio, e Bozena (Alessandra Maestrini), empregada que trabalha para as duas famílias. Ítalo Rossi, na pele de Ladir (marido de Álvara), completa o elenco.

"Toma Lá, Dá Cá" segue à risca a tendência da Globo, de convidar atores para participações especiais. Orlando foi um dos convidados. Ele participou na segunda temporada, em 2008, no episódio "Terceira praga do Egito".

Mário Jorge cria um novo empreendimento, que consiste em fazer comidas com carne de rã. Ele faz sociedade com o síndico (Dona Álvara e seu Ladir). O motivo é simples. No condomínio em que moram tem um parque aquático. Eles fazem uma espécie de transposição para um matagal atrás do prédio e todos os custos passam a ser pagos pelos condôminos.

O negócio ia muito bem, até que a filha de Mário Jorge, indignada pelo fato de o pai não ter chamado a mãe para participar da sociedade, resolve se vingar. Isadora coloca as rãs dentro da caixa-d'água do prédio. Resultado: os animais entram nas tubulações do condomínio: uma verdadeira invasão.

Um morador faz a denúncia e um fiscal da saúde pública é enviado ao condomínio. Orlando interpreta esse funcionário. Seu nome é Aparício Le Bichon. O sobrenome já é um indicativo da orientação sexual da personagem.

Drummond estava com 88 anos. O papel pode ser considerado um prêmio pela sua carreira. Ele ficou contente em ser lembrado para um seriado que era sucesso de público. A própria temática da personagem o ajudava. Pode-se dizer que é uma espécie de Seu Peru sem os trejeitos e sem a vestimenta excêntrica. No entanto era uma personagem com poucas falas. Na verdade, valeu pela lembrança, mas, do ponto de vista artístico, era muito pobre. Melhor acreditar que foi uma homenagem.

Aparício, por exemplo, quando perguntado se investigaria a origem da invasão das rãs no condomínio, respondeu da seguinte forma:

— Cruzes! Tenho horror a perereca! Fico todo arrepiado só de falar em perereca. Arerê, sal grosso e arruda!

O ponto alto do programa é quando os personagens de Drummond e de Ítalo Rossi se confrontam. Na história, eles se odeiam. No passado, os dois tiveram um problema que ainda estava sem solução.

Le Bichon: "Essa é minha inimiga mortal!"

Ladir: "Hoje, um de nós sairá sem vida!"

Le Bichon: "Eu quero lhe falar. Na ocasião daquela queda no palco do teatro, lembra? Você diz que eu te empurrei. Mas não foi isso. Meu salto quebrou, eu perdi o equilíbrio e caí em cima de você. Me perdoe!"

Ladir: "É verdade?"

Le Bichon: "É!"

Ladir: "Então, vamos fazer as pazes!"

Le Bichon: "Em nome desse encontro não tem mais multa."

Os dois se abraçam!

Valeu pelo encontro de dois grandes atores!

UMA NOITE NO CASTELO

No primeiro dia de 2009, a Rede Globo exibiu o especial "Uma Noite no Castelo", estrelado pelo eterno trapalhão Didi (Renato Aragão). A direção foi conduzida por Marcus Figueiredo. O programa marcou os 10 anos do humorístico "A Turma do Didi".

A história trata de dois reinos inimigos que duelam pela soberania. Do lado do bem está Landim (Carlos Casagrande), que conduz seu reino baseado na justiça. Medindo força está Calimero (Walney Costa). Os dois já foram aliados, mas a ganância deste último colocou-os em lados opostos.

Logo no começo da trama há uma longa batalha entre os dois. Landim vence o inimigo e cria o reino da Landinóvia. Aí entra o lado da magia. Mesmo derrotado, Calimero continua poderoso e faz uma profecia: em um prazo de mil anos, os mundos se tocariam através de um portal do tempo e ele, claro, seria o grande senhor daquelas terras.

A história faz um longo avanço no tempo. Novos personagens surgem: Didi, a princesa Lili (Lívian Aragão) e o príncipe Guilherme (Alexandre Slaviero). Eles entram em cena para defender o reino da Landinóvia das maldades de Calimero. Durante uma festa no castelo, os heróis descobrem um espelho mágico que funciona como uma espécie de portal do tempo. Claro que eles são transportados para outra realidade.

É nessa hora que Orlando entra em cena, fazendo uma participação mais do que especial. Drummond representa o "Livro de Todas as Respostas", cujas páginas são todas em branco. Na capa, materializa-se um rosto, no caso o de Orlando. As folhas são preenchidas de acordo com as respostas. Trata-se de uma personagem sóbria, seca, mas com algumas pitadas de humor (ou de mau humor). Em um diálogo com o Didi, demonstra toda a sua ironia.

Didi: "Nunca vi um livro falante! Já vi burro falante!"

Orlando: "Eu também! Inclusive estou olhando para um agora!"

Mau humor à parte, é o espelho mágico que vai ensinar o caminho para os guerreiros voltarem para casa. Tudo isso baseado em muita aventura.

ANJOS E DEMÔNIOS

Em 2000 o escritor Dan Brown lançava o best-seller Anjos e Demônios (Angels & Demons). Nove anos depois a história chegava aos cinemas e se tornava um dos maiores blockbusters de 2009.

A direção é de Ron Howard. A história começa quando há toda uma expectativa para a escolha do próximo papa. No entanto, de forma inesperada, quatro cardeais favoritos à sucessão são sequestrados antes do Conclave. Em uma mistura de ficção com conspirações, o simbologista de Harvard, Robert Langdom (Tom Hanks), é chamado às pressas ao Vaticano. Ele tem o maior desafio de sua carreira: impedir a explosão de uma bomba de antimatéria. Mas o professor tem pouco tempo e não tem chance de errar. Além do mais, os Illuminati ameaçaram matar um cardeal de hora em hora.

O filme "Anjos e Demônios" foi dublado nos estúdios da Delart. Drummond interpretou o cardeal Ebner (Curt Lowens), um dos pretendentes ao cargo de Sumo Pontífice.

A MORTE DE HERBERT RICHERS

O dia 20 de novembro de 2009 ficou marcado na vida de Orlando. Nessa data morreu o patrão e amigo Herbert Richers. Os dois trabalharam juntos por quase 50 anos. Ele estava desolado.

– Perdi um amigo muito verdadeiro. Foi um momento de muita dor, de muita tristeza.

Herbert morreu com 86 anos, devido a uma insuficiência renal aguda. Nos últimos anos de vida, ele lutou com muita força para manter seu patrimônio. A empresa, que chegou a ter cerca de 70% de todo o mercado de dublagem, passava por um verdadeiro calvário.

A derrocada começou em 2003. Um acordo trabalhista permitiu que dubladores pudessem gravar em outros estúdios sem a necessidade de vínculos empregatícios. Antes, para a realização desses trabalhos, havia uma espécie de carência de dois meses, que foi reduzida para apenas sete dias. Essa flexibilização das leis trabalhistas possibilitou que muitas empresas de dublagem fossem criadas. Foi um verdadeiro *boom* na época. Inclusive, muitos funcionários da própria Herbert se aventuraram nesse sentido.

A competitividade aumentou e essas novas empresas conseguiram oferecer serviços por um preço muito abaixo do mercado. A Herbert estava engessada com uma folha de pagamento com quase 300 profissionais. Resultado: a Herbert começou a perder muita receita. Os salários começaram a atrasar e os depósitos do FGTS não estavam sendo feitos. A empresa não tinha como bancar as rescisões. Foi um período de muitas ações trabalhistas.

Apesar de toda a dificuldade, Herbert conseguiu manter a empresa aberta até o fim dos seus dias. A família não teve a mesma sorte. Um ano depois da morte do empresário, o estúdio encerrou as atividades. Mesmo com os salários atrasados e sem receber o FGTS, Drummond permaneceu até o último dia da empresa. Apesar de reconhecer que tinha direito, preferiu não entrar com uma ação trabalhista.

– Eu estava com uma condição financeira boa na época. Mesmo assim, não tive coragem. Eu não conseguiria processar o meu amigo.

Mas ele guardou uma mágoa da família do empresário.

– Mesmo com todo o meu gesto de gratidão, eles não me permitiram ficar com uma caneta, uma lembrança física do Herbert.

Dois anos após o encerramento, o imóvel, que fica na Rua Conde Bonfim nº 1.331, na Tijuca, zona norte na cidade, teve parte do acervo destruído por um incêndio. O que sobrou foi cedido ao curso de cinema da Universidade Federal Fluminense (UFF).

Em 2012, o imóvel foi a leilão judicial para pagar encargos trabalhistas. Quem adquiriu foi uma instituição religiosa japonesa chamada Sukyo Mahikari. Um triste fim para uma empresa que teve em seu líder um homem que se dedicou à cultura nacional como um todo.

Herbert nasceu no dia 11 de março de 1923, em Araraquara, interior de São Paulo. A paixão pelo cinema veio do tio Alexandre Wulfes. Em 1940, com apenas 17 anos, veio para o Rio de Janeiro trabalhar com o parente. Seu primeiro emprego foi em um laboratório de revelação. Ali aprendeu fotografia e trabalhou como fotógrafo nos filmes da Atlântida. Sua primeira experiência como cinegrafista foi filmando cinejornais que eram exibidos nos cinemas, antes dos filmes.

Foi quando decidiu investir no cinema nacional. Suas primeiras produções foram chanchadas. Depois produziu filmes que marcaram a história do cinema brasileiro, como "Vidas Secas", "O Assalto ao Trem Pagador" e "Meu Pé de Laranja Lima".

Enfim, a empresa, que teve uma história brilhante, acabou de forma triste. Deixou milhares de órfãos que se acostumaram com o tradicional "Versão Brasileira, Herbert Richers", eternizado nas vozes de Ricardo Mariano e Márcio Seixas.

LAPSOS DE MEMÓRIA

A presença de Orlando nos quadros do Zorra Total era recorrente, mas elas começaram a reduzir de forma gradual. O público sentiu a ausência do veterano ator e ele também sentiu essa redução.

Era hora de diminuir o ritmo de trabalho. Drummond estava com 90 anos. Apesar de estar bem fisicamente, a idade começou a pesar. Ele tinha dois grandes problemas nesse sentido. O primeiro era o deslocamento de sua casa, em Vila Isabel, até o Projac, em Curicica. Não é uma distância pequena, pelo contrário. E parece bem mais longe do que é devido ao trânsito caótico da cidade.

O segundo problema, e não menos importante, era a dificuldade em decorar os textos, pois o ator não só decora, mas precisa interpretar aquilo que está descrito no roteiro. Orlando já não tinha mais a vitalidade necessária para acompanhar o desgastante ritmo das gravações.

Ele, mais do que ninguém, sabia que era hora de reduzir. A ideia era fazer menos trabalhos, mas com a segurança e a competência que sempre lhe foram peculiares. Orlando conversou diretamente com Maurício Sherman, o diretor do Zorra Total.

— Eu ainda conseguia decorar os textos. Mas na hora de gravar me dava um branco. Por isso eu mesmo tomei a decisão de conversar com o Maurício para reduzir as gravações.

Orlando era questionado nas ruas a todo momento. As pessoas sentiam sua falta no vídeo. Ao explicar toda essa questão do pedido à direção da Rede Globo, fazia questão de brincar com os fãs.

— É um lapso de memória, mas olha só... eu lembro de todos os personagens, hein? E fazia as imitações do Scooby, Alf, Popeye e Seu Peru.

VAMPERU

Estamos em 2010. Os principais jornais anunciam, com grande destaque, um reencontro de grande peso. Dois amigos voltam a encenar juntos: Orlando Drummond e Chico Anysio. A parceria foi reeditada no programa Zorra Total.

Os dois veteranos interpretam personagens que marcaram o humor brasileiro. Chico defende o vampiro Bento Carneiro. Já Drummond revive mais uma adaptação do bom e velho Seu Peru: o Vamperu. A história se passa dentro do quadro "Condomínio dos Vampiros". Os habitantes desse lugar resolvem fazer um bolão aleatório e a grande pergunta é: o que você faria se fosse o grande vencedor das apostas?

Vamperu é um dos apostadores. Ele entra em cena caçoando Bento Carneiro, que se recusa a casar e fazer filhos em uma vampira alcoólatra.

Vamperu: "Até tu, Bento? Eu sempre desconfiei que você fazia parte da irmandade!"

Bento: "Ô, seu Vamperu, você fique sabendo que eu sou macho! Não sou mamão, não!"

Vamperu: "Pois fiquem todos os machões sabendo que, se eu ganhar o bolo, eu vou contar tudo!"

Bento: "Aí... eu vou contar para você: se colocar meu nome na lista, vou lhe pichar uma '*mardição*' maldita!"

Vamperu: "Não vai dar tempo, meu querido Bento. E, se eu ganhar, vou partir em um cruzeiro das loucas. Aí levo uma furadeira comigo e, quando estiver em alto-mar, vou fazer um buraquinho no casco do navio, que vai se tornar aquele buracão. Aí o navio afunda e todos sabem que, quando o navio está afundando [risos], os náufragos saem nadando, nadando e vão dar na praia. Mas comigo vai ser diferente, porque eu vou dar na praia também. Mas tem uma coisa: vou andar naquelas praias francesas maravilhosas com aqueles bofes lindos. Vive La France! Já estou *porrr aqui* com os bofes brasileiros!"

A interação entre os veteranos é curta, mas vale pela complexidade da cena. A fala de Drummond é longa para um ator já com 90 anos e que apresenta dificuldades para decorar textos maiores.

No mais, uma pena que, novamente, Orlando fosse chamado para fazer mais uma adaptação do célebre Seu Peru. Valeu para ele ficar na ativa, mas muito pouco para seu talento.

CHICO E AMIGOS

Chico Anysio, sempre ele, ganhou dois programas de final de ano na Rede Globo. O nome e o formato foram os mesmos: "Chico e Amigos". O primeiro foi exibido no dia 29 de dezembro de 2009. O segundo passou no segundo dia do ano de 2011. Os programas em si não chegam a ser uma novidade no formato. Mas valem (e muito) pela genialidade de Chico que, mais uma vez, faz um passeio pela história do humor, mostrando seus principais personagens, como Bento Carneiro, Justo Veríssimo, Nazareno, Professor Raimundo e tantos outros.

O primeiro programa se passa dentro do navio "Ventos Anysios". Orlando é citado por Chico no final do programa, mas não aparece. Destaque para o último quadro, a Escolinha. Em vez dos alunos originais, aparecem os personagens feitos por Chico. No final há uma grande homenagem aos atores já falecidos, como Rogério Cardoso, Costinha, Zezé Macedo, Brandão Filho, Francisco Milani e tantos outros.

Na segunda edição de "Chico e Amigos", Orlando traz de volta o Seu Peru. Mas ele não aparece na "Escolinha do Professor Raimundo" (Chico, mais uma vez, ocupa as carteiras com seus personagens antológicos). Ele está vestindo uma roupa nada discreta: calça e casaco rosa e óculos transparentes.

Seu Peru contracena com Haroldo. Essa personagem de Chico era *personal trainer* mas só atendia homens. A alegação é que ele não suportava mulheres. Ficou conhecido com o bordão: "Agora sou hétero. Mordo você todinha". A cena se passa e Haroldo mexe com todas as mulheres que estão malhando. "Gostosa!" e "Agora sou mau como pica-pau" eram algumas de suas frases. Seu Peru e Serginho (um ex-participante do programa Big Brother Brasil) se aproximam de Haroldo. Eles não perdem a chance de encarnar no ex-*personal*.

Serginho: Ih, Seu Peru, olha só! O Haroldo está ficando *louquinho da silva*. Ele está falando sozinho.

Acontece que Haroldo não gosta da brincadeira e pede respeito. Ele se diz um homem hétero e sério, e está noivo. Seu Peru, então, dá uma alfinetada.

Seu Peru: "É mesmo? E me diga uma coisa: o noivo, por acaso, é de boa família? Casa na Argentina, sua boba..."

Haroldo entende a encarnação e retruca dizendo que se trata de uma noiva. Inclusive, ele é muito assediado pelas mulheres. Uma moça pede para que ele a ajude enxugando suas costas. Cavaleiro, ele a auxilia. O problema é que a noiva chega, não aceita e termina o noivado.

Haroldo: "Ai, como estou leve agora!" [sem a aliança retirada pela ex-noiva].

O ex-*personal* conta um pouco da história de sua família: todos, sem exceção, eram *gays*. Seu Peru fica curioso com essa informação.

Seu Peru: "Cruzes! Me diga uma coisa, querido: nessa tua família, ninguém gosta de mulher?"

Haroldo: "Só minha irmã!"

Essa cena foi a última em que Orlando e Chico contracenaram juntos. Foi também o último programa do humorista, que criou centenas de personagens.

O QUE IMPORTA É COMO VOCÊ SE SENTE

Em 2011, Orlando, então com 91 anos, foi convidado para participar de um curta. O convite foi feito pelo diretor e dublador Marcus Jardym.[67] Assim que leu o roteiro, ele aceitou o trabalho, imediatamente.

Marcus dirigiu, fez o roteiro e também atuou. A história começa com um homem de meia idade (interpretado por Marcus) que se chama Orlando. Ele acorda cedo, toma suplementos e sai para fazer exercícios físicos. Tem corrida, surfe, ginástica olímpica e musculação. A sua capacidade física surpreende a todos, principalmente os mais novos. Eles não conseguem acreditar que uma pessoa mais velha possa ter toda aquela energia. Até porque não conseguem acompanhá-lo.

Por fim, Drummond chega à academia se alongando e é questionado por um homem, na casa dos 40 e com o físico fora de forma. Há um espanto inicial, mas eles iniciam um diálogo breve:

– Oh, seu Orlando! Desculpa, mas o senhor tem 90, né?

– 91! Faço 92 agora, em outubro!

Eles se cumprimentam e terminam o diálogo. O rapaz mais novo está incrédulo com a disposição do senhor com mais de 90 anos. Em seguida, Orlando se olha no espelho e vê Marcus. Já o rapaz se assusta ao se enxergar como um senhorzinho de quase 100 anos.

Essa é a ideia. O que importa é como você se sente. Em apenas um minuto, a mensagem foi dada. O mais interessante é que a história caiu como uma luva para o próprio Drummond, que se sentia ótimo.

O curta foi feito exclusivamente para o "Festival do Minuto", criado em 1991, e que se tornou uma referência mundial para amadores e profissionais que trabalham com imagem em movimento. O curta de Marcus fez sucesso nas redes sociais, mas não conseguiu a vitória no festival.

---

[67] Marcus Jardym é um ator com muita história na dublagem. Entre seus principais personagens, destaque para Obi-Wan Kenobi, nos episódios 1, 2 e 3 de Star Wars. Ainda na clássica saga, ele também dublou Luke Skywalker, nos episódios 4, 5 e 6. Outra grande atuação foi como o ator Matt Damon, na trilogia Bourne.

O ADEUS AO AMIGO

Dia 23 de março de 2012. Uma sexta-feira mais triste. Às 14h52 era confirmada a morte de Chico Anysio, aos 80 anos. O humorista estava internado havia três meses. De acordo com a nota oficial divulgada pelo Hospital Samaritano, o artista morreu após uma parada cardiorrespiratória, causada por falência múltipla dos órgãos, decorrente de choque séptico causado por infecção pulmonar.

A saúde de Chico já vinha apresentando pioras há tempos. Ele estava no CTI desde o dia 22 de dezembro de 2011. O motivo foi um sangramento que chegou, por um tempo, a ser controlado. Mas, em seguida, o comediante teve uma infecção pulmonar e foi internado novamente.

O velório foi no Theatro Municipal, no centro da cidade do Rio de Janeiro. Familiares, amigos e fãs passaram para fazer uma última homenagem a Chico Anysio. Orlando foi acompanhado por Glória. Os dois estavam visivelmente abatidos.

Drummond deu inúmeras entrevistas sobre o humorista. Quando conseguia falar – as palavras faltavam –, ele gostava de frisar o caráter e a amizade entre os dois. O dublador o considerava o "patriarca dos comediantes".

– Lamento muito. Ele sofreu tanto até aqui. Para mim, é um amigo de tantos anos. Trabalhamos juntos muitos e muitos anos e continuamos juntos no canal Viva. É a vida! Sinto muito, não tenho palavras para descrever. Que descanse em paz!

Em outra entrevista, ele lembrou de toda a ajuda que recebeu do amigo. Orlando conseguiu, inclusive, agradecer com a marca da sua personagem mais famosa na TV, o Seu Peru.

– Vai, companheiro! Você para mim foi o maior dos maiores. Muitíssimo obrigado por tudo! *"Te dou o maiorrr apoio"* lá em cima.

Podem ter faltado palavras para Orlando na hora do velório, mas foi só naquele momento. Ele criou uma admiração e uma amizade muito grandes por Chico, durante tantos anos trabalhando juntos.

– Hoje eu ainda tenho muita saudade. Foi um profissional maravilhoso, respeitado e respeitador. Era muito fácil trabalhar com ele. Chico deveria ser melhor aproveitado. Ele tinha que estar dentro de uma universidade para ensinar o que é fazer humor e formar novos humoristas. Ele sempre teve esse dom.

DUBLAGEM EM GAMES

Aos 94 anos, Orlando ainda tinha forças e desejos para dublar. Ele topou um desafio totalmente novo em sua carreira. O neto Felipe o convidou para dublar *games*. Esse é um mercado crescente no mundo da dublagem.

A dublagem nos *games* é totalmente diferente. Não se compara à que é feita nos filmes ou desenhos, por exemplo. O processo de criação e o método de trabalho também são diferentes.

– Ao mesmo tempo que é mais difícil, é mais desafiador, é mais complexo do ponto de vista da criação da personagem. Na dublagem convencional, nós temos toda a técnica labial, do preenchimento da boca. No *game* a interpretação é muito forte. Você tem que tornar aquilo o mais real possível. Quanto mais real ficar, melhor para a sua experiência como *gamer*. Eu acredito que uma boa dublagem remete muito a isso – conta Felipe.

É curioso notar que, no caso dos *games*, há uma interação ainda maior entre o dublador e o diretor da dublagem.

– O processo de dublagem do *game* é totalmente diferenciado. A principal diferença é que, no *game*, você não tem a visão da cena, do que está acontecendo naquele momento. Por isso é muito importante a participação do diretor de dublagem. É ele quem diz para o dublador o que deve ser feito. Na maioria dos projetos grandes, não recebemos nem o áudio-guia. Por isso tem que ter muita precisão em todos os aspectos. A chance de um erro absurdo é muito grande nessas horas – diz Felipe.

A primeira experiência de Orlando foi no jogo Diablo III, em 2012. Como o nome sugere, é o terceiro capítulo da famosa série de RPG. A temática é salvar o mundo de monstros que ameaçam a paz. A dublagem foi feita no estúdio Delart, no Rio de Janeiro. Gustavo Nader foi o diretor. Orlando e os três netos (Felipe, Alexandre e Eduardo) participaram do elenco de apoio.

– Foi uma experiência nova e legal participar da dublagem de um *game*.

Em 2013, Drummond participou de mais um jogo de RPG: "Magic: The Gathering". O *game* é uma adaptação, uma das primeiras, das cartas que foram lançadas, com muito sucesso, no começo dos anos 1990. Mais conhecido como "Magic", o jogo consiste em invocar magias e criaturas – sempre através das cartas. Todos são poderosos e possuem "pontos de vida". O jogo avança através de missões.

Orlando dublou um dos principais personagens, Nicol Bolas, um dos mais antigos do mundo mágico. Participou de duelos épicos e foi testemunha de grandes guerras. O veterano dublador também foi o responsável pela locução de todo o jogo.

Também em 2013, Drummond fez a terceira participação nos jogos eletrônicos. Ele atuou no *game* "Rayman Legends". Sua personagem foi Bubble Dreamer, o criador do mundo Glades of Dreams, espaço constantemente atacado por criaturas do mal. Cabem a Rayman e aos seus amigos a defesa e a paz desse local mágico.

No ano seguinte foi a vez do jogo "Assassin's Creed Unity". A gravação foi no estúdio Sergio Moreno Filmes. Já a direção foi feita por Sarito Rodrigues. O *game* se passa em Paris e o pano de fundo é a Revolução Francesa. É a história de Arno Dorian, dublado por Alexandre Drummond. O protagonista é adotado após o pai ser assassinado. Sem saber, passa a integrar uma família com muito poder dentro da Ordem dos Templários.

Orlando interpretou Chrétien Lafrenière, membro importante da Ordem dos Templários e, basicamente, um confidente do Grão-Mestre. Ele chegou a assumir o comando da associação.

Em 2015, foi a vez de "The Witcher 3: Wild Hunt", baseado no livro do escritor Andrzej Sapkowski. O *game*, muito cultuado pelos fãs, se passa em um cenário medieval. O personagem principal é o bruxo Geralt de Rivia, dublado por Sérgio Moreno.

No *game*, os bruxos são humanos com os genes modificados e ensinados a lutar contra monstros. Suas habilidades variam para cada personagem. No fim, o objetivo é basicamente o mesmo: eles são caçadores de recompensas.

Drummond dublou muitos personagens. O principal deles foi Vesemir, um dos bruxos mais velhos e o grande mestre de Geralt. Na verdade, apesar da idade elevada, ele é forte e robusto.

O *game* "The Order: 1886" também foi lançado em 2015. A história se passa em 1886 e traz à tona o grupo de cavaleiros conhecidos como A Ordem, fundada pelo Rei Arthur. Mas o cenário escolhido foi Londres.

A Távola Redonda é formada por quatro grandes heróis: Sir Galahad, Lady Igraine, Sir Percival e Marquês de Lafayette. Eles vivem dentro de um cenário contextualizado pela Revolução Industrial. Os cavaleiros lutam contra exércitos rebeldes que ameaçam a coroa inglesa.

Drummond teve um papel de destaque na dublagem do *game*. Ele dublou o Barão Augustus D'Argyll (Lord Chancellor). A personagem é o líder dos Cavaleiros da Távola Redonda. Sua voz está firme e sóbria.

2015 foi o ano em que Orlando decidiu investir na dublagem dos *games*. Ele encarou a terceira produção: "Assassin's Creed Syndicate". O cenário é Londres. A saga narra uma eterna luta dos irmãos Freys contra os templários, liderados por Crawford Starrick.

O *game* foi dublado no estúdio Sergio Moreno Filmes. A direção foi conduzida por Alexandre Drummond. Interessante notar que o avô e os netos participam dessa produção. Além de dirigir, Alexandre dubla a personagem Jesse Butler. Já Felipe interpreta Brinley Ellsworth. Eduardo e Orlando fizeram pequenas participações.

Felipe fez uma apaixonada e técnica análise da dublagem de Orlando nesses múltiplos personagens no universo dos *games*.

— Você consegue desenhar as ondas sonoras da interpretação do meu avô. Isso é bem típico do rádio. E às vezes você perde esse tempo devido à velocidade com que o dublador precisa dizer uma palavra ou uma frase. No *game* não há essa rapidez em colocar a frase. Você tem o tempo que precisar. Nesse sentido, é mais fácil trabalhar com um ator antigo, de vanguarda, como meu avô, pois é possível potenciar o trabalho. A gente não limita o trabalho do dublador. Pelo contrário, a gente consegue fazer com que ele desenvolva da forma como achar melhor. Então, meu avô ficou apaixonado quando foi fazer *game*, pois ele não tinha mais que se preocupar com boca e com tempo. A sua preocupação foi só em interpretar. E nisso ele se garante, independente da idade.

40 ANOS DEPOIS... A DKW

Orlando sempre foi muito próximo dos filhos. O caçula, Orlandinho, seguiu duas paixões do pai: o futebol (o amor pelo Fluminense) e a admiração pelos carros, principalmente os antigos, ou melhor, os clássicos.

Já escrevi aqui que Drummond teve uma *DKW-Vemag Vemaguet* branca. Era nesse carro que ele levava o filho e os amigos para jogar bola na Quinta da Boa Vista, em São Cristóvão, bairro imperial na região central do Rio de Janeiro.

— A *Vemaguet* era uma perua familiar da marca alemã DKW, fabricada pela *Vemag* do Brasil — Veículos e Máquinas Agrícolas. Um carrinho muito peculiar, cheio de personalidade, com motor dois tempos, que soava algo parecido com uma lambreta, e câmbio em cima, à direita do volante, de marfim branco – conta Orlandinho.

Esse carro jamais saiu na cabeça do pai e do filho. Sempre atento, Orlandinho nunca mais viu um modelo parecido. Durante todos esses anos, ele e Eduardo (filho mais novo, que também tem a mesma paixão) participaram de feiras e eventos. Os dois já compraram e venderam muitos veículos antigos.

— Cresci, estudei, me formei, casei, tive um filho, dois filhos, três filhos. Quase 40 anos depois, o imponderável se fez presente.

É isso mesmo. Conversando com outros interessados em uma rede social, ele descobriu que o pai de um amigo tinha uma *DKW Belcar Rio 1965*, versão sedan da perua *Vemaguet*. A família Drummond ficou eufórica com a finalização do negócio. Para Orlandinho foi a realização de um sonho de criança.

— Lavei com muito *shampoo*, encerei a pintura, apliquei um sapólio nas bandas brancas e dispensei generosas porções de silicone nos pneus.

A família chamou o carro carinhosamente de "Rabugenta". Era a hora do primeiro passeio. Eduardo montou uma *playlist* dos anos 1960. O destino escolhido foi Niterói. O caminho não foi em vão.

– Aquele era um trajeto familiar para mim. Quando eu era pequeno, descíamos o Viaduto dos Marinheiros, a caminho da casa da minha avó, a bordo de *Simcas*, *Aero Wyllis*, *Gordinis* e... *DKWs*.

Orlandinho fez questão de dirigir o carro. Ele não se continha, era pura felicidade. Na *playlist* elaborada pelo filho, tocavam sucessos que lembravam sua adolescência. Por alguns segundos, ele voltou ao passado. Tudo ao som de The Mamas & The Papas.

PRÊMIO DE DUBLAGEM CARIOCA

Aos 92 anos, Orlando se preparava para mais uma homenagem em sua vitoriosa carreira: era o grande homenageado no Primeiro Prêmio de Dublagem Carioca. O veterano dublador sempre se emocionava nessas solenidades.

Estamos em 2012, no dia 14 de março. O palco é um dos teatros mais tradicionais do município do Rio de Janeiro. Localizado bem no coração da cidade, o Carlos Gomes homenageia um dos principais compositores de ópera da história do nosso país. A noite de gala da dublagem carioca foi organizada pelos dubladores Maíra Góes e Marcelo Garcia. O teatro estava lotado. Os grandes nomes do meio estavam presentes.

Durante o encontro, foram apresentados *shows* musicais e muitos quadros de humor. E, se estamos falando de uma noite de prêmios, teve, é claro, a entrega de troféus aos dubladores que se destacaram no ano de 2011. Para se ter uma ideia da luxuosa organização, teve até uma orquestra no palco. Se você quiser, pode comparar essa noite ao Oscar. Mas, com certeza, foi muito mais engraçado.

Por falar nos prêmios entregues nessa noite especial, é preciso destacar que não apenas os dubladores foram homenageados. A organização do evento lembrou de valorizar os técnicos (operadores de áudio, mixadores e todos os demais) que dão o toque de qualidade final a todo o trabalho realizado.

Homenagem a Orlando Drummond

Orlando estava sentado na primeira fila, acompanhado de Glória. Após todas as entregas aos premiados, é anunciada a grande homenagem. Antes de ser chamado ao palco, as luzes se apagam e passa um filme sobre a carreira do dublador. Grandes nomes da dublagem, como Mário Jorge, Nizo Neto entre outros, prestam sua homenagem. São mostradas cenas de personagens dublados por

Orlando, como Gato Guerreiro, Gargamel, Alf, Scooby e Popeye. Por fim, são apresentadas fotos da família Drummond.

Finalmente, Orlando é chamado ao palco. Ele cumprimenta o público, faz um sinal da cruz e manda beijos, enquanto é aplaudido de pé pela plateia. Ele estava visivelmente emocionado.

No palco estava seu neto Eduardo, representando a nova geração dos dubladores. Mas, antes de falar qualquer coisa, Orlando faz um teste de som com o microfone, imitando o latido do Scooby. A plateia caiu na gargalhada.

Na hora da entrega, a apresentadora Maíra Góes diz:

– A gente trouxe o "Dudu" para entregar esse prêmio especial. O "Dudu" representando a nova geração da dublagem, e você, como o fundador da dublagem.

Orlando responde:

– É verdade! Bota fundador nisso! – risos da plateia.

Dudu, como é conhecido, ganhou em 2010 o prêmio de dublador revelação do ano, por seu trabalho em "Up! Altas Aventuras". Sua personagem era um escoteiro amante da natureza.

Em depoimento para este livro, Dudu lembra bem do dia em que entregou o prêmio ao avô.

– Quando me falaram eu não acreditei. Não me sentia pronto para entregar um prêmio para ele. Para mim, ele sempre foi um papa na dublagem. É uma trajetória, é uma história que não é para qualquer um. Todos esses personagens... e eu tinha acabado de começar. Foi uma responsabilidade muito grande. Quando eu fui para trás do palco, só pensava no que ia falar: "O que vai ser? O que vai ser? O que vai ser"? Na hora em que entrei eu falei: "É agora, Deus. Vou falar o que vier".

Orlando admira o troféu. É a réplica de um microfone usado geralmente em rádios e nos estúdios de dublagem. Todos os vencedores da noite receberam esse mesmo prêmio.

Eduardo começa seu discurso. Quem falava não era apenas o dublador da nova geração e fã de Orlando. Era também o neto, que tem um grande amor pelo avô. Sem ter ensaiado ou lido algum texto, "Dudu" falou de improviso.

– Vô, primeiro eu quero agradecer por todos os dias maravilhosos que eu passo com você. São dias muito bons. Você é um grande exemplo para muitas pessoas, com muito amor e humor. Você transmite felicidades para muitas pessoas. Eu te amo, vô!

Em seguida ele corre para dar um longo abraço em Orlando. O discurso apaixonado de "Dudu" mexeu com a plateia, que aplaudiu longamente os dois naquele momento de afeto. Ali no palco havia, de fato, amor puro e verdadeiro.

Anos depois, Dudu ainda tem um brilho nos olhos quando lembra daquela noite.

– Foi impactante para caramba. Acho que foi um momento de troca. Ele sempre estimulou a seguir naquele meio de dublagem e ter esse momento de retribuição... Foi um agradecimento a tudo o que ele fez. Se hoje eu estou na dublagem, é por causa dele. Eu me achei na profissão ainda tão pequeno. Foi aquele nervosismo, mas foi uma experiência magnífica. Para mim foi uma forma de agradecimento a tudo o que ele fez acontecer.

Orlando, tão experiente nos palcos, ficou sem ação. Seus olhos estavam marejados. Não só pela homenagem em si, mas pela declaração de amor do neto. Para se ter ideia do quão confuso ele ficou, ao tentar dizer as primeiras palavras, percebeu que falava com a estátua próxima à boca.

Precisou ser avisado pelo apresentador Marcelo Garcia para se dar conta. Aí usou seus dotes de humor para fazer graça e levar a plateia à gargalhada. Mesmo desconcertado, conseguiu dizer algumas poucas palavras ao público.

– Eu sempre digo: a coisa mais parecida com o amor, não se esqueçam, é o humor. Humor é a razão de estarmos com a idade que estamos com essa disposição. Eu tenho para mais de 10 anos, senão mais. Bom humor! Minha mulher tá aí para dizer. Quem tem mais humor no mundo? Sou eu, né?

Na noite do Prêmio de Dublagem Carioca, o neto "Dudu" estava no palco ao seu lado. Glória estava sentada na primeira fila. No final do discurso, Orlando fez questão de se declarar para a esposa.

– Ela é escorpião, braba, mas tem um coração e uma personalidade. Amo essa mulher!

Longos aplausos e gritos da plateia.

O BAÚ DO BAÚ DO FANTÁSTICO

Estamos em 2013. Orlando estava, então, com 93 anos. Ele foi convidado para fazer uma participação especial em um quadro novo que estava sendo preparado para o programa Fantástico, da Rede Globo.

O projeto era do ator Bruno Mazzeo, filho de Chico Anysio. Os dois se conheciam bem. Se tinha parente do Chico envolvido, era a garantia de programa de qualidade, pensava Drummond.

No entanto, a idade pesava. Ele já não tinha mais aquela obrigação de participar de nenhuma produção da emissora. Embora ainda contratado, a própria Globo entendia que era preciso uma grande operação para trazê-lo para qualquer atividade.

Por isso todo convite era discutido em família. Drummond já não tinha mais independência para se locomover. Era preciso mobilizar os parentes ou quem queria contratá-lo. Mas os familiares de Orlando entendiam a necessidade que ele tinha de trabalhar. Não era uma questão de dinheiro. O que estava envolvido era emoção, alegria, o prazer de se sentir útil.

Foi por isso que todos entenderam que era preciso deixá-lo participar do programa "O Baú do Baú do Fantástico". Não tinham como recusar qualquer pedido vindo da família de Chico Anysio.

Na esquete, Bruno vivia um repórter que voltava em grandes momentos da história e entrevistava grandes personalidades. Tudo, claro, com muita pitada de humor. Em um dos episódios, por exemplo, ele entrevistou Jesus Cristo durante a Última Ceia.

O episódio que Drummond gravou foi ao ar no dia 13 de novembro. A pauta de Bruno Mazzeo foi na Roma Antiga. Sua reportagem era sobre a morte do imperador romano Júlio Cesar. Ele entrevistou importantes personagens da época, como Cleópatra e Brutus, para tentar entender os motivos do assassinato do comandante de Roma.

Orlando interpretou um senador. Foi ele quem disse ao repórter que o imperador já não era mais o mesmo. A ambição de Júlio Cesar em conseguir cada vez mais poder minou sua relação com o Senado.

A personagem de Orlando aparecia como uma fonte que não queria se identificar. Na linguagem jornalística, a declaração foi em *off*. Por isso, sua imagem estava escurecida. De primeira não é tão fácil identificá-lo. Mas aí, quando ele começa a falar, é impossível não fazer a ligação. E olha que a participação foi pequena. Foram apenas três frases em apenas uma declaração. E, claramente, Orlando dá uma engrossada na voz. Funcionou com uma espécie de distorção da voz.

PAROU DE DIRIGIR

Orlando sempre foi muito independente. Ele gostava dessa sensação. Talvez esse seja um dos motivos da sua enorme paixão por veículos. Desde que começou a trabalhar, Drummond jamais ficou sem carro.

Era uma cena até divertida, pois ele sempre fez questão de dirigir seus carros. E Drummond cultivou esse hábito até os 95 anos de idade. Ele pegava o carro para tudo.

Glória e os filhos deixavam, pois, em geral, ele dirigia em distâncias curtas. Até por entender que já estava com seus reflexos reduzidos, Orlando não corria mais e passou a dirigir defensivamente. Já tinha aprontado uma das suas. Certa vez, saiu de casa e foi para a zona sul. No caminho estava previsto pegar o túnel Santa Bárbara, que liga os bairros Catumbi e Laranjeiras. Mas ele errou o caminho e acabou pegando o túnel Rebouças, que liga os bairros Rio Comprido e Lagoa. A via tem um percurso de quase três quilômetros. Estrategicamente há uma saída de emergência, que só é usada em último caso. Orlando demorou a perceber que tinha errado o caminho. Só dentro do túnel que atentou. Sua primeira reação foi pisar no freio. Ele observou que tinha a tal saída de emergência. O correto era sair do túnel e fazer o retorno ou qualquer outro caminho que o fizesse chegar ao seu destino. Mas claro que ele não fez isso. Orlando jogou o carro na saída de emergência e voltou para o sentido oposto. Ele deu muita sorte, por ele e pelos outros. O túnel permite uma velocidade de 90 km/h. Como sua manobra não é permitida nem usual, a chance de ocorrer um acidente era muito grande.

Glória estava no carro e contou o ocorrido para os filhos. Essa foi a gota d'água para impedi-lo de dirigir em rotas mais longas. Mas eis que ele aprontou também em um caminho bem perto de casa.

Foi no ano de 2015. Orlando começou a apresentar quadros de tontura. Foi quando Glória, os filhos e os netos ficaram ainda mais preocupados por ele dirigir. Tentaram na conversa, mas ele se mostrou intransigente.

— Eu ainda me sentia bem para dirigir!

Em um dia, à tarde, ele e Glória foram ao banco. Era bem próximo de casa, ficava em Vila Isabel, mesmo. Os dois iam a essa agência, pois tinha estacionamento próprio para os clientes. Estacionaram o carro e se reuniram com o gerente. Tudo resolvido, era hora de ir embora. Os dois entraram no veículo, Orlando ligou o motor, colocaram o cinto. Ele começou a acelerar lentamente.

O estacionamento fica um nível abaixo da rua. Ao subir a ladeira, para passar pela cancela eletrônica, não se sabe como Orlando perdeu o controle do veículo e bateu a lateral do carro. Na hora do susto, ele acelerou. Ninguém se machucou. Mas o susto foi grande. Provavelmente, Drummond teve uma queda de pressão, uma tontura. Ou, simplesmente, a claridade de um andar para o outro pode ter atrapalhado sua visão. Certo mesmo é que a família decidiu que ele não ia mais dirigir. A brincadeira ficou perigosa. Por sorte, ninguém se machucou. Mas será que teriam a mesma sorte novamente? Não se sabe, nem tem como saber.

O próprio Orlando aceitou. É bem verdade que, por muitas vezes, ele teve vontade de entrar em um carro e dirigir. Mas, se ele tinha alguma intenção de voltar a dirigir, ela acabou após o incidente em casa, quando ele fraturou quatro costelas. Usando um jargão moderno, a ficha caiu. Com 95, quase 96 anos, não tinha mais como arriscar.

FRATURA (NOS BRAÇOS DO POVO)

O ano de 2015 foi diferente para Drummond. Do ponto de vista profissional, ele se envolveu na dublagem do *game* "The Witcher 3: Wild Hunt". No jogo, ele dublou muitos personagens e teve sua atuação destacada pela mídia e pelos fãs.

Ele foi informado pela direção da Rede Globo de que a intenção da diretora Cininha de Paula era fazer uma nova versão da Escolinha do Professor Raimundo. O elenco seria formado com novos atores. Ficou muito feliz ao saber que o Seu Peru estaria sentado na cadeira da escola mais famosa do país.

Dentro de casa, viu seus netos se desenvolvendo profissionalmente: Michel e Marco Aurélio estavam encaminhados na advocacia. Já os três que seguiram a carreira na dublagem também se destacavam. Felipe se estabelecia, cada vez mais, na direção, Alexandre estava finalizando o que seria o seu maior trabalho, a direção e a interpretação do super-herói Flash, e Dudu começava a fazer trabalhos mais adultos, devido à mudança de voz.

Mas o ano não foi só de alegrias. Orlando tinha muito orgulho de ter um escritório em casa. Era lá que ele guardava suas memórias, ali estava a vida profissional da qual sempre se orgulhou. Todos os dias ia ao escritório, nem que fosse para fazer os números da Mega-sena. Ele precisava estar no seu canto. Glória sabia muito bem disso e respeitava seu espaço e sua necessidade.

O carinho de Drummond era tanto por aquele lugar que ninguém arrumava. Até pela limpeza ele era o responsável. A mesa e os armários não eram, necessariamente, organizados. Em sua própria bagunça, Orlando encontrava o que procurava. Ele sentia muito orgulho dos quadros, com fotos dos personagens e dos familiares, e dos prêmios que recebeu em sua carreira. O chamego era tanto que Drummond deixava o escritório fechado, e a chave andava em seu bolso.

Em uma dessas idas ao escritório, ele resolveu dar uma limpeza no armário. Só que, para limpar a parte de cima, precisava usar a escada que já ficava, propositalmente, atrás da porta. Orlando teve uma vertigem, se desequilibrou e caiu no chão. Na hora ele sentiu muita dor, mas preferiu não falar nada para ninguém. Ninguém ficou sabendo, nem Glória, nem os filhos, nem os netos, nem a Rose (secretária da família há décadas).

Com muita dificuldade, ele se levantou e guardou a escada. O seu quarto ficava ao lado do escritório. Preferiu deitar para tentar melhorar da dor. Pediu um analgésico para Glória. Desconversou, falando que não estava muito bem. Nos dias seguintes, Orlando evitou andar pela casa. Glória percebia algo estranho, mas ele não falava. Ele jamais daria o braço a torcer e, no final, não queria preocupá-la. Escondeu a dor por mais de uma semana, até que não aguentou mais. Conversando com Orlandinho, mostrou que a costela estava dolorida e que achava melhor ir ao médico. Rapidamente todos se arrumaram.

– Eu sabia que tinha alguma coisa diferente. Ele estava mais quieto e não ia mais ao escritório. Tinha certeza de que ele foi arrumar o armário, subiu a escada e se desequilibrou – diz Glória.

Orlandinho foi com os pais para o Hospital Quinta D'Or, em São Cristóvão. Eles deram entrada na unidade no dia 27 de junho, na parte da noite. Os médicos se assustaram com a ultrassonografia. Drummond tinha fraturado quatro costelas.

A informação de que Orlando estava no hospital vazou para a imprensa. Os principais jornais e *sites* de notícias estamparam na página principal que o ator estava internado. A mobilização dos fãs foi imediata. O hospital não foi autorizado pela família a falar sobre o estado de saúde de Drummond. A imprensa, com sua necessidade de informações, ligou para a casa de Orlando. Quem acabou passando os primeiros detalhes sobre o seu estado de saúde e o que tinha acontecido foi a Rose.

– Ele caiu já tem mais de uma semana. Só que ele é muito discreto e não reclamava de dor. Nós notamos que ele andava incomodado com alguma dor e, hoje, ele pediu para ser levado ao hospital.

Mas a imprensa passou uma informação que assustou os amigos e fãs de Orlando. De acordo com as publicações, e todas ou quase todas se repetiram, o ator deu entrada no hospital de ambulância. Detalhe: todas essas informações foram publicadas ainda no dia 27, mesmo dia da internação.

Só no dia seguinte (28), os fãs se tranquilizaram, após Alexandre publicar o estado de saúde do avô em uma rede social. Ele fez questão de desmentir a informação sobre a ambulância. Os veículos reproduziram o *post* que transcrevo, abaixo, na íntegra:

"Pessoal, estou aqui apenas para informar que meu avô está bem. Seu Orlando está no hospital apenas para ficar em observação, afinal são 95 anos. Então, é bom ser avaliado de perto. E esse papo de ambulância é mentira, de estar abatido, também. Enfim, quero que deixem meu velho em paz, descansando. Obrigado pela força, e o nosso Orlando é um monstro. Vai tirar essa de letra!"

Nessa altura, a imprensa percebeu a importância do assunto. As matérias publicadas nos *sites* tinham milhares de comentários. Todos reverenciando Orlando e preocupados com a sua saúde. Orlandinho falou com a imprensa na porta do hospital. Ele atualizou o quadro e anunciou que o pai estava sob efeito de analgésicos, mas que estava internado por medida preventiva, devido à idade. Para os fãs, a principal notícia foi que ele não corria risco de morte.

– Ele está sob efeito de fortes analgésicos. Fez tomografia, radiografia, enfim... estamos só aguardando o médico para conversar. Esta noite ele tentou levantar sozinho duas vezes. Sorte que minha mãe estava lá para segurá-lo. Como a dor deve ter deixado ele em paz por causa dos remédios, a primeira reação dele é querer ir embora. Ele está sendo monitorado por causa da idade. Estamos só aguardando para saber quando vai receber alta. Meu pai está lúcido e louco para voltar para casa o mais rápido possível.

No dia 29 a imprensa continuava noticiando o estado de saúde de Drummond. Quem falou com os repórteres, dessa vez, foi Glória. Ela atualizou o caso e aproveitou para divulgar a melhor notícia: ele receberia alta do CTI para o quarto. Estavam todos felizes, pois era uma forma de Orlando receber visitas de pessoas que estavam muito preocupadas com sua saúde.

– Ele está bem e calmo. Mas tem que ficar de repouso. Ele é muito forte e está tirando tudo isso de letra.

Glória contou que Orlando receberia alta nos próximos dias, mas que teria que continuar um tratamento iniciado no hospital.

– Ele fez todos os exames e os resultados foram bons. Mas ele está fazendo fisioterapia respiratória, e em casa vai ter que fazer fisioterapia por causa das costelas fraturadas.

O que a imprensa não atentou foi que nessa mesma data (29) é comemorado o dia do dublador. Efeméride perfeita ou, como diriam chefes de redação, gancho para fazer uma suíte sobre Orlando.

Alexandre, novamente, usou as redes sociais para falar do avô. Embora tenha lembrado do dia dos dubladores, o seu maior presente era a melhora na saúde do grande ídolo e incentivador.

"Parabéns a todos nós, dubladores! Meu muito obrigado a todos vocês por fazerem sonhos virarem realidade. O grande presente do dia é a melhora do nosso mestre Orlando Drummond. Ele recebeu alta do CTI e ainda hoje será transferido para um quarto, pessoal. Obrigado a todos pelo carinho, pelas mensagens lindas e pelos pensamentos positivos. Assim que eu o encontrar, mostrarei tudo isso e farei uma foto para mostrar como o meu velho *tá* bem. Beijo em todos!"

Alexandre estava tão preocupado com a saúde do avô que esqueceu de dizer que, naquele mesmo dia (29), seria lançada pela Rede Globo a série do super-herói Flash, cuja dublagem ele dirigiu e na qual ainda interpretou a personagem principal.

Para a família Drummond, promessa é dívida. E assim, no dia seguinte (30), Alexandre foi ao hospital visitar o avô e gravou um vídeo. Esse material foi publicado em sua rede social e compartilhado milhares de vezes pelos fãs e pela imprensa.

Na publicação, Alexandre escreveu a seguinte mensagem:

"Alegria define. Se bobear, amanhã o nosso guerreiro já receberá alta e nos brindará com a sua luz e seu humor! Volta logo, meu exemplo!"

No vídeo, Orlando diz que está bem e agradece aos fãs pelo carinho.

"Uma vez mais, estou muito bem, graças a Deus! Tô acompanhado da minha esposa, dos meus filhos, dos meus netos, dos meus amigos, fora aqueles que se manifestaram quando souberam que eu estava vindo para o hospital. É tudo uma questão de rotina. Eu estou bem, graças a Deus! Tô com idade, reconheço. Mas eu estou bem. Não pensem mal de mim. Eu espero ainda ficar muito tempo por aqui ou *'porrr aqui'* [risos]. Felicidades para todos vocês que me desejaram só coisas boas, e eu estou aí para o que der e vier. Tá bom? Um beijo para todos e muitos abraços, muitas saudades de todos. Tchau!".

De fato, Orlando parecia bem. Estava com a voz e o semblante cansados. Mas era justificável por, pelo menos, três motivos. O primeiro, a idade, claro. Em seguida, tinha passado por dias com dor e, por último, estava em um hospital. Analisando o conteúdo do vídeo, fica bem nítido que Drummond não quis preocupar o público. Não foi apenas um exame de rotina. Talvez, naquele momento, Glória, os filhos e os netos já tivessem mostrado um pouco da mobilização dos fãs.

Mesmo debilitado, ele fez questão de fazer graça. Fazer humor fez parte de toda a sua vida. Ele conseguiu relembrar a famosa frase da sua personagem mais famosa na televisão, o Seu Peru (*"porrr aqui"*). Outro fator importante que está presente no vídeo é a fé. Orlando sempre foi muito religioso em suas convicções. Repare que ele repete, mais de uma vez, a expressão "graças a Deus!".

Drummond ficou mais alguns dias no hospital, só teve alta no dia 2 de julho. A imprensa noticiou a saída do ator. Ele foi direto para casa, acompanhado de toda a família. Todo esse carinho foi importante na sua recuperação.

Sobre o acidente, é um verdadeiro mistério saber o que, de fato, ocorreu. Orlando jamais confirmou a versão de Glória. E, verdade seja dita, ele sempre evitou falar sobre o ocorrido.

O que ele gosta de festejar é o carinho que recebeu dos fãs. Ele não tinha ideia do quanto era querido por todo este país. Por alguns anos, Orlando acreditou que sua fama estivesse limitada ao bairro de Vila Isabel, local onde mora.

Aos 95 anos, ele comemorava 73 de carreira. A forma de comemorar não foi a esperada nem a melhor. Mas, no fim, Drummond se sentiu nos braços e no coração do povo.

A NOVA ESCOLINHA

A estreia do programa A Escolinha do Professor Raimundo foi na Rádio Mayrink Veiga, em 1952. Na TV, a primeira exibição foi como um quadro do programa Noites Cariocas, da TV Rio, em 1957. A estreia na Rede Globo foi em 1973. Mas também ainda era um quadro – dessa vez no programa Chico City –, e depois no Chico Anysio Show, em 1988. O programa só virou atração solo em agosto de 1990, mais precisamente no dia 4 de agosto.

Todo esse retorno se justifica para falar de uma nova versão da Escolinha do Professor Raimundo, lançada no dia 23 de novembro de 2015. Trata-se de uma parceria entre os canais Viva e Rede Globo.

Vinte e cinco anos depois, a TV Globo trazia de volta a turma mais querida da televisão. A direção também foi de Cininha de Paula. A equipe de roteiristas era grande: Nizo Neto (filho de Chico), Daniel Adjafre, Paulo Cursino, Nani, Péricles Barros e Leandro Soares. Ao todo foram escolhidos 20 personagens. À frente da equipe estava o ator Bruno Mazzeo (também filho de Chico), que ficou responsável por comandar, por ser o novo Professor Raimundo, eternizado pelo pai.

– Não foi feita uma pesquisa com o público para saber quais personagens seriam usados. Fui no meu tato. A gente sabe o que é sucesso, quais eram os personagens mais queridos, conta Cininha.

Embora com um elenco estelar, o programa começou sem grandes pretensões. Seriam apenas cinco episódios, exibidos no canal Viva, e sete na Globo. E assim foi feito. O que ninguém esperava era um retorno tão rápido do público.

Desde o início chamou muita atenção a semelhança entre os atores de todos os programas. Impressiona demais, em alguns casos. Mateus Solano e Jorge Loredo (Zé Bonitinho), Rodrigo Sant'Anna e Eliezer Motta (Batista) e tantos outros. É importante deixar registrado todo o trabalho feito nesse sentido: direção, produção, edição, maquiagem, preparação do elenco e, claro, atuação de cada ator.

A imprensa, no início, tratou como um *remake*. Mas toda a equipe técnica tratou de chamar de homenagem. E foi dessa forma que surgiram outras temporadas. Detalhe: sempre líder de audiência.

O NOVO SEU PERU

Na nova versão da Escolinha do Professor Raimundo não poderia faltar o Seu Peru. E ele não faltou! A personagem foi interpretada pelo ator Marcos Caruso.

– Na era do politicamente correto, talvez não tivesse espaço para o Seu Peru. Mas ele tá aí e é adorado, graças ao Orlando Drummond – afirma Cininha.

Nascido no dia 22 de fevereiro de 1952, Marcos Vianna Caruso é um dos atores mais talentosos de sua geração. Fez personagens que até hoje estão no imaginário do telespectador. Um deles foi o Leleco, de Avenida Brasil.

O ator foi convidado pelo diretor Ricardo Waddington para participar da Escolinha. Não recebeu nenhuma informação, apenas uma pergunta:

– Topa fazer a Escolinha do Professor Raimundo?
– Sim.

De acordo com Caruso, ele aceitou "imediatamente" o convite porque se entusiasmou com a possibilidade de homenagear grandes atores do passado.

– Vivemos em um país sem memórias e deveríamos homenagear as pessoas que nos abriram portas. Nós, de uma maneira geral, não homenageamos quem nos abriu caminho. Se, hoje, estou trilhando o caminho na comédia, na TV, no teatro ou no cinema é porque esses caminhos foram abertos.

Mas não demorou muito para saber que sua personagem seria o Seu Peru. Caruso nunca chegou a acompanhar uma temporada inteira da antiga Escolinha do Professor Raimundo. Conhecia os personagens, mas não era um telespectador fiel. Seu processo de criação da personagem foi muito baseado em sua memória. Ele se recusou a assistir vídeos antigos da interpretação de Orlando Drummond. Caruso relatou como aconteceu esse processo.

– Quando fui interpretá-lo, tive que passar por filtro do Orlando. Eu não podia simplesmente fazer o Seu Peru sem a ótica de saber como era o Seu Peru. Era necessário fazer o Orlando Drummond interpretando o Seu Peru. Sem imitá-lo. Sabe por quê? Porque aí não seria uma homenagem – seria uma cópia, um *cover*.

Caruso passou a fazer um laboratório para encontrar a personagem. O primeiro passo foi ensaiar em frente ao espelho. Ela já tinha o roteiro dos primeiros episódios. O desafio agora era construir os trejeitos. E ele estava com dificuldade. Achava que não estava bom. Faltava alguma coisa para encontrar Drummond na interpretação.

– Eu não encontrava o Seu Peru, nem o Orlando Drummond. Eu encontrava um homem *gay*. Se você me desse um papel de homem *gay*, eu faria. Tem várias formas de fazer um *gay*. Mas eu não queria um homem só por ser *gay*. Eu queria fazer o *gay* que o Orlando Drummond sempre fez. E eu não conseguia encontrar o homem *gay* dele.

Junto aos roteiros dos primeiros episódios, tinha um calendário das gravações. O primeiro seria um ensaio geral. Caruso estava inquieto com essa proximidade. Por conta própria, foi até a Globo e se deu um prazo definitivo. Era o seu limite para achar a personagem. Se não a encontrasse, ia desistir do programa.

– Sentei na maquiagem, coloquei a peruca e, de frente para o espelho, comecei a fazer poses e gestos de *gay*. Fui falando meu texto para treinar. Foi quando comecei a me encontrar com a personagem. Quando baixei a boca me encontrei com o Orlando Drummond imitando um *gay*. Ele tem uma coisa única, o que chamamos de bigode chinês, bigode baixo ideal para fazer a personagem. Quando baixei o bigode chinês, encontrei o Seu Peru.

Esse encontro com a personagem era o que faltava. Ele já tinha encontrado a voz – até porque o tom dos dois é muito parecido. Caruso tomou um grande susto quando olhou para o espelho novamente.

– Falei para o Rubinho (*caracterizador*): eu virei o Orlando! Pelo amor de Deus: eu estou a cara do Orlando Drummond!

Em uma matéria veiculada no jornal *Extra* (13/12/2015), dia da estreia do programa na TV Globo, a publicação trouxe um material especial sobre a nova Escolinha do Professor Raimundo. O foco da reportagem foi descobrir o que os ex-alunos acharam de seus substitutos. Muitos artistas são citados e, entre eles, está o Seu Peru.

O jornal promoveu um encontro entre Orlando Drummond e Marcos Caruso. Foi a primeira vez que se viram. De cara, a admiração foi mútua. E o que não faltou foi humor. No quesito altura, Caruso é muito mais alto. E em uma das fotos a ideia era que Drummond colocasse a famosa faixa na cabeça de Caruso.

Gentil, como ele só, Caruso ficou incomodado de ficar sentado, enquanto Orlando estava de pé. No jargão futebolístico, o novo Seu Peru rolou a bola no capricho e Drummond não perdoou.

Caruso: "Eu, sentar? Imagina..."
Orlando: "Por quê? Vai me dizer que você não senta?"
Caruso: "Gênio! Gênio – após muitas risadas".

O fato de o Seu Peru ser *gay* nos remete a algumas considerações. Por exemplo: na nova Escolinha, é preciso dizer, o *gay* tem muito mais representatividade. O preconceito ainda existe, é claro, mas o movimento LGBT adquiriu muito mais direitos e respeito – como deve ser. Só para citar algumas diferenças: o uso do nome social, casamento, união estável e adoção.

Nesse sentido, volto ao Marcos Caruso para explicar o tom dado pelo Orlando Drummond ao interpretar Seu Peru.

– No final dos anos 1990, o *gay* era visto como caricatura. Era uma pessoa alegre como diz a palavra *gay*. Ele era uma pessoa engraçada e você podia rir. O que Orlando Drummond faz? Ele não estereotipa. Não diz que o *gay* é melhor ou pior. Ele faz um homem cheio de trejeitos femininos, com muito humor e uma profunda crítica. Mas essa crítica é subliminar. Ele cria uma caricatura, não deixa de ser, mas é uma caricatura sem juízo de valor. Não está julgando o *gay*. Ele está vivendo o *gay*. Eu acho incrível a interpretação do Orlando, porque ele está interpretando e não representando.

Outro ponto curioso que Caruso sentiu na pele ao interpretar o Seu Peru foi o carinho das crianças.

– A criança não vê maldade na personagem. A criança não tem autocensura. A criança não conhece a censura. A censura vai ser imposta à criança. Ela é um ser puro. Só vê pureza. A sociedade que coloca a maldade. Se a criança gosta é porque existe uma ingenuidade.

Caruso, hoje, também pode ser chamado, com toda glória e louvor, de Seu Peru.

— As pessoas na rua me chamam de Seu Peru. Isso é lindo. É gratificante. É uma personagem emblemática e você sente que a sua profissão vale a pena, que o meu papel está completo, quando tenho esse tipo de relação com o público.

Após o encontro, já com o programa no ar, Orlando e Caruso chegaram a se falar pelo telefone algumas vezes.

— Quando ele diz que sou um substituto, endossa a minha interpretação. Ele me dá carta branca para continuar o homenageando da maneira como eu concebi.

Apesar do sucesso de Caruso, a escolha pelo ator não foi fácil, como explica a diretora Cininha de Paula:

— A produção optou por um ator mais velho devido à complexidade da personagem, que é difícil demais. Repare que o Caruso e o Orlando são muito diferentes. O Marcos é muito maior que o Orlando. E o Drummond tem muito mais cabelo. Só na hora do teste do figurino que a gente relaxou.

2019

A diretora Cininha de Paula, durante as gravações da quinta temporada da "Escolinha do Professor Raimundo", resolveu fazer uma homenagem a Orlando Drummond e aos atores do humorístico.

Em dado momento, ela pediu que os alunos saíssem do estúdio para uma pausa. Na volta, eles foram surpreendidos com a presença de Orlando sentado e caracterizado de Seu Peru. A emoção tomou conta dos estúdios. Drummond foi reverenciado por todos os atores. O ator Marcos Caruso era um dos mais emocionados. Ele postou uma foto em sua rede social com a seguinte afirmativa:

"Homenagear um ator há cinco meses de completar 100 anos, na plenitude da sua saúde e atividade artística, e receber sua bênção, é sentir-se agradecido por ter abraçado esta tão difícil e prazerosa profissão. Viva Orlando Drummond!"

A gravação aconteceu no dia 21 de junho. Orlando estava acompanhado da família. A Rede Globo preparou uma matéria sobre as filmagens. Em entrevista, Drummond deu um depoimento arrepiante:

"Não tem preço! Enquanto eu estiver vivo, estarei presente com muito amor e carinho. Obrigado, obrigado e obrigado."

O PODER DA VOZ

Assim como as demais profissões, o dublador também cumpre sua função social. Por mais que o analfabetismo em nosso país tenha diminuído (o que não quer dizer que seja baixo), a dublagem permite o fácil acesso ao conteúdo exibido. Esse é o seu maior mérito.

Mas há outro lado importante. É preciso falar do impacto positivo que os desenhos causam às crianças. E aqui vou me ater apenas ao lado positivo. Claro que é um produto mercadológico que visa lucro, mas têm um ponto importante na formação e na educação durante a infância.

Interessante notar que um pedido se repetiu inúmeras vezes. Era muito comum entre familiares, amigos e até pelos fãs. E Drummond sempre foi muito receptivo. O diálogo era quase sempre o mesmo:

— Orlando, tô precisando muito da sua ajuda!
— Diga! No que posso te ajudar?
— O(a) [nome da criança] não quer comer nada. Já tentamos de tudo, mas ele(a) tá de pirraça.
— Já entendi. Deixa comigo!

Passados alguns minutos, Drummond ligava para a casa da pessoa que pediu ajuda. O pai ou a mãe atendia o telefone e repassava para a criança.

— Oi [nome da criança], tudo bem? Sabe quem está falando?
— É o Popeye?
— É ele mesmo!
— [silêncio na linha] Mãe? Pai? É o Popeye no telefone!
— [nome da criança] você precisa comer tudo para ficar forte. Já viu como eu sou? Vamos comer um espinafre?

Em seguida, Orlando recebia uma ligação em forma de agradecimento.

Quando as crianças eram maiores, ele imitava o Scooby.

— [nome da criança], aqui é o Scooby [risada]. Seu (sua) pai (mãe) me contou que você não quer comer. Eu vou aí comer tudo [risadas]! Scooby-doo-be-doo!

Orlando tinha um grande prazer de estar por perto, de ajudar as crianças.

— O amor da criança é o mais puro, mais verdadeiro – afirma.

Drummond sempre usou sua popularidade para ajudar as causas sociais. Ele visitava hospitais e participava de eventos para ajudar a recolher donativos para as crianças. No entanto, sempre foi muito discreto e nunca usou dessas ações para se promover.

Uma dessas causas foi divulgada no jornal *O Globo*, no dia 23 de outubro de 2013. Orlando foi convidado para o evento "Workshop Solidário". Ele deu uma palestra no Centro de Artes e Comunicação. Sua fala foi sobre sua longínqua história na dublagem, os bastidores e, claro, os personagens.

A entrada era uma lata de leite em pó, alimentos não perecíveis ou pacotes de fraldas. As doações foram encaminhadas ao Hospital Gaffrée Guinle, na zona norte do Rio de Janeiro. Esse hospital possui um programa de tratamento para crianças com HIV.

FISSURA NO FÊMUR

Orlando diz que a internação em junho de 2015 foi o maior problema de saúde que ele já teve. Um ano mais velho, 96, era preciso redobrar os cuidados. Glória, Lenita, Orlandinho e os netos já não davam tanta liberdade para ele dentro de casa.

Isso não quer dizer que ele fosse monitorado o tempo inteiro. Mas, sempre que possível, tinha alguém na sua cola. Em geral, era Glória. Ela jamais aceitou a queda e as costelas fraturadas. Mesmo assim, ele continuou seguindo suas atividades dentro de casa. Isso consistia em passar um tempo no escritório, mas com condições. Orlando não poderia, em nenhuma hipótese, usar a escada. A Rose, ou quem ele quisesse, faria a limpeza do espaço sob sua supervisão. Mesmo não gostando muito das tais condições, ele acabou aceitando. Na verdade, não tinha muita opção. Ou era isso ou não teria mais a pouca liberdade que restava para ficar em seu escritório.

Apesar dos cuidados, o acidente aconteceu. No dia 2 de dezembro de 2016, após passar algumas horas em seu espaço, Orlando resolveu descer para ficar com Glória. Rose tinha feito café e, em seguida, ele ia assistir televisão. Só que, no momento em que descia, Orlando teve uma queda de pressão e se desequilibrou. Resultado: caiu da escada. Para sua sorte, faltavam poucos degraus. Mesmo assim, a dor foi grande.

Drummond teve uma fratura no fêmur e foi encaminhado ao hospital Quinta D'Or, em São Cristóvão. A imprensa ficou sabendo e logo divulgou o caso. Alexandre, o neto, mais uma vez foi o porta-voz da família.

"Ele está bem. Foi uma lesão leve. Vai ficar de repouso de quatro a seis semanas."

Dessa vez, a passagem pelo hospital foi mais rápida. Glória estava lá ao seu lado. Ela conseguiu uma proeza. Orlando foi direto para o CTI como prevenção. E, por lá, não pode ter acompanhante. Mas ela disse que não o deixaria sozinho. A atitude dela sensibilizou toda a equipe médica, que permitiu sua presença.

A recuperação de Orlando foi em casa. E Alexandre continuou atualizando os fãs.

— Ele está bem, não foi caso cirúrgico. Só está um pouco triste de não poder ser tão ativo como sempre foi. Mas ele logo deixa a tristeza de lado e faz brincadeiras, com o humor pra cima. Meu avô é otimista, um guerreiro e sabe que isso é passageiro.

Na verdade, a tristeza de Orlando atendia por um nome: Mariah. Esse era o nome da sua bisneta, filha de Felipe e Flávia. Ele estava encantado com a menina. Lenita e Orlandinho só tiveram filhos homens. Seu único bisneto, filho de Marco Aurélio, também era um menino. Drummond e Glória estavam fascinados com a bisneta[68]. Ele queria acompanhar os primeiros momentos da menina, que tinha pouco mais de dois meses.

FAMÍLIA DE DUBLADORES

Em um sábado como tantos outros, recebo uma mensagem de áudio do Felipe Drummond. Ele estava eufórico. Conseguiu, mais uma vez, reunir os irmãos e o avô em uma dublagem. Apesar da aparente facilidade, esse encontro aconteceu pouquíssimas vezes.

Mas dessa vez era diferente. Ele estava feliz não só com a reunião, mas com o produto final. Felipe dirigiu, pelo estúdio MG Estúdios, o desenho "(Des)Encanto" (*Disenchantment*), do mesmo criador dos "Simpsons".

A animação de Matt Groening foi uma das mais esperadas do ano. O produto foi desenvolvido exclusivamente para o Netflix. A trama se passa em um reino mágico, chamado Dreamland. A personagem principal é uma princesa alcoólatra.

— Eu consegui juntar nesse projeto vários memes e referências *geeks*. Tive muita liberdade para trabalhar. Foi o projeto que mais curti fazer dentro da dublagem. Foi divertido, engraçado e leve, mas de muita responsabilidade.

A série tem muitos personagens. Por isso, não foi difícil escalar os irmãos Alexandre e Eduardo para a dublagem. Mas uma personagem chamou a atenção de Felipe. No penúltimo episódio da primeira temporada, aparece um idoso. Ele achou que tinha total relação com o avô.

— Será que com quase 100 anos ele vai conseguir fazer essa dublagem?

Essa dúvida o perseguiu por alguns dias. Por um lado, seria um sonho ter a participação de Orlando. Mas, por outro, havia a chance de o avô não conseguir e o que seria uma grande felicidade poderia se tornar em frustração.

— Chamo ou não chamo?

Felipe conversou com amigos e parentes e depois de muito pensar tomou a decisão.

---

[68] Mariah, filha de Felipe e Flavia, nasceu no dia 6 de outubro de 2016.

— Vou tentar!

E, assim, ele foi até a casa do avô e fez o convite. Orlando não pensou duas vezes e nem quis informações da personagem.

— Tô dentro!

A gravação foi agendada. Alexandre e Eduardo gravaram suas participações em uma data diferente. Orlando chegou ao estúdio e fez os *loops*, para surpresa de todos, com total tranquilidade.

— Vovô fez o velhinho com perfeição. Deu *show*! Ficou foda!

Orlando teve uma grande surpresa no dia. Felipe levou a filha Mariah, com menos de dois anos, para as gravações. Foi a primeira vez que ela visitou o trabalho do pai. E, de lambuja, assistiu ao bisavô dublar.

Mas a surpresa não foi ser apenas assistido pela bisneta. No desenho estava prevista uma rápida participação de uma menina novinha. Felipe não pensou duas vezes. Escalou Mariah para fazer o papel. Ela disse uma única vez a palavra "uva".

— Eu tive a felicidade de colocar minha filha para dublar. Foi um dos momentos mais emocionantes da minha vida. Foi uma participação bem curta, mas marcante.

O desenho "(Des)Encanto", independente do sucesso, já faz parte da história do Felipe e de todos que admiram a família Drummond.

— Foi muito marcante porque, em um mesmo projeto, consegui colocar meu avô, com 98 anos, minha filha, com menos de dois anos, eu mesmo, pois além da direção, fiz uma pequena participação na dublagem, e o Alexandre e o Dudu, que também fizeram pequenas mas importantes participações.

FILME "DE PERTO ELA NÃO É NORMAL"

Estamos em 2018. Escrever este livro me proporcionou conhecer pessoas de quem sempre ouvi falar, mas que pareciam tão distantes. O Orlando, claro, foi uma delas. A outra foi a diretora Cininha de Paula. Tinha me programado desde o começo para gravar com ela. Cininha foi a diretora da Escolinha do Professor Raimundo. A primeira dificuldade foi conseguir o telefone. Em seguida, entrei em contato. Ela me disse que estava em fase de produção de um filme e marcamos a entrevista para semanas seguintes.

Chegado o grande dia, nós nos falamos cedo para agendar o horário da entrevista, que seria pelo telefone. Marcamos às 19h30. Foi mais rápido do que esperava, mas muito produtiva.

Ela me disse que estava rodando um filme que seria estrelado pela atriz Suzana Pires. Do nada, um convite que me surpreendeu.

— Será que o Orlando não quer fazer uma participação no filme? Tem um papel de pescador que acho que seria perfeito para ele.

Ela já sabia que, com 98 anos, ele teria algumas dificuldades.

— Eu acho que vai ser importante para o filme e para ele. É uma forma que eu tenho de homenageá-lo.

Conversei com o Felipe e ele reuniu a família para falar sobre essa participação do Drummond. Todos concordaram que seria ótimo para ele encarar mais um desafio profissional.

— Ele ficou muito feliz com essa oportunidade e com essa homenagem – disse Felipe.

O filme se chama "De perto ela não é normal" e tem no elenco, além da Suzana Pires, nomes como Marcelo Serrado, Marcos Caruso e os cantores Mumuzinho, Ivete Sangalo e Gaby Amarantos. A produção é uma adaptação teatral da peça que já rodou por todo o país. Escrito pela própria Suzana, a atriz interpreta três personagens: Suzie, Neide e Tia Suely. São três mulheres da mesma família. A ideia é contar as dificuldades de se fazerem escolhas na vida.

Glória acompanhou Orlando nas gravações. O lugar escolhido foi a Marina da Glória. Ela lembra que Orlando ficou muito entusiasmado, nem parecia que era apenas uma participação especial que nem teria fala.

— Fiquei muito feliz com todo o carinho da produção. Eles foram muito atenciosos. Já Orlando não se conteve. Ele começou a falar na hora da gravação, como se estivesse aconselhando a filha. Cininha foi muito respeitosa e deixou a cena seguir – lembra, aos risos.

OBRIGADO, ORLANDO DRUMMOND

Dia 10 de fevereiro de 2018. Estou na chefia do plantão de carnaval da TV Brasil. Chego à emissora às 7h da manhã. Por volta de 9h30 recebo uma mensagem em áudio da Taís, minha mulher. Ela me diz que vai ter o bloco Diversão Brasileira, grupo montado por dubladores e, claro, pelos fãs da dublagem. A folia tinha hora para começar: 15h.

O convite foi feito pela Flávia Drummond, mulher do Felipe. Só pela amizade já tínhamos um bom motivo para ir. Mas aí veio a fala que nos deixou sem qualquer argumento para uma possível desculpa.

— Vamos levar o biso (Orlando) e a bisa (Glória).[69]

---

[69] Depois do nascimento da Mariah, Flávia passou a chamar Orlando e Glória de biso e bisa.

Mais do que estar junto da família, era uma grande oportunidade de observar como os dubladores se relacionariam com o Orlando. Além dos fãs, é claro.

Quase no final do plantão, recebo uma outra mensagem da Taís.

— Já estamos aqui!

— E o Orlando e a Dona Glória?

— Também já estão aqui.

Finalmente o plantão acabou e peguei o primeiro táxi para o bloco, que aconteceu em uma praça, na Tijuca. O lugar é conhecido como a Praça dos Cavalinhos e fica bem próximo à Delart.

Quando cheguei, não demorei a encontrar minha mulher, Orlando e sua família. Na verdade, foi fácil. Tinha uma fila de pessoas que queriam tirar foto com Drummond.

— Você não tem ideia da quantidade de gente que já tirou foto com ele. — disse Taís.

De camisa branca, bermuda, tênis e uma espécie de arco que lembrava um pouco o Seu Peru, Orlando estava sentado em uma cadeira de rodas. Aos 98 anos, era perigoso e desgastante ficar em pé em um bloco. Por se tratar de uma praça, o chão é irregular, o que também poderia ser mais um perigo.

Ao seu lado, estavam Glória e toda a família, todos encantados com o carinho que ele recebia do público. Eu mesmo, na primeira chance, fui lá falar com ele.

— Como o senhor está?

— Aproveitando o bloco. Acho que vou lá dançar um pouco — disse rindo.

Passei o resto do bloco ao seu lado, justamente para tentar entender esse fascínio que as pessoas têm por ele.

— Obrigado por fazer parte da minha infância — disse um fã.

— Eu sempre quis te conhecer.

— Obrigado por me fazer feliz!

— Mestre!

— Lenda!

Eram frases que Orlando ouvia a todo instante. E fotos, fotos e fotos. Até mesmo dubladores experientes se renderam e foram lá tietá-lo.

— Muita felicidade e emoção, encontrando hoje o meu querido Orlando Drummond! Muita gratidão a ele por ter acreditado em mim no início de minha carreira! — escreveu Ricardo Schnetzer em uma rede social.

Fãs da dublagem também se emocionaram ao conhecer o veterano dublador. Muitos estavam acompanhados de seus filhos e faziam questão de explicar quem era Orlando. É bem verdade que todo esse carinho serviu como combustível para Drummond. Ele esteve sorridente e disposto a tirar todas as fotos e fazer imitações de seus principais personagens.

Estava muito calor, mas ele parecia não estar cansado em nenhum momento. Glória, que o conhece melhor que todo mundo, me dizia:
— Pode ter certeza de que ele já está cansado, mas feliz. Se eu não chamá-lo para ir embora, ele vai ficar aqui o dia inteiro.
Carinhosa, como ela só, foi chamá-lo.
— Meu filho, vamos embora?
— Mas já?
O "já" tinha durado pelo menos quatro horas. A todo momento apareciam pessoas querendo fotos. Mas era hora de ir embora.
— Eu acho lindo todo esse carinho que as pessoas têm por ele. Mas agora ele tem que descansar. Esse é um dos motivos para Orlando ter 98 anos com saúde. Eu sempre controlei esse contato com o público, pois, se dependesse dele...
É bem curioso e importante escrever sobre essa relação entre Orlando e Glória. Ela esteve em pé o tempo inteiro ao seu lado. Em um momento, cansou e foi sentar um pouco em um banco um pouco afastado.
— Cadê a Glória? Ela tá bem? — perguntou Orlando, ao não vê-la a seu lado.
Ele só sossegava quando conseguia encontrá-la.
Não demorou mais muito tempo e ele foi para casa com toda a família. Eu, os demais dubladores e o fãs tivemos a oportunidade de passar uma tarde feliz ao seu lado.
Obrigado, Orlando Drummond!

DIVERSÃO BRASILEIRA

No capítulo anterior você leu que Drummond participou do bloco de carnaval "Diversão Brasileira", em 2018. A repercussão foi tão grande que, no ano seguinte, ele virou tema da animação com o enredo "100 anos dublando Drummond".
A ideia de criar um bloco partiu de Renan Freitas. Ele é dublador e diretor de dublagem. Dublando desde os 10 anos, Renan sempre foi um apaixonado por música. Com apenas 12 anos, já fazia curso de cavaquinho e violão. Passados alguns anos, resolveu juntar suas duas paixões em uma só. Foi quando teve a ideia de criar um bloco de carnaval voltado para os dubladores e, claro, para os amantes da dublagem.
— A ideia de criar um bloco surgiu em 2010. O primeiro nome que me veio à cabeça foi "Diversão Brasileira". Eu quis brincar com coisas divertidas e com o termo "versão brasileira" – explica.
O passo seguinte era tirar o bloco do papel. Mas não era (e não é) uma tarefa fácil. Renan organizou um futebol de fim do ano com os dubladores. Após o

jogo, o também dublador Rodrigo Antas mostrou um samba que tinha feito em homenagem aos profissionais da área que já tinham morrido.

– Foi assim que surgiu a primeira música do bloco, que contou com a participação de muitos dubladores. Nós demos o nome de "Substitutos não vão existir". O intérprete foi o dublador Mauro Ramos.

A música foi gravada nos estúdios do dublador Rodrigo Oliveira. O arranjo também foi feito por um profissional da área: Gustavo Pereira. O objetivo agora era colocar o bloco na rua. O tema seria o mesmo nome da música.

– Fizemos tudo em dezembro de 2010 e a ideia era colocar o bloco na rua já em 2011. Era muita coisa para fazer em tão pouco tempo – lembra Renan.

Quem o ajudou foi o operador de áudio Leo Donorato, que tinha (e ainda tem) um depósito de bebidas na Praça Tiradentes, no centro da cidade. O rapaz apresentou a Renan um contato que viabilizaria o bloco.

– O Leo me colocou em contato com o pessoal da bateria feminina da Villa-Lobos, chamada "Fina Batucada". Ela era comandada pelo mestre Rico, que eu conhecia da época em que estudei cavaquinho na Villa-Lobos. Assim foi a primeira apresentação do bloco "Diversão Brasileira".

Em 2012, o bloco se apresentou novamente na Praça Tiradentes. E eles decidiram que todo ano teriam um enredo inédito. Em 2012, por exemplo, foi "A Voz, nosso Instrumento". Só em 2013 eles conseguiram montar o Diversão na Tijuca, na Praça dos Cavalinhos, onde estão até hoje.

Sabendo do centenário de Drummond, Renan entrou em contato com a família, pedindo autorização para homenagear o dublador. E a homenagem foi aceita na hora. Renan é amigo dos netos de Orlando, dublam juntos desde crianças.

A letra do "100 anos Dublando Drummond" é de Renan Freitas, Toninho Branco, Edu Pereira, Flávio Back e Hector Gomes. O arranjo e a direção musical foram feitos por Toninho Branco. A intérprete é a dubladora Mônica Rossi.

Esta é a letra:

Quem é que está "porraqui"?

Quem é que está "porraqui"? // Orlando Drummond // Que este ano é dublado pelo Diversão. // Alma brasileira // Com a voz que sai do coração // Humor com amor // Pro Brasil inteiro Salve o velho marinheiro // Nos dá um século de glória para contar ÔÔÔ Lalaia // Foram tantos personagens // Tantos causos e passagens // Que só no rádio não deu para ficar. // E na tela ele brilhou // Quando dava peruada // Dando seu "maiorrapoio" // Para uma diversão dublada. // Popeye mandou na lata: // "Chega de palito, eu quero uma mulata"! // Papai Smurf no cinema com a voz do Gargamel // Perdeu o seu Cruel, pacato gato? // "Tá limpo", Alf, deve ser boato... // Vingador manda avisar // Entregue suas armas, vem sambar! // Scooby du-bi-du-blado // Ou será o Bionicão? // E tantos outros com essa voz quem em nós // Marcou geração // (Ô, quem é que está?)

O desfile do bloco, realizado no dia 2 de março, foi sucesso absoluto. Orlando e toda a família estavam presentes. Glória, Lenita e Mariah não compareceram por problemas médicos. Os dubladores e os fãs reverenciaram Drummond.

Guilherme Briggs postou em sua rede social:

"Eu e meu querido Orlando Drummond, na festa tão linda que o bloco Diversão Brasileira preparou para ele este sábado de carnaval, aqui no Rio de Janeiro. O público tão meigo e carinhoso e a presença dos meus colegas dubladores deixou um ambiente leve, gostoso, cheio de uma energia boa, de muita luz espiritual. Senti isso a todo momento. Muito obrigado de coração a todos por tanto amor e atenção pelo querido Drummond."

REDES SOCIAIS

– Vô, topa fazer uma conta no Instagram?

– Mas eu não entendo nada disso...

Essa troca de conversas aconteceu entre Felipe e Orlando. O neto, após dirigir o avô em mais uma produção, percebeu como ele ficava contente em interagir com outras pessoas. Foi daí que surgiu a ideia de criar um Instagram.

Cinco pessoas ficaram responsáveis por controlar a rede social: os netos Felipe, Alexandre e Eduardo. Os dois primeiros tiveram a ajuda de suas respectivas mulheres: Flávia e Bruna. Coube a Glória a missão de mostrar os comentários e a repercussão a Orlando. Ela tem uma conta no Instagram e é antenada com novas tecnologias. Orlando, para se ter ideia, nem tem celular.

A primeira postagem foi no dia 20 de maio de 2019. A conta foi sucesso imediato. Em apenas 15 dias, já tinha mais de 40 mil seguidores. Os fãs, famosos e anônimos, ficaram atônitos com a possibilidade de receber informações e de conhecer um pouco mais sobre Orlando. Para se ter ideia do sucesso, foi tanta gente curtindo a página que o Instagram a tirou do ar por achar que se tratava de um perfil *fake*. Mas o problema foi resolvido em menos de 24 horas.

"CRUZES!"

"A palavra mais próxima de humor é o amor". Com essa frase, mais parecida com um mantra, Orlando sempre justificou o fato de estar sempre rindo e ser um apaixonado pela vida, pela família e por sua profissão. O artista, inquieto por si só, se recusa a descansar, sempre está em movimento. O tempo inteiro busca uma piada nova, uma história diferente. O fato de sempre, ou quase sempre, fazer personagens bem-humorados foi um facilitador.

Mesmo em casa, busca ação todo o tempo. Consertar é um dos seus *hobbies* preferidos. Um liquidificador, um secador de cabelo ou um carrinho de controle remoto despertam sua curiosidade. Ele tem uma maleta de ferramentas que é seu verdadeiro xodó. É um apaixonado por carros. Teve dezenas. Essa paixão, em especial, passou por mais duas gerações. Sempre que possível acompanha o filho e o neto às feiras de carros antigos.

Esse é o Orlando. Um ator que tem uma vida simples, que sempre quis ficar o maior tempo possível com a família, mas acabou se dedicando demais ao trabalho. Não há arrependimentos. Só alegrias. Ele mesmo sempre fez graça com sua carreira. Costuma brincar que nasceu como galo e vai morrer como peru. Uma alusão ao seu começo da Tupi e à eternizada personagem na "Escolinha do Professor Raimundo". E olha que ele fez muitos super-heróis, vilões e cachorros.

Vaidoso, fala com orgulho dos seus personagens. Todos foram especiais, mas dois ocupam um lugar especial em seu coração: o cão Scooby e o extraterrestre Alf. O amor faz todo sentido. Os dois personagens foram adaptados e tiveram um toque de Orlando. A forma de falar do Scooby era muito diferente. Já em Alf, ele criou a expressão que virou moda em todo o país "Tá limpo!".

Embora vaidoso, nunca gostou da expressão "Papa da Dublagem". Mesmo sabendo de sua importância, contenta-se em dizer que "é um dos pioneiros". Hoje, não há dúvidas de que é (foi) muito mais. Uma de suas maiores contribuições foi mostrar que o dublador não é apenas uma voz. Ele tem um rosto, um coração. É um ator capacitado para fazer qualquer personagem. Seu legado passou por gerações. E não me refiro apenas aos netos Felipe, Alexandre e Eduardo, que se destacam na dublagem. Orlando virou uma referência aos novos dubladores.

E, assim, encerro este livro com o desejo de que você tenha em Orlando uma fonte de inspiração. Deixo aqui, para finalizar, uma mensagem que aprendi nesse nosso pouco tempo de convívio: as pessoas precisam de mais amor e mais humor.

The End

ÍNDICE ONOMÁSTICO

A

Abeleão – 215
Acme, Marvin – 225, 226
Adauto Lotação Caridoso – 56
Adjafre, Daniel – 315
Adriani, Jerry – 145
AIC (emissora) – 141
Ajs, Bertha – 84
Álamo – 245
Aldrin Jr., Edwin Eugene – 222
Alf – 21, 22, 24, 27, 223, 224, 225, 244, 255, 259, 266, 267, 268, 298, 307, 326, 328
Alfredinho – 54
Ali Babá e os 40 Garçons – 100, 115
Alice no País das Maravilhas – 76
Alves, Geraldo – 139
Amaral, Nelly – 224
Amigo de São Lourenço – 265
Amorim, Nair – 153, 161, 291
Anderson, Valentim – 144
Andrade, Mário Jorge – 154, 279
Andrade, Navarro de – 37
André Filho – 194, 196, 199
Angélica – 274
Ângelo, José – 182
Angu de Caroço – 93
Anjos e Demônios – 296
Ankito – 91, 93
Antas, Rodrigo – 326

Anysio, Chico – 23, 55, 70, 107, 117, 118, 125, 149, 205, 206, 208, 209, 228, 229, 230, 232-235, 246, 256, 257, 258, 261, 262, 267, 268, 272, 273, 280, 282, 283, 284, 299-302, 308, 309, 315
Aqua Teen – O Esquadrão Força Total – 288, 290
Arábia, Lawrence da – 121
Aragão, Renato – 131, 145, 149, 284, 295
Araújo, Aloysio Silva – 64, 72
Araújo, Silva – 54, 64, 72, 329
Aristogatas – 150
Arquimedes – 126
Arquivo Cãofidencial – 197
Arrius, Quintus – 113
Assassin's Creed Syndicate – 304
Assassin's Creed Unity – 304
Asseff, Marco Aurélio – 26
Atchim – 37, 128
Attenborough, Richard – 244, 245
Augusto, Álvaro – 54
Avelar, Telmo – 126, 150, 216
Aventuras de Tintim, As – 15, 239
Aventuras do Zorro, As – 110, 113
AXN (emissora) – 141, 142

B

Back, Flávio – 326

Badu – 59
Bandeirantes – 130, 137, 138, 174, 180
Barbosa, Castro – 81, 90, 139, 140
Barbosa, Geraldo – 139, 144
Barbosa, Haroldo – 24, 60, 62, 63, 82, 116, 120, 125, 139, 228
Barcelos, Manoel – 56
Bardavid, Isaac – 165, 176, 206, 211
Baronne, Fernanda – 219
Barreto, César de Barros – 56
Barreto, Maria Alice – 37, 194
Barro, João de (Braguinha) – 37, 61, 176
Barros, Léa – 84
Barros, Olavo de – 46, 47, 53
Barros, Péricles – 315
Barros, Renato – 139
Barroso, Hélio – 91
Barroso, Maurício – 194
Batista, Dircinha – 73
Batista, João Jaci – 201, 210
Batista, Nélson – 201, 219
Batman – 186, 226, 227
Baú do Baú do Fantástico, O – 309
Bello, Nair – 144, 284, 287
Ben-Hur – 113, 118
Berti, Túlio – 54
Bichon, Aparício Le – 294
Bié Buscapé – 175
Bionicão – 24, 147, 186, 187, 198, 327
Boate de Ali Babá – 24
Bonatti, Angela – 194, 211
Bonga: O Vagabundo – 149
Boomerang – 130
Botelho, Wellington – 54, 56, 59
Bradley, gen. Omar – 147, 148
Branca de Neve – 36, 37, 61, 76, 128
Branco, Toninho – 326
Brandão Filho – 94, 233, 246, 248, 249, 271, 300
Brandão, Afonso – 94, 97, 99
Brandão, Luiz – 243

Brando, Hugo – 139
Briggs, Guilherme – 18, 154, 157, 169, 222, 239, 240, 243, 288, 327
Bruzzi, Íris – 139
Buba – 143
Bueno, Marilu – 274
Button, Paddy – 200

C

Caça-Talentos – 274, 283
Caco – 96, 97
Café sem Concerto – 140, 144
Calado – 128
Caldeirão Mágico, O – 215
Calvin, Henry – 112
Camarão – 23, 44, 45, 46
Canoro, Katiuscia – 284
Cantú, Sérgio – 224
Carauta, Thalita – 285
Cardoso, Airton – 194
Cardoso, Ivan – 292
Cardoso, Mário – 243
Cardoso, Rogério – 233, 246-249, 274, 300
Carneiro, Bento – 205, 284, 299, 300
Carta ao Kremlin – 143, 144
Cartoon Network – 130, 141, 142, 180, 288
Caruso, Marcos – 315, 317, 318, 323
Carvalho, Rafael – 139
Casal 20 – 24, 199
Caselotti, Adriana – 37
Castrinho – 139, 140, 144, 145, 229, 233, 273
Cavalcante, Tom – 233, 258
Cavalcanti, Cláudio – 166
Caverna do Dragão – 196, 206, 211, 216, 218, 220, 255, 291
Cazarré, Older – 221
Celestino, Paulo – 139, 140, 144, 145
Celestino, Pedro – 84

Celestino, Radamés – 54, 100, 102, 118, 121
Chacrinha – 125, 145
Chambord, Simca – 133
Chaves, Júlio – 187, 204, 224
Chico – ver *Anysio, Chico*
Cidadão Honorário de São Lourenço – 265
Cidade Aberta Riso – 121
Cine Grátis – 65
Cine São Luiz – 71
Cinecastro – 130, 136
Cinelab – 37
Ciranda de Pedra – 293
Círio de Nazaré – 267
Cobbs, Bill – 241
Cocheiro – 129
Coelho, Sr. – 292
Coisa, A – 146
Colé – 139
Copa América – 55, 70
Copa do Mundo – 69
Coral dos Bigodudos – 140, 144, 267
Corte do Rei Xaxá, Na – 62
Corujão – 227, 228
Costa, Amaury – 182, 219
Costa, Domício – 119, 130, 182
Costa, Marco Antônio – 221, 288
Costa, Marlene – 219
Costinha – 84, 139, 145, 233, 300
Crane, Martin – 244
Cruz, José Santa – 219, 227, 285
Curi, Ivon – 233, 234, 255, 259, 260, 261
Cursino, Paulo – 315
Cushing, Peter – 114, 115

D

(Des)Encanto – 321, 322
D'Ávila, João Antônio – 116
D'Ávila, Walter – 118, 140, 233
Dallben – 215, 216

Dama e o Vagabundo, A – 95, 96, 97
Damasceno, André – 85, 285
Damião – 139
Danger Mouse – 200, 201
Del Grande, Odilon – 139, 144
Delart – 154, 245, 288, 291, 296, 303, 324
Devaney, Bill – 241
Diablo III – 303
Diácovo, Juraciara – 154, 161, 166, 199
Diário da Noite – 59, 60, 63, 88, 89, 100
Diário de Notícias – 40, 130
Diniz, Alcino – 144, 145
Dinossauro – 286, 287
Disney, Walt – 36, 37, 109, 110, 227, 286
Diversão Brasileira – 323, 325, 326, 327
DKW-Vemag Vemaguet – 162, 305
Doce Esporte do Sexo, O – 149
Domingues, Henrique Foréis (Almirante) – 54, 58
Donorato, Leo – 326
Dória, Jorge – 120, 149, 284
Double Sound – 96, 176, 282, 287
Dr. Banner – 138
Drummond, Alexandre – 304
Drummond, Eduardo (Dudu) – 307, 308, 311, 322
Drummond, Felipe – 161, 321
Dublasom Guanabara – 141, 142, 143, 153
Dumbo – 175, 176
Duro na Queda – 14, 196

E

Eliachar, Leon – 65
Elisa, Terezinha – 144, 145
Ernesto, Medalha Pedro – 264
Escolinha do Professor

Raimundo – 23, 24, 90, 118, 207, 228, 229, 236, 246, 249, 255, 257, 262, 266, 267, 268, 274, 282, 284, 300, 311, 314, 318, 322, 328
Espada Era a Lei, A – 126
Espetáculos Tonelux – 125
Eugênio, Pedro – 291
Excelsior – 125, 130, 139, 229
Exorcista, O – 164, 165

F

Fabiano, Lauro – 74, 81, 88, 119, 154
Farias, Maurício – 283
Fernandes, Lilian – 144
Ferreira, Bibi – 23
Ferreira, Cordélia – 37
Ferreira, Hamilton – 62, 64, 65, 94, 102, 139, 140
Ficher, Miriam – 153, 154, 224
Fifico – 54, 55, 64
Filho, Cassiano – 229
Fino, Faro – 220
Flores, Paulo – 221
Fluminense – 34, 35, 70, 182, 297, 305
Fortes Filho, Agostinho (Fortes) – 35
Fraga, Denise – 284
Frajola – 123, 124
França, Guálter – 127
França, Otávio – 54, 56, 64, 76, 84, 90, 94, 102, 105, 106, 121
Francisco José – 111, 221
Francisco, Martins – 145
Frasier – 243, 244
Frazão, Osmar – 139
Fred – 23, 44, 142, 152, 153, 154, 155, 181, 182
Freire, Cybele – 37
Freitas, Heleno de – 55
Freitas, Nelson – 284, 285
Freitas, Renan – 325, 326
Fúria no Céu – 178

G

Galactus – 145, 146
Galhardo, Carlos – 37
Galindo, Carlos – 111
Galvão, Eduardo – 274
Gambon, Michael – 282
Garcia, Marcelo – 288, 306, 308
Gargamel – 126, 150, 201-204, 219, 255, 307, 326
Garganta Profunda – 188
Garila – 141
Gaspar, Carlos – 102
Gato Guerreiro – 24, 211, 255, 307
Gatões, Os – 210
Gaudêncio – 234, 235, 255, 256, 258, 259, 260
Gaynes, George – 212
George, O Rei da Floresta, – 142
Germano – 54, 62, 64, 66
Ghelli, Paulo – 229
Girassol, Trifólio – 239
Gloob – 130
Góes, Maíra – 306, 307
Gomes, Elza – 119
Gomes, Hector – 326
Gomes, Ida – 65, 119
Gomes, José Santana – 194, 224
Gomes, Márcio – 194
Gonçalves, Dercy – 139
Gonçalves, Mauro – 144, 145
Gonzaga, Castro – 64, 88, 139, 146
Gordo – 140, 141
Gordo e o Magro, O – 140, 141
Gordon, comissário Jim – 226
Graça, Magalhães – 37, 126, 166
Gracindo, Paulo – 23, 28, 51, 52, 53, 54, 62, 63, 100, 179, 239, 271
Grande Circo Detefon – 66
Grande Otelo – 139, 233
Grande Theatro – 53
Grey, Wilson – 293

Guarda-Costas, O – 241
Guedes, Waldir – 141
Gueiros, Maria Clara – 284
Guia, Domingos da – 55
Guimarães, Ingrid – 273

H

Hackman, Gene – 148
Hammond, John – 244
Hanna-Barbera – 128, 143, 145, 146, 152, 174, 180, 186, 197, 202
Hardy, Oliver – 140, 141
Harrison "Harry" Fox – 220, 221
Hassum, Leandro – 284
Hawkins, Jack – 113, 114, 122
He-Man – 24, 210, 211
Hill, Bernard – 279
Hoje é Dia de Mengo – 121
Homem-Aranha – 137, 138
Hong Kong Fu – 180
Hood, Robin – 165, 166
Hotel da Sucessão – 94, 97, 121
Hulk – 138, 139

I

Incrível Hulk, O – 138
Incrível, Fantástico, Extraordinário – 58
Informante, O – 281, 282

J

Jacome, Maria Clara – 37
Jagger, Dean – 143
Jameson, J. Jonah – 137
Jardym, Marcus – 301
Jimenez, Cláudia – 233, 258, 284
Jimmy "Popeye" Doyle – 148
João Pequeno – 166
Jorge, O Cachorro – 208
Júnior, Garcia – 96, 211
Júnior, Restier – 54
Jurassic Park – 244, 245

K

Kane, Bruce – 205, 206
Karla, Fabiana – 284
King Kong – 181, 182
Kirby, Jack – 138, 145, 243
Kojeka – 197

L

La Mancha, Don Quixote de – 14, 197
Ladani, Glória – 194
Lafayette – 150, 304
Lage, Igor – 274
Lagoa Azul, A – 199, 200
Lassard, Comandante Eric – 212
Leão, Carlos – 124
Leblon, Paulo – 102
Lebre de Março – 76
Leda Maria – 94, 121
Lee, Stan – 137, 138, 145, 243
Legends, Rayman – 303
Leite, Ary – 144, 145, 229
Lenita – 26, 77, 81, 82, 132, 133, 135, 162, 172, 173, 180, 185, 198, 249, 275, 276, 320, 321, 327
Leonardo José – 287
Leonardo, José – 224
Lima, Allan – 127, 226
Lima, Iran – 139
Lima, Victor – 91, 149
Linda – ver *Rodrigues, Linda*
Llewelyn, Desmond – 122, 123
Loki – 136
Lombardi, Rodrigo – 204
Lopez, Rosita – 84
Loredo, Jorge – 139, 233, 315
Loucademia de Polícia – 211, 212
Louise, Sumara – 177, 194

Lourenço, Dário – 212
Louro, Estephana – 37
Lúcidi, Daisy – 264
Luiz, André – 219

M

1001 Noites Árabes – 118
Macedo, César – 140
Macedo, Roberto – 111
Macedo, Zezé – 131, 233, 246, 248, 300
Machado, Dolores – 194
Machado, Nélson – 130, 131
Madame Satã – 48
Magalhães, Ronaldo – 121, 194
Magic: The Gathering – 303
Mahoney, John – 244
Maia, J. – 99, 100
Maia, Nuno Leal – 292
Maia, Waldir – 139, 140
Malden, Karl – 147
Mansão Foster para Amigos, A – 291, 329
Manuel, Luís – 153, 154, 161
Marc, Wan – 159
Marçal, Therezinha – 76
Marchetti, César – 153
Maria do Carmo – 54, 56, 59, 62, 81, 102
Maria, Antônio – 64, 65, 66, 94, 117
Mariah – 20, 26, 321, 322, 323, 327
Marie, Anne – 246, 248, 249
Marinan, Alda – 84
Marmelândia – 97, 98, 99
Marques, Carlos – 151, 154, 194
Marshall, gen. George C. – 280
Martins, Elza – 119
Martins, Gilberto – 53
Martins, Milton Luiz – 194
Martins, Newton – 243
Martins, Silas – 194

Matinhos – 54, 56, 59, 62, 63, 66, 118, 144
Matos, Aliomar de – 119, 121
Matta, Newton da – 139
Mauro Filho, Lúcio – 284
Mauro, Lúcio – 233, 284
Mazzeo, Bruno – 308, 309, 315
Mckern, Leo – 200
Medalha Tiradentes – 264
Melhem, Marcius – 284
Mello, Danton – 224
Melo, Áureo – 127
Mendes, Roberto – 119
Menezes, Ademir – 55, 70, 329
Merrin, padre Lankester – 165
Mesquita, Adelmária – 153
Mesquita, Evandro – 292
MG Estúdios – 321
Milani, Francisco – 176, 233, 273, 284, 300
Mini Polegar – 198
Ministro Cara Cheia – 63
Miranda, Vera – 153, 194, 227
Monjardim, Mário – 21, 142, 143, 153, 154, 166, 176, 194, 198, 201, 243
Monteiro, Luciano – 224
Moore, Mary Tyler – 174
Moraes Neto – 23, 46, 59
Morais, Duarte de – 54, 56
Moran, Marcos – 145
Morandi, Marcelo – 194
Moreno, Alexandre – 288
Moreno, Francisco – 139, 140
Moreno, Sérgio – 304
Moreno, Terezinha – 81
Moreno, Vanda – 145
Motta, Eliezer – 315
Motta, Joaquim Luís – 37, 243
Motta, Luís – 37, 243
Múmia – 289
Mussum – 131
Myriam Thereza – 196

N

Nader, Gustavo – 303
Nádia Maria – 81, 121, 140, 144, 233, 262
Nani – 315
Navas, Sílvio – 115, 194, 201, 203
Nazareth, Alair – 54
Nazareth, Luiza – 54
Neto, Garcia – 194
Nicola, Nick – 144, 145
Nilza Moreno – 139
Nizo Neto – 161, 206, 219, 306, 315
Noites Cariocas – 139, 229, 314
Norival – 55
Norman, Ralph – 167, 176, 177
Nunes, Max – 24, 54, 56, 84, 94, 97, 99, 100, 121, 125, 139, 271

O

Observador – 145
Odeon – 96
Ogalla, Henrique – 218, 219
Oliveira, Aloysio de – 96, 126, 166
Oliveira, Amélia de – 28
Oliveira, Dalva de – 37
Oliveira, Eurico de – 127
Oliveira, Rodrigo – 326
Oliveira, Sérgio – 108
Operação França – 148
Orlandinho – 25, 77, 82, 134, 135, 162, 163, 172, 180, 182-186, 213, 214, 245, 249-253, 305, 306, 312, 320, 321

P

Pacato – 211
Pai, Bibo – 175
Pakula, Alan J. – 187
Palácio dos Veraneadores – 56
Palhaço Carequinha – 233
Papai Smurf – 201, 202, 203, 204, 292, 326
Pat Hingle – 226, 227
Pataco Taco – 24, 84, 284
Patolino – 124, 151
Patton – Rebelde ou Herói? – 147
Paula, Cininha de – 229, 230, 294, 311, 315, 318, 322
Pavani, Neide – 194
Pedro, Antônio – 274
Pedrosa, Darcy – 197, 226, 331
Penaforte, Ernesto – 201
Penry – 180
Pêra, Abel – 54, 56, 102, 121
Pereira, Edu – 326
Pereira, Gustavo – 326
Pereira, Paulo – 111
Perez, Alberto – 194
Peri Filmes – 144, 148, 167, 168, 174, 176, 177, 179, 190, 196
Perissé, Heloísa – 273
Pessini, Orival – 233
Peter Pan – 87, 88
Peterson Adriano – 154, 155, 224
Pifo – 24
Pinheiro, David – 268
Pinheiro, Ilka – 224, 243
Pinóquio – 129
Pinto, Jair Rosa – 55, 70
Pires, Jorge – 245
Pisulino – 144, 145
Plonka, Marcos – 246, 247, 248
Poderoso Chefão, O – 163, 164, 201
Poderoso Thor, O – 136
Ponte do Rio Kwai, A – 113, 114
Popeye – 22, 24, 129, 130, 131, 132, 147, 148, 197, 203, 212, 219, 225, 242, 244, 255, 259, 267, 268, 291, 298, 307, 319, 326
Popeye nos Trapalhões – 131
Porfírio, Pedro – 57

Porthos – 108, 109
Porto, Sérgio (Stanislaw Ponte Preta) – 121, 139
Pozzoli, Jomeri – 119, 123, 245
Prado, Orlando – 153, 194, 198, 219
Presnell, Harve – 279
Puro Osso – 290, 291
Pyle, Denver – 210

Q

Q" – 122, 123
Quadros, Isabela – 224
Quadros, Jânio – 125, 267
Qual é o Assunto? – 121
Quatro Fantásticos, Os – 145, 146

R

Rádio Mayrink Veiga – 82, 107, 228, 229, 314
Rádio Nacional – 35, 53, 100
Rádio Sequência G-3 – 54
Rádio Tupi – 20, 22, 24, 27, 46, 47, 48, 50, 53, 56, 58-62, 64-67, 70, 71, 73, 74, 79, 81, 84, 86, 89, 92, 94, 99, 100, 103, 105, 106, 108, 112, 116, 206, 264
Ramos, Eurípides – 93
Ramos, Mauro – 326
Rangel, Milton – 141, 142
Record – 72, 112, 130, 135, 141, 142, 180, 196, 200, 210, 233, 253, 282
Recruta 23 – 72, 73, 89
Reed, Alan – 118
Reginaldo Primo – 158, 161
Rei do Movimento, O – 91
Reimont – 264
Resgate do Soldado Ryan, O – 279
Rey, Manolo – 153, 155
Rezende, Gabriel de Queiroz – 219
Ribeiro, Agildo – 284

Ribeiro, Marco – 153, 159, 219
Ribeiro, Milton – 84
Ribeiro, Paulo Gilson de Castro – 265
Ricardo, Hamilton – 243
Richers, Herbert – 50, 109, 110-115, 122, 128, 130, 131, 136, 137, 139, 146, 153, 164, 165, 168, 175, 181, 197, 198, 200, 201, 210, 211, 212, 215, 216, 218, 220, 221, 224, 226, 240, 241, 243, 245, 253, 254, 269, 296, 298
Rinelli, Lígia – 194
Riosom – 126, 128, 129, 137, 138, 178
Roberto Carlos – 19
Rocha, Rosita – 54
Rodrigues, Cláudia – 274
Rodrigues, Ennio – 194
Rodrigues, Linda – 26, 57, 72, 73, 74, 149, 164, 185, 213, 214, 245, 255
Rodrigues, Nélson – 35
Rodrigues, Paulo – 144
Rodrigues, Sarito – 304
Rosa, Cândida – 84
Rosenberg, Miguel – 166, 219
Ross, Capitão – 182
Rossi, Ítalo – 118, 294, 295
Rossi, Mônica – 154, 219, 287, 326
Rua da Alegria – 64, 65, 117
Rui, J. – 139

S

Sacoso, Enxolino – 81
Saddy, Flávia – 154, 155, 224
Salteador – 143, 144
Salustti, Sylvia – 154
Sampaio, José – 246, 248, 249, 258
Sandefur, Thomas – 282
Sanioto, Paula – 274
Sant'Anna, Rodrigo – 284, 285, 315
Sant'Anna, Waldyr – 141, 143, 151
Santa Cruz – 144, 219, 227, 285, 333

Santana, Dedé – 131, 145
Santos, Benedito dos Santos (Ditão) – 39
Santos, Cleonir – 128
Santos, Ênio – 37, 226
Santos, Mariana – 285
Santos, Silvio – 253, 254
São Lourenço – 23, 101, 237, 265, 266, 280, 281, 329, 330
Sarcófago Macabro, O – 292
Sargento Garcia – 24, 111, 112, 176
SBT – 130, 135, 140, 186, 198, 212, 233, 253
Schnetzer, Ricardo – 196, 218, 219, 254, 324
Scooby-Doo – 19, 21, 24, 96, 152, 154, 155, 159, 174, 186, 187, 263, 287, 290
Seidl, Carlos – 221
Seixas, Márcio – 113, 172, 194, 298
Selma Lopes – 118, 144, 166, 177, 181, 273
SemanaScope – 102, 103, 107
Sena, Mário – 139
Seu Peru – 21, 22, 23, 24, 90, 91, 115, 207, 228, 230-237, 242, 244, 247, 255-263, 266-269, 271, 272, 282, 284, 285, 294, 298-302, 311, 314-318, 324
Seu Sarjo – 72, 73, 89
Sheila, Carmen – 153, 169, 170, 176
Sherman, Maurício – 22, 23, 85, 86, 108, 120, 125, 139, 206, 283, 284, 298
Silva, Ionei – 124, 197, 201, 219
Silva, Orlando – 36
Silveirinha – 144
Silvério Neto – 102
Silvino Neto – 66
Silvino, Paulo – 85, 284, 285, 286
Simões, Márcio – 124, 151, 203, 204
Simone, Amélia – 54
Sinbad Jr. – 128
Sincrovídeo – 226
Smee, Sr. – 87, 88
Smith, Capitão Edward – 279
Smith, Norka – 74, 119
Smurfs – 126, 150, 201, 202, 203, 204, 219, 255
Soares, José – 141
Soares, Leandro – 315
Solano, Mateus – 315
Sonofilms – 62, 176
Sousa, Alexandre de – 54
Sousa, Honório – 102
Souto, Gilberto – 62
Spina – 84
Sputneka – 98, 99, 100
Super-Galo – 141, 142
Sydow, Max Von – 144, 165

T

Tacananuca – 101, 102
Taranto, Aldo – 94
Tartarine, Maralise – 154
Tavares, Neuza – 194
Teixeira, Milton – 144
Tem Bola para Tudo – 121
Terríveis Aventuras de Billy e Mandy, As – 290, 329
The Order: 1886 – 304
The Witcher 3: Wild Hunt – 304, 311
Thunderbirds em Ação – 135
Tio Jesse – 210
Titanic – 113, 278, 279
Todos os Homens do Presidente – 187, 188
Tolezano, Dino – 84
Toma Lá, Dá Cá – 293, 294
Tooncast – 130
Tornado, Tony – 274, 293
Tourinho, Luiz Carlos – 273
Transformers – 221, 222, 241

Tremendões, Os – 143
Trindade, Zé – 72, 118, 229
Tupinambá, Mário – 233
Turma da Maré Mansa, A – 117, 329
Turma do Zé Colmeia, A – 175, 329
Tutuca – 118, 140, 144, 145, 262
TV Globo – 84, 137, 156, 186, 202, 221, 246, 257, 262, 293, 315, 317
TV Rio – 139, 205, 229, 314
TV Tupi – 24, 108, 111, 121, 125, 128, 133, 135, 140, 141, 142, 144, 145, 152, 199, 280

U

Dia na Feira – 81
Um Lobisomem na Amazônia – 292
Uma Cilada para Roger Rabbit – 225
Uma Noite no Castelo – 295
Uma Pulga na Camisola – 84, 85
Ursinho Pooh – 227
Ursinhos Gummi – 214, 215

V

Vai da Valsa – 120
Valdemar de Brito – 84
Valentão – 120
Valério, Nilton – 111, 187, 194, 226, 227
Vamperu – 284, 299
Vampiro da Noite, O – 114
Vargas, Darcy – 40
Vargas, Getúlio – 36, 93
Vasco da Gama – 34
Vasconcellos, José – 84
Vermont, Tony – 194

Vianna, Castro – 28
Viany, Betina – 274
Vieira, Haydée – 54
Vilanova, Neli – 121
Vilar, Milton – 181
Vingador – 206, 211, 217, 218, 219, 220, 255, 291, 326
Viva Vovô Deville – 139
Vooght, Ricardo – 243
VTI Rio – 141, 164, 239, 240, 244, 279

W

Waddington, Ricardo – 315
Wanderley, Nancy – 54, 64
Warden, Jack – 220
Wuzzles – 214, 215

X

X-Men – 243

Y

Yar – 286, 287
Yogui – 198

Z

007 – 122, 123, 200
ZIV – 108, 109, 110
Zizinho – 55, 70
Zorra Total – 84, 85, 232, 233, 283, 284, 285, 298, 299
Zuim, Ettore – 219
Zumbano, Antônio (Zumbanão) – 39